말문을 열어주는 지식과 비법을 공개한 명리의 정석

實證哲學 四柱八字
강 의 노 트
(上)

은산 김 동 환 기획
실증철학 연구회 편

도서출판 여산서숙

목차

실증철학 강의노트 발행에 붙여 / 6
사주학을 새롭게 이해하자 / 7

제 1 편

<1> 陰陽의 法則 / 11
가, 陰과 陽 / 11
나, 陰中陽 陽中陰 / 12
다, 外陰內陽 外陽內陰 / 12
라, 陰變陽 陽變陰 / 13
마, 陰生陽 陽生陰 / 13
바, 陰生陽死 陽生陰死 / 14
사, 陽逢陰生 陰逢陽生 / 14
아, 陰多陽死 陽多陰死 / 16
자, 陰生陰 陽生陽 / 16
차, 陰極則始生 陽極則始陰 / 17
카, 多者無者 / 17
타, 中和之道 / 18
<2> 오행의 발상과 근원 / 20
<3> 오행의 변화와 소속 그리고 응용 / 26

제 2 편

<1> 천간과 지지 / 49
천간 / 49
지지 / 49
<2> 만세력 보는 법 / 53
삼살방 / 54
대장군방 / 54
<3> 사주구성법 / 55
夜子時 / 57

<4> 간지의 음양과 응용 / 59
천간 지지 / 59
간지의 성체론 / 59
응용법 / 66
<5> 사물의 관찰 / 69
<6> 오행의 생극법 / 74
상생 / 74
상극 / 80
생극의 복합작용 / 82
상생,상극의 변화 / 84
오행의 성정을 응용해보자 / 86
<7> 육친 응용법 / 89
비겁(비견 겁재) / 92
상식(상관 식신) / 94
재성(정재 편재) / 97
관살(정관 편관) / 99
단편 판단법 / 102
<8> 상생상극과 육친 응용법 / 112
<9> 지지 암장법 / 118
<10> 합충법 / 125
천간 합충법 / 125
지지 합충법 / 133
간지 화합법 / 144
지지 삼합법 / 156
지지 방합법 / 162
삼합과 방합의 비교 / 173
<11>형,파,해,원진법 / 181
형살법 / 181
육파살 / 186
육해살 / 187
원진살 / 189

<12> 12운성법 / 197
12운성(포태법) / 198
12운성 응용법 / 211
제3편
간지 생사 체성 및 응용 / 225
甲木 / 225
甲木이 10천간 12지지를 만났을 때 / 230
乙木 / 255
乙木이 10천간 12지지를 만났을 때 / 257
丙火 / 276
丙火가 10천간 12지지를 만났을 때 / 278
丁火 / 298
丁火가 10천간 12지지를 만났을 때 / 300
戊土 / 317
戊土가 10천간 12지지를 만났을 때 / 320
己土 / 333
己土가 10천간 12지지를 만났을 때 / 333
庚金 / 348
庚金이 10천간 12지지를 만났을 때 / 350
辛金 / 363
辛金이 10천간 12지지를 만났을 때 / 366
壬水 / 377
壬水가 10천간 12지지를 만났을 때 / 389
壬水 / 399
癸水가 10천간 12지지를 만났을 때 / 405
지지의 성질과 특성 / 412
실증철학 강의노트 발행을 축하드립니다. / 442

'실증철학 사주팔자 강의노트' 발행에 붙여

1999년 己卯年 단원 선생님께서 알기 쉬운 "실증철학"이라는 역술도서를 상. 중. 하권으로 펴내시고, 본서를 위주로 1년 동안 제자들에게 강의 하셨던 내용들을 제자들이 정성들여 기록하여 필사본으로 만들어 수학하였는데, 그 내용들이 어찌나 좋았던지 입소문으로 수년 간 많은 학인들이 "강의노트" 라는 제목으로 복사하여 사용하던 것을, 실증철학 연구회 김동환 회장님께서 보충. 보완하여 새롭게 "실증철학 강의노트"라는 제목으로 발행하게 되었는데 워낙 내용이 방대하여서 상중하 전3권으로 발행하게 되었습니다.

시중의 서점마다 널려있는 것이 역술도서지만 이렇게 간결하면서도, 쉽고 단어 하나하나마다 주옥같은 통변요령이 깃들어있어 명리통변술서로써 세상에 내 놓아도 손색이 없기에 늦기는 했지만 이제라도 세상에 빛을 볼 수 있게 되어 감개무량입니다. 본 회 편집자가 오래전에 명리수강생들에게 부교재로 읽게 하였던바, 세월이 오래 흘러 복사를 거듭하다 보니 글자자체가 희미해지고 잘 보이지 않아 이 내용을 활자화 하여 신작으로 재탄생시키자는 생각만할 뿐 실행에는 엄두도 낼 수 없어 수년간을 미루어 오다가 근간에야 밤잠을 설쳐가며 직접 워드작업에 들어갔습니다. 보충설명까지 첨가하자니 자연적으로 시간이 지연 되는 등 여러 가지 어려움이 많았지만 그만큼 보람도 큽니다.

세상에 완벽한 학문은 없습니다. 명리학은 "이혈령 비혈령"이라는 우스개처럼 떠도는 말이 있듯이 가르치는 선생님마다 해석이 다르고 통변이 달라서 어느 이론이 정답인지 혼란스러워하며 다른 점성술에 곁눈질을 하게 만드는 학인들의 안타까운 현실을 자주 보아 왔습니다. 이 책을 만난 학인들이 이제는 자신감을 가지고 이 책에서 이야기 하는 단어 하나하나를 잘 정리하여 적재적소에 써 먹기만 하면 기가 막힌 통변술로 활용 하게 될 것입니다.

- 편집자 주 -

사주학을 새롭게 이해하자,

　　四柱學(사주학)을 우리는 推命學(추명학) 또는 命理學(명리학)이라 부른다. 그런데 세상 사람들이 알고 있기에는 역술인들의 전유물로서 사람의 운명이나 보아주고 얼마의 대가를 받아 챙기는 비천한 학문으로 치부해 버리는 경향이 있어 매우 안타깝기 그지없다. 사실은 본 학문을 깊이 있게 연구하여보면 오묘한 진리와 철학적인 면에서 세계적으로 어느 학문보다도 우위에 있음을 알게 됨은 물론이거니와 따라서 본 학문이 목적하는 바가 인간의 운명감정에만 국한 된 것이 아니라 음양의 변화와 변화 된 오행의 生剋制化(생극제화) 법칙에서 오는 始生과 成長 또는 衰滅하는 자연의 이치를 스스로 터득하여 각자의 실생활에 응용하고 수양의 학문으로 계승 발전시켜 국익의 일환으로 활용하였으면 하는 마음이다.

　이와 같이 본 학문을 통하여 나 스스로를 알고(自我發見)아울러 내가 설 땅이 어느 곳인가를 알게 되며 각자의 타고난 역량과 자질 또는 분수를 알아서 스스로 나아갈 길이 무엇인가를 좇아 방향을 설정하고 극과 극을 넘어서 中和之道(중화지도)를 구하며 進退(진퇴)를 시기에 알맞게 대처할 때 비로소 각자에 미치는 그 영향은 실제로 상상을 초월하는 좋은 결과를 얻게 하는데 목적이 있으니 알고 보면 각자가 편안해 질 때 사회가 안정 되고 더 나아가 한 나라가 발전하는데 초석이 될 것이니 이것이 바로 애국하는 길이라 아니할 수 없다. 자기의 타고난 운명을 알아서 본인의 직분을 다할 때 행복이라는 꽃은 피게 될 것이다.

　본 학문은 바로 實學(실학) 이요 哲學(철학)이며 나아가서는 行動哲學(행동철학)이라 말 할 수 있다. 자체는 실학이고 철학이지만 그 오묘한 진리는 오직 거짓을 버리고 참된 진리를 찾는 것이고 과거보다는 현실 그리고 미래가 더욱 중요하다는 것을 자연을 통하여 깨닫게 되며 과거의 잘못을 인정하고 후회하면서 좋은 것은 현실에 맞추어 실현하고 미래를 향하여 정진할 때 비로소 이 학문의 진가를 알게 될 것이다.

　眞理(진리)는 바로 평범한 곳에 있는 것이니 주야를 구별하여 낮에는 일하고 밤에는 잠자며 배고프면 밥을 먹고 병들면 치료하고 남녀가 만나 결혼하고 가정을 꾸리며 자손 낳고 행복하게 생활하다가 때가 되면 죽는 것 까지도 세상의 이치요 진리이니 이 모든 것은 정도로만 행할 때 진리가 되는 것이다.

　예로부터 본 학문을 모든 학문의 제왕(萬學帝王)이라고 한 이유는 본 학문 자체가 그만큼 위대하며 어떤 학문과도 연결 되어 있어 본 학문을 연구함으로서 박학다식함은 물론이거니와 아울러 과학자가 보면 과학이고 의사가보면 의학이며 군사 경제 정치 외교까지 본 학문을 바탕으로 발전하여 왔고 앞으로도 계속 될 것이다.

　이와 같이 좋은 학문을 가지고 개인의 운명에만 집착 한다면 종래에는 역술가로서 만의 역할을 할 것이지만 조금만 시야를 넓게 바라본다면 같은 사주를 가지고도 사회관 국가관 세계관 나아가서는 우주관까지도 관찰한다면 그때는 우물 안의 개구리가 아니라 세상사가 내 손바닥 안에 있다고 할 정도로 폭이 넓어지고 선이 굵어지며 사물을 이해하고 관찰하는 식견이 넓어져 매사를 편견을 떠나서 포용과 수용으로 생활할 수 있게 될 것이니 본 학문은 수양의 학문이 될 수밖에 없고 또한 모든 학문의 根幹(근간)이 될 것이다.

　그러므로 본 학문을 연구하고 수학하는 자신부터 올바른 정신을 가져야만 되는데 그 이유를 말하자면 똑같은 물이라도 뱀이 먹으면 독이 되지만 양이 먹으면 젖이 되는 것과 같이 아무리 좋은 학문이라도 헛되이 익히고 사용하면 사회에 큰 누를 끼치게 될 것이며 후세에 미치는 영향 또한 클 것이기 때문이다.

　또한 하나의 물체를 놓고 볼 때에도 파랑색 안경을 쓰고 보면 파랑색 물체로 보이고 빨강색 안경을 쓰고 보면 빨강색 물체로 보이듯이 학문자체를 어떤 차원에서 보고 배우느냐에 따라 문제는 달라질 수 있는 것이다. 우리가 물체를 바라보는 것도 시각적인 면만 보느냐 아니면 마음의 눈으로 보느냐에 따라 달라질 수도 있는 것으로 세상사를 한없이 원망하는 마음으로 보면 한없이 원망스럽게 보일 것이고 관대한 마음으로 원만하게 바라보면 모두가 원만 하게 보이듯 원망과 원만은 백지 한 장 차이로 생각에 따라 엄청난 격차가 생기는 것이다.

본 학문이 수천 년의 역사를 가지고 있으면서도 그동안 천한 학문으로 바라보게 되었던 것은 역술가들이 惑世誣民(혹세무민)하고 誤導(오도)하며 공부를 게을리 한 결과도 있겠지만 본 학문을 깊이 연구하여 보지도 아니하고 남들이 싫어하니까 나도 싫어한다는 군중심리에 본 학문의 진가와 빛을 잃게 되었지 않은가 하는 마음을 가지게 된다.

다음으로 대지는 현재에도 초속 464미터로 自轉(자전)하고 지구는 초속 30키로 로 태양주위를 空轉(공전)하고 있으나 그 자체가 너무 원대하고 크기 때문에 우리는 그것을 느끼지 못하고 있는데 인간생활에서도 예외일 수 없듯이 부모님의 은혜 또한 같으며 자연의 혜택 역시 똑같다하겠다.

이와 같이 우리들은 일상생활에서 밀접 되어 있거나 항시 대하고 만나면서도 느끼지 못하며 보이지도 않으며 또한 망각하고 있듯이 역학 속에 생활하고 있으면서도 역학을 알지 못하고 있을뿐더러 심지어는 역학자체를 부정하고 살아가게 되는 모순 된 생활을 하고 있는 것이다.

예를 들어 우리의 언어 속에 ,수, 라는 말이 너무도 많이 등장하는데 數(수)라는 단어를 나열해 보자면 만날 수 있는가, 먹을 수 있는가, 받을 수, 줄 수, 등 헤아리기 어려울 정도로 이 수의 개념은 미지수이고 이 미지수를 풀 수 있는 학문은 바로 역학밖에 없는 것이다. 그와 같이 인간이 세상에 태어나서 죽을 때까지 본인에게 부여 된 數値(수치)가 있는데 부모님의 수, 형제의 수, 자손의 수, 재산의 수, 결혼의 회수, 생명의 수, 등을 말하는 것이고 아울러 본인에게 부여 된 수치는 자의든 타의든 간에 모두 겪게 되어있으며 또한 겪거나 채우고 난 다음엔 더 이상의 것은 필요하지도 요구하지도 되어 질수도 없는 것이 수의 개념인 것이다. 무엇이든 알지 못하면 신기하고 두려우나 알고 나면 별것 아님과 동시에 친근해지는 것처럼 본 학문도 연구하면 깊은 인연이 되어 지고 나아가서는 행동철학으로 생활화하여 뿌리를 내려 알찬 보람을 맛보게 될 것이다.

  단 본 학문을 가볍게 보지 말고 꾸준히 노력하고 인내를 가지고 임할 때 비로소 이치는 먼 곳에 있는 것이 아니고 항상 우리의 옆에 있다는 것을 명심하여 응용에 차질이 없도록 하기 바라며 또한 본 학문은 一氣(일기)에서 共存의 法則(공존의 법칙), 음양을 바탕으로 分裂의 法則(분열의 법칙), 遺傳의 法則(유전의 법칙), 循環의 法則(순환의 법칙), 過多의 法則(과다의 법칙), 近接의 法則(근접의 법칙), 連鎖 反應(연쇄 반응), 등과 나아가서는 원자학 수리학 진화론 등 현대과학을 뒷받침할 수 있는 三才의 原理(삼재의 원리)를 근간으로 形而上學과 形而下學(형이상학과 형이하학)을 겸비한 학문으로 시작하였고 또 끝이 있다는 것을 알아주기 바란다.

실증철학 원문 중에서

제 1 편
陰陽五行

<1> 음양의 법칙

[실증철학 원문]
(가) 陰과 陽 -(相對의 法則)
　음과 양은 본래 一氣(일기)에서 분열의 법칙에 의하여 파생된 것이나 이것이 곧 상대성으로 작용되고 있으며 따라서 음과 양하면 개별의 것으로 생각되기 쉬운데 실은 서로가 개별이면서도 공존하고 있으므로 이는 음이 있기에 양이 있으며 양이 있기에 음이 존재하고 아울러 하나의 개체에는 內外 上下 前後(내외 상하 전후)가 있기 때문이다.

[강의 노트]
　인간사에서는 여자가 있기에 남자가 있고 남자가 있기에 여자가 있으면서도 상호 존재 필요에 의해 부부로 결혼 공생 하고 있는 것이다. 음양에서는 상대의 법칙에 의해 大 少 富 貴 이들은 공존하면서 음과 양을 바탕으로 始生 成長 消滅,(시생 성장 소멸) 하기 때문에 음인가 하면 양이 있고 항상 상대하면서 이상적인 배합을 이룬다. 그래서 최대의 적이 은인이 되기도 하고 좋은 인연이 반대로 적이 될 수도 있으니 적과 은인은 공존하는 것이므로 항상 始終 順逆을 상기시켜 사물을 관찰해야지 편견으로 바라보면 매우 위험하다. 음과 양은 항상 상대성으로 양이 하늘(天)이라면 음은 땅(地)이 되고 정신이 양이라면 육체는 음이 되고 양이 아버지(父)라면 음은 어머니(母)요, 양이 낮이라면 음은 밤이고 上下 前後 左右(상하, 전후, 좌우) 등 반대말을 찾기에 능숙하면 음양공부는 저절로 되는 것이다.

[실증철학 원문]
(나) 陰 中 陽, 陽 中 陰 - (共存의 法則)

 음속에 양이 있고 양속에 음이 있다는 말로서 일 년 중 계절에서도 여름은 더운데 안으로는 습기가 있고 겨울은 추운데 안으로는 건조함도 있으며 서로 공존하게 되어있다.

[강의 노트]

 공존의 이치는 바로 대우주의 자연의 이치이므로 소우주인 인간사회에서도 예외가 없다. 즉 만남이라는 글자 속에는 반드시 언젠가는 헤어짐이 있기 마련이고 밝음 속에는 어둠이 어둠속에는 밝음이 예쁜 가운데 미움이 있고 吉중에는 凶이 福중에는 禍가 삶속에는 죽음이 죽음 속에는 삶이 있다는 것을 우리는 공존의 법칙인 자연의 이치로 받아드려야 한다.

[실증철학 원문]
(다) 外陰 內陽, 外陽 內陰 - (共存속의 相對의 法則)

 外陰內陽이라 함은 항시 겉은 음이면 속은 양이 되고, 外陽內陰이라 함은 겉은 양이면 속은 음이 도사리고 있다는 것이다.

[강의 노트]

 계절로 겨울은 지상은 추우나 지하는 따뜻하고 여름은 지상은 더우나 지하는 서늘하며 겉으로는 강한 자는 속으로는 약하며 겉으로는 약하지만 속으로는 강한 자를 "外陽內陰 外陰內陽"이라한다. 그래서 남자는 본래가 겉은 강하지만 속은 약하고 여자는 겉은 약하나 속은 강하므로 여자가 한을 품으면 오뉴월에도 서리 내린다는 속설까지 있는 것이다.

[실증철학 원문]
(라) 陰 變 陽, 陽 變 陰 - (變化의 法則)
　음변양 양변음(陰變陽 陽變陰)이라는 말은 언제든지 음이 변하면 양이 되고 양이 변하면 음이 된다는 것이다.

[강의 노트]
　그래서 밤이 변하면 낮이 되고 낮이 변하면 밤이 되는 것이고 가을과 겨울이 변하면 봄여름이 되는 것처럼 보이지는 않지만 지금 이 시간도 틀림없이 변하고 있으니 자연의 이치가 이러함으로 무엇이든 오래갈 수 없는(恒久)것이 바로 변화의 법칙인 것이다.
강이 약이 되고 약이 강이 되기도 하며 부가 빈으로 변하는가하면 빈이 변하여 부가되기도 하고 무가 유가되기도 하고 유가 무로 변하기도 하는 자연의 이치는 인간의 힘으로 막을 수가 없는 것이다.

[실증철학 원문]
(마) 陰 生 陽, 陽 生 陰 - (順換의 法則)
　陰 生 陽, 陽 生 陰 이라함은 음은 양을 생하고 양은 음을 생한다는 것이다.

[강의 노트]
　그래서 하루의 변화를 봐도 낮은 밤을 생하고 밤은 낮을 생하며 無는 有를 有는 無를 생하고 우연은 필연을 생하고 필연은 우연을 생하고 있으니 세상사 모두가 우연과 필연의 한 틀 속에 감싸여 서로가 공존하면서 돌아가고 있는 것이다.
上이 있기에 下가 있고 明이 있기에 暗이 있고 남자가 있기에 여자가 있는 것이고 眞이 假를 가가 진을 발생하고 衰滅이 있기에 成長을 알았으며 성장이 있기에 쇠멸을 알았고 始는 終을 생하며 종은 시를 발생하고 生은 死를 사는 생을 발생하는 이치가 다 자연의 이치인 것이다.

[실증철학 원문]
(바) 陰生陽死, 陽生陰死 - (環境의 法則)

　陰生陽死 陽生陰死 라 함은 음이 살아나면 양이 죽고 반대로 양이 살아나면 음이 죽는다는 것이니 이것은 낮이 始生하면 밤이 죽고 밤이 시생하면 낮이 죽으며 음이 사는 곳에는 양이 죽고 양이 사는 곳에는 음이 죽기 마련이라 이는 새벽이 되면 낮 즉 밝음은 살아나고 밤인 어둠은 죽으며 계절 역시 가을 음이 살아나면 여름 양은 물러나고 겨울 음이 죽으면 양인 봄이 살아나는 이치 역시 자연의 이치이다.

[강의 노트]
　그래서 惡이 사는 곳엔 善은 죽고 부자가 되어 지면 빈한함은 없어지고 貧이 발생하면 富가 소멸 된다. 또 바꾸어 말하자면 陰은 陽에서 죽고 양은 음에서 죽게 되어있으니 강자는 약자에 의해 죽고 약자는 강자에 의해 죽어가며 내가 살아나면 다른 사람이 죽고 슬픔이 살아나면 즐거움이 죽고 즐거움이 살아나면 슬픔은 자연히 안녕을 고하게 된다. 가정에서도 아내가 강해지면 남편은 약해지고 남편이 지나치게 일방적이면 부인이 순죽일 수밖에 별 도리가 없는 것이 음양의 이치여서 음은 조금은 약한 것을 바탕으로 하여야 하기에 옛말에 암탉이 울면(여자가 지나치면)집안이 망한다고 하였던 것이다.

[실증철학 원문]
(사) 陽逢陰生, 陰逢陽生 - (共生의 法則)

　陽逢陰生 陰逢陽生 이라 함은 양은 음을 만나야 살고 음은 양을 만나야 살 수 있다는 말로 음양의 공생의 법칙을 말한 것이다. 앞에서 공부한 음생양사, 양생음사는 패자도 승자도 없는 것이요, 양봉음생, 음봉양생은 서로가 상대하면서도 필요하기에 공생하면서 발전하고 있는 것이다.

[강의 노트]

 그래서 남자는 여자를 만나야 살게 되어있고, 여자는 남자를 만나야 살 수 있으며 강자는 약자를 약자는 강자를 만나야 살게 되어있고 부자는 빈자를 빈자는 부자를 만나야 살며 진실은 거짓을 만나야 그 빛을 더할 것이고, 거짓은 진실을 만나야만 비로소 거짓이라는 것을 깨닫게 되는 것이고, 자손은 부모를 부모는 자손을 잘 만나야 잘 살게 되어있기에 부모와 자손은 공생하면서 한 가정의 발전을 도모하게 된다. 이와 같이 上은 下를 下는 上이 있기에 존재하고 국가는 국민이 국민은 국가가 있어야 살게 되어있는 것이다. 다시 반복해 말하자면 下가 없는 上이 어디에 있고, 국가 없는 국민, 국민 없는 국가는 없으며 혹 있다하여도 있으나마나 한 것이 되어버린다. 이를 세분하여 말하자면 고생 없는 성공은 없음은 물론이거니와 아울러 모두가 귀중한 것이며 필요하고 필요하기에 존재하고 있으니 적은 것이라 하여 가볍게 봐서는 안 될 것이고 (필요 없는 물건은 소멸 되고, 나에게 필요 없는 것일수록 때로는 가장 중요한 것이 되기도 한다.) 따라서 세상사에 있어서는 적은 것일수록 더욱 중요할 때가 있으며 아주 작은 미물에서 동 식물에 이르기까지 필요하기에 존재하고 있다는 것을 깨달아야 한다.

 다음은 경제적인 면을 살펴보기로 하자, 수입은 지출을 지출은 수입을 만나야 비로소 균형이 유지되어 발전 할 수 있고 溫暖은 寒冷을 寒冷은 溫暖을 만나야 살게 되어있으니 춘하는 추동을 추동은 춘하를 만나야 변화하면서 발전 할 수 있다. 陰金은 陽火를 만나야 제련 되고 견고해지며 조급은 원만을 원만한 자는 조급한자를 만나야만 조화를 이룰 수 있는 것과 같이 남녀의 궁합에서도 적용되고, 燥枯(마를 조, 마를 고)는 潤濕(젖을 윤, 축축할 습)을 만나야 뭉쳐지면서 만물을 자생 할 수 있으며 윤습은 온난을 만나야만 만물을 생육할 수 있는 자연의 이치는 인간사에도 적용되는 것이다. 이상 설명한 것과 같이 상하 주종 전후, 좌우가 제대로 잘 유지 할 때만이 비로소 가정은 물론이거니와 사회와 국가도 유지 발전하게 된다.

[실증철학 원문]
(아) 陽多陰死, 陰多陽死 - (環境의 法則)

　陽多陰死 陰多陽死라 함은 양이 많으면 음이 죽고 음이 많으면 양이 죽게 되어있는 것을 말함이니 무엇이든지 사물은 강왕함에 의해 허약함은 소멸된 다는 것이며 이러한 것을 말하여 환경의 법칙이라고 한다.

[강의 노트]
　그래서 검정색이 많으면 하얀색은 검정색에 의하여 죽고 반대로 하얀색이 많으면 검정색은 하얀색에 의하여 소멸 될 수밖에 없으며 큰 나무 밑에 잡초는 살 수 없으며 잡초가 많으면 농사가 안 되고 선이 많으면 악이 없어지고 악이 많으면 선은 자리 할 수 없다.

[실증철학 원문]
(자) 陰生陰, 陽生陽 - (遺傳의 法則)

　陰生陰 陽生陽이라 함은 음은 음을 생하고 양은 양을 생한다는 말이니 알고 보면 유전의 법칙이다. 이 말은 콩 심은데 콩 나고 팥 심은데 팥 난다는 말과 같은 이치로 보면 된다.

[강의 노트]
　그러므로 善은 善을 낳고 惡은 惡을 낳는다는 것이니 선이 있는 곳에 선이 모이고 악이 있는 곳엔 악이 모이게 마련이고, 吉은 吉을 생하고 凶은 凶을 생하니 인생사에서도 좋을 때는 좋은 일만 있게 되고 나쁠 땐 나쁜 일만 겹치게 된다. 그리고 유전의 인자는 2대씩 건너뛰는 것도 있으며 3대 6대 12로 계속 작용하게 된다는 것도 잊어서는 안 된다.

[실증철학 원문]
(차) 陰極則始陽, 陽極則始陰 -(絶處逢生)

　陰極則始陽 陽極則始陰 이라는 말은 陰이 극에 달하면 陽이 始生하고 또 양이 극에 달하면 음이 시생된다는 것이니 하루를 보더라도 낮은 밤의 극인 子正에서 시생하고 밤은 낮의 극인 正午에서부터 시생하고 있으며 밤의 길이가 길어질 대로 길어지면(冬至) 낮이 길어지기 시작하고 낮의 길이가 길어질 대로 길어지면(夏至) 밤이 길어지기 시작하는 것이 자연의 이치인 것이다.

[강의 노트]
　따라서 인생사에서도 행복이 극에 달하면 이미 그 속에서 불행이 싹트기 시작 하니 행복은 바로 행복하고자 노력할 때 진정한 행복이 있으며 또 불행이 극에 달하면 행복은 시작 되고 있음이니 불행하다고 스스로 모든 것을 포기하지 말고 최선을 다 해야 한다.

[실증철학 원문]
(카) 多者無者의 법칙 -(많은 것은 없는 것이다)

　多者無者라 함은 지나치게 많거나 너무 큰 것은 없다는 말과 같으니 가령 공기 속에 산소가 없으면 인간은 죽는다는 것은 무두가 잘 알고 있으나 산소가 너무 많이 있기에 없는 것으로 망각 하면서 살고 있으며 또한 태양의 빛과 열이 없으면 만물이 생성하고 결실할 수 없는 것은 사실이나 너무나 많고 항시 있기에 우리는 너나 할 것 없이 태양에 대한 고마움은 망각하고 있고 또 우리나라는 어느 곳을 가든 하다못해 지하수라도 많이 얻을 수 있기에 물에 대한 고마움을 망각하고 있는데 이는 모두 자연의 혜택이 인간에 미치는 영향이 너무 크고 많기에 없는 것으로 착각 들을 하고 있다는 것이다.

[강의 노트]
　따라서 인간사에서도 예외일수 없는데 부모님의 은덕은 너무나도 크고 넓고 높기에 자손들은 망각하고 있으며 또 국민의 입장에서는 국가의 존재는 너무나도 크기에 망각하고 자유라는 것이 너무나 크고 좋기에 자유 속에서 살고 있으면서도 자유 자체를 잊어버리고 있으며 또한 사랑이 지나치면 사랑이 무엇인지를 모르고 태어나면서부터 부자로만 살아왔다면 부가 어떤 것인지도 모를 것이며 사랑도 너무 많으면 사랑귀한 줄 모르는 것과 같이 지나치게 많은 것은 거기에 대한 고마움을 망각케 하는 묘한 이치가 되기도 한다. 또 부부지간도 마찬가진데 남편은 처가 처는 남편의 존재가 너무나 크기에 때로는 상대방이 있는지 조차도 모르고 살아가고 있는데 이 때 부부 중 어느 한쪽이 없고 난 다음에야 비로소 귀중한 존재였다는 것을 알게 되지만 이미 때는 늦었으니 참으로 애석하고 안타깝기 한이 없다.

　推命(추명)에서도 예외일수는 없다. 인수가 너무 많으면 없는 것과 같고 재성이 과다하면 돈이 없으며 관살이 태과 시는 남편이나 직업이 없고 식상이 과다하면 자손이 없는 것이니 착오 없기 바라며 있을 때 잘 해라는 말과 같이 우리는 항상 주위를 잘 살펴 고마움을 알고 살아야 한다.

[실증철학 원문]
(타) 中和之道 - (균형을 취하는 것이다)
　중화지도(中和之道)라 함은 음양이 각각 치우침 없이 균형을 취함을 말하는 것이다. 따라서 어느 한 곳에 편중되면 절대 안 되며 편견이 있어서도 안 되고 상하전후 좌우 종횡 동서남북 할 것 없이 모두가 중화를 이룰 때 비로소 중심을 이루고 균형을 유지하게 되어있으니 中和之道(중화지도)야말로 가장 중요한 것이다.

[강의 노트]

그러므로 유교에서는 中庸(중용)불교에서는 마음의 자리이니 알고 보면 中和(중화)이다, 이는 매사에 모나지 않고 세상을 둥글게 보면서 살아가라는 말이기도 하다. 또 매사에 중화를 이루지 못하면 항시 편견에 치우쳐 타인을 비방하기 쉽고 독주에 아만과 질투와 모략에 치우쳐 덕을 쌓지 못하고 종래에는 실패와 악, 흉사만 거듭할 것이니 어찌 참된 삶을 살아갈 수 있겠는가 말이다. 그래서 太過不及(태과불급)은 皆爲疾(개위질)이라 하였으니 이 말을 풀어보면 너무 지나침은 미치지 못함만 못하며 이는 다 괴로운 즉 병을 위함이라는 말로 매사는 지나침도 모자람도 모두가 병이니 중화를 얻어야만 이것이 正이요 道에 이르는 지름길이다.

<2> 五行의 發象과 根源(오행의 발상과 근원)

[실증철학 원문]

오행의 발상과 근원은 空虛 즉 一氣에서 분열의 법칙에 의하여 음과 양 즉 兩儀(양의)로 파생 되는데 음은 음전자요, 양은 양전자가 되며 음전자와 양전자의 사이에 중성자가 있고 또 陰은 暗이요, 寒冷 秋 冬과 夜에 해당되며 陽은 明이요, 暖暑 春 夏에 晝에 해당하면서 상대가 되고 그 상대는 또 다시 분열함으로 음은 음과 양으로 양도 역시 음과 양으로 파생 되니 이것이 곧 四象(사상)이다.

음이 변하여 음이 된 것을 太陰이라 하며 양이 된 것을 少陽이라 하고, 양이 변하여 음이 된 것을 太陽이라 하며 음이 된 것을 少陰이라고 하는데 이것을 다시 바꾸어 말하면 태음이란 완전한 음이요, 소양이란 음이면서도 양의 因子(인자)를 가지고 있고, 태양이란 완전한 양이요 소양이란 음이면서도 양의 因素(인소)를 가지고 있다.

[강의 노트]

또 한편으로는 太陰이란 內外가 모두 陰이요, 음을 바탕으로 음이 생겼고 少陽이란 外陰 內陽으로 음을 바탕 하여 양이 생겼으며 다음으로 太陽이란 內外 모두가 陽이요, 양을 바탕으로 양이 생겼고 少陰이란 外陽 內陰으로 陽을 바탕으로 陰이 생겼으며 그런가하면 계절로는 소음은 봄, 태양은 여름, 소양은 가을, 태음은 겨울이 되고 하루로 계산 해보면 소음은 새벽 태양은 낮, 소양은 석양, 태음은 밤이요, 사람으로는 소음은 여자 같은 남자요, 태양은 남자다운 남자가 되겠고 소양은 남자 같은 여자요, 태음은 여자다운 여자다. 또 소음은 겉은 따뜻하나 속은 차가운 체질이고, 소양은 겉은 차가우나 속은 따스한 기운이고, 태음은 겉과 속이 모두 차가운 체질이다. 태양은 겉과 속이 모두 따뜻한 체질이고 소음은 따뜻하고 태양은 뜨거우며 소양은 서늘하고 태음은 차가운데 이것을 다시 알기 쉬운 부호로 바꾸어 少陰(暖-따뜻함)은 木이요, 太陽(暑-더움다)은 火이고, 소양(凉-서늘함)은 金이고, 태음(寒-차가움)은 水라 는 글자로 지정 되어 응용되고 있으며 여기에 중성자 土 하나를 더 하여 다섯이 되므로 오행(木火土金水가 되고 계절의 순환은 水火木 金土가 되고 五行의 發生序次)行자를 붙인 이유는 행은 동사로서 생성하고 소멸하고 있기 때문이며 또한 현재 이 시간에도 지구는 돌고 여기서 유념 할 것은 양전자와 음전자는 즉시 분역하나 중성 자는 분역하지 않기에 그대로 응용하고 있으며 이것을 그림으로 보 면 다음과 같다.

空 虛

| 陽電子 | 陽 | 中性子 | 陰 | 陰電子 |

| 太陽 | 小陰 | | 少陽 | 少陰 |

暑　　暖　　　凉　　寒

夏　　春　　　秋　　冬

火　　木　　土　　金　　水

　위 도표에서 나타나듯 따뜻한 것은 木字로 나무요, 더운 것은 불 이기에 火字로, 서늘한 것은 쇠이기에 金字로, 차가운 것은 물이기 에 水字로서 暖 暑 寒 凉 을 가장 많이 藏畜(장축)하여 中和하는데 기본이 되고 있는 것은 흙으로 土字(子는 씨앗 자)로 표기하는 것이다.

五 行

동양철학은 多元論(다원론)이면서도 歸一(귀일)이 된다.
서양은 개체론 이다.

共存의 法則	....	空虛	....	一氣
共存의 法則	....	陽	陰	.... 兩儀
共存의 法則	太陽 小陰	小陽 太陰	....四象
遺傳의 法則	陽 陰 陽 陰	陽 陰 陽 陰	....八卦
循環의 法則	夏 春 秋 冬	......四季
連鎖反應의 法則	**火 木 土 金 水**	......五行

<中性子>

陽陽　陰陽　陰陽　陰陽　陰陰

　위 도표에서 보는바와 같이 그래서 다원론이면서도 귀일론으로 보는 것이며 여기서 주위 할 것은 木火土金水를 形而下學 적으로만 생각한다면 눈에 보이는 나무 불 쇠 물로 알기 쉬우나 실은 木氣 水氣 金氣 火氣 土氣 로서 形而上學적인 면도 겸비하고 있다는 것을 생각하고 응용하는데 잘 사용하기 바란다. 또 물은 겨울과 통하는 것으로 흐르는 물은 氵변이지만 얼기 시작한 물은 冫(이수변, 얼음 빙)으로 점하나를 빼지만 완전히 얼은 물은 水에 점하나를 더하여 氷(얼음 빙)으로 변하는 것을 생각하면 이해가 쉽다.

오행의 발상과 근원을 다른 각도로 살펴보자면 하루의 시작은 밤중인 0시에 시작 되며 水요, 또 진화의 시초도 水이며 인간의 시작도 제일 먼저 水氣가 生하였다. 또 陽이 精(여기서는 밝힐 정)한 것은 日이 되고 陰이 精한 것은 月이 되며(太陰)그 玄한(黑-검을흑)氣는 空에 凝結(응결)하여 水氣가 始生하였고 赤(밝을 적)한 기는 空에 炫(빛날 현 광채를 발함)하여 火氣가 처음 시작 되었으며, 蒼(푸를 창, 靑)한 氣는 空에 浮(뜰 부, 둥실둥실)하여 木氣가 始生하였고(雷風-우뢰 천둥과 바람)白(흰백, 흰빛)한 기는 空에 橫(가로 횡, 가로질러 끊는다)하여 金기가 시생하였고 黃(누를 황, 누른 빛)한 기는 空에 際(사이 제, 하늘과 땅이 만나는 사이, 모이다,)하여 土기가 시생 하였으며 예나 지금이나 無에서 有가 창조되었고 따라서 그 시발점은 0인 것이다.

오행의 數理序次(수리서차-수의 차례)는 天地의 總數(천지의 총수 본수)인 一에서 시작하여 十수에 육성 되는데 1에서 5까지는 生數 6에서 10까지는 成數가 되며 천지인 그리고 천지만물은 10수로 發施(발시-天)하고 受施(수시-地)하여 生成 育成(생성 육성, 人 萬物)하는 天 地 人 의 진리가 된다.(인간도 10개월 만에 출생) 그러므로 水는 1에서 生하여 6에서 成하므로 1, 6, 水가 되는 것이고, 火는 2에서 생하여 7에서 성하므로 2, 7 火가 되며, 木은 3에서 생하여 8에서 성하므로 3, 8, 木이 되고, 金은 4에서 생하여 9에서 성하므로 4, 9,는 金이 되는 것이고, 土는 5에서 생하여 10에서 성하므로 5, 10, 數가 되어 오행의 차례가 정하여 지고 있으나 근본은 天一 地二 人三 수의 合數가 六수로서 成이 되고 또 천지인의 수리가 교리학의 원조이며 이 수만 있으면 어떠한 數이든 성립이 되는 것이다.

지금까지 3이라는 수로서 많은 것이 비유 되었는데 이 3은 天地人으로 造化神(조화신-天) 治化神(치화신-天) 敎化神(교화신-地)으로 우리의 土俗信仰(토속신앙-삼신)이며 無에서 有로 有에서 변화한 것이 五行이었고 또 陽電子 陰電子, 中性子인 각기 一이 합하여 원자가 되고(未完成) 원자와 원자가 중성자의 작용으로 합하여 원소가 되며 원소와 원소가 중성자에 의하여 하나의 개체가 되듯, 삼원리가 근본이 되고 있는데 그 삼원리 중에서 하나만 빠져도 어떤 것이든 완전한 것으로 형성 할 수 없다는 것을 다시 한 번 알게 된다.

[강의 노트]
이와 같이 삼원리는 상대성 원리에 한 걸음 앞서 같고 과학의 根幹(근간-뿌리와 줄기)이 되고 있는 수리학의 기초에서부터 원자학은 물론 철학과 정치 외교 사회 군사 종교 등 모든 것에 걸쳐 부합되지 않는 것이 없으니 학문연구에 게을리 하지 말 것이며 나아가서는 우리 易의 원리를 공부하고자 함은 春夏秋冬 四時의 운행법칙과 그에 따른 변화를 부호로서 설정하여 모든 사물에 적용 관찰 하고 응용함과 동시에 한 인간의 榮枯盛衰(영고성쇠)까지 알아보고자 하는데 목적이 있다. 다음으로 氣에 대하여 설명하자면 기에 의하여 五臟六腑(오장육부)에서 생각 즉 마음을 먹게 하며(氣는 느끼는 것, 현대과학에서도 증명 못함) 音派(음파)는 보이지는 않지만 분열하면서 팽배하고 전달되면서 물체를 움직이기 때문에 행동으로 나타나니 많은 씨가 될 수밖에 없다.

지금까지 공부한 것을 다시 간결하게 정리해보자.

土는 중성자로 즉시 분열한다. 일정기간 지나야 분열한다.
음양의 조절 작용이다.

共存의 法則: 一氣속에서 음양이 공존하고 있다.
分裂의 法則: 一氣속에서 음양으로 분열 된다.
相對의 法則: 外陰이면 內陽이요, 內陽이면 外陰이다.
遺傳의 法則: 음은 음을 생하고 양은 양을 생한다.
循環의 法則: 봄 여름 가을 겨울(木火土金水)
동양은 순응이요, 서양은 자연 정복이다.
象: 눈에 안보이것 :氣, 像: 눈에 보이는 것.

[강의 요약]

多者無者: 많은 것은 없는 것과 같다. 즉 관리능력에 있어서 차이가 난다. 만약 사주에 재가 많은데 많은 재가 있는 것인가? 아니면 없는 것인가의 판별은 관리 감당 능력여하에 따라 달라진다.

人間: 종교에서는 흙에서 왔다, 흙으로 간다고 한다. 역학에서는 水에서 왔다 水수로 간다.

☞ 인간의 마음은 뇌에서 생기는 것이 아니라 오장육부의 기운에 의해서 생긴다. 오장육부의 생성된 기운이 뇌파에 입력되고 있다. 그러므로 오장육부의 건강상태가 바로 마음의 변화이고 마음의 변화가 곧 운명의 곡선이다.

☾ 사주학은 주역의 원리와 부합 되고도 남는데 역학에서는 중성자가 하나 더 있다.
☾ 數는 미지수로 운명과 직결되는 수다.
☾ 마음은 뇌파에 입력된다.: 분열-팽창-축적-행동-결과.
☾ 신의제자(무당, 박수)는 역학공부 못하게 방해 한다. 역학공부 제대로 하면 신이 안 온다. 易學하면 철이 드므로 神보다 學이 높다, 신은 허해서 빈자리만 찾아온다. 六十甲子만 외워도 신은 물러간다.
☾ 사주는 右에서 左로 간다. 이는 縱書(종서)의 원칙이다. 그러나 현 시대는 橫書(횡서-가로로 간다)로 간다, 그러므로 반드시 우에서 좌로 가야 한다고 강조하고 싶지는 않다. 다만 횡으로 가보니까 모든 것이 편하더라는 점이다.
☾ 八字(사주팔자)는 運命(운명: 바꿀 수 있는 요소가 있다) 이전에 宿命(숙명: 절대적)이다. 받아놓은 밥상이다.
☾ 역학은 똑 같은 거라지만 때와 장소, 시기에 따라 해석하고 풀이하는 것이 틀리다. 역학은 변화 하는 術(술)이다.

<3> 五行의 變化와 所屬 그리고 應用

[실증철학 원문]

　오행은 木 火 土 金 水 인데 이 오행의 변화는 분열의 법칙에 의하여 木은 다시 陽木과 陰木으로 火 土 金 水도 똑같이 양음으로 나누어져 다섯 제곱이 되므로 열(十)이 된다. 이것을 다시 보이지 않는 것과 보이는 것, 죽은 것과 살아있는 것, 작은 것과 큰 것, 적은 것과 많은 것, 하늘과 땅, 上과下 內外 東西 南北 등 그중 어느 것으로 견주어 보아도 무방하며 여러 면으로 응용 하게 된다.

[강의 노트]

　木으로 비유하여 말하자면 나무 중에는 양지의 나무와 음지의 나무, 큰 나무 작은 나무, 死木과 生木 濕木과 燥木 그리고 줄기가 있는가 하면 뿌리가 있고 보이는 나무와 보이지 않는 나무(木氣) 强木과 柔木 그런가하면 수명이 긴 나무와 짧은 나무가 있다.

　또한 火도 보이는 火와 보이지 않는 火(火氣)하늘의 火(太陽)땅의 火(人工火)강열한 불 약한 불 死火 生火 가 있으며 나머지 오행도 같은 방법으로 분류되는데 형이상학으로 느껴서 아는 춥다, 덥다, 서늘하다, 따스하다. 등을 말하는 것이다.

　다음으로 木火土金水하면 모든 것이 완전한 것으로 생각하기 쉬운데 木이라함은 타 오행보다 木氣가 가장 많기에 木이라 하는 것이며, 또 土라 하는 것도 역시 타 오행보다 土氣가 가장 많이 藏畜(장축)되어 土라 하는데 흙속에는 수분이 있기에 뭉쳐지고 火기가 있기에 만물이 성장하며 木기가 있기에 분열과 숨을 쉴 수가 있고 金기가 있기에 결실 하며 그중에서도 土의 기운이 가장 많아 土라 하는 것이다. 또 木은 수분이 있어야 성장하며 생명을 유지 하게 되고 火氣로 따뜻하고 꽃을 피우게 하며 金氣가 있어 견고해지고 結實하며 土氣가 있어야 뿌리를 내리는 즉 着根하게 되듯 木하면

木中에도 타 오행이 있기 마련이며, 水를 살펴보면 火氣가 있기에 증발하고 溫暖之水(온난지수)가 되며 木氣가 있기에 발생하고 金氣인 철분이 있기에 약수로 목욕하면 피부병치료가 되며, 土氣가 있기에 濁水(탁수)가 있으나 그중 水氣가 가장 많아 水라 하는 것이고, 또 똑같은 水라 할지라도 상대에 따라 그 작용이 다르게 나타나니 土에는 뭉쳐지는 힘을 주며 木에는 생명의 因素(인소)가 되고 火에는 자극을 주며 金에는 응고가 되고, 水가 水를 만나도 여름에는 흐르게 되지만 겨울에는 結氷(결빙)이 되듯 사람도 본인을 기준으로 사람으로는 같으나 부모로는 자손이 되고 처로는 남편이요, 夫로는 妻가 되고 자손에게는 부모가 되며 형제로는 형제가 되니 무엇이든 상대에 따라 변화 한다는 것을 다시 한 번 깨닫고 유념해야 한다.

다시 木論으로 들어가 천간의 木과 지지의 木으로 火도 역시 천간의 火와 지지의 火로 나누어지며 그 외의 다른 오행도 마찬가지이다. 天干은 陽 地支는 陰으로 바꾸어 호칭되고 있으며 또 천간은 干 지지는 支라는 용어로 간편하게 사용되기도 한다.

다음 또다시 분열에 의하여 천간의 木에도 陽木이 있고 陰木이 있으며 지지의 木에도 陽木과 陰木으로 변화하며 나머지 다른 오행도 마찬가지로 분열하여 변하는데 다시 정리하여 본다면 양이니 음이니 하는 것으로 응용하면 불편하기 때문에 각기 부호로 바꾸어 놓았으니 이것이 바로 甲乙 丙丁 戊己 庚辛 壬癸 라는 10天干이다. 즉 천간의 양목은 甲 음목은 乙 지지의 양목은 寅 음목은 卯라는 부호로 응용하고 있는데 지지 土가 둘이 더 많은 것은 양전자 음전자는 즉시 분열하나 중성자는 일정기간 분열하지 않고 있다가 그 기간이 지나면 분열하지 않는 만큼 폭발하기에 넷이 되며 또 중성자 즉 胎子는 즉시 분열 하지 않기에 임신초기에는 태아의 성별이 구분되지 않는 것이다.

이렇게 하여 天干의 序次 甲乙(春木) 丙丁(夏火) 戊己(長夏土 中性子) 庚辛(秋金) 壬癸(冬水)로 성립 되어 순차대로 부르게 되는 것인데 모두 합하여 10이 되기에 10천간 그러는 것이다. 또 지지의 순차도 10간과 같이 寅卯는 春木이고 巳午는 夏火이며 申酉 秋金이고 亥子는 冬水로 성립 되는 것 같으나 천간과 다른 점은 천간은 중성자가 (조절 신) 木火 春夏와 金水 秋冬 사이에 균형을 이루고 있는데 지지에서는 계절과 계절 사이에서 계절의 변화에 중화 작용을 하고 있으므로 봄에서 여름으로 변화하는 과정에서는 辰土가 여름에서 가을로 가는 과정에서는 未土가 가을에서 겨울로 가는 과정에서는 戌土가 겨울에서 봄으로 가는 과정에서는 丑土가 각각 조절하여 주고 있으므로 천간보다 지지가 土가 둘이 더 필요 하므로 많은 것이고 그래서 12지지라고 부르는 것이다.

　　그러므로 천간은 甲乙丙丁戊己庚辛壬癸로 순환 하고 있으며 지지는 子丑寅卯辰巳午未申酉戌亥로 순환 하고 있는데 천간에서 甲으로 시작됨은 계절의 시작이 봄이기 때문이며 지지의 시작이 子로 시작함은 하루의 시작은 子時(0時)에서부터 시작되기에 그러함이고 동지(冬至, 子月)가 지나면 낮이 길어지고 하지(夏至 未月)가 지나면 밤이 길어지는 것도 자연의 변화로 발생하는 것이다.

　　오행은 一氣(空虛)에서 陰陽으로 변화하고(兩儀) 음과 양이 다시 五行으로 변화 하며 오행에서 다시 천간과 지지로 천간과 지지에서 다시 음양으로 다섯 번만 변화하고 끝이 됨은 사계절에 중성자 하나를 더하면 다섯이 되고 또 오행은 다섯으로 순환 하면서 여섯번째는 다시 원위치가 되며 또 수리학에서도 1에서 5까지는 生數가 되고 6에서 10까지는 成數이므로 여섯 번째는 成으로 다섯 번 이상은 변화는 필요치 않으며 원하지도 않고 있는 것이다.

[실증철학 원문]
오행에 소속된 것들을 각 오행별로 자세히 기록하니
많은 참고 있기 바란다.

<木>

木이라는 것은 계절로는 봄이요, 따뜻하고 천간은 甲乙이고 지지는 寅卯가 되며 방위로는 東方이요, 수리로는 3자와 8자가 되며 맛으로는 신맛(酸-초산, 신기운)이고 색으로는 청옥색이며 하루로 치면 새벽이고 성격은 人情과 喜悅 慶事 松竹 曲直(인정과 희역 경사 송죽 곡직) 등에 속하며 인체로는 肝膽 神經 毛髮 手足 肩 咽喉 風疾 頭 脈 觸角 (간 담 신경 모발 수족 견 인후 풍질 두 맥 촉각)등이요, 자연으로는 棟梁之木, 無根之木, 枝葉木, 根, 草木, 苗木, 森林, 楊柳木, 大材, 花園, 纖維, 樂器, 家具, 紙物, 文房, 分食, 竹細工, 木刻, 衣類, 造林, 建築, 敎育, 長大, (동양지목, 무근지목, 지엽목, 근, 초목, 묘목, 삼림, 양유목, 대재, 화원, 섬유, 악기, 가구, 지물, 문방, 분식, 죽세공, 목각, 의류, 조림, 건축, 교육, 장대), 등에 속한다.

<火>

火라는 것은 계절로는 여름이요, 덥고 불기운이며 천간은 丙丁이고 지지는 巳午이며 하루로는 낮이고 방위로는 南方이며 수리로는 2자와 7자가되고 맛으로는 쓰고(苦) 색으로는 赤 紅 紫色 이며 성격으로는 禮義 明朗 正直 躁急 直言 達辯 樂 散漫 離散(예의 명랑 정직 조급 직언 달변 낙 산만 이산) 등이요, 인체로는 心臟 小腸 視力 情神 舌 體溫 血壓 (심장 소장 시력 정신 혀 체온 혈압)등에 해당 되고, 자연으로는 太陽 月 列星 電氣 光線 赤外線 紫外線 放射線 雷電 電子波 爆發物 爐冶之火 燈 燭 燥渴 暑 華麗 乾燥 火工 火藥 化學 油類, 航空 暖房 消防 危險物 透視力 超能力 불꽃. (태양 월 열성 전기 광선 적외선 자외선 방사선 雷電 전자파 폭발물 로야지화 등 촉 조갈 서 화려 건조 화공 화약 화학 유류, 항공 난방 소방 위험물 투시력 초능력 불꽃)등에 속한다.

<土>

土라는 것은 계절로는 長夏(장하)요, 천간으로는 戊己, 지지로는 辰戌丑未이고 방위는 間方(간방)이며 수리로는 5와 10이 되고 맛으로는 달고(甘) 색으로는 黃 이요, 성격으로는 信用, 重厚, 久, 舊, 虛驚, 稼穡, 中央, 集結, 中心, 主體, 등이고, 인체로는 脾, 胃, 腰, 腹部, 筋肉, 肥滿, 口, 味覺 등에 소속 되며 자연으로는 山 岸 堤防 田 畓 흙, 土建, 不動産, 仲介業, 土産品, 穀物, 農水産, 圓 (비, 위, 요, 복부, 근육, 비만, 구, 미각 등에 소속 되며 자연으로는 산 안 제방 전 답 흙, 토건, 부동산, 중개업, 토산품, 곡물, 농수산, 원) 등에 해당 된다.

<金>

金이라는 것은 계절로는 가을이요, 천간으로는 庚辛, 지지로는 申酉이고 방위는 西方(서방)이며 수리로는 4자와 9자가 되고 맛으로는 매운맛(辛)이며 색으로는 白 이요, 하루로는 석양이고 성격으로는 義理, 冷情, 變革, 急速, 堅固, 結實, 肅殺, 血光, 更新, (의리, 냉정, 변혁, 급속, 견고, 결실, 숙살, 혈광, 경신,) 등이고, 인체로는 肺臟, 大腸, 骨格, 齒牙, 皮膚, 氣管支, 痔疾, 盲腸, 鼻, 血疾 嗅覺(폐장, 대장, 골격, 치아, 피부, 기관지, 치질, 맹장, 비, 혈질 후각) 등에 소속 되며 자연으로는 冷氣, 霜 燥 鐵 銅 金 銀, 珠玉, 非鐵, 金屬, 車輛, 銅線, 輕工業, 工具, 金銀細工, 機械 古物 整備, 鐵物, 兵器 칼, 軍人, 運動, 洋品 昆蟲類, 匣骨動物, 變化動物, 角 (냉기, 상 조 철 동 금 은, 주옥, 비철, 금속, 차량, 동선, 경공업, 공구, 금은세공, 기계 고물 정비, 철물, 병기 칼, 군인, 운동, 양품 곤충류, 갑골동물, 변화동물, 각) 등에 해당 된다.

<水>

水라는 것은 계절로는 겨울이요, 천간으로는 壬癸, 지지로는 亥子이고 방위는 北方(北방)이며 수리로는 1자와 6자가 되고 맛으로는 짠 맛(鹹)이며 색으로는 黑 이요, 하루로는 밤이고 성격으로는 智慧, 抱容, 圓滿, 衝動, 忍耐, 適應, 久病, 哀愁, 秘密, 陰凶, 暗

昧, 呻吟, 欺滿, 凝固, 結氷, 溶解, 등에 (지혜, 포용, 원만, 충동, 인내, 적응, 구병, 애수, 비력, 음흉, 앓애, 신음, 기만, 응고, 결빙, 용해) 해당되고,

인체로는 腎氣, 腎臟, 膀胱, 生殖器, 튼 루기, 水分, 혈액, 耳, 排泄物, 聽覺 (폐장, 대장, 골격, 치아, 피부, 기관지, 치질, 맹장, 비, 혈직 후각) 등이 되며 자연으로는 水氣, 水分 海水 湖水 浦水, 江 川 泉, 水脈, 露, 雨, 濕, 氷, 雪, 雲, 霧, 魚族類, 超音波 水産物, 旅館, 食品 酒類, 養殖業, 沐浴湯, 水道 水泳場, 海洋, 船舶, 船員, 造船, 美麗 (수기, 수분 해수 호수 포수, 강 천 천, 수맥, 로, 우, 습, 빙, 설, 운, 霧, 어족류, 초음파 수산물, 여관, 식품 주류, 양식업, 목욕탕, 수도 수영장, 해양, 선박, 선원, 조선, 미려) 등에 소속 되고 있다.

☞ 위에서 설명한 것처럼 다양하게 응용 되고 있으나 언제든지 같은 오행이라도 시기와 장소 상대에 따라 달라지고 있으니 우선 급한 것은 오행에 소속 되어있는 것을 앓기 하는데 있으며 실직적인 응용은 앞으로 계속해 공부 할 것이다.

☾ 命造(명조)에서는 지나치게 많거나 적어도 병이되며, 많고 적다는 것은 상대적이므로 사주 중에 둘 도 많을 수 있고 셋도 부족할 경우가 있으니 어떠한 개수(量)에 의한 결론은 정답이 아니다.
그 이유를 설명하자면 柱中 오행의 生死에 따라 작용이 달라지고 양과 질을 구분해야하고. 양보다는 질을 택하여야 하야 한다.
☾ 四柱 중에 木이 많으면 담력 있고 인정이 많으며 간이 실하나 만약 木이 부족하거나 상하고 있는 형상이라면 간에 병이 오고 인정이 없으며, 火가 많으면 명랑하고 예의바르나 성질이 급하고 바른 말을 잘 하며 숨김없고 거짓 없지만 火가 부족한 상태거나 상하고 있는 형상이라면 걱정이 많고 버르장머리가 없고 신장에 병이 오고 정신이 혼미하며 시력이 약하다. 주중에 土가 많으면 신용 있고 중후하나 묵은 소리를 잘 하며 미각이 발달

되지만 土가 부족하면 위가 약하고 허리도 약하며 金이 많으면 의리는 있으나 인상이 싸늘해서 냉정하게 보여 많은 사람을 상대하기 어렵고 적거나 상하면 폐질이나 기관지가 약하며 水가 많으면 지혜 있고 원만하며 영리하고 청각이 좋은데 허약하거나 상하면 이중성격 자요, 어질지 못하여 우매하며 피로가 자주 오고 비뇨기계통에 질환이 떠나지 않는다. 직업적으로는 야간에 하는 일로 여관 숙집 또는 법조인 식품업이 좋다. 오행이 많다는 것은 없는 것과 같아 많아도 병 적어도 병으로 취급하는 것이며 오행은 건드려야 발동하게 된다.

<조언> 자세한 것은 앞으로 命造를 놓고 자세히 공부하게 될 것이니 조급하게 서둘지 말고 기본을 잘 익혀야 한다는 전 당부 드린다.

오행의 변화와 배속을 한눈에 볼 수 있도록 아래 도표에 기록하여 나타내니 참고 하기 바란다.

오행의 소속

구분/오행	木	火	土	金	水
季節(계절)	春(봄)	夏(여름)	長夏(장하)	秋(가을)	冬(겨울)
人體(인체)	左(좌측)	이마	中央(중앙)	右(우측)	턱
地球(지구)	동양권	더운지방(아랍)	중국	서방세계	소련
方位(방위)	東	南	中央	西	北
數理(수리)	3, 8	2, 7	5, 10	4, 9	1, 6
五色(오색)	靑(청)	赤(적)	黃(황)	白(백)	黑9흑)
五覺(오각)	觸(촉)	視(시)	味(미)	嗅(후)	廳(청)
五味(오미)	酸(산) 신맛	苦(고) 쓴맛	甘(감) 단맛	辛(신) 매운맛	鹹(함) 짠맛

⊙ 재산 계산, 돈의 액수 등의 응용

(1) 아파트나 집의 몇 층에 사는 것인 좋은가?
  木이 희용신이면- 3층 8층 308호, 803호
  火가 희용신이면- 2층 7층 207호, 702호
  土가 희용신이면- 5층 10층 510호, 105호
  金이 희용신이면- 4층 9층 409호, 904호
  水가 희용신이면- 1층 6층 106호, 601호

(2) 사는 집 번지수 응용? 동일한 방법
  16번지면 水는 1, 6 水이므로 물 나온다, 수맥 지나간다, 물 장사(술)한다. 기신이면 아기가 아프다, 서방님 바람피운다,(음습)

(3) 木이 財인데 목에 의해 손해나면 3, 8, 숫자가 따라다닌다.
  300만원 800만원 308만원 380만원, 등

☪ 색상응용은 어떻게 하나?
   木: 푸른색, 청록색, 청바지, 火: 붉은색, 土 : 황토색, 金: 하얀색,   水:검정색,
  火 일주나 火는 실증을 빨리 내고, 탈색도 적색이 가장 빠르다.
  水 는 모든 것을 흡수한다. 전파도 흡수.
  백색 : 모든 것을 배출한다. 의사 간호사들이 하얀 까운 입는 것은 어떤 미생물도 달라붙지 않게 하기 위해서다.

☪ 木은 觸角이다. 동양인은 촉각이 발달 되어있다.
   火는 視覺이다. 남이 못 보는 것 본다. 사람 보는 눈 정확하다.
   土는 味覺이다. 혀 맛, 土가 없으면 음식 맛 잘 모른다.
   金은 嗅覺이다. 냄새 맡는 데는 일등이다.
   水는 聽覺이다. 남이 듣지 못하는 소리도 잘 듣는다. 귀가 적거나 뒤집히면 남의 말 잘 안 듣는다.

五性(다섯 가지 성품, 품성)

木	火	土	金	水
仁情 인정 있고	禮儀 예의바르고	信用 믿음 정직	義理 의리 용감	智慧 지혜 영리
剛直 굳고, 곧고	躁急 마르고 급함	重厚 무겁고 후함	冷情 싸늘하다.	圓滿 둥굴고 무던
喜 기쁨, 즐김	樂 즐김, 풍류	思 생각이 깊다	怒 성냄, 화냄	哀 슬프다
慶事	明朗	蹇滯	急速	包容
正道	達辯	虛驚	肅殺	秘密
有德	率直	久事	變革	忍耐
硬化	分散	集結	堅實	凝結
曲直	炎上	稼穡	從革	潤下

木 은 인정 있고 강직 즐거움 경사 정도 덕 경화(굳는다)
火 예의 조급 즐거움 명랑 달변 솔직 비밀 못 지킴 시각 직감력

土 느림 지구전 虛驚(잘 놀램) 久事(옛날이야기)집결 신용 가색.
金 조급(급함) 숙살(쇠 소리)혁명 개혁
水 비밀 슬픔 눈물 음큼, 金水가 많으면 근심걱정 끼고 산다.
ⓒ 庚戌; 한일합방. 乙酉: 해방. 庚寅: 6.25. 庚子: 4.19. 辛丑:5.16.
  庚申: 광주사태, 등 혁명적이고 개혁적인일이 발생한다.

臟腑 配屬表(장부 배속표)

木	火	土	金	水
肝 膽 간 쓸개	心 小 심장, 소장	脾 胃 지라 밥통	肺 大 폐 대장	腎 膀 신장 방광
神經 신경	精神 정신	肌肉 기육	骨格 골격	腎氣 신기
手足 손발	視力 시력	腹 배	皮膚 피부	泌尿器 비요기
毛髮	顔	腰	齒牙	水分
風	體溫	脅	氣管支	唾液
頭	熱	濕	燥	寒
咽喉	血壓	腕	造血	疝

木 : 肝(간 간) 木일주는 간덩이 크다. 膽(쓸개 담) 신경, 咽喉(목구멍인 목구멍 후), 手足(손수 발족) 毛髮(털모 터럭발): 인생에서 성감을 자극하는 것은 최고다. 스님 군인 들은 성감을 둔화시키기 위해서 삭발 한다. 風(바람 풍)끼가 있다. 木은 인체에서 頭(머리 두)이며 긴 것이다.

火 : 心臟(마음심 오장 장) 火일주는 심장 좋고, 小腸(작을 소 창자 장) 精神(찧을 정 여기서는 맑을 정, 귀신 신 여기서는 영혼 신 혼 신) 視力(볼 시 힘력) 顔(얼굴 안) 體溫(몸체 따뜻할 온) 熱(더울 열)血壓(피혈 누를 압 여기서는 막을 압) 火가 많으면 혈압 높다. 체온이 높다.

土 : 脾臟(지라 비 오장 장) 胃(밥통 위) 肥肉(살찔 비 고기육) 腹(배 복) 腰

(허리 요)土가 약하면 요통(腰痛-허리 아픔) 濕(젖을 습-흙이 있는 곳은 십리 밖의 수분도 흡수 되어 들어온다.) 木多土弱: (위산과다로 고생한다. 木은 酸이다)

金 : 肺(허파 폐) 金 일주는 폐활량 좋고, 大腸(큰 대 창자 장) 骨格(뼈골 격식 격) 皮膚(가죽 피 살갗 부) 氣管支(기운 기 대롱 관 支지탱할 지) 뼈(뼈에서 피를 만들어(造血)주는데 金이 많으면 피가 많다) 대장이 열 받으면 변비, 차가우면 설사.

水 : 腎臟(콩팥 신 오장 장)水일주는 스테미너가 좋다. 膀胱(배 방 오줌통 광) 腎氣(콩팥 신 기운 기) 비뇨기계통, 기본체력 스테미너 성감의 강약, 寒(찰한-겨울은 춥다) 疝(산증 산-고환 어린이들이 고환이 붓는 것을 산증이라 한다) 金이 많으면 피가 많아 O형이 많다.

五官(오관)

木	火	土	金	水
目	舌	口	鼻	耳
눈(눈목)	혀(혀설)	입(입구)	코(코비)	귀(귀이)

[강의노트]

五官이란 다섯 군데 공무를 집행하는 곳, 즉 官은 벼슬관자지만 공무를 집행하는 곳이라는 의미로 쓰인다.

木은 눈이다, 火는 혀로서 혀는 말하는데 쓰인다. 그러므로 火는 말 잘한다. 외국어도 잘한다. 설득력이 좋다. 土는 입이다. 土는 개그맨 싹 나팔 같아서 말 잘한다. 이름에서 田씨는 口가 네 개이므로 田씨 치고 말 못하는 사람 없다. 말 잘하게 하려면 이름끝자에 口자를 넣어서 이름 지어라! 東日 金은 코, 水는 귀는 귀요, 청각.

五精(오정)

木	火	土	金	水
魂	神	意	魄	精
혼(넋혼)	신(귀신신)	의(뜻의)	백(넋백)	정(맑을)

[강의노트]
　살아있는 것 精(水) 神은 火이고 죽은 것은 魂(木) 魄은 (金)

　　　　　　　　　　五聲(오성)

木	火	土	金	水
呼	言	歌	哭	呻吟
호(부를호)	언(말씀언)	가(노래가)	곡(울곡)	신음(끙끙거림)

[강의노트]
친척이 죽었을 때 우는 형태를 오행 별로 분류하면
　木은 부르면서 운다, (어머니, 어머니, 하고 부르는 부를 호, 소리 내어 부르는 뜻) 火는 말 하면서 운다, (어머나 어저께 까지 나하고.....) 土는 박자 맞추듯 노래하듯 운다, 歌 소리 내어 억양을 붙여 읊다. 金은 곡하고 운다, 哭 노래하듯 운다는 뜻, 水는 콧물 눈물 흘리면서 끙끙 앓듯 신음 하면서 운다. 呻吟은 끙끙거리 신 읊을 음인데 끙끙 앓듯 읊는 것, 흑흑 거리며 운다.

　　　　　　　　　　五音(오음)

木	火	土	金	水
角	微	宮	商	羽
각(뿔각)	미(작을미)	궁(집궁)	상(헤아릴상)	우(깃 우)

[강의노트]
　木은 角인데 角은 뿔각자지만 오음의 하나로 꿩의 우는 소리 角角이라 했다. 火는 微자로 微는 작을 미 자로 미미하다 희미함 어슴푸레함, 土는 宮자로 소리음으로 궁인데 오음의 하나, 金은 商인데 商은 장사 상 헤아럴 상자지만 오음으로는 음 이름 상자로 오행성에서는 가을 상 서쪽 상으로 쓰인. 水는 羽 자로 羽는 깃우 즉 새의 깃털을 뜻하지만 오음으로는 음이름 우자로 가장 맑은 음이라는 뜻으로 쓰인다. 그래서 오행성에서 五 音으로 角微宮商羽라 한다.

☞ 이와 같이 한자는 뜻글자로서 뜻하는 바가 많아 공부하기 매우 어렵다. 오행을 공부하면서 한번쯤은 짚고 넘어가야 하기에 편집자도 많은 시간을 들여 각각의 뜻을 찾느라 진땀을 빼면서 찾아냈다.

五香(오향)

木	火	土	金	水
臊	焦	香	腥	腐
조(누릴조)	초(그을릴)	향(향기향)	성(비릴 성)	부(썩을부)

[강의노트]
　木은 臊인데 누린내가 남, 짐승고기냄새. 火는 焦로 불에 그린다는 의미로 검게 타는 또는 마음이 탐 등으로 오음에서는 검게 타고 그을리는 냄새라는 뜻. 土는 香으로 향기롭다, 불에 태워 향기로운 냄새를 뜻하여 香焦라 한다. 금은 腥으로 비린내 남, 날고기 성 비린내성으로 月은 肉부이고 星은 별 성자로 고기 속에 별과같이 박히는 흰 지방이 있는 차돌박이 고기라는 뜻으로 腥자가 구성 되어있는데 일단 냄새 즉 오향으로는 비린내를 뜻한다. 水는 腐자로 썩은 냄새, 부패함을 뜻한다.

五物(오물)

木	火	土	金	水
草木	羽族	足腹	昆虫	魚族
초목(푸름)	우족(날음)	족복(발과 배)	곤충(벌레)	어족(생선)

[강의노트]
　木은 초목으로 나무나 풀 넝쿨 식품 木일주는 나무 풀 채식을 좋아한다. 火는 우족으로 날아다니는 짐승 새 종류 새는 교미시간이 0,1초다. 그래서 남자가 화를 많이 가지고 있으면 조루증환자다. 土는 족복으로 발이나 배 즉 네발로 기어 다니는 동물 그래서 土일주는 고기 좋아한다. 金은 곤충으로 갑곤동물 변화 동물, 金일주는 게장 번데기 등이 좋다. 金은 피를 만드는 작용이다. 그래서 민간요법으로 빈혈 오면 번데기 먹으라고 한다. 수는 어족으로 생선, 회를 좋아한다.

五鬼(오귀)도 있다. 木은 나무귀신(木鬼)으로 매맞아죽거나 목매달아죽음. 火는 火鬼로 불에 타죽은 귀신, 土는 土鬼으로 埋沒鬼神, 金은 쇠귀신, 자동차사고, 水는 水鬼로 물귀신 물에 빠져죽은 귀신이다. 응용할 때는 많은 것은 병이다 그래서 金이 많으면 자동차 조심해라 자동차에 치어 죽은 귀신이 붙어있다. 라고 하고 木이 병이면 목매달아 죽은 귀신, 水가 병이면 물에 빠져죽은 귀신, 土가 많으면 흙에 매몰 된 귀신으로 옛날에 구봉광산에 양창선이 매몰되어 구사일생으로 살아났던 기적 같은 일이 있었다. 요새도 공사현장에서 흙이 무너져 매몰되어 죽는 경우도 종종 있다.

五雨(오우)도 있다. 木은 뢰우(雷雨) 火는 폭우(暴雨) 土는 몽우(濛雨) 金은 설우(雪雨) 水는 린우(霖雨)로 비가 많이 온다. 오행의 일진에 비교하여 비오는 형상을 추리한다. 天時를 추존한다.

 木 일진에 뇌성 번개 치며 비오고, 火 일진엔 폭우처럼 쏟아지다 지나가는 비, 土 일진엔 이슬비 가랑비 濛자는 가랑비 몽 자이고, 金 날엔 雪雨니까 우박 쏟아진다. 水날엔 장마 비로 린(霖)자는 장마 린이며 비가 많이 온다.

五雲(오운)도 있다. 木은 靑雲 火는 赤雲 土는 黃雲 金은 白雲 수는 黑雲으로 구름 색깔로 연결하면 파란구름- 비 안 온다. 붉은 구름- 羽族류로써 새털구름으로 비 안 온다. 黃雲은 노을 지는 것이고, 白雲은 하얀 구름 흰 구름은 금방 먹구름으로 변해 비가 온다. 黑雲은 검은 구름으로 비가 온다. 壬癸일은 야외행사 잡지마라 비오는 날이다. 壬午 일은 오전은 비오다 오후에 그친다.

五果(오과)도 있다. 木은 李(오얏)요, 火는 杏(은행)이고 土는 棗(대추) 金은 桃(복숭아)요, 水는 栗(밤 율)이다. 제사상에 紅東白西로 붉은 것은 동쪽이고 흰 것은 서쪽이라 하나 가풍에 따라 달라질 수도 있다. 대추씨는 하나로 임금님이고, 밤은 세 톨로 삼정승이며, 감은 씨가 여섯 개라서 육판서요, 배씨가 8개라서 팔도관찰사이며 빨강색 적 포로서 임금님을 상징한다. 이와 같이 과실을 이용하여 벼슬로 연결시키기도 한다.

오행 배속 표

오행	木	火	土	金	水
五穀 오곡	麥 맥(보리)	黍 서(기장서)	粟 속(조속)	稻 도(벼도)	豆 두(콩두)
五菜 오채	菲 비(채소이름)	薙 치(풀깎을치)	蔡 채(풀 채)	蔥 총 (파총)	萑 추(익모초 추)
五象 오상	浮 부(뜰 부)	炫 현(밝을현)	際 제(사이 제)	橫 횡(가로횡)	凝 응(엉길 응)
오행을 자연에 비유해서 추리함	蒼氣 창기	赤氣 적기	黃氣 황기	白氣 백기	玄氣 현기
	雷 (우뢰 뢰)	電 전(번개 전)	霧 무(안개 무)	霜 서리 상	雲 구름 운
	風 풍(바람풍)	星 성(별 성)	氣 기(기운 기)	精 정(맑을 정)	露 로(이슬로)
	棟梁 동량	爐冶 로야	岸山 안산	金鐵 금철	海浦 해포
	枝葉 (지엽)	燈燭 (등촉)	田畓 (전답)	金銀 (금은)	泉川 (천 천)
	木 (나무목)	花 (꽃 화)	過度 (과도)	實果 (실과)	收藏 (수장)
	晨 신(새벽신)	晝 주(낮 주)	長晝 장주(한낮)	夕陽 석양(저녁때)	夜 야(밤 야)
	根 (뿌리근)	電氣 (전기)	堤防 (제방)	銅線 (동선)	湖水 (호수)
	草 (풀 초)	光線 (광선)	砂 (모래사)	斧斤 (부근)	雪 (눈 설)
	林 (긴장)	電磁波 (전자파)	岩石 (암석)	非金屬 (비금속)	氷 (어름빙)
	長 (긴장)	逆上 (역상)	圓 (둥글원)	角 (뿔 각)	美 (아름다울)
	左 (왼 좌)	上 (위 상)	中央 (중앙)	右 (오른쪽우)	下 (아래하)
	暖 (따뜻할난)	暑 (더울 서)	伏中 (복중)	凉 (서늘할량)	寒 (찰 한)

[강의노트]
<1>
木은 浮(뜰 부-뜬다): 푸른 기운, 우레, 바람, 새벽, 따뜻하다.
火는 炫(밝을 현-밝다,): 붉은 기운, 전기, 별, 낮, 덥다.
土는 黃(누를 황-누런빛): 안개, 氣
金은 橫(가로 횡-자른다): 서리요, 맑고 서늘함 단단함 격식이다.
☾ ✱ 金 일주 여자는 火가 남자다, 火가 제대로 되어있으면 남자만 봐도 전기가 와서 정신없다. 金은 많은데 火가 없으면 전기가 안 온다. 남자 봐도 남자로 안 보인다. 무시한다. 그래서 시집가봤자 소박맞기 십상이다. 궁합 볼 때 참고해야한다.
水는 응고다, 검은 기 구름 이슬 밤, 차다.

<2>
木은 棟梁(동양: 용마루 동 대들보 양) 큰 나무, 아름드리 나무, 枝葉(지엽: 가지 지 잎 새 엽) 작은 나무 넝쿨 식물, 나무 뿌리 풀 숲 길다, 좌측 봄.
火는 爐冶(로야: 화로 로 불릴 야) 용광로 풀무야 등촉 등잔불 촛불 전기 꽃 광선 빛 전자파 위 여름.
土는 岸山(안산: 언덕 안 뫼 산)전답 과도기 제방 모래 암석 등 굳다 중앙 戊토는 언덕 산 벌판이라면 己토는 전답
乙 乙 己 丁   처에서 우로 간 사주이다. 己토 일간 전답에 乙
０ ０ ０ 卯 목은 살아있는 풀 음지 밭에 풀 나무가 많아 곡식이 못 된다. 사람 노릇 못한다. 소식팔자다, 숨어사는 들어내지 못하는 직업 토질로 연결하면 卯木은 시지 乙목은 년 월간에 나타났으니 토질이 산성화 돼서 밭이 버린다. 土 흙에 水多하면 반죽이 잘 안 된다. 일 시켜도 일 망친다. 水는 어둠 음지 이므로 음지 땅으로 농사 안 된다. 흙에 金이 많아도 철분 많으면 나무가 크지도 못한 나무가 꽃 핀다. 못된 엉덩이 뿔난다. 되지도 않는 일에 엉뚱한 짓 하고 있다.

金은 쇠 과실 열매 동선 도끼 연장 비금속 알루미늄 스텐레이스 처 각 가울 사주에 金이 없으면 열매 없는 사람이다. 乙木에 金多하면 가지가 찢어진다.

水는 바다 물 냇물 샘물 밤 어둠 호수 얼음 눈 아름답다 예쁘다 아래 겨울

오행에 맡는 직종 도표

오행	木	火	土	金	水
오행에 맡는 직종 기록함	文敎(문교)	文公(문공)	農水産(농수산)	國防(국방)	法務(법무)
	遞信(체신)	動資(동자)	建設(건설)	交通(교통)	外務(외무)
	保社(보사)	科技(과기)	內務(내무)	運輸(운수)	食品(식품)
	木材(목재)	商工(상공)	統一(통일)	車輛(차량)	酒類(주류)
	織物(직물)	電氣(전기)	土建(토건)	機械(기계)	水産物(수산물)
	纖維(섬유)	化工(화공)	不動産(부동산)	製鐵(제철)	養殖(양식)
	粉食(분식)	油類(유류)	土産品(토산품)	鑛山(광산)	水道(수도)
	家具(가구)	航空(항공)	穀物(곡물)	工具(공구)	氷菓類(빙과류)
	藝能(예능)	化學(화학)	骨董品(골동품)	洋品(양품)	冷凍業(냉동업)
	農場(농장)	火藥(화약)	宗敎(종교)	金銀細工(금은세공)	遊興業(유흥업)
	育林(육림)	文化(문화)	中媒(중매)	整備(정비)	貿易(무역)
	樂器(악기)	暖房(난방)	仲介人(중개인)	鐵物(철물)	船員(선원)
	花園(화원)	消防(전기)		古物(고물)	旅館(여관)
	竹細工(죽세공)	家電(가전)		警察(경찰)	造船(조선)
	木刻(목각)	電子(전자)		運動(운동)	沐浴湯(목욕탕)

☾ 도장 파는 응용 방법: 木은 길다. 도장도 길게 글씨도 길게 색은 푸른색 나무 도장, 火는 초서로 색은 빨간 계통으로, 土는 둥글게 고인체 황색계통으로, 金은 각도자장 갑골문자 딱딱하고 반듯하게 상아도장 흰색. 水는 예쁘게 검정색상으로.

[강의노트]
<1>
　木은 교육부분인 문교 체신 보사 또는 목재(木일주는 건축가) 직물 섬유(木은 자연 섬유 火는 화학섬유)가구 예능(木은 예체능: 木은 끼가 있다, 그중에서 乙목 일주는 음악 좋아한다, 음악 감상 좋아하시네요, 乙목 일주 아가씨는 음악 감상실에 가서 꼬셔라, 乙목 일주 손님이 오면 풍악부터 울려라) 농장 육림 악기 화원 축세공 목각(도장) 분식(스넥코너) 乙목일주는 음대 예체능에 보내세요, 木은 악기 잘 다룬다.
　火는 문공부(말 잘하므로 정부 대변인 火일주는 대변인 노릇 잘한다.) 동자 려기 성공 화공계통 전기(한전에 취직하려면 火가 있어야 한다) 주유소 항공(공군 항공대)화학 화약 문화 난방 (냉난방 같이 들어간다, 극과 극은 통한다) 소방 가전 전자, 火가 나쁘게 작용할 때; 요즘 집에 가전제품 사거나 버렸던지 가전제품으로 속상한일 있었나요?, 라고 물어보라, 火는 벤처사업 전자파 (火生土로 전자파 먹는 것은 土다)
　土는 農水(농사짓는 것) 건설-토목과, 내무- 중앙이니까 행정 내무, 통일 - 집약이고 중화작용(戊辰년 88올림픽으로 모든 나라가 집결했다. 남북통일도 土가 지배하는 戊戌 戊辰 같은 해 통일된다. 독일은 東西로 횡으로 근방 합쳤다, 그러나 우리는 南北으로 합치기가 어렵다. 南男北女는 양이 남이고 음이 북이라서 할 말이고 부동산 중개업 토산품 곡물 공동품 토건 부동산 종교 중개인 이 좋다.

金은 金鐵 국방 쇠 소리 나는 직업 교통 운수 차량 철물 제철 정비 광산 공구 양품 금세공악세사리 고물 경찰 운동 금은 손이 맵다.

水는 법무 氵에 去(갈 거)가 法이다. 물은 수평이므로 만인은 법 앞에 평등하다. 외무 국제적 식품 주류 수산물 양식업 수도 수도사업소 근무하려면 사주에 水가 있어야 한다. 빙과류 냉동업 유흥업 무역 선원 여관 조선 목욕탕 水일주는 목욕업 잘 맞는다.

☞ 木은 머리 이므로 정신 신경과, 火는 시력이므로 안과, 土는 내무 이므로 내과, 金은 피부과 성형외과 水는 어둠 잦이므로 마취 의사 비뇨기과가 좋다.

☞ 외국어: 木 은 일본어, 火는 아랍어, 土는 중국어, 金은 영어, 불어, 水는 러시아어가 좋다.

<2>
오행중 水의 특성: 수는 1과 6 이므로 물(水)과 눈(雪)이 모두 육각형이다. 水가 많은데 얼어있으면 자율신경 마비다. 추우니까 여자는 공방살이다. 어렸을 때는 오줌싸개다. 水는 어둠 잦이므로 비뇨기과 마취의사와 관련 있다. 水는 소련(북극)을 상징 하므로 어둠, 밤 비밀(크레물린)이다. 壬水 일주는 지혜 있고 환경적응 잘 한다. 잘 돌아 다닌다. 집에 있으면 병 생긴다. 법정 외교 무역업이다. 음식 짜게 먹는다. 반찬 많이 먹는다. 水일주 여자는 바쁘게 활동하고 사회생활 해야 먹고 산다. 水는 오행중에서 산소를 얻는 곳이다. 水는 식성 중에서도 회 생선 어족류 이다. 水가 財이면 관리 잘 해야 한다, 물은 흘러가면 다시 안 온다. 신장 방광 스테미너다. 사주에 土多水塞(토다수색: 土가 많아 물이 막혔다) 이면 신장결석, 방광 결석이다, 水가 남편이면 법관 법무사 사법서사라도 해야겠다. 水는 응결(凝結)되면 팽창 된다, 그래서 水가 많으면 똥

뚱하다. 마취가 잘 안 된다. 물에 희석 되므로 약 많이 먹어야 약 발 받는다. 水多하면 식지적으로는 영리해도 멍청해 보인다. 물은 항상 흘러가야 생명력 있다, 고로 水일주는 나가서 돌아다녀야 한다. 水는 몸에서 나오는 배설물이다, 그래서 水多하면 눈물 많다. 水는 進化(진화)해야 하므로 유전공학이고 수도 사업이요, 지혜, 려로 본다. 水가 많은 번지는 16, 61번지다. 목욕탕 음식점 수족관 술집이고 水는 시작의 명수로 선발대 기획관계 업무가 좋다.

木의 특성: 肝 인데 열 받으면 담즙이 모자라서 소위 항달 생긴다. 진행하면 측달 간암인데 3 : 8 木이므로 3개월밖에 못산다. 목은 간덩이 크다. 손이 크다. 뭐 사도 많이 사고 인정 많다, 목은 手足(수족: 손 발)을 의미한다, 手德 9수덕)있어 복권당첨 잘 된다, 木은 신맛으로 체직개선 시켜준다. 木이 財로 아내가 인정 많다.

火의 특성: 시각이 발달 해 있어서 사람판단 정확히 한다. 면접 보는데 활용하라, 배우지 않아도 잘 알고 하나를 가르쳐주면 둘로 활용해 쓴다. 눈썰미가 기가 막히고 직언 잘하고 참을성 인내력 부족본인자랑 산만하다, 늘어놓기 선수요, 수습은 별로다, 따발총이고 명랑하고 놀기 좋아하고 성질 급하고 기분에 죽고 기분에 사는 것이 火의 특성이다.

土의 특성: 신용 있고 신앙이며 무속이고 중립국가 이고 후덕 후중하고 예의도 잘 지킨다, 메주덩이같이 두툼하다.

金의 특성: 후각 취각 냄새 맡는데 1 등이다. 金이 흉하게 작용하면 코 먹은 소리 축농증 이고 金은 피부이므로 피부가 약하면 (金弱) 진흙 팩(土生金) 해야하고 金多하여 피부가 약하면 소금 맛

사지 하면 된다. 金은 뼈에 해당하므로 火多하면 火剋金으로 뼈가 약하다, 金生水로서 뼈에 피를 만드는데 火剋金하므로 金生水 못하여 빈혈 골다공증 이 발생한다. 金은 角(뿔각)이므로 金은 손매가 무섭다, 金은 피부과 피부미용 마무리, 결실이다. 金일주는 마무리는 확실히 한다. 金은 肅殺之氣(숙살지기)로서 눈에 살기가 있고 완벽주의자로 여자가 금이 많으면 완벽한 남자 원한다. 직장에서는 감사계통 공장에서는 검사계통으로 마무리 계통에서 일한다.

<2>
木 : 핸드볼. 골프 등의 손재주
火 : 설득력이 좋고 싫증을 빨리 느끼고 명랑하고 권태기가 빠르다.
　　 火일주는 이마가 넓다. (신약은 제외) 火는 연상으로 점프력이 좋아서 높이뛰기 잘한다.

木 : 분식채식　火 : 탕　金: 변화 동물. 번데기. 게장. 갑각류.
土 : 고기. 네발달린 짐승. 궁중요리　水 : 회. 수산물. 생선

木이 財이면(金日主)
　나무는 천천히 자라므로 일확천금은 안 된다. 따복딱복 쌓아라. 나무 木은 자주 옮기면 죽는다. 재산변동 자주하면 간다. 고로 투자신탁. 장기적금으로 따복따복 쌓아라, 財는 음식 식성이므로 채식을 좋아한다. 財가 木이면 木은 커야 사용하므로 키워서 잡아먹는다. 官이면 키 크고 인정 있다.

火가 財이면 (水日主)
　火는 불이므로 속성속패한다. 형제수가 있다. 불터나게 많은 돈이다. 그러나 꺼지면 재만 남는다, 고로 벌기는 잘하고 나가기도 잘한다. 火인 財를 가두려면 무조건 땅에 묻어라, 戊土인 온돌방을 연상하라, 壬戌일주면 돈 들어가면 나올 줄 모른다. 앉은자리에 재고로써 돈하고 연애한다. 火가 官이면 예의 있고 이마가 넓다.

土가 財면 (木日主)
　무조건 땅에 묻어라 땅 사라, 부동산사라 사주에 土가 많으면 땅 많다. 財마누라면 신용 얻어야 하고 官이면 얼굴이 둥글넓적하다.

金이 財면 (火日主)
　현금으로 보아도 된다. 쇠붙이 쳐강이 좋고 금은보석을 사두거나 돈놀이 잇수 잘한다. 살림 튼튼하다. 財마누라면 의리 있고 官이면 냉정하다.

水가 財면 (土日主)
　火가 財인것과 같은데 극과 극은 통한다. 태양과 물이 내 것과 같아서 잘 벌린다. 물장사 등은 땅 깊고 헤엄치기다. 그러나 관리 잘해라 내손에서 돈 떠나면 안 온다. 물은 흘러가면 역류하지 않는다. 고로 水는 마누라면 집에 가두어 놓으면 마누라 생병난다. 취미생활하고 돌아다니라.

☆ 女子: 乙巳 日主는 고란살 남편 덕 없다. 日支에 傷官으로 혼자 살지 못 한다 乙庚合으로 합많하면 자식 생긴다. 시집가면 남편이 친자 감별하자 하고 의처증 생긴다. 戊든이 庚남자에게 간다. 乙木이 巳를 만나니 木生火로써 인정 많아 주머니가 빈다. 정절이 약하다. 먹 준다, 을 보면 된다.
丙寅 : 숯불 나무와 관계된 꽃. 약초
丙午 : 기름불. 가스 불 독소(양인)가 있는 꽃
丙戌 : 화로 불(화덕에 있는 불씨) 시들어가는 꽃

ㅇ 丙 ㅇ　마누라가 세상을 떠난다. 戌(백호) - 배우자궁에 백호로,
酉 戌 ㅇ　불 항아리. (庫)속에 辛(정재 있어서) - 戌 토는 火庫支

甲	丙	壬	庚	戊
午	午	午	午	午
青	赤	黑	白	黃
馬	馬	馬	馬	馬

(女) 壬寅 日主 : 木剋土이다. 寅中 戊土가 남편이다.
자기가 벌어야 한다. 식상 水일주는 바쁘게 활동해야 먹고산다.
己亥 日主: 음지의 전답이다. 亥水인 물에 己土가 떠내려간다. 위장병 위경련 주의하라, 술 먹으면 심해지니 술 먹지마라 여성은 소식 팔자- 술은 물이라 그렇고 음지라 숨어사는 팔자란 말이다.
辛酉 日主: 베어링과 같아서 전차가 지나가도 끄떡도 없겠네요,- 음 금이라서 작은 구슬을 베어링에 비유 한 말.
丙午 日主: 불꽃같은 성격이네요, 양인에 천지가 불이라서 한말.
甲寅 日主: 동양지목 대들보 장작개비 무뚝뚝하다(남. 여 모두)사랑 앞에서는 버들가지 되더라, -木은 강한 것 같지만 柔하다.
甲午 日主: 木에 火꽃이 피었으니 속에 피었으니(日支)속살이 예쁘다. 木은 모발인데 午火에 탔다 반 곱슬머리,
乙酉 日主: (1) 항상 남자가 따라 다닌다. - 일지에 관을 놓아서 한 말.
　　　　　(2) 남자가 의처증 생긴다. (40대) -
　　　　　(3) 바위 위의 화초다. - 지지에 酉금 바위위에 앉은 화초
庚辰年: 庚은 백색. 辰은 土로 金水가 지배하는 운이다. 金은 혁신 바꾸는 것으로 자주 바뀐다. 하얀 옷이 유행하고 金은 쇠붙이로 우주복 비슷하다. 金은 西方으로 서양에서 시작하여 土는 중국이므로 중국에서 끝난다. 金水가 지배 하므로 서늘한 날씨 여름의 해수욕장 안 된다. 서늘한 기운이므로 조생종을 심어라, 金은 우박으로 우박이 많이 내린다. 음악: 金은 조급함. 빠르면서 土는 궁상각치우중의 宮이므로 타령조 즉 빠른 템포로 시작하여 타령조가 들어가는 음악(작곡자에게 덕 해주라) 天干은 서양풍. 地支는 동양풍이다. 활용해라 辰의 운으로 금년에는 지진이 많다.
辛丑: 日支가 庫이고 효신 살이다. 庫는 죽는 것이고. 인수이니 죽었다 다시 살아날 거와 비슷하다.
甲寅 : (여) 고란살로써 (남자가 甲寅 財가 마누라면 정조관념 있고 머리 좋다) 혼자 살려는 마음이 강하다. 자신의 주관을 지킨다. 장작개비 송죽(松竹)같은 나무다. (정몽주의 한생) 아름드리나무다.

제 2 편
<1> 天干과 地支

[실증철학 원문]
<가> 天干(十干)
  甲乙 丙丁 戊己 庚辛 壬癸

<나> 地支(十二支)
  子 丑 寅 卯 辰 巳 午 未 申 酉 戌 亥

  천간은 계절의 순환법칙(天干은 季節의 循環法則)에 따라 木 火 土 金 水 의 순으로 甲에서 시작하여 癸까지 10으로 주기적으로 순환하고 있으면서..........
  지지는 子로 시작하여 亥에서 끝이 나고 또다시 子로 이어지고 있음은 지지 역시 계절의 순환 법칙에 따라 구성 되어 잇고 또 하루로서는 하루의 시작과 끝으로서 나열되어 있음과 동시에 음양의 법칙에도 한 치의 어긋남이 없으니,

[강의노트]
  木(甲乙) 火(丙丁) 土(戊己) 金(庚辛) 水(壬癸)의 순으로 甲에서 癸까지 주기적인 순환을 하고 있다. 陽이 다섯이고 陰이 다섯으로 완전한 균형을 이루고서 항시 陽다음 陰이고 陰다음에 陽으로 양변음. 음변양의 법칙(陽變陰. 陰變陽)의 법칙을 적용하고 있다.
  地支또한 子에서 시작하여 亥에서 끝나고 다시 子로 이어지는 순환의 법칙에 따라 구성되어 있고 陽이 여섯이고 陰이 여섯으로 균형을 이루고 있어서 天干은 天干대로 地支는 地支대로 각기 순환하면서도 天干과 地支가 서로 이합집산(離合集散)하면서 하나의 개체가 형성되는 것이다.

天干과 地支는 한 기둥(같이 움직여서)柱라하고 天干에서 시작하여 地支에서 끝나며 天干은 남자이고 地支는 여자이며 여자는 복잡하고 비밀이 많고 혼자서도 성의 희열(생리)을 느끼고 남자보다 강하다.

[실증철학 원문]
　　다시 말하면 어떤 物(물)이든 음과 양의 조화로서 生成(생성) 消滅(소멸)하듯 천간과 지지도 양만으로는 생존 할 수 없으며 또 지지도 음만으로는 조화를 이룰 수 없음이라,

[강의노트]
　　그러므로 천간은 지지에 의해 生死(생사)가 좌우 되고 지지는 시기와 환경에 의하여 생사가 좌우됨은 천간 남자는 지지 여자에 의하여 뿌리하고 지지 여자는 천간 남자에 의지하면서 공생하고 있는 것과 같이 천간과 지지도 서로가 합하여 싫든 좋든 간에 하나의 기둥을 형성하고 있는 것이다.
　　여기에도 하나의 법칙이 있으니 양간에는 양지를 음간에는 음지를 배합하여 서로가 짝이 되게 하고 있는데 이는 나무를 접목 할 때도 반드시 같은 과(科)일 경우에만 가능한 것과 같은 이치로 천간의 시작 甲(陽)과 음간의 시작 子(陽)가 처음으로 짝을 하니 이것이 60갑자의 시작인 것이다.
　　또 지지는 음으로 여자요, 고정에 꽂이 되어 움직이지 않고 있어 천간이 지지를 따라 움직이고 있어 60甲이 되고 六十甲子를 여섯번 하면 360이 되는데 이는 중년의 음력일 수가 되는 것이다.
이 六十甲子는 甲에서 亥까지 일순(一旬)을 주기로 하여 60으로 통일 되어 甲子에서 癸亥로 끝이 되고 다시 癸亥에서 甲子로 순환 하고 있는 것을 보면 시작도 끝도 없는 것이며 육십갑자가 구성 되는 동안 여섯 번 움직이고 있는 것이다.

그리고 六十甲子는 년도는 年度대로 움직이고 월은 月대로 일은 日대로 시는 時대로 각기 순환 하면서 지배하고 있는 육십갑자의 순서를 출생 된 年 月 日 時에 해당된 것을 찾아 기록한 것이 바로 四柱가 성립 되는 것이니 예을 들어 2017년 양력 5월 9일 20시에 태어난 남자의 사주라면 사주팔자는 음력으로 계산하는 것이므로 2017년 음 4월 14일 술시가 되는데 네 기둥을 세워보자면 丁酉년 乙巳월 丙申일 戊戌시가 되고 이날은 19대 대통령선거라는 특별한 국가적 행사가 있던 날이다.

[강의노트]
天干: 陽 男子 動 始作 자랑, 十進法
地支: 陰 女子 靜 終末 수장, 十二進法

天干의 陽 - 甲 丙 戊 庚 壬
天干의 陰 - 癸 辛 己 丁 乙

地支의 陽 - 子 寅 辰 午 申 戌 - 순행
地支의 陰 - 丑 亥 酉 未 巳 卯 - 역행

陽八通四柱 : 양이 많으면 음이 죽는다. 남자가 陽多陰死면 영웅, 대장노릇하고, 여자면 여걸이다.(사내같이 산다)
陰八通四柱 : 음이 많으면 양이 죽는다, 남자면 소극적이고 여자는 陰多陽死로 부부해로가 어렵다.
陽 四柱 : 사주에 木火가 많은 사주로 활발하고 나서기 좋아한다.
陰 四柱 : 사주에 金水가 많은 사주로 근심걱정 끼고 산다. 울기도 잘한다. 음치이고 눈물 슬픔 많고 어린애도 음이 많으면 잘 운다.
☞ 천간은 시작이고 지지는 끝이다. 즉 결론(결과)은 지지가 내린다. 고로 무엇을 시작해도 결론이 말해주므로 지지가 중요하다.

천간은 지지에 의해서 생사가 좌우 되고 지지는 시기와 환경에 의하여 생사가 좌우됨은 천간 남자는 여자에 의하여 뿌리하고 지지 여자는 천간 남자에 의하여 공생하고 있는 것과 같이 서로가 합하여 하나의 기둥(柱)을 형성 하고 있다.

간지의 형상(干支의 形象)
天干 : 陽 남자 動 시작 동양 날줄 10진법 외적 정신 明 終 자랑 상반기 오전.
地支 : 陰 여자 靜 종말 서양 12진법 씨줄 내적 물질 暗 橫 收藏 하반기 오후.

六十甲子는 년도는 年度대로 움직이고 월은 月대로 일은 日대로 시는 時대로 돌고 있다. 이것을 찾아서 세우는 것이 사주이다. 천간과 지지는 같이 움직인다. 천간 남자는 지지 여자를 만나지 않고는 살 수가 없다. 천간은 지지에 의하여 生死가 좌우 된다. 그래서 혹 아비는 이가 서 많이고 냄새난다. 여자는 혼자도 버틸 수 있다. 독하긴 음인 여자가 독하고 여자가 한을 품으면 오뉴월에도 서리가 내린다고 한다. 결혼이란 사랑하는 남자 나무와 신부라는 여자 나무가 접목되어 지는 것이다. 어느 한 나무가 부식하면 접목되지가 않는 것이다. 서로 존중하고 충실해야 서로 살아간다. 이 모든 것이 음양의 이치다.

甲子 甲이라는 나무에 子라는 추운물이 가세하니 나무가 떠내려간다.
乙丑 乙이라는 화초나무가 축이라는 꽁꽁 얼은 흙을 만나니 얼어 죽는다.
丙寅 丙이라는 불에 木이라는 나무가 가세하니 좋다.
　　　천간은 자랑 천간에 나타난(투간) 육친에 대해선 자랑한다.
橫(가로 횡-서양)과 縱(늘어질 종-동양)종서 횡서

<2> 萬歲曆 보는 법(요점정리)

九日得辛 : 음력 1월 1일에서 9일째 되는 날이 천간에 辛金
二龍治水 : 음력 1월 1일에서 2일째 되는 날이 지지가 辰土
開國四七三년 : 조선 왕조가 시작 되는 것을 開國이라 한다.

節氣(절기) : 1년은 12절에 기가 12로서 합해서 24절기다.
 절기는 태양력에 맞추어 놓았다. 매년 일출 일몰시간이 똑 같다.
 음력 속에는 양력이 포함 된다, 그러나 양력 속에는 음력이 없다.
 易의 원류는 氣流(기류)의 변화에 중점을 두고 있다. 낮에는 육지
 의 기류가 바다로 가고 밤에는 바다의 기류가 육지로 온다.
 조수의 차이는 음력으로만 가능하다.
 24절기를 따져서지어 놓은 것: 국회의사당 (기둥이 24개이다)
 절기에 의해서 해가 뜨고 해가 지는 것 등의 기류가 달라진다.
 易의 기본은 氣에 있으며 기의 변화는 절기에 의한다.
 역학은 運氣(운기)의 작용으로 喜忌哀樂(희기애락)이 달라진다.

24절기란 음력속의 양력 (태양력)으로 해가 뜨고 지는 것에 맞추어
졌다. 그러므로 음력속에 절기가 있다는 것은 동양은 서양을 포용
하고 있다는 것으로 절기는 모두 양력에 맞추어 있으니 항상 하지
는 6월 22일 동지는 12월 22일이 된다.

喪門 弔客 : 상문 조객 살은 그해 年支를 기준으로 전진 두 칸 상
문이고 후진 두 칸이 조객이다.<예,甲子년이면 寅 상문 戌 조객>

損(덜 손)있는 날: 손재수(損財數 : 옛날에는 물건이 들어오는 경우로 사용)는
이사와는 무관하다. 모든 것에 공짜가 들어오면 그만큼 손해가 생
긴다. 남의 이삿짐 (이불보따리) 내방에 들어오는 것 등은 반드시 대
가를 치루라 했다. 방향을 위주로 한다.

삼살방-당년 해와 삼합하여 한 가운데 글자를 충 하는 해
    2016년 丙申년 申子辰 子수를 충 하는 午화 남쪽방위
    2017년 丁酉년 巳酉丑 酉금을 충 하는 卯목 동쪽방위
    2018년 戊戌년 寅午戌 午화를 충 하는 子수 북쪽방위
    2019년 己亥년 亥卯未 卯목을 충 하는 酉금 서쪽방위

☞ 삼살이란 12신살로 겁살 재살 천살을 삼살이라 하는데 겁살은 겁탈로 목숨이나 재산을 빼앗김을 뜻하고, 재살은 납치 감금 재판으로 관재구설이며, 천살은 地水火風의 천재지변으로 손해를 의미한다.

대장군방-당년 해와 방합하여 전 방위가 대장군방 이다.
2013년부터 巳午未 해서 南방 전인 東방이다. 내리삼년 東方
2016년부터 申酉戌 해서 西방 전인 南방이다. 내리삼년 南方
2019년부터 亥子丑 해서 北방 전인 西방이다. 내리삼년 西方
2022년부터 寅卯辰 해서 東방 전인 北방이다. 내리삼년 北方

24절기 도표

季	春 (봄)			夏(여름)			秋(가을)			冬(겨울)		
月	1	2	3	4	5	6	7	8	9	10	11	12
節	立春	驚蟄	淸明	立夏	芒種	小暑	立秋	白露	寒露	立冬	大雪	小寒
氣	雨水	春分	穀雨	小滿	夏至	大暑	處暑	秋分	霜降	小雪	冬至	大寒

  24節氣란 立春은 節이고 雨水는 氣로서 12節과 12氣가 합하여
24節氣라하였다.

<3> 四柱構成法(사주구성법)

年柱	月柱	日柱	時柱
根(뿌리 근)	苗(모 묘)	花(꽃 화)	實(열매 실)
해	달	지구	시간
조상	부모	본인과 배우자	자손
초년	청년(중년)	중년(중말년)	말년

<위 도표는 사주구성 표인데 여러 가지로 응용할 수 있다.>

원래 종으로 함이 맞지만 현 세대는 모든 서적이 거의 횡으로 되어있어 사주도 횡으로 하여 사용하면 매우 편리함으로 한번 바꿔 보시기 바랍니다. 이 책에서는 사주구성을 橫(가로 횡)으로 합니다.

```
甲 丙 壬 戊
子 寅 辰 申
```

水: 지혜 환경적응 잘한다.(밤 비밀 감춤(크레물린) 陽 八 通이다.
잘 돌아다닌다.(역마성이 강함)법정 외교 무역업이 水다.
水일주 여자는 사회생활 해야 한다. 水 일주는 음식 짜게 먹는다.

```
乙 丁 癸 癸
亥 亥 亥 丑
```

陰 八 通이다, 金水가 많은 사주로 근심걱정 끼고 산다. 지지에 亥(10월)가 셋 이고 丑(12월)이 하나다. 춥고 배고픈 사주요, 여자라면 냉방살이 공방살이 너무나 추우니 낸 대하로 불감증, 남자 싫어한다. 亥가 많아서 태평양 같은 물이다. 水多木浮로 乙목이 떠내려 간다. 丁화는 시력인데 눈이 나쁘고 심장이 나쁘다. 丑토는 凍土이

며 亥子丑으로 꽁꽁 얼어 여자라면 남편이 얼어붙은 것이다. 식신 乙목이 부평초니까 이사 많이 다녀야 하고 자식 덕 없고 돼지 亥자가 3개나 있어 식복은 타고 났다.

사주세우는 법은 생략하기로 하고 다만 매년 만나는 정월달은 천간이 어떻게 시작 되는지만 알면 당년의 열두 달을 다 알게 되어있는데 간단한 암기사항만 알면 쉽게 찾아낼 수 있다.

甲己之年은 丙寅 頭 -2월은 丁卯 3월은 戊辰 4월은 己巳로 순행
乙庚之年은 戊寅 頭 -2월은 己卯 3월은 庚辰 4월은 辛巳로 순행
丙辛之年은 庚寅 頭 -2월은 辛卯 3월은 壬辰 4월은 癸巳로 순행
丁壬之年은 壬寅 頭 -2월은 癸卯 3월은 甲辰 4월은 乙巳로 순행
戊癸之年은 甲寅 頭 -2월은 乙卯 3월은 丙辰 4월은 丁巳로 순행
<위 干合之年 필수암기사항>

시주세우는 법은 12지지에 준하여야 하며 현재 우리가 사용하고 있는 24시간을 12시간으로 줄여 사용하여야 되며 언제든지 시간의 분기점은 陽時 즉 1 3 5 7 9에서 이루어지고 있으며 하루의 시작은 0시부터라는 것은 다름이 없다.

甲己 日은 甲子시 -乙丑시 丙寅시 丁卯시 戊辰 己巳시순으로 진행
乙庚 日은 丙子시 -丁丑시 戊寅시 己卯시 庚辰 辛巳시순으로 진행
丙辛 日은 戊子시 -己丑시 庚寅시 辛卯시 壬辰 癸巳시순으로 진행
丁壬 日은 庚子시 -辛丑시 壬寅시 癸卯시 甲辰 乙巳시순으로 진행
戊癸 日은 壬子시 -癸丑시 甲寅시 乙卯시 丙辰 丁巳시순으로 진행
<위 干合日 필수암기사항>

甲일이나 己일에 출생한 사람은 甲子시부터 시작한다.
乙일이나 庚일에 출생한 사람은 丙子시부터 시작한다.

☯ 夜子時法

子시는 夜子時와 正子시가 있는데 正子시는 子正, 즉 0시 이후의 子시를 말하고, 夜子時는 밤 11시에서 밤 12시 사이를 말하는 것이다. 하루 24시간을 12지지로 나누어 시를 정하지만 유독 자시만큼은 야자와 정자로 각각 1시간대별로 바뀌게 되는데 중요한 것은 夜子와 正子를 구분하지 못하면 남의 사주를 잘못 보게 될 수도 있다는 것이다. 그러므로 시주를 설정함에 있어서는 자정 전인지 후인지를 구분해야지 무조건 자시라고 말하면 오판하기 쉽다. 자세히 설명하자면 당일 밤12시 전에 출생했다면 夜子에 속하고 당일 일진을 쓰지만 밤12시를 단 1분이라도 지났다면 새날의 일진으로 바뀌기 때문이다. 그래서 夜子시는 밤 야자를 쓰는 것이고 正子시는 早子시라고 하여 새벽 조자를 쓰기도 하고 날이 밝았다하여 明子시라고도 한다.

夜子時와 早子時(조자시는 明子시라고도 한다)

정시법을 쓰면 야 자시는 밤11부터 12시까지이고 조 자시는 0시부터 01시사이로 본다, 그러나 현재는 동경 135도(표준 자오선을 동경 135도선으로 변경하여 사용)로 자오선 변경 야 자시는 밤 11시 30분부터 밤 12시 30분까지의 시간을 말하는데 조 자시는 0시 30분부터 1시 30분까지의 시간을 말한다.

시간산출법(天干合을 배운 후 다시 짚어 보겠다)

당사자 일간을 합한 후 화한 오행을 극하는 오행을 수장도 子에 놓고 태어난 시까지 짚어 가면 된다.
<예> 日柱 丁未 生이 戌時에 태어났다면 丁壬合木이니 木을 극하는 오행인 庚金을 子에 놓고 戌時까지 돌리면 庚戌이 됨으로 時柱는 庚戌이 된다.
☞ 주의 할 점은 썸머타임 실시기간에 태어난 사람은 태어난 시각에서 한 시간을 빼야 정확한 표준시가 된다.

【참고】 한국의 표준시

우리나라는 조선시대까지 해시계를 중심으로 한 전통적인 방법으로 시각을 측정해왔는데 1908년 2월 7일(양력) 대한제국 표준 자오선이 공표됨에 따라 우리나라는 동경 127도 30분을 표준 자오선으로 사용하게 되었습니다. 그러나 한일 합방 이후 1912년 1월 1일(양력)을 기해 일본은 우리나라의 표준시를 동경 135도를 기준으로 하는 자국의 표준시로 바꾸게 됩니다. 그러다가 해방 이후 1954년 5. 16 이후 다시금 우리나라의 표준 자오선을 동경 135도선으로 변경하여 오늘에 이르고 있습니다. 지구는 태양을 공전(公轉)하면서 서(西)에서 동(東)으로 자전(自轉)하고 있는데 한번 자전하는 데는 24시간(하루)이 걸리게 됩니다. 따라서 원의 각도인 360도를 24시간으로 나누면 지구는 1시간에 15도씩 자전하게 됨을 알 수 있는데 우리나라와 일본은 7도 30분의 편차(135도 - 127도 30분)가 나기 때문에 약 30분의 시간차가 생기게 됩니다. 그러므로 우리나라의 십이지(十二支) 상의 시각은 30분 단위로 구분해서 사용해야 합니다. 각 국가별 표준시는 그 해당 국가의 위치가 태양을 수직으로 통과하는 시각으로서 정오시(正午時)를 말합니다. (흔히 태양이 남중(南中)할 때를 말하는데, 막대기를 땅에 꽂아 놓았을 때 그 막대기의 그림자가 가장 짧을 때) 따라서 우리나라의 정오시(正午時)는 낮 12시 30분이 되며 하루가 바뀌는 자정(子正)은 밤 12시 30분이 되는 것입니다. 그러므로 오시(午時)는 11시부터 오후 1시가 아니라 11시 30분부터 오후 1시 30분이 되는 것입니다.

<4> 干支의 陰陽과 應用(간지의 음양과 응용)

天干의 陽 - 甲 丙 戊 庚 壬
天干의 陰 - 乙 丁 己 辛 癸

地支의 陽 - 子 寅 辰 午 申 戌 - 순행
地支의 陰 - 丑 亥 酉 未 巳 卯 - 역행

 지지에서 陰이 丑 亥 酉 未 巳 卯로 역행하고 있는 것은 음의 본질이기 때문이고 사주전체가 양으로 구성되어있으면 "양팔통" 사주라 하며 음으로만 구성 되어 있으면 "음팔통" 사주라 하는데 이는 모두가 정도를 벗어났기에 우선 부부의 궁이 10중 8, 9, 좋지 않고 부실하며 남자가 양팔통 사주라면 남자 중의 남자로서 살아가나 여자가 양팔통 이라면 여장부로 살아가게 되고, 남자가 음팔통 사주라면 소심하고 여자 같은 남자이며 여자가 음팔통 사주라면 여자중의 여자이긴 하나 음이 당권함이 도가 지나쳐 陽 남자가 존재 할 수 없기에 독수공방을 면키 어렵다. 그러므로 사주는 음양의 법칙으로 보아 남자는 양일에 태어나서 음양이 균형을 이루고 여자는 음일에 태어나서 음양이 균형을 이룬 사주를 길명(吉命)이라 한다.

干支體性論 (간지체성론)

천간과 지지의 성정과 응용

 천간과 지지에 대한 각자의 성질을 잘 알아야만 사주를 볼 때 응용하게 되므로 자세히 알고 기억해야만 쉽게 응용할 수가 있다. 그러므로 간지 22자의 성정을 잘 알기 위해 아래와 같이 설명하니 응용에 참고하기 바란다.

10천간에 대하여 알아보자

甲 : 陽木,- 死木,(사목: 다 자란 나무는 잘라서 보관함) 匣(갑 갑,: (성량 갑, 담아 놓는 것,) 그래서 甲목은 숨기는 것, 감추는 것, 좋아한다. 棟梁之木(동량지목: 아름드리나무로 대들보나 기둥 용마루로 쓰여 질 나무) 無根之木(무근지목: 다 자라면 고목되므로 잘라 놓는다) 剛木(강목) 大林木(대림목) 雷(우뢰 뢰: 천둥소리) 十干之首(십간지수: 십간중의 우두머리 어디가도 대장노릇 한다.) 生育之物의 主宰(생육지물의 주재: 봄에서 따온 말 만물이 소생하고 만물을 주관하는 주체가 된다.)

乙 : 陰木,- 生木,(생목: 살아있는 나무) 軋(삐걱거릴 알, 모양으로 구부러졌다는 뜻, 그래서 비비고 올라오고 뚫고 올라오고, 버티고, 하는데 일등 인내력 강함) 枝葉木(지엽 목: 작은 나무로 가지와 잎 새) 活木 生木 濕木(활목 생목 습목 : 乙목은 살아있는 나무로서 수분이 있다.) 楊柳木(양유목:버드나무) 草(풀 초) 苗木(묘목) 風(바람 풍):乙목 가지고 있으면 끼가 많다. 젊어서는 바람피우고, 늙어서 풍 맞는다,

丙 : 陽火- 死火,(사화: 炳-밝을 병, 퍼지는 불, 그래서 펼쳐놓고 늘어놓고 벌리는데 1등이다) 丙이 사업하면 여기저기 벌려 놓고 정신 없다. 太陽之火(태양지화: 태양은 만물을 골고루 비춰주므로 만인에게 평등하다, 오지랖 넓다) 丙火일주가 사장이면 종업원에게 잘 해준다. 君王之火(군왕지화-대통령과 같다)爐冶之火(로야지화-용광로 같은 불)전기 광선 전자파 적외선 자외선 방사선 초능력 투시력 (火가 많아야 초능력에 소질 있다. 투시력은 남이 보지 못하는 것을 본다.) 火가 많은 무당은 투시력이 좋아 손님 생활을 다 안다

丁: 陰火- 生火,(생화: 壯火-씩씩한 불, 그래서 丁은 장정정자로 힘세다. 그러므로 丁火 일주는 바람둥이다. 燈(등잔 등-등잔불)燭火(촛불 촉-초불) 柔火(부드러울 유-丁화는 온화하고 부드럽다.)月(달월)星(별 성)

戊: 陽土- 死土,(사토: 茂(우거질 무, 무성할 무)山 岸(산 안-큰 산 언덕) 堤防(제방 둑을 쌓을 토) 剛土(강토) 高原(고원) 荒野(황야) 霧(안개 무, 이슬) 久(오랠 구, 옛 것) 蹇滯(절건 막힐 체)茂盛(무성)

己: 陰土- 生土,(생토: 起(달릴 기, 단거리 선수) 田畓(전 답-논밭의 흙) 眞土氣(좋은 흙, 문전옥답)적은 흙, 화분의 흙까지.

庚: 陽金- 死金(사금: 更(고칠 경, 바꿀 경 모든 것을 바꾸려한다)山 頑金 丈鐵(큰 쇠-완금장철) 剛金(강금) 肅殺之氣(숙살지기-가을에 서리 내린다. 눈에 살기가,)革命 更新(혁명 갱신-새로운 것으로 바꾼다)

辛: 陰金- 生金,(생금: 新(새 신, 바꾼다, 새롭다) 金銀 珠玉 寶(금은 주옥 보석) 柔金 軟金 (유금 연금)비철금속 제련 된 금

壬: 陽水- 死水(사수: 姙-아이밸 임, 창안 력, 기획력 발명가) 海水 浦水(해수 포수 바다울 폭포수) 橫流(횡류큰물, 가로질러 흐르는 물,) 큰 물

癸: 陰水- 生水,(생수) 雨露水(우로수, 빗물, 이슬) 柔水 流水 川 江 生水(유수, 유수, 냇물 강물 생수) 從流(종류-작은 물로 아래로 줄줄 흐르는 물)

[강의 노트]

☞ 陽과 陰의 차이 : 스케일이 크고 적은 것을 의미한다.

甲목은 어디서 왔나요? 땅에서 나무씨앗 심은 것(甲) 뚫고 올라오는 것(乙)) 싹이 나와 자라는 것(丙丁) 엽록소 먹금기 시작하여 무성하게 자란다, (戊己)土는 긴 여름 장마에 호박 크듯이 자란다. 가을 결실로 나이테 생기고(庚辛) 한 겨울 지난다, (壬癸)- 순환.

甲과 乙이 싸우면 甲이 이긴다. - 큰 나무 옆에서 작은 나무는 힘 못쓴다. 丙과 丁이 싸우면 丙이 이긴다.- 태양이 뜨면 등불은 흡수 된다. 이것이 원칙이지만 시기와 때에 따라 달라진다. 즉 자기세상일 때는 적은 것이 큰 것을 이긴다.

甲 乙 己 乙   己土 주위에 나무가 많다 음지 전답이다. 음지전답은
○ ○ ○ ○   농사 안 된다. 버려진 인간이고 여자는 소실 팔자다.

甲 甲 戊 戊   戊土 큰 산에 아름드리나무가 있다. 국립공원 국가
○ ○ ○ ○   관리다. 나라에서 국운에 의해 출생 된다.
戊土 일주가 山에 나무(木)가 전혀 없으면 헐벗고 살아야 한다.

丙 甲 ; 나무에 큰 꽃이 피었다. 丁 甲 ; 꽃이 적어서 그저 그렇다

12지지에 대하여 알아보자.

子 : 陰水 -(천간에 癸수와 같다) 始(처음 시: (0시로 시작한다. 그래서 자년에는 모든 법률이나 새로운 시행이 많다. 子날에 나면 시작의 명수다. 쥐띠: 약삭빠르다.
一陽 -동지 지나면 낮이 길어진다. 寒冷之水:(한냉지수) 불은 잘 끄지만 木을 생하지는 못한다. 천수 천수 종류(川水-냇물, 泉水-샘물, 從流- 가로질러흐른다)

丑 : 陰土 - 紐- 紐帶: 유대 서로 교류하는 것 구속을 조건으로 한다. 소는 고삐에 매인다. 丑년에는 국제적 교류가 많아지고 국제간에 유대가 많아진다. 그러므로 丑 날에 나면 유대 하는데 일가견 있다. 소(牛)는 근면 하지만 황소고집이다.
二陰 - 凍土(동토-섣달의 흙, 겨울의 흙) 濕土(습토-겨울 자체가 水이므로 물기운이 강하다. 그래서 해가 자기 옆에 있으면 물 행세한다.) 柔土(유토-음토로 부드러운 흙이다)

寅 : 陽木 -(寅새벽이다) 虎(범 호: (호랑이는 조화 잘 부린다. 포부가 크다.
三陽 -燥木 (바싹 말라있는 나무) 嫩木:눈목-어린나무, 봄이 시작하므로)
棟梁之木(동량지목: 대들보 용마루나 기둥으로 쓰여 질 나무) 引火物質(인화물질 -마른나무니까, 화약과 같다. 봄 불은 여우 불)

卯 : 陰木 - 昇- 토끼 (2월엔 나무에 물오른다. 12년 주기로 물가 오른다.)
四陽 - 濕土 活木 生木(살아있는 나무니까) 草 根 楊柳木(초, 근, 유양 목 풀, 뿌리 버드나무다.)

辰 : 陽土 -(寅새벽이다) 震 (벼락 진):우뢰다. 지진 나고 큰 소리 많이 난다) 龍(용 용:임금님 계신 곳 용상이라 한다. 용의 특징은 목 부분비늘이 반대로 났다, 거슬리면 역적으로 죽는다. 용 날에 낳았어도 팔

자가 사나우면 뱀으로 살고 뱀날에 태어났어도 팔자가 좋으면 용같이 산다. 용이 못 되면 이무기다.
五陽 -濕土(습토-3월의 흙은 수분이 있어 땅이 촉촉하다.) 眞土 泥土(진토 니토- 진흙 니) 稼穡之土:(가색지토-농사짓는 흙)

巳 : 陽火 -起(일어날 기) 蛇(뱀 사: 뱀날에는 원행을 금하라 했는데 그 이유는 뱀은 다리가 없으므로 멀리 가다가는 다친다는 의미였다.)
뱀은 혀가 갈라져서 巳는 한입가지고 두말한다.
六陽 -爐冶之火 ,强熱之火 (로야지화, 강열지화, 천간의 병화 같아서) 큰불

午 : 陰火 - 豊 (풍:5월 달은 모든 것이 풍성하다) 말 (馬-의심이 많다. 짐승중에 바람을 제일 잘 핀다.) 丁화 작용하니까 丁화는 홍색으로 홍등가 요염, 고로 끼가 많다.
陰 - 하지 지나면서 밤이 길어지기 시작한다. 1에서 6이 끝나고 -에서 다시 시작한다. 등, 촉, 생화, 약화, 유화(燈-등잔 등, 燭-초불 촉, 生火-살아있는 불, 弱火-약한 불, 柔火-부드러운 불)

未 : 陰土 -味 (5월 풋과일은 못 먹어도 6월 풋과일은 맛 들기 시작해서 먹을 수 있다.):羊(양. 사슴과 염소 기린-시기 질투, 시샘이 많다.)
二陽 -燥土(조토-6월의 삼복더위 불 먹은 땅이다, 불이 작용하므로 왕토다.)
○ ○ ○ ○ 닭띠가 여름 생이면 부화 못한다, 고로 자식귀하다.
酉 未 午 ○ 未월 생은 물을 싫어한다. 子未가 원진이다.

申 : 陽金 -身(몸 신-가을이므로 모는 것이 형체를 갖춘다) 원숭이(猴:원숭이 후,)
뱀은 혀가 갈라져서 巳는 한입가지고 두말한다.
三陰- 頑金 剛金 큰 쇠 (頑-완고할 완 무디다. 剛-굳셀 강 강철-庚금과 같다)

酉 : 陰金 - 收 (거둘 수: 거두어들이는 계절이다,) 닭(鷄-닭 계: 봉황으로 보라, 시간 알려주니 희생정신이 강하다. 닭은 모이주면 파헤친다. 옛날에 좋은 집안에서는 酉生女는 재산 파헤친다고 며느리로 안 들렸다.)
四陰 - 금 은 주옥 청백(金 銀 珠玉 淸白,8월은 1년 중 하늘이 가장 맑은 계절이다. 그래서 8월생은 깨끗한 팔자라 한다.)
비철금속(非鐵金屬)이다

戌 : 陽土 -멸 (滅-멸망할 멸, 제거하다. 추수하고 나면 아무 것도 없다)
狗(개구-냄새 맡는 데는 1등이고 충복이다 개는 입이 따뜻해야 자기 때문에 戌날 태어난 사람은 이불 둘러쓰고 잔다.)
五陰 -燥土(조토-9월의 날씨가 건조함으로) 旺土 堤防(제방-戌이 있으면 의사가 되라 보건복지부 근무해라)

亥 : 陽水 -劾(캐물을 핵, 탄핵할 때 이 글자 쓴다. 춘다) 亥는 水이므로 법에 제소하는 것이 탄핵이다. 猪(돼지 저-영리하다, 질서 잘 지킨다.)
六陰- 해수 호수 온난지수, 횡수, 핵,(海水-바다 물, 湖水-고인 큰 물. 溫暖之水-따뜻한 물, 橫水-가로지른 물, 核,-씨 핵: 핵심))

唐四柱(당 사주)

貴	厄	權	破	奸	文	福	驛	孤	刃	藝	壽
子	丑	寅	卯	辰	巳	午	未	申	酉	戌	亥
天貴星	天厄星	天權星	天破星	天奸星	天文星	天福星	天驛星	天孤星	天刃星	天藝星	天壽星
귀한존재로산다	사는데애로많다	권세누린다	살림엎는다	간사하다	학자학문선비	복타고났다	역마성잘돌아	외롭다고독함	수술수몸에칼댐	예술감각뛰어남	오래산다장수

[강의 노트]
應用法(응용법)

甲木 일주: 장남 장녀가 많고, 부모님 모셔야 하고, (글자 중에서 큰 글자- 一 天 高 長 東: 동서남북으로 연결하면 동자가 제일 크다. 이런 글자들은 차남에게 못 넣는다. 쓰면 장남 꺾는다. 동생이 먼저 장가가고 동생이 부모모시고 장남 느즛한다.

乙木 일주: 음악 좋아하고 처세에 능하고 뚫고 나가는데 1등이다. 인내력 생활력 강하다.

O 庚 甲 O 金은 가을로 가을 나무다. 金극木으로 깎았다.
O 申 申 O 원래 큰 나무인데 乙목만도 못하다.
☞ 가을 다 큰 나무지만 金이 많아 이리 깎고 저리 깎고 제살 깎아먹기 잘한다. 이런 팔자를 아이고 제살 깎아먹기 하고 있네요 라고 한다. 남자라면 처에게 돈 꿔서 꾼 돈으로 뭐 사다 인심 쓴다. 그러다 망한다. 가을의 나무에 너무 많은 가지를 쳐내서 木은 모발이니 대머리요, 또한 여자라면 화장 조금하라고 한다.

O O 乙 戊 자체는 乙목 이지만 甲목 보다 더 큰 나무다.
O 寅 卯 寅 인내력 생활력 강하고 성질도 더럽다. 겁재 성 강함.

丙火 일주: 산만하게 펼쳐놓는데 1등이다. 태양이므로 만인의 등불이다. 火가 남편 되는 글자면 오 나의 태양이여! 한다. 火는 또한 눈이므로 참 이상해요, 왜 나는 당신만 보면 당신 눈으로 내 몸이 빨려 들어가는 것 같아요, 한다더라, 입급 비밀 없다. 마음속에 넣고 못 견딘다, 다 까발린다. 이마가 넓다.

丁火 일주: 실속 잘 차리고 목소리가 크다.

○ ○ 丙 ○   한밤의 丙화라 해가 아니라 달로 봐라, 또 별과 같다.
○ 子 子 ○   생기기는 큼지막하게 생겼는데 하는 것이 쪼다다.

○ ○ 丁 ○   어설픈 병화 보다 큰 불이다.
○ 午 巳 ○   보기엔 적어보이나 아주 당차다.

戊土일주: 살찐다. 묵은 소리 잘 한다. 이럭까 저럭까 망설이다 세월 다 보낸다. 결단력이 부족하다. 중앙이니 이집으로 사람들 모여 든다. 총무직도 잘 맡는다.

己土 일주: 담거리의 명수, 논밭이다.

○ ○ 己 庚   지지가 불바다로 마른 볼 먹은 땅이라서 남편 자식
午 午 巳 午   없이 혼자 살아야 한다. 농사 안 되니까 토속신앙으로 가야 한다. 水가 妻財인데 볼 먹은 흙이 물을 부우면 튀긴다. 종교인이면 여자 번하다가 흙이 튀고 찢어지는 아픔 겪고 파계한다.

庚金일주: 바꾸는 것 선수다. 숙살지기 軍人 多.

辛金일주: 얼굴 예쁘고 군은밤 한다.

壬水일주: 창안격 좋고 발명가 많다.

癸水일주: 준법정신 투철하다.

☞ 지지로는 닭띠가 복중에 나면 자손이 없다든가. 범띠가 밤중에

태어나면 활동을 하며 살아야 하고, 용띠가 겨울 생이면 조화를 부릴 수 없으며, 소띠가 초여름에 축생 일복을 타고났다고 하는 식으로 풀이하는 방법도 있으나 적중률이 희박하고 오히려 일지에 해당하는 짐승의 성질을 이용하면 오히려 잘 맞기도 한다. 가령 子일생은 쥐같이 약을뿐더러 소심하고, 丑일생은 근면하나 우직하고, 寅일생은 포부는 크나 인정이 약하고, 卯일생은 양순하나 이상이 적으며 까다롭고, 辰일생은 조화가 비상한 반면 허풍이 심하며, 巳일생은 외곬 성질에 변덕이 심하고, 午일생은 멋쟁이나 의심이 많은 것이 흠이고, 未일생은 신숙에 정복욕이 강하고 물을 싫어하며, 申일생은 재주가 너무 많은 것이 흠이오, 酉일생은 희생정신은 좋으나 구설이 따르고 戌일생은 일단 멀었다하면 죽도록 변함이 없으며, 亥일생은 식복은 있으나 너무 깨끗함이 흠이 된다는 推命(추명) 방법과 木일주는 강직하나 인정에 약하며(木은 仁也라), 火일주는 명랑하고 예의는 바르나 성급함이 흠이 되고(火는 禮이고 명랑 밝음 炎上), 土일주는 행동은 느리나 신용이 생명이오, 묵은 소리 잘하는데 신앙에 독실하고(土는 信用과 신앙) 金일주는 냉정하고 결단력 있는 것 까지는 좋으나 속단에 너무 완벽함을 바라는 것이 흠이며(金은 冷情 堅實), 水일주는 그 마음속의 깊이를 알기 어려우며 인내력과 만인에 평등하고 愁心이 항상 동반 되는데 성질이 폭발하면 怒濤(로도-성난 물)와 같아 무섭다(水는 忍耐 憂愁)는 식으로 풀이하면 된다. 지금까지의 논법은 기본에 의하여 붙여진 것이 되나 상대적이기 때문에 상황은 수시로 변할 수 있다는 것도 잊어서는 안 된다.

<5> 事物의 觀察(사물의 관찰)

일명 격물치지(格物致知)라 말하기도 한다.

[실증철학 원문]
　우리 인간들이 비록 만물의 영장이라고 자처하고 있으나 보이지 않는 氣를 느끼는 데는 식물보다 못하다는 것을 스스로 인정하지 않으면 안 된다. 이 세상에 존재하고 있는 미물(微物-작은 만물)에서부터 공룡에 이르기 까지 하나의 생명이 있기에 존재하고 있는 것이며 또 생명이 있는 한 기(氣)를 발하고 발생한 기가 우리 인간에 미치는 영향이 무엇인가를 알아야 하며 또 어떠한 만물이던 본인과 인연이 되었다면 그것은 바로 우연이아니라 필연이라는 것을 깨달아 무조건 가볍게 보지 말고 그것이 본인에게 미치는 영향이 무엇인가를 사전에 탐지하여 대처함으로서 각자의 생활에 가장 중요한 일부분이 되기에 공부하고자 하는 것이다.

[강의 노트]
　동식물들과 인간은 말로는 통할 수 없으나 때로는 기로서 통하고 있다고 보아야 하며(저들끼리는 대화가 잘 된다고 보아야 함) 특이한 것은 인간이 느끼지 못하는 아니 인간보다 탁월하게 발달한 예지력과 기에 대한 민감한 반응이 동식물들에게 있다는 것이다.
　따라서 인간들은 동식물의 움직임을 관찰하여 무엇이 발생할 것인가를 사전에 알아내어 대비 하여야 하는데 이러한 것을 이름 하여 格物致知(격물치지)라고 한다.

<사실안내>
　편집자가 사실로 있었던 일을 소개하려고 한다.
포천 이동면에 편집자의 조그마한 농장이 있는데 그 농장 내에 농막이 있고 주말이면 그곳에서 휴식도 취하고 농사일도 하곤 하는데 어느 초겨울의 일이다. 가을 추수가 끝나고 주말에 그곳 농장에 가서 지저분한 농장안의 잡것들을 불태우게 되었는데 (추수하고 나면 잔재들이 많다, 깨를 털고 난 나뭇가지나 농사수확하고 난 잔여 물건들)마침 불이난줄 알고 지나가던 차량들이 119에 신고하여 소방차가 우리 농장에 까지 오게 되었는데 마침 그때 우리 집에서 기르던 반려동물 개와 함께 있었는데 우리 인간들은 소방차가 온다는 사실을 까맣게 모르고 있었으나 그 개는 누굴 마중이라도 나가는 듯 집밖 앞에서 누군가를 맞이하려는 기세였는데 그 때 소방불자동차가 소리 내며 달려오면서 아하 인간보다 더 예지력이 강한 것이 개라는 사실을 알게 되었다. 이와 같이 동물들은 예지력이 발달하여 미리 안다는 것이다.

[강의 노트]
예를 들어 보자면,
어떤 집에 불이나려면 서식하고 있던 쥐가 모두 없어지고,
배가 항해 중 파선이 되어도 배속에 있던 쥐가 다 먼저 없어졌고,
지진이 발생하려면 그 지방에 살고 있던 짐승들이 타지로 이주하고
장마가 길어지려면 개미들이 이동하여 다른 곳으로 가며,
까치는 반가운 소식을 전해주지만 까마귀는 불길을 알려주고,
개가 나가 죽게 되면 지주의 액운을 대신하여 면하게 하고,
집에 개가 밖에서 들어오면 대주의 액운이 따르며,
기르던 소나 염소가 죽으면 가장의 액을 대신 한 것이고,
장마가 오려면 참나무 순이 느래지고,
집안에 기르던 화분의 나무가 병들면 운기가 쇠퇴함이요,
　이와 같이 울밑에 봉선화 한 포기 한 잎을 보고서도 그 집안의 운기를 알 수 있듯이 우리들의 주변에는 항시 기가 먼저 발생하고 그 기작용에 의하여 소리가 나며 소리에 의하여 형체 즉 행동으로 옮겨지고 있다는 것을 볼 때 사물의 관찰에 소홀함이 없어야 하겠다.

그런가 하면 그 집안에 (家內)냉기가 지배하고 있으면 그 집은 운이 다하고 있는 증거이며, 온기를 감지하면 소원성취하게 되고, (이는 집안에 들어섰을 때 썰렁하면 냉기요, 훈훈해 보이면 온기인 것이다)
마을 뒤 산에 나무가 없으면 과부가 많고,
마을을 대표하는 나무가 병들어 고목이 되면 그 마을 운기가 쇠퇴,
집안에 복숭아나무가 있으면 대주가 바람나고,
집안에 수명이 짧은 나무가 있으면 대주수명을 재촉하며,
대문이 뒤로 있으면 소실이나 재취부인이 살 집이요,
샛문이 있으면 상처하거나 대주가 바람나며, 가내 객사 자 발생,
앞집이 높아 가로 막고 있으면 그 집은 재수가 없고,
길가에서 안방이 들여다보여도 재수 없는 집이고,
음지의 주택은 일조량이 부족하니 흉가가 될 것이고,
출행에 구두끈이 떨어지면 조심하라는 신호요,
닥나무 잎이 변하면 위장병이 성행하고,
다른 집에 비하여 월등이 높으면 공격의 대상으로 대주가 꺾이고,
막다른 집은 악귀가 몰려 놀리다 하는 것이며,
집안에 살림이 잘 정돈되어있으면 운기가 혼전 되고,
반대로 엉망이면 되는 일이 없고,
물건의 다리가 상하여 있으면 식구 중 누가 수족을 다치며,
새가 방에 들어오면 조상이 動하였으니 위령제가 필요하고,
떡시루가 울면 그 집 대주가 실패하게 되며,
타인의 이사 짐이 들어오면 되는 일이 없으며 손재하고,
넥타이나 허리띠를 주어가면 자손에 질병이 생기고,
암탉이 울면 가난이 연속되며,
유행어가 저속하면 사회가 혼란해지고,
TV 질이 좋아야 사회가 안정 된다.
  그런가하면 사회적으로는
정월 초하루가 맑으면 중년이 우순풍조(雨順風調)하며, 인간에 질병

황기(黃氣)가 있으면 병사(病死)가 많고 백기(白氣)가 있으면 가뭄에 시달리고, 구름이 끼고 비가 오면 육축(育畜)과 과실(果實)에 해가 있으며 인간에 재앙이 따르고, 폭풍(暴風)이 불면 도박이 성행하며 벼가 제대로 결실(結實)하지 못하고, 육축과 채소가 안 되며, 흑운(黑雲) 떠돌면 선한후림(先旱後霖-먼저는 가물다가 후에 장마 진다.)이요, 미가(米價-쌀값)천(賤-낮을 천)하고 어물이 귀하다.

입춘(立春)날 맑으면 농사가 풍년이요,
경칩(驚蟄)일에 뇌성(雷聲-천둥소리)이 들리면 농사가 흉작(凶作)이고, 춘분 일에 비가 오면 모두 건강하고, 추사일(秋社일: 춘분 후 첫째 戊일)비가 오면 풍년이요, 일월중 묘일이 세 번 들면 면화(棉花)가 잘 되고 풍년이며 풍우(風雨)가 있으면 전염병을 주의해야 하고, 청명일에 남풍(南風)이 불면 오곡이 풍성하며, 곡우(穀雨)일에 비가 오면 물이 풍족하고 초삼일에 비가 오면 양잠(養蠶)이 잘 되며, 十五일에 맑으면 나라가 평안하고, 입하(立夏)일에 동풍불면 질병이 적고, 오곡이 풍성하며, 맑으면 가뭄이 심하고, 남풍이 불면 질병이 심하며 서풍이면 육축에 해가 있고, 북풍이면 어류(魚類)가 풍강(豊降)하다. 초파일에 비가 오면 풍년이요, 단오일에 비가 오면 농사가 풍작이며, 망종 일에 뇌성이면 연중이 길하고, 하지에 비가 오면 풍년이나, 만약 丙寅이나 丁卯일이 되면 조(粟)가 귀하고, 남방에 적운(赤雲)이면 오곡이 무성하며 적운이 없으면 흉작에 안질(眼疾)이 있다. 삼복일에 혹열(酷熱)하면 오곡과 야채 과실이 부실하며, 그렇지 않으면 사람에 재앙이 따르며, 삼복일에 비가 많고 대서(大暑)일에 맑으면 겨울에 눈이 많고, 입추(立秋)일에 비가 없으면 수확이 반감되며 동풍이 불면 역질(疫疾-염병)이 있고, 남풍이 불면 가을이 가물고 서풍은 큰 비가 있으며, 처서에 비가 오면 오곡의 결실이 잘 되고 추분일이 맑으면 만물이 부실하며, 가랑비가 오면 길하고, 구름이 껴도 좋으며 동시에 바람이 불면서 흰 구름이 양털 모양으로 떠 있으면 풍년이요, 동풍이 불면 오곡이 부실하고, 서풍이 불

면 민안(民安)하며 남풍이 불면 겨울에 혹한(酷寒)이 있고 추사일에 비가 오면 풍년이요,

구월초일 일에 비가 오면 불리하고 초구일이(重陽節)맑으면 겨울 날씨가 좋고 상강(霜降)일에 서리가 내리고 맑으면 겨울이 따뜻하며 입동(入冬)일 일진이 壬子면 사람에 재앙과 질병이 따르며 이 날에 동풍이 불면 흉하며 남풍이면 다음해 5월에 역질(疫疾)이 생기고 서풍이면 흉하며 북풍이면 짐승이 동사(凍死)하고 15일에 날씨가 맑으면 겨울이 따뜻하며, 흐리면 겨울이 춥다.

동짓달 초하루에 서풍이면 도박이 심하며 큰 눈이 오면 재앙이 있고, 동지 낮이 맑으면
명년이 태평하며 동풍이면 재앙이 있고 남풍이면 오곡이 귀하고 서북풍이면 길하다.

섣달 초하루날 동풍불면 육축(六畜)이 흉하고 큰 눈이 오면 내년에 가뭄이 심하고, 맑으면 태평하며 소한대한에 구름이 끼면 맥작(麥作-보리농사)이 흉하다.

이와 같이 여러 가지로 사물을 관찰하는 방법이 있고 그달에 날씨만 보아도 명년의 일까지 추리할 수 있는 방법으로 선현들은 살아 왔다. 그러나 현세에는 좀 동떨어진 이야기 같지만 역술인으로서는 응용하면 도움이 될 것이어서 간추려 보았다.

<6> 五行生剋法(오행생극법)

[실증철학 원문]
 지금까지 공부한 오행을 다시 타 오행과 대비하여 生과 剋을 공부하게 되는데 생을 相生 극을 相剋이라고 한다.

[강의 노트]
 만물은 오행의 생 극작용에 의해서 움직이는 것인데 相生과 相剋은 共存한다. 편리상 生과 剋으로 구분해 놓았다. 相이 붙은 것은 상대가 있어야 생과 극을 하기 때문이다.
相生 : 季節의 循環 작용, 父母와 子孫의 天倫
相剋 : 季節의 相對고 夫婦관계로 人倫이다.
만물은 生 다음에 剋을 만남으로서 하나의 完成이 되는 것이다.
사람이 태어난 다음 (出生) 결혼(剋)을 함으로써 완전한 인간이 되는 것이다.

          剋   生
        相剋   相生

 계절의 상대 인륜   계절의 순환 천륜 부모와 자손
 부부(유정의 극과   유정의 생과 무정의 생이 있다.
 무정의 극이 있다.

(1) 相生 : 뭉치면 살고 흩어지면 죽는다는 이치다.

木生火　火生土　土生金　金生水　水生木 (木生火)
木剋土　土剋水　水剋火　火剋金　金剋木 (木剋土)

상생은 낳다, 주다, 나간다, 희생한다, (시작이고, 발생한다는 이치 적선이고 음덕이고 발생한다,) 도와주다.

봄은 여름 - 긴 여름 - 가을 - 겨울 - 봄: 계절의 순환 작용,
새벽 - 낮 - 낮을 거치고 - 석양 - 밤 - 새벽.
나무 - 불 - 흙 - 쇠(냉기) 수분을 응고케 하고, -나무.
木生火 - 火는 木을 金으로부터 보호받고, 火生土는 土는 火을 수로부터보호하고, - 상생은 내리사랑이다. 똑같은 생에 있어서도 유정과 무정(좋은 생과 나쁜 생)이 있고 극에 있어서도 유정과 무정(좋은 극 과 나쁜 극)이 있는데 부모와 자손 부부에도 좋은 생과 극 나쁜 생과 극이 있는 것이다. 즉 상생 중에서도 길흉이 있고 상극 중에서도 길흉이 있는 것이다. 생과 극에 있어서도 이유와 목적이 나와야 한다. 왜? 생이라고 했고 극이라고 했는지 그 이유가 나와야 한다.

水는 木을 生하는 것이 원칙이지만 水가 많으면 木이 떠내려간다. 이는 부모의 자선심이 너무 많으면 자식은 죽는다. (水多木浮)
목이 토을 극한다지만 木이 1 이고 土가 1 이면 균형을 이루므로 그렇게 좋을 수가 없다. 그러나 木이 1 이고 土가 3 이라면 극하지 못한다. (마누라 컴플렉스에 걸린다.) 木이 3 이고 土가 1 이면 목이 멍청하면서 매일 두드려 팬다.

木 　　土
1 : 1 = 산에 나무가 가득한 형상으로 좋다. 즉 균형을 이룬다.
3 : 1 = 적은 산에 큰 나무 심으려니 흙이 없어짐, 균형이 깨짐,
1 : 3 = 10리밖에 머리카락 하나, 나무한그루로, 균형이 깨짐,

　천간은 木火土金水로 연결 되어서 10진법으로 운행 하는데 金을 기준으로 하여 金극木으로 오늘의 승자지만 火극 金으로 내일은 터진다. 곧 승자도 패자도 없는 것이다. 서러워서 金이 한강으로 빠져죽으러 갔더니 土生金 으로 도와주는 사람이 있더라, 상생 상극도 철학이 안 나오면 필요가 없다는 것이다. 생은 축생을 의미하는

데 생만 가지고는 살 수 없고 극은 결혼의 의미로 극도 있어야 한다.
金에 火는 火剋金으로 남편이 되는 글자이다. 고로 여자는 남자만 보면 전기가 와야 한다. 金이 3개 火가 1 이면 전기가 너무 든다. 火가 많으면 金은 폐이므로 폐가 약하고 폐병 든다, 金도 火도 둘씩이면 균형을 이루어 여자가 시집가면 한 인물 난다.
木은 성대로 인후(咽喉)이다. 木의 남편은 金으로 金剋木으로 시집가면 木이 굵어진다. 처녀가 시집가면 木이 굵어지는 변화가 온다.
水와 火는 부부인데 물(水)과 전기(火)는 잘 통한다.

水生木 - 봄(春)
木生火 - 여름(夏)
火生土 - 삼복더위,
土生金 - 가을(秋)
金生水 - 겨울(冬) 다시 水生木(봄:春으로 순환한다).

☞ 과학적으로 분석하자면 金은 쇠인데 쇠로 보지 말고 가을이고 가을 다음에 겨울이 온다, 로 보아야 한다.
木生火로 보면 왜 木이 火를 생 했을까? 木이 火를 생했다면 木은 없어지고 火만 남았다는 것인데 결국 火 나 이전에 부모(木)의 분신과도 같다. 또한 나중에 金剋木 하여 오는 것을 火가 火剋金으로 방어해 준다. 고로 상생은 부모자손과 같은 천륜이다. 내가 생하는 것은 음덕 적선 보시 이다 즉 내가 좋은 일을 했기 때문에 재앙을 안 만나는 것이다. 그러므로 저 살기 위해서 木生火 해서 火剋金을 당하지 않는 것이다. 木火로 뭉치면 金이 오던 水가 오던 걱정 없다. 그래서 뭉치면 살고 흩어지면 죽는다는 이치를 공식적으로 설명 할 수 있는 것이다. 木火를 부모자식으로 보면 금수는 남이기 때문에 외침(外侵)이라고 할 수가 있는데 그러므로 부부 부모 자손도 뭉쳐야 살고 흩어지면 죽어간다는 것이다.

木 生 火 : 불이 타고나면 재가 남고(나무가 타고나면 재가 흙이 되고)
土 生 金 : 흙속에서는 철분 쇠가 나오고(흙속에서 금을 캔다)
水 生 木 : 물속에서는 이끼가 생긴다(나무는 물을 먹고 자란다)

木 剋 土 : 나무는 흙을 뚫고 들어간다.
土 剋 水 : 흙으로 물을 막는다.
水 剋 火 : 물로 불을 끈다.
金 剋 木 : 쇠로 나무를 자른다.
火 剋 金 : 불로 쇠를 녹인다.

☞ 상생 상극도 모두 필요한 곳으로 연결 되므로 무조건 생과 극이 나쁘거나 좋다고 할 수가 없다.

水生木 이라고 하지만 물이 많으면 나무가 떠내려가고 -(水多木浮)
金生水 라고 하지만 쇠가 많으면 물이 탁해지고 -(金多水濁)
土生金 이라고 하지만 흙이 많으면 쇠가 묻혀버린다. -(土多金埋)

木生火 지만 火生木 도 있다. 반대로 뒤집히는 것도 생각해 봐라, 즉 木인 부모는 火를 생하지만 火인 자손에 의지하여 살아간다는 것이다. 金生水지만 水生金이오, 水生木이지만 木生水로 산에 나무가 많으면 깨끗한 물이 나온다는 의미로 말이다. 또 이렇게도 생각해 봐라 나무가 많으면 물이 반드시 필요하고 물이 많으면 나무로 수분을 제거해주어야 한다는 말도 된다.

☞ 상극 : 내가 이기다, 치다, 다스리다, 정복하다, 나쁘게 연결하면 상전(相戰;서로 싸우다)이 되므로 서로 싸운다, (부부는 싸이클이 안 맞으면 매일 싸운다)
  상극을 부부라 보았을 때 남자는 여자를 이기고 관리하고 다스리고 소유하는 것이다. 그러므로 남자는 여자를 다스리고 여자는 남자에게 적당한 제재를 받음으로서 더욱 좋아지는 이치가 있다. 즉 사랑은 적당한 간섭에 의해서 꽃피워진다.

土일주 여자가 남자(木)가 없이 혼자 살면 아이고! 나 숨 막혀 못 살겠네 한다. 왜일까, 土에게 木이있어 소토(疎土)해야 숨통이 트여지므로, 이처럼 사주는 자연에 비유하여 많은 응용을 해야 한다.

壬 壬 戊 己   년 월은 상류이고 일과 시는 하류인데 위의 많은 물
申 子 戌 未   로 조토(燥土-마른 흙은 아니다)는 막고 있다. 그러므로 소양강 땜과 같아서 이런 사주는 동양의 인물이 된다. 다목적 땜으로 이용된다. 이런 때는 土剋水로로 相戰 하는 것이 아니다. 여기서 핵이 申金이다. 申金이 있어 土生金 金生水로 서로 싸우는 것을 막아 상생 시켜주는 것을 통기(通氣)라고 한다. 이를 다른 말로 통관(通關)이라고도 하는데 關자는 빗장관자로 빗장을 풀었다는 말이다. 만약 申金이 없었다면 막상막하인 水와 土가 相戰으로 피터지게 싸울 수 있다. 인생사에선 고달픈 삶이다. 여기에다가 첨언하자면 마른 흙이 아닌 습기 있는 땅이 되어 자연적으로 나무를 불러들일 수 있다, 만약 燥土 즉 마른 흙이라고 한다면 나무가 운에서 들어왔어도 뿌리내리지 못하고 말라 죽어버리게 되는데 이를 인간사에 비유하면 이혼이거나 사별일 수 있다. 木은 육친으로 남편의 별이다.

그러나

戊 己 壬 丁   이런 사주라면 적은 물로 많은 흙을 가져다 놓은 것
戌 未 子 未   과 같아서 매일 모기보고 총을 쏘는 놈이다. 적은 물을 막으려고 남산 흙을 파다 붇는 놈이니 항상 헛발질 엉뚱한 일 만 한다. 원래 土剋水하면 土는 남자요, 水는 여자이다. 위 사주에서는 壬수 일주니까 土가 남편의 별이다. 너무 많아 병이 되었으니 남편으로 인해 숨통 막힌다, 남편 덕 없다 그러나 일복은 타고났다

☞ 木剋土 : 나무는 흙에 뿌리내려야 살고, 土剋水 : 흙은 물이 있어야 뭉쳐지고 단단해지며 쓸모 있는 땅이 된다, 金剋木 ; 木은 모

밭이다, 남편이 아내에게 이리와요, 앉혀놓고 머리 빗겨 주면 이것이 참 사랑이다. 사랑의 반대말은 무관심이다.
木 일주가 己亥 일진이면 기는 오전이고 아내의 별이다, 고로 오전엔 아내 생각 하다가, 오후엔 엄마 어머니 생각만 한다. 亥는 오후이고 인수니까 어머니이다.

☪ 상생 상극이 뒤바뀐 경우이다.(오행의 변화다)
(1) 相生
水生木이나 水多木浮 이다.- 물이 많으면 나무는 떠내려간다.
木生火이나 木多火熄 이다.- 나무가 많으면 오히려 불이 꺼진다.
火生土이나 火多土焦 이다.- 불이 많으면 불 먹은 땅이 된다.
土生金이나 土多金埋 이다.- 흙이 많으면 금은 묻혀버린다.
金生水이나 金多水濁 이다.- 금이 많으면 물이 탁해 진다.
木生火이나 火多木焚 이다.- 불이 많으면 나무가 다 타버린다.
水生木이나 木多水縮 이다.- 나무가 많으면 물이 줄어든다.
土生金이나 金多土變 이다.- 금이 많으면 자갈밭이 된다.
火生土이나 土多火息 이다.- 흙이 많으면 불이 꺼진다.(晦氣)

乾命	戊子	戊午	辛未	戊戌
수대운	7 己未	17 庚申	27 辛酉	37 壬戌	47 癸亥	57 甲子	67 乙丑

午월의 辛금이다. "土多金埋"로 자신의 역할이 안 된다. 흙속에 묻혀 있으니 숨어사는 남자다. 여자라면 첩의 사주다. 庚申대운은 무난했지만 辛酉운도 별 볼일 없고 壬戌 癸亥 대운은 파란만장 했을 것이고 甲子대운도 별 볼일 없고 운이 더럽게 없는 사람이다. 북방수운에 金生水로 활동은 하지만 소득은 적고 헛발질만 한다. 土가 병이고 木이 약신 인데 木은 운에서도 보이지 않는다.
이 사주를 공부차원에서 깊이 있게 다루어볼 생각이다.
편집자 집무실 근거리에서 역술 업을 하는 사람의 명인데 인수과다 하여 내 집무실도 변변치 못한 가건물 노상점포 같은 곳이고 관성이 기신(忌神)이고 깨져서(子午 沖) 그런지 등산객을 상대로 하는 등산로 입구에서 자리 깔고 하거나 아님 행사장에 이리저리 돌아다니며 사주 봐주는 떠돌이 일을 많이 하며 無財사주에 土多木折 이라서인지 젊어서 이혼하고 독신으로 살고 있으며 官이 자손인데 관이 충을 먹어서인지 자손은 있는 것 같으나 수십 년 동안 연락도 안하고 살며 土가 많아서 종교인으로 머리 깎고 땡 중노릇하고 있으며 인수과다사주라서인지 남에게 의지하고 살며 타인에게 피해를 많이 주고 살아가는데 악의는 없으나 다른 사람에게 피해 주는 일을 많이 하고 건강 역시 안 좋아 젊어서는 죽을 고생 했다고 하며 지금도 소화기능이 좋지 못하며 정도로 살아가지 못하는 것으로 보아 사주도 불리하지만 운 역시 불길한 운이어서 일 것이다.

<위 사주는 土多金埋사례의 命이다>

(2) 相剋

木剋土이나 土多木折 (土가 많고 木이 적으면 나무 부러진다.)

나무가 못 산다, 십리가다 나무 한그루로 균형을 못 이룬다. 土는 산이고 많으면 돌(石)인데 山과 石이 합치면 岩(바위 암)이 된다. 앞은 곧 癌(암 암)이다, 癌자에 흙(山)이 들어갔다, 흙이 많이 모이면 돌이 되고 바위가 되니 곧 岩이다 암석위에는 나무가 못 산다.

水剋火나 火多水烝 (火가 많으면 水가 증발 한다.)
ㅇ 丙 癸 ㅇ 불이 많아서 물이 증발 되어 없어진다. 증발 되니
ㅇ 午 巳 ㅇ 구름 된다, 댁은 어째서 매일 뜬구름만 잡고 사시오? 세상을 어찌 구름 같이 사시오, 매일 덥다고 한다. 이것이 바로 통변이다.

金剋木이나 木多金缺 (木이 강하면 쇠(金)이 부러진다.)

큰 나무는 벨 수가 없다. 庚금과 辛금은 엄청난 차이다.

土 剋 水나　水 多 土 流 (물이 많으면 흙(土)이 씻겨나간다.)
ㅇ 壬 己 ㅇ　겨울 봄으로서 물이 지배하는 달로서 많은 물에 의해서
ㅇ 子 亥 ㅇ　흙(己)이 떠내려나간다. 또는 동짓달 겨울 물에 꽁꽁
얼어 凍土로 쓸모없는 진땅이다. 土는 위장이고 水는 마누라다.
마누라 때문에 속상해 속 쓰리다. 마누라 앞에만 가면 컴플렉스에
걸려 주눅 든다. 마누라에 의해 음지 되니 마누라에 가려서 행세
못한다. 마누라 덕 없다.

火 剋 金이나　金 多 火 息 (金이 많으면 불(火)이 꺼진다.)
ㅇ 辛 丁 ㅇ　해는 서산에 기울었다. 불(丁)이 감당 못한다. 하는
ㅇ 酉 酉 ㅇ　짓 마다 헛발질이다. 보석을 불로 지져대니 말이다.

土 剋 水나　土 多 水 塞 (土가 많으면 물(水)이 막힌다.)
塞은 막힐 색자로 물이 적고 흙이 많으면 물이 막혀 흐르지 못한
다.
그 외에도
水 剋 火나　水 多 火 沒 (물이 많으면 불(火)이 완전히 꺼진다.)
火 剋 金이나　火 多 金 鎔 (불이 많으면 쇠(金)가 녹아 없어진다.)
金 剋 木이나　金 多 木 折 (금이 많으면 나무(木)는 부러진다.)
木 剋 土이나　木 多 土 崩 (목이 많으면 토(土)가 붕괴 된다.)

濕木(습목 乙卯 木): 木극土는 잘하나 木생火는 잘 안 된다.
燥土(조토 未戌 土): 土극水는 잘하나 土생金 은 못한다.
寒冷之水(한랭지수인): 子수는 水生木은 못하나 水剋火는 잘 한다.

生 剋의 複合作用(생 극의 복합작용)

[실증철학 원문]
　相生相剋은 언제든지 生 다음에는 剋이 오고 극 다음에는 또 다시 생이 오고 있음으로 생은 극을 낳고 극은 생을 낳고 있는데 이는 吉 다음에는 凶이 오고 흉 다음에는 길이 오는 이치와 같으며 또 생과 극은 가깝고도 멀고 때에 따라서는 공존하고 있으며 항시 균형을 유지하고 있는 것이다.(生中剋 剋中生 外生內剋 外剋內生)

[강의 노트]
　속이 生이면 겉은 剋이고
　속이 剋이면 겉은 生이고
　생이 많으면 극이 소멸되고
　극이 많으면 생이 소멸된다. 고로 **陰多陽死 陽多陰死**

木火共存 金水共存 火土共存 土金共存 水木共存
이중에서 **木火共存(陽 - 봄여름) 金水共存(陰 - 가을 겨울)**이 제일 잘 된다.
木火가 공존하면 金이 金극 木 못한다.-火인 적선을 많이 하면 금이 안 온다. 못 온다.
　　　　水가 水극 火 못한다, - 木이 통관(通關) 시킨다. 水生木 木生火로
金水가 공존하면 火가 火극 金 못한다.
　　　　土가 土극 水 못한다.
水木이 공존하면 土가 土극 水 못한다.-木 극 土 당하니까.
　　　　金이 金극 木 못한다.-통관시키니까,
貪生忘剋- (탐생 망극은 생을 탐하여 극을 잊어버린다는 말로 오행은 생을 좋아해서 항상 생과 극이 있으면 생으로 간다,

木일주가 金극 木 당하는 해이거나 사주구성이 金木 상전이라면 水자 하나 써 주어라, 이것이 부적이고 부적의 효과다. 수가 통기 시켜서 만사태평 이다.

오행을 자연으로 비유해라,
ㅇ ㅇ 乙 ㅇ 乙목은 화초목인데 水가 많으면 꽁꽁 얼었고, 떠돌이,
子 亥 亥 ㅇ 일엽편주의 삶이다. 이 사주는 음지나무요, 기생팔자요, 소실팔자요, 떠돌이 팔자다. 火도 없고 金도 없다. 꽃도 없고 열매도 없다. 무화과다. 사람이 사람 노릇 못한다.
<凍木: 亥子 3水에 꽁꽁 얼은 나무다, 亥子丑 월생이면 火의 有無를 살펴야 한다. 떠돌이, 一葉片舟 물이 많아 이리저리 움직인다. 浮木의 의미다. 기생팔자 소실팔자란? 음지 숨어서 사는 팔자 밤에 하는 술집 기생, >

己 丙 乙 ㅇ 乙목지지에 亥子丑을 깔았다. 丙화가 있어도 꺼진 불
丑 子 亥 ㅇ 이라 역할 못한다. 남편이 출근하면 천호동에서 몸 팔고 있다고 한다. 그 때가 52살 인데 도망이다. 팔자는 못 속인다.

己 辛 壬 ㅇ 관살 혼잡이다. 배우자궁에 형을 했는데 이 글자들이
亥 未 戌 ㅇ 관성이다. 해로 못하는 팔자다. 당시 42세였는데 이혼하고 혼자 산단다.

丁 丙 乙 ㅇ 나무는 하나인데 火인 꽃이 많아 가지가 찢어지고 가
未 午 巳 ㅇ 분수다, 너무 조열하니 고갈 증 있다, 술도 잘 먹는다 목말라서다, 신약하니 주관이 약하고 이리저리 귀가 얇다.

丙 戊 癸 己 산속에 숨어사는 팔자이다. 土는 山이다.
辰 戌 巳 未 국립공원 에 근무하는 사람이다. 몸이 약할 까 염려 된다. 대운이 북방 水운과 동방 木 운이라서 다행이다. 수는 자강 운이고 목은 약신 이다 土가 병이거든요, 木이 약이 된다.

相生 相剋의 變化(상생 상극의 변화)

[실증철학 원문]

　상생에는 일주(일간) 본인을 기준하여 생하여 주는 것과 반대로 일주가 생하는 것이 있으며 상극에서도 나를 극하여 오는 것과 내가 극하는 것이 있어 상생상극이라 하였고 또 이러한 것을 다시 나를 생하여 오는 것을 생아자(生我者)라 하여 인수라는 용어로 바꾸어 불렀고 내가 생하여 주는 것을 아생자(我生者)라 하여 상식(傷食-상관과 식신)이라 이름 붙였으며, 또 상극에서도 나를 극하여 오는 자 극아자(剋我者)라 하여 관살(官殺) 또는 관귀(官鬼)라는 용어로 부르고, 내가 극하는 자는 아극자(我剋者) 라 하여 재성(財星)이라는 용어로 부르고, 여기에 극도 생도 아닌 나와 같은 것은 비아자(比我者)라 하여 견겁(肩劫-比肩 劫財)으로 바꾸어 응용하고 있다.

[강의 노트]
상생(相生: 서로 생하는 것)- 　生我者: 나를 생하는 것,(印綬)
　　　　　　　　　　　　　　　我生者: 내가 생하는 것,(傷食)

상극(相剋: 서로 극하는 것)- 　我剋者: 내가 극하는 것,(財星)
　　　　　　　　　　　　　　　我剋者: 나를 극하는 것,(官殺)

비아자(比我者: 나와 같은 것)- 상생상극도 아닌 나와 같은 오행을
　　　　　　　　　　　　　　　肩劫이라 하는데 비견 겁재라 한
　　　　　　　　　　　　　　　다.
　印綬: 印은 도장인자요, 綬는 인끈 수자로 매매에 도장을 찍거나 사인을 한다, 그래서 모든 것의 시작이요, 근본이며 가족관계로 볼 때는 부모요, 父母를 다시 분류하자면 母가 된다. 고로 사주에 인수가 없으면 어머니가 없거나 어머니가 있어도 정이 없다,

傷食: 상식은 내가 생하는 것이니 자손이다. 傷官 食神을 줄여서 상식이란 약자로 쓴다, 고로 상식이 3~4개 있으면 합중국(合重國)을 이루고 있으면 내가 낳지 않은 자식을 키워야 한다.

財: 재- 돈 -妻 財이다, 그러므로 여자와 돈 을 동일시(同一視)한다. 사주에 재가 없으면 처가 없다고 생각하며 가정 일재에 관심이 없다, 財일진에는 음식 먹고 싶고 외식하고 싶다, 재성은 음식이니까, 남자는 돈이 생기면 여자도 들어온다, 남자가 바람 필 때는 돈도 들어온다는 것이다. 財- 父이고 시어머니다. 父와 妻를 같이 본다, 고로 재가 없으면 아버지를 무시한다, 여자는 시어머니가 재이다, 아침에 집에 여자가 왔다 가면 돈이 들어 왔다 나갔다고 재수 없다고 하는 것이다.

官殺: 官은 벼슬이다, 직업이고 일이다, 고로 여자는 시집가는 것이 벼슬 하는 것이다. 나에게 좋게 해주는 官은 남편이고, 나쁘게 작용하면 殺이다 여자사주에 관이 없으면 나는 남편이 없네, 하면서 자기위주로 세상 산다. 브레이크 없는 자동차다.
여자는 식상이 자식이고 남자는 마누라가 낳은 것이 자식이라 관살을 자손으로 본다. 남자는 자식이 제일 무섭다, 자식은 내 맘대로 못하는 것이 바로 이 때문이다,

比劫: 비겁은 비견 겁재를 말하는데 형제다. 어깨를 나란히 한다 하여 형제 동료 친구 동업자로 본다, 나에게 좋은 형제는 친형제로 비견이고 나에게 나쁜 형제는 겁재로 이복동생이고 빼앗아가는 형제다.
六親은 세상을 살아가는데 있어서 가장 밀접한 관계를 이루고 있는 것이므로 부모 형제 처 재 자손을 말한다. <父母=印綬, 兄弟-比劫, 妻-財 子- 食傷 官殺, >

☾ 庚子 일주라면 일지에 상관이 있다, 일지는 배우자 자리인데 자식이 있다. 왜? 아주머니는 남편보다 자식만 끼고 놀아요? 해봐라 귀신같다고 한다.

☾ 易은 바꿀 역자다 역학은 자주 간추려서 易은 쉬울 "이" 자이므로 쉽게 바꿔야 하는 것이다.

☾ 옛날부터 어른 들이 말하기를 자식들은 태어날 때 자기 먹을 것을 가지고 태어난다고 했다. 이것을 공식으로 증명하자면 목이 자식 화를 낳으면 화생토로 재 돈이 들어온다는 이치이다. 내가 생하는 식상은 관을 극하고 재를 낳는 작용을 한다, 고로 식상이 많은 여자가 자손을 많이 나면 남편을 극하기에 남편과 사이가 멀어진다, 그러므로 식상 많은 여자에게 자식 많이 낳지 말아요, 남편과 이별 수 떠요 라고 말한다.

五行의 性情을 應用해 보자,
사주에서 오행의 성정을 응용하자면

木이 財라면 : 목은 나무인데 나무는 자주 옮기면 죽는다, 고로 돈을 자주 이리저리 옮기면 바닥난다, 한군데 오래 묻어두면 돈 된다, 나무는 천천히 자라므로 하루아침에 부자 되려는 생각은 버려라, 뚜벅, 뚜벅, 천천히 쌓아라, 木이 재면 재는 음식이므로 풀잎 채식 좋아하시네요, 해봐라.

火가 財라면 : 불티 일어나듯이 일어나지만 꺼지면 재만 남는다. 고로 속성속패의 뜻이 있다.

土가 財라면 : 땅에 묻어야 하고 부동산을 사 놔라, 헌 땅 사도 새 땅 된다, 無用之土가 有用之土로 변한다.

金이 財라면 : 금은 쇠 가루이니 현금 많아 가장 부자가 많다,

水가 財라면 : 물이란 한 번 흘러가면 역류하지 않는다, 고로 손에서 돈이 떠나면 다시 들어오지 않는다, 돈 빌려주지 마라, 태평양처럼 불어날 때는 걷잡을 수 없이 불어난다.

☪ 木이 妻라면 - 인정 있고, 火라면 - 예의 있고, 土라면 - 신용 있고, 金이라면 - 의리 있고, 水라면 - 지혜 있고, 꾀가 많으며 물은 고여 있으면 썩어 水가 처라면 사회 활동하게 하라 해야 한다.

☪ 木이 남편이라면 - 인정 있고 키가 크다, 火라면 - 예의 있고 이마가 넓다, 土라면 - 신용 있고 키가 작고 둥글둥글하다, 金이라면 - 의리 있고 야무지기는 한데 냉정하다, 水라면 - 법과 관계있고, 戌토가 남편이라면 신앙을 가지고 있다.

己 甲 壬 庚 사주에 火가 없다, 火 는 財로 돈과 여자 아버지다, 未 申 子 子 아버지 되는 글자가 없어서 어머니 혼자 키우고 있다. 어머니 되는 글자가 월에도 시에도 있으니 나의 좌우에 있어 어머니가 둘이다, 水극 火로 아내를 몰아내는 형상이다. 火가 처인데 처가 들어설 곳이 없다, 함께 살면 심장병 걸린다. 화가 필요하므로 여자만 찾는다. 더 밝힌다는 말이다. 물이 많으니 스테머너가 좋다, 7월 장마 들었다, 당시 庚辰년 이었는데 金생 水로 水가 범람해서 장마가 다시 든 것이다. 申子辰 水局까지 형성 되니 학생이 어딜 싸돌아다니는지 집에도 잘 안 들어온다. 자기가 자신을 컨트롤 못하는 해이다.

☪ 인수는 시작이고 관살은 끝 결실 마무리이다.
水 일주는 시작의 명수다, 金 일주는 마무리 잘한다, 고로 水나 인수가 없는 사람은 세상 사는데 에도 계획 없이 되는대로 살아간다. 사원을 채용 할 때도 기획실은 -水나 인수가 있는 사람을 쓰고, 현장 감독은 金이나 관살이 있는 사람을 써라, 그러면 기막히게 마무리 잘 한다. 그만큼 책임감이 있는 사람이다, 남의 잘

못도 자기 책임으로 알고 그것을 감수한다.
☪ 印綬가 生- 比劫 이 生 食傷 이 生 財星이 生 官殺이 生 하면

印綬다.

"印綬" 부모는 "肩劫" 형제를 모이게 한다, 견겁 친구가 모이면 "상식" 상관이 나와서 군중심리가 발생하여 파출소 부순다, "재성" 돈 쓰고, "관성" 취직한다. 여자가 돈 가지고 시집간다, 財인 돈을 잘 못 관리하면 살이 되어(財生官)아내 컴플렉스에 걸린다. 현처는 官을 생하고 악처는 殺을 생한다. 애인은 殺이다, 殺은 죽는다, 망한다, 직장생활(官) 오래하면 인수로 공부시켜준다(官生印) 인수가 저절로 온다.

☪ 훼은 인수 극 식상, 식상 극 관살, 관살 극 비겁, 비겁 극 재성, 재성 극 인수로 인수는 수입이고 식상은 지출인데 인수 극 상식은 수입은 지출을 줄이고 들어온다. 일주나 비겁은 재를 극한다, 즉 돈은 형제끼리 나누어 가져야 하고, 내 財가(처) 제일 꼴 보기 싫어하는 것이 남편형제와 시누이인 것이다. 재는 인수를 극한다, 인수 엄마가 제일 무서워하는 것이 내 재인 처다, 그래서 고부갈등이 여기에 있다.

<7> 六親 應用法(육친 응용법)

[실증철학 원문]

　앞에서 잠시 언급했던 父母 兄弟 妻子의 六親(여섯 개의 가장 친한 사람)을 相生과 相剋을 대비하여 어떻게 활용되고 있으며 또 왜 그렇게 되는지의 이유를 살펴봄과 동시 육친을 떠난 다른 면으로서의 나타난 점과 활용범위를 알아보기로 한다.

　印綬는 나를 생하여 줌으로 나를 낳은 者 어머니가 되어 인수는 어머니요, 어머니가 자란 곳은 나로서는 외가요, 어머니로서는 친정이며 어머니와 같은 형제는 외숙이요, 이모가 되며 나를 도와주는 자 귀인이요, 은인이며 부모는 나의 윗대가 되므로 사회에서는 상사요, 나를 가르쳐주는 者 어머니라서 선생님과도 같으며, 또 인수는 나를 도와주니 정신을 충만케 하여 매사에 자신을 갖게 하고 원류요, 보급로 도로 통하며 때로는 인내력과 지구력 의지력에도 해당 되며 도움을 받으니 편안하여 지므로 안일 무사에 해당 하며, 순박 하나 명예를 우선 하고 수입으로도 통하고, 그런가 하면 선생님과 교육은 직결 되고 나를 생함은 나를 가르치는 것과 같아 교육 학문 공부에도 해당하며 배우는 것은 자연 수양 되고 또 배운다는 것은 연구요, 기획이나 창조력과 통하고 글과 문서는 같으니 서예 대서 타자 독서 증권 보증 계약서 인장 서책 문방 언론 방송 학문 문예 학원 정치 통역 번역 등에 해당 하며, 어머니 계신 곳은 고향이요, 고국이며 어머니는 나를 감싸주고 예쁘게 하여주니 화려 보호 의류 주택 가구 보석과도 같으며, 나에게 오는 것은 소식이요, 새로운 것이 되어 깨끗하고 시작이며 따라서 새 집짓고 수리하며 단장하고 회사설립 확장 등으로 응용 되고 있다.

[강의 노트]
印星(正印 偏印)
배속 : 어머니 외가 외삼촌 이모 귀인 은인 상사 선생 인내력 지구력 수입 교육 학문 수양 기획 창조력 문서 서예 독서 증권 보증 계약서 매매관계 인장 문화 언론 방송 문학 학원 정치 통역 번역 고향 의류 주택 가구 소식 시작 수리 회사설립 확장.

응용 : 육친으로 응용하는 법, 경제로 응용하는 법, 병법으로 응용하는 법, 철학으로 응용 하는 법, 나이별로 응용하는 법(10대 20대 30대 40대 50대 60대 이후) 직업으로 응용하는 법, 사회로 응용하는 법, 가문으로 응용하는 법, 전생 후생으로 응용하는 법.

   사주에서 가문은 인수의 역할이다. 궁합 볼 때 활용하라, 인수는 윗대이므로 조상 가문이다, 즉 인수가 잘 짜여 진 경우면 가문이 좋다. 가정으로는 주택이다. 고로 인수가 없으면 내 집이 없다. 남자 사주에는 인수가 좋고 여자사주에 인수가 별 볼일 없을 경우에 궁합 보러오면 신부의 가문이 많에 안 드네요,
   스님 사주에 인수가 없으면 주지스님 힘든다. 내 절 없다. 인수는 시끄러운 것을 싫어한다. 안일 무사, 순진 순박 인수는 수양이고 덕이다, 인수가 없으면 德이 없다. 그래서 인수는 덕장(德將)으로 본다. 상식은 지장(智將)이고 관살은 용장(勇壯)이다.

인수의 직업 : 교육자(직장) 학원설립(직업) 군인으로는 공부시키는 정훈장교, 일반직 공무원은 연방위 교육이라도 시킨다, 교육과 관련 있는 업종에 종사.

인수를 나이 별로 구분 : 10세 까지는 부모요, 10세부터는 공부요 (중고)20대는 자격증 시험, 취직시험이요, 20대 후반 부터는 취직시험, 30대는 승진시험 주택, 집장만, 40대는 새집 짓는 것, 매매관계. 60대는 고향 생각이다.

인수가 없다(無) : 母이므로 외가 집 외삼촌 이모와 인연 없다. 인수는 귀인으로 나를 도와주는 자요, 가짜귀인? 진짜귀인? 喜忌를 보라 인수 없으면 독학으로 공부한다. 인수를 경제적인 측면으로 보면 수입이고 식상은 지출이니 引 剋 食으로 수입은 지출을 억제시킨다. 사업으로는 주택 아파트 사업자이고 의류로 옷 장사한다. 몸의 보호는 의류이다. 그러므로 인수는 옷 (의류)이다.

O 庚 丙 O 일지에 인성을 깔았다. 의류사업 하고 있다.
O 午 寅 O 火극 金으로 재성인 金이 녹는다, 金 하나에 눈(火)이 3개로 처갓집, 처남 처 무시한다, 金이 녹으니 처 얻기 어렵다. 여자가 뜨겁다고 도망간다, 39살에 장가갔다. 아내에게 잘 해야 한다, 도망 갈 수 있어서 이다.

인수 년 공부하는 운, 회사 설립하는 운,
印綬 : 단독주택, 모국어, 내 집, 적은 집, 나를 낳아준 어머니, 공부할 때도 예습 복습 철저히 한다.

偏印 : 아파트, 큰 집, 빌딩, 외국어, 남의 집, 공부할 때도 벼락치기로 한다, 나를 키워준 어머니.

印綬 無 : 엄마가 없는 것 같아서 젖이 모자란다. 고로 분유 먹고 자란다. 젖은 저항력을 길러주는데 젖이 모자라면 저항력이 부족하므로 잔병치레 한다. 성장 속도가 느리다. 어머니 있어도 어머니 역할 못한다.(직장 다닌 다거나 일이 바빠 못 돌본다, 어머니에 대한 감정이 부족하다. 인수 편인도 상황에 따라서 달라 질 수 있다. 예를 들자면 丙화 일간이 寅목은 편인이지만 木生火 잘 받고 卯 목은 정인인데 木生火 잘 안 된다. 고로 丙은 낳아준 생모보다 키워준 계모를 더 좋아하고 잘 따른다.

[실증철학 원문]

比劫은 나와 같은 자로 형제 친우 동서 동업자 동창 은우 방적(防敵)이 되나 때로는 경쟁자 방해자로 통하며 나와 같은 자는 힘을 믿고 방만 할 수 있어 독주 아만 만용 시기 질투 배신 모략 계합(獨走 我慢 慢勇 猜忌 嫉妬 背信 謀略 契合)에 해당되고 때로는 겁재(劫財)가 되니 분탈로서의 탈재 도실 (分奪로 奪財 盜失) 등에 해당된다.

[강의 노트]
比劫(比肩 劫財)
배속 : 형제, 친우, 동서, 동업자, 동창, 은우, 방적, 경쟁자, 방해자, 독주, 아만, 시기, 질투, 배신, 모략, 계합, 이고 또한 겁재로는 탈재 도실 분탈 로서의 역할 한다.
응용 : 契合 - 契는 여자 남자는 동창회, 비겁은 盜失이다. 훔치도 잃을 실, 내 것을 빼앗긴다는 의미로 分奪로도 보고 고로 비겁운은 도적맞는 운이다, 문단속 잘하라, 지갑조심이다. 심리적으로는 내 마음을 빼앗기고, 아내와 처를 빼앗기고, 그래서 의처증, 의부증이 생긴다. 도둑 잘 맞는 사람은 비겁이 많은 사람이다. 동업자이다. 동업은 안 하는 것이 좋다. 해야 될 사람은 심지가 약한 사람은 동업해야 한다. 경쟁자, 방해자, 장사나 사업 (의사, 음식점 등) 하는 사람이 겁재 운이 오면 경쟁자가 생겨 손님 빼앗긴다. 또 공직자 기자 등은 일은 죽도록 하고 공은 다른 사람에게 돌아간다. 비견은 남녀모두 같은 형제로 남자는 남자 여자는 여자이고 겁재는 남자는 여형제 여자는 남형제이다. 비겁년에 친구 찾는다, 형제 찾는다, 인수년엔 이산가족 찾는다. 甲戌일주가 己卯년에 15년 만에 형제 만났다. 견겁이 나쁘게 작용하면 군중심리가 발생한다.
○ 木 木 木   木이 많으면 자연적으로 火가 발생한다. 火극 金으로
○ ○ ○ ○   관을 때린다, (경찰서, 남편, 법, 법규, 질서) 즉 집단행동을 한다. 군중심리가 발생으로 친구가 좋기도 하고 나쁘기도 하다.

비겁은 財를 빼앗아가므로 劫財라 한다. 내 것 빼앗긴다.
비견 겁재 일진에 시장가면 쓸모없는 물건사고, 비겁 날은 속아서 결혼 하고 사기 당하고 도둑맞는다, 丙丁일날 물건 사면 잘 보인다, 그러나 亥未일은 분열의 상+이다.

比肩 : 남자가 남자, 여자가 여자 친형제 어깨를 같이 하는 자를 말한다. 比자는 견줄비자요, 肩자는 어깨 견자로 어깨를 나란히 하는 자를 말한다.
比劫(劫財) : 남자가 여자, 여자가 남자, 배다른 - 엇갈리는 것,
比劫多인 경우 : 배다른 형제가 많다.

甲甲乙甲 乙木인 본인 보다 甲목이 크므로 1, 왕따 당한다.
○○○○ 2,친구 형제에 컴프렉스 걸린다. 3,남의 떡이 커 보인다. 강자속의 약자이므로 내 것을 모두 빼앗긴다. 큰 나무 밑의 작은 나무이므로 음지인생이다. (여자는 소실팔자)

比劫 年運 : 辛금 일간 庚년을 말한다.
취직 안 된다. 돈 못 받는다, 결혼 속아서 한다. 내 것을 빼앗기므로 의처증 의부증 걸린다, 동업하면 내가 사장이라도 40:60으로40 밖에 못 먹는다.

[실증철학 원문]

　　傷食은 내가 생하는 것이니 자손(여자를 기준해서)이요, 자손과 같은 者 조카이며, 자손은 나이가 나보다 어리므로 수하(手下-손아래사람)부하 학생 노복 공원 종업원(部下 學生 奴僕 工員 從業員)이요, 내가 생하는 것은 주는 것이 되어 지출 희생 포은 인정(支出 犧牲 布恩 人情)에 해당 되고 또 나한테 나가는 것이 되어 발표력 추리력 응용력 상상력 예지력에 동(動-움직일 동)이고 재조 기예(才操 技藝)며 내가 생하는 것 즉 키우는 것이니 육영 언어(育英 言語)로도 통한다. 또 상식은 관살 즉 법과 상관(上官)을 극함으로 위법행위, 허세, 초조, 불안 시비 구설 관재 송사 하극상 비애(違法行爲, 虛勢, 焦燥, 不安 是非 口舌 官災 訟事 下剋上 悲哀) 등에 해당한다.

[강의 노트]
傷食(傷官 食神)
배속 : 자손(女) 조카 부하 종업원 학생 노업 공원 종업원 기계 지출 희생 포은 인정 발표력 추리력(직감력) 응용력 상상력 예지력 動(움직임) 재주 기예 육영 언어 위법행위 초조 허세 불안 시비 구설 관재 송사 하극상 비애 기타.
응용 : 상식은 학생-젊은 학생 (유치원 초등 중학생)늙은 학생 (대학생) 등 사주에 따라 달라진다.
○ ○ 甲 丙　甲목이 丙寅시라서 꽃이 활짝 핀 경우로 (대학교수)
○ ○ ○ 寅　시간을 모를 때는 직업보고 판단해라.

○ ○ 甲 丁　유치원 선생이다. 상관성이 강하다
○ ○ ○ 卯　묘목역시 작은 것이니 학교로 말하면 유치원이다.

상식은 추리력 즉 직감력으로 상식이 없으면 직감 추리 예지력이 모자란다.

技藝(기예-기술과 예술): 예술 감각 춤 잘 추고 예체능에 소질 있다, 상식이 많으면 유연성이 좋다. 金에 水(상식)가 많으면 냉각되어 휘어진다.
언어 : 상식은 언어로 아이들이 상식이 없으면 말을 늦게 한다.
스님은 상식이 신도이다, 올해 신도가 많고 적음도 상식을 기준으로 한다.
傷食은 자녀다,- 陽이 상식이면 아들, 陰이 상식이면 딸,
傷食은 위법행위 - 데모 앞장이 반대 잘 한다. 官인 윗사람, 직장을 몰아내므로 취직 어렵고 그래서 데모한다.
官災 - 刑事, 訟事 - 民事,

 상식운이 오면 20대 애인 떨어지고 (세상 살맛 안 난다) 결혼 4-5년차면 이혼 수이고 나이에 따라 달라진다.
他事 : 남의 일 남의 걱정 잘한다. 금년에 남의일로 힘들겠어요,
訴訟 : 소송에서도 운이 길하면 승소한다. 송사가 있을 때 운이 좋으면 지는 송사도 이긴다. 운이 나쁠 때는 이기는 송사도 진다, 고로 운이 좋을 때는 이기므로 운이 나쁠 때 송사 발생하면 연기시켜라, 2 번 까지는 출석 안 해도 아무 일 없다, 3 번째 출석 안 하면 패소한다. - 이렇게 상담 해 주어라.

상식은 종업원, 공동이, 부하직원,
아랫사람, 木일주가 火가 3개라면 사장보다 종업원이 더 많다, 사장보다 부하가 더 똑똑하다, 사장 두고 종업원이 더 설친다, 통솔능력이 부족하여 사장을 친다, 안방차지하고 살다가 옆방사람에게 안방 내주고 나간다.
상식은 인정인데 상식이 많으면 인정 + 인정 = 제로, (多者無者)
상식이 많으면 겁이 많다, 설친다. 거칠다, 말만 잘한다.
상식이 있으면 재주가 있고 요령도 많고 대인관계도 원만하다. 없으면 재주가 없다,

상식이 많으면 官인 직업을 쳐 내므로 직장생활도 잘 못하고 상사나 사장을 거역하므로 한 직장에 오래 못 버틴다. 옛 말에 재주 많은 놈 끼니 걱정한다는 말이 있다.
상식은 육영 보건 복지 복지사업이다. 상식 없는 자 보건복지부 취직 못 한다.

癸 乙 癸 壬　女命 식신이 태왕한 명조로 노조 데모앞잡이였다.
卯 卯 卯 戌　木은 강덩이로 강덩이가 커서 무서운 것이 없다.

傷食運 : 부하 때문에 내가 작살난다, 보고만 받지 말고 현장 확인 직접 하라고 충고해 주어라,
傷食多 : 남의 걱정에 늙어간다, 사춘기 소녀는 장의사 차만 보아도 불쌍하다고 눈물 흘린다. 남자는 쓸데없는 간섭 많이 하고 약은 척 잔머리 굴리다가 내가 당한다.

庚 己 戊 辛　男命 식상이 태왕한 명조로 모 국회의원 아들의 사주
辰 卯 申 酉　로 유학 후 국무총리 비서실에 취직했다가 중앙부서 기밀 누설로 잘렸다. 상식작용이다 상식은 까발리는 명수이다. 그런데 추리력 응용력은 1등이다.

☪ 상식 식신 운: 말조심하라, 내가 무심코 한 말이 구설로 돌아온다. 그것도 아랫사람 제자 부하로 인한 말썽이다. 잘못 하면 관재 구설로 연결 된다. 내 것 주고 구설 사고 내 것 주고 뺨 맞는다. 여자는 자식문제로 속 썩는다. 식신은 正이고 상관은 偏으로 옛날에 정식 편식이라고 명명했단다. 그러나 지금은 안 쓴다.

식상은 내가 낳은 자식 또는 내가 키운 자식 이다. 사주에서 자식되는 글자가 양이면 아들이고(甲丙戊庚壬) 음이면 딸이다. (乙丁己辛癸) 年月에 陽 자손은 먼저 아들 陰 자손은 먼저 딸이다. 또한 陽년에는 아들 출산이 많고 陰년 에는 딸 출산이 많다.

[실증철학 원문]

財星은 아극자(我剋者-내가극하는 별)로서 내가 다스리고 이기는 자가 되어 가정으로는 부친(자손에 밀림당하기 때문)이요, 부친과 같은 계열인 백부 숙부 고모(伯父 叔父 姑母)가 되며 또 남자는 처를 다스려야 하므로 처 첩(妻 妾)이요, 처와 같은 자 처형 처제 처가, 또는 애인에 해당 하나 여자를 기준으로 한다면 시모 시가 부친(媤母 媤家 父親)이 됨은 남자와 같고, 또 내가 다스림은 곧 관리 통솔 극복 개척 타개 정복(管理 統率 克服 開拓 打開 征服)이며 관리하는 것은 금전으로 재산이요, 유산 봉급 재정 경제 음식 식욕(遺産 俸給 財政 經濟 飮食 食慾)에 해당 된다.

[강의 노트]
財星(正財 偏財)
배속 : 부(父) 백부 숙부 고모, 남자는 처 첩 처가 처 형제, 애인, 여자는 시모 시댁 父.
관리 통솔 극복 개척 타개 정복 재산 봉급 유산 재정 경제 사업 음식 목심.
응용 : 여자가 財가 없으면 시어머니 없는 데로 시집간다. 시어머니 보고 어머니라고 안 하고 당신어머니라고 한다.
재성은 고모다, 만약 딸의 남자 친구가 없을 때 그의 고모를 물어봐서 고모가 시집가서 잘 살면 財가 吉하므로 마음 놓고 딸 주어도 된다. 만약 그의 고모가 2-3번 시집갔다면 내 딸 주지 마라 가문의 내력이 중요하다.
財星年運 : 1, 남자는 애인 생기는 운(바람둥이 사주일 때)만약 바람둥이가 아닐 때는 여자위주로 가정사를 이끌어 가더라. 2, 돈이 왔다 갔다 한다. 돈이 보인다. 3, 유산이 들어온다. (財는 유산이므로) 재성은 父이다, 내가 극하므로 나에게서 멀려나간다. 즉 세대교체 다.

財는 父이므로 아버지가 잘 살고 똑똑해야 내가 유산이 많고 잘 살게 된다. 財는 父이고 고모 처와 동일하다. 재는 음식이다. 여자가 재가 있으면 남편 잘 걷어 먹인다.

○ 癸 丙 ○   男命으로 酉금이 처다, 金生水(癸酉)로 남편과 자식
○ 酉 ○ ○   죽이고 닭 도리 탕, 만들고 있다. 하 하 財는 관리능력이므로 아내를 제대로 다스려야 한다. 재가 잘 구성 되어 있으면 처갓집이 부자이고 재가 없거나 흉하면 아내네 관심 없고 처갓집도 가기 싫다.

☞ 財는 정복이다, 그러므로 남자는 사랑을 여러 번 할 수 있다. 정복(소유욕) 하고 싶어서, 財는 나와 인연이 있어야 보인다. 인연 없으면 보이지 않는다.

正財 : 아내, 내 돈, 집에서 먹는 밥, 정재만 있을 경우, 내 아내 밖에 모른다.

偏財 : 아버지, 대중의 돈, 일확천금, 외식, 편재가 많을 경우-
       세상 돈(여자)이 내 것 같이 보인다.

남자 사주에 정편재가 혼잡 되어 있다면 - 아내도 있고 애인도 있고, 증권은 편재 있는 사람이 빠르다. 정재만 있으면 간다.

火가 財이면 (水일주)형제수가 있고 속성속패의 특성이 있다. 불길 일어나듯 한다, 이사 한 집에 성냥 하이타이 휴지 주는 것도 불처럼 일어나라는 뜻이다.

☞ 木이 財면 장기전 하라, 土가 財면 땅 사라, 金이 財면 현금을 좋아한다. 水가 財면 돈 놀이 한다. 辛금일간은 乙목 보다 甲목이 더 큰 돈이다.

[실증철학 원문]

官殺은 剋我者로 나를 다스리고 관제하며 괴롭히며 밀어내고 이기고 있기 때문에 가정으로는 부군(夫君)이고 시가이며 시형제인 것이다. 때로는 정부(情夫)가 되며 남자를 기준해서 자손이고 성격으로는 정직 고지식하며 가정교육이 잘 되어있다.

[강의 노트]
官殺(正官 偏官)은 나를 극하여 들어오는 것으로 좋게 보면 官, 흉하게 보면 殺이다. 살보다 무서운 것이 귀신(鬼神) 호랑이다.
배속 : 남자는 자손, 여자는 남편, 시댁 시 형제, 정부(情夫-애인).
정직 규법, 준법정신, 책임감, 격파, 극전(剋戰) 쟁투(爭鬪), 위협 멸시, 수모, 누명, 구금, 납치, 공갈, 상신(傷身), 압박, 인사, 마귀, 질병, 관재, 직업, 벼슬, 명예, 권력, 상사, 대표자, 법률, 직서, 일복(作業).
응용 : 관살이 제일 나쁘게 작용하면 귀신, 호랑이다. 여자가 남편의 사랑을 받고 살면 官이고, 남편한테 매 맞고 살면 殺이다. 직업이 좋으면 官이고, 나쁘면 殺이다. 더 나쁘면 호랑이.
관살은 책임감이다. 그리고 격식을 의미한다. 오행으로 시작은 인수요, 격식은 金이다. 관살은 나를 극하고 들어오므로 상사요, 윗사람이다.
☾ 여자가 관살 많으면 시집 여러 번 간다. 시집식구 많아 시집 종노릇 한다. 관살은 일복이다. 이것을 통변에 응용한다면,

木 일주가 金인 관살이 많으면 - 木은 팔다리 모발이므로 수족이 파김치가 되도록 머리가 다 빠지도록 일해도 먹고 살 똥 말똥하다.
火 일주가 水인 관살이 많으면 - 火는 눈이므로 눈알이 튀어나오도록 일해도, 火는 혀이므로 쎄가 빠지도록 일해도 먹고 살 똥 말똥하다. 土일주가 木인 관살이 많으면 -土는 허리이므로 허리가 휘

어지도록, 입술이 부르트도록 일해도 먹고 살기 힘들다.
金 일주가 火 인 관살이 많으면 - 뼈 빠지도록, 뼈골이 쑤시도록 뼈가 노긋노긋하도록, 水 일주가 土인 관살이 많으면 水는 배설물 이므로 오줌 누고 똥 눌 사이도 없이, 水는 밤이므로 밤잠 못자고 일해도 일해도 먹고 살기 힘들다.
또 병으로 연결 하자면,
木 일주는 간이 나쁘고, 火일주는 신장 나쁘고, 土 일주는 위장 나쁘고, 金 일주는 폐가 나쁘고, 水 일주는 신장 나쁘고, 라고 하는데 해당 오행이 기신일 때도 같이 적용한다.
관살은 정직이다. 그러므로 법을 잘 지킨다. 그런데 상식이 많으면 법 안 지킨다.
正官 : 시험 봐서 취직하고, 한 직장에 오래 근무하고,
偏官 ; 배경(빽)으로 취직하고, 하루아침에 발탁 되고, 임시직이고, 직장 자주 바꾸고,
여자사주 일지에 편관이면 남편에게 의심받고, 일지는 중년이므로 40대에 그런 일이 생기니 조심하시오, 남자들 닿고 다닌다. 남자들 깔고 앉았다. 의심 받을 짓은 하지 마라, 행동주의 하라 등 여러 각도로 응용 할 수가 있다.

역학에 포함 된 인생살이의 이치 : 상생 상극 의 결과.
甲목이 길을 가는데 갑자기 두 갈래 길이 나온다.
1, 나쁜 길 丁화 상관의길 - 세상을 편법으로 살아야 한다. (나를 따라오면 큰돈을 주겠다는 유혹.
2, 좋은 길 丙화 식신의길 - 세상을 올바르게 살아야 한다. (나 따라오면 노력의 대가만 준다.
그다음으로 만나는 것
1, 번은 戊토를 만난다. 편재이다. 편법으로 도박으로 번 돈이다.
2, 번은 己토 정재를 만난다. 노력해서 번 돈,
그 다음으로 무엇을 만나나요?

1, 번은 庚금을 만납니다. 칠살 이죠, 庚금 쇠고랑차고 감옥가고,
2, 번은 辛금을 만납니다. 정관이 군요, 결과는 조금 힘들지만 官에서 표창 받고 모범 되고 이름 날린다. 이것이 바로 명예랍니다.

오늘 온 손님의 팔자입니다.
乙 辛 甲 庚 女命으로 庚辛금이 관살이다, 辛巳 庚午로 단련 된
卯 巳 戌 午 날카로운 연장입니다. 그런데 일간 甲목도 乙卯겁재 양인을 깔아 만만치 않습니다. 조열(燥熱)한 사주 이 군요, 지지가 불바다이니 말입니다. 甲戌로 백호에 일지에 戌土를 놓아 의술이 천직인데 간호사랍니다. 丁酉년 丁巳월에 직장을 그만 두었다는 군요, 傷官見官의 해로 직장에 스트레스 받는 해인데 丁巳월이니 金인 官이 녹아 없어집니다. 언제 다시 직장 구해지느냐기에 丙午 丁未월은 볼리하고 戊申 己酉 월에 좋은 직장 들어온다고 말해 주었습니다.

오늘 개명해간 손님의 팔자입니다.
乙 丁 丙 壬 女命으로 월지 亥수가 관살이다, 無金에 亥水가 고립
卯 亥 戌 辰 되어 힘없는 관살 이죠, 壬辰시로 관고를 놓아 관이 별로인데 대운이 壬辰운이라서 결국 이혼하고 딸 하나 데리고 도망 나오다 시피해서 본인도 딸도 개명을 해 갔습니다.

丙 辛 丁 壬 女命으로 관살혼잡이다, 인수는 없고 丙화 겁재는 합
辰 丑 亥 子 거 되어 힘없는 丁화가 관살 등살에 종살 해야 할 것 같은데 기둥에 辰土가 陽土랍시고 殺을 剋制하니 從殺도 어렵고, 결혼도 못하고 독신으로 외롭게 살아간다. 女命이 合多 하면 有情 하여 지조 없는 사람 된다. 아버지가 운영하던 청평화시장 옷 매장을 동생과 함께 운영하는데 턱도 없는 年下 직원 남자 혼자 좋아해 고민에 빠지곤 한다.

[강의 노트]
단편 판단 법
< 木 일간 >

1, 선조, 부모: 인수로 보거나 년 월주 오행상 水있으면 부모덕 有
2, 형제 : 비견 겁재로 본다. 年 月은 형 時는 동생.
3, 妻(아내): 재성으로 본다. 년 월에 있으면 이성 사귀는 것이 빠르고, 時에 있으면 나이가 어리고 장가 늦게 간다.
   처의 성격- 土가 아내인데 土는 신용으로 아내에게 신용 잃으면 당신은 곧 아프다고 해라.
4, 건강:木이 잘 보존 되어 있으면 건강하고, 약하면 肝이 나쁘다.
5, 능력: 신강하면 능력 좋고, 신약하면 능력 없고.
6, 진로: 木은 건축이다.
7, 재산: 재성인 土가 있으면 재산 있고, 땅, 부동산 있다. 만약 돈 생기면 땅에 묻어라, 헌 땅 사도 새 땅 된다. 인정 많아 돈 부탁 거절 못한다, 고로 땅에 묻어야 안 뺏긴다.
8, 직위: 官은 벼슬 직업이다.
9, 수명: 나무 중 버드나무는 수명 짧고, 아흔드리나무는 수명 길다. 强木인가 柔木인가 살펴라.
10, 자손: 관살이 자식이고 (여자는 남편이고, 식상이 자손이다)
< 사주가 좋으면 복덩이고, 나쁘면 이 사람 낳고 집안 안 좋다. >

土는 다른 오행 보다 2개가 더 많다.<戊己, 辰戌丑未>
통계상으로 土가 육친이 되는 것에 대한 응용 법,

印綬 - 金 일간 = 어머니가 많다. 土가 인수-중국어, 한문 잘한다.
官殺 - 水 일간 = 결혼 한 두 번 더한다. 土인 남자가 많아서,
財星 - 木 일간 = 여자인연 이 많다. 土인 여자가 많아서,
傷食 - 火 일간 = 남의 자식 많이 키운다. 여사장이면 종업원 많다. 하다못해 식모 가정부라도 많이 키운다. 식솔이 많다.
比劫 - 土 일간 = 土일주에게는 형제가 많네요,

甲 丙 戊 辛 편인 丙화가 있으면 성질 급하다. 戊토 일주가 酉시
子 寅 辰 酉 을 만나서 음지의 땅인데 丙화 양지 태양이 말려주니
양지(陽地)로 만들어 준다. 월주에 있어 부모다, 丙寅은 숯불과 같
아서 木生火로 아주 큰불이다. 丙화가 寅을 만나면 새벽 일출(日出)
로 아주 좋다. 年支에 子수인 정재가 있다. 여자인데 1자와 6자로
한 살 또는 여섯 살 연상의 여자다. 年干의 甲목이 木剋土하려 하
나 丙이 있어 木剋土 못하고 木生火 火生 土로 이어진다. 이를 官
印相生 또는 殺印相生 이라한다<貪生忘剋>. 그래서 사주에 인성이
있는 것과 없는 것은 큰 차이다. 만약에 丙화가 없었다면 年干 月
支 甲寅목이 강하게 극하여 성질 더러워지고 삶이 힘들어진다. 편
인 丙화의 영향으로 번갯불에 콩 구어 먹기로 몰아서 공부하고 벼
락치기를 해도 잘한다. 일지에 비견 辰토로 일지는 안방인데 형제
를 깔고 있어 돈 벌어도 형제에게 빼앗긴다. 시주에 상관으로 시는
자손 궁이고 아랫사람이고 手下를 의미하므로 아랫사람 잘 도와준
다. 나라(年干에 관살 있으니)에서 공부시켜주므로 서울대 국립대
시립대 간다. 土일주 이므로 부동산학과가 좋다. 여자의 사주라면
서방님이 공부시켜주고 사랑받는다.

☪ 위 사주는 五行全具에 陰陽이 造化를 이루고 各柱가 有力하며
인체로 말하면 혈액순환이 잘 되어 건강한 사주로 손색이 없는 큰
인물이 될 명조로 막힘없는 삶을 살아갈 것이다.
☞무엇을 보고 혈액순환 잘 되는 건강한 사주라고 했나요?
年支 子수에서 年干 甲목으로 다시 월간 丙화로 다시 일간 戊토로
또다시 일간 戊토가 時干 辛금에 이르기 까지 막힘없는 相生을 하
고 있다. 이런 경우를 生生不熄이란 용어를 쓴다.
☪ 인간의 공통적인 삶(할 말 없을 때 말이 막힐 때 써먹는 말)
인정 많네요, 고집 세네요, 인덕 없네요, 바빠야 먹고사네요,
인간은 만물의 영장이라면서 가장 멍청한 것이 인간이다. 가장 현
혹이 잘 된다. 극과 극은 통한다는 것이다.

庚 庚 丙 丁　火土金 3신의 사주다. 사주에 木이 없다. 木은 인성
辰 辰 午 酉　(어머니, 외가 집, 공부), 고로 공부하기 싫다. 그러
나 火일주여서 보는 것이 많아 배우지 않아도 잘 안다. 눈치하나
빠르다, 눈썰미 좋다. (火-눈) 인수는 없고 식신이 2개로 하나를 배
워서 열로 써먹는다. 자식은 없어도 일반 상식은 많네요, 水가 없
다, 간섭받지 않고 살았다. 고로 직장생활 어렵다. 직장운 없다.
자유업 하라, 년과 월지에 식신 있다, 윗사람에게 잘 퍼준다. 희생
한다, 복지사업에 흥미 있다.
☞ 傷食이 년이나 월을 생하면 노인모시고 양로원 요양병원 한다.
그러나 일시를 생하면 아이들 키운다, 옛날엔 고아원 했다, 지금은
고아원 없다, 지금은 유아원 유치원 한다.
년과 월 시에 財가 있다. 눈에 돈 보인다, 財가 셋이다. 년 월의
庚금이 길만 닦아놓고 간다, 시지의 酉금이 본처다, 시는 앞으로
써 미래다, 집 나서면 酉금 여자가 기다리고 있다, 酉는 8월 金은
주옥으로 예쁜 여자다, 丙일간이 午와 丁이 있어 또 일지에 비겁이
니 안방에 형제가 들어와 있다, 시에 丁은 여동생이다.
여자라면 財가 시어머니다. 고로 시어머니가 두 분 있는 데로 시집
간다. 시아버지가 바람둥이거나 시어머니가 재취로 온 집안이다.
재가 많은 여자는 시어머니 둘 있는 집안과 인연 있다.

☺　잠시 쉬어갑시다.
　오늘 부산에서 명리 공부하는 학인이 찾아왔습니다. "명리학 강의노트"
필사본 상. 중. 하보고 있는데 여지것 헤매다가 이제 제길 찾은 기분이라
고 극찬을 하더라고요, 그럴 만도 하다는 생각이 듭니다. 단어 하나하나
마다 말 한마디 한마디가 모두 통변술이기에 말입니다. 역학은 學이 아니
라 術입니다. 이 많은 것들을 다 머릿속에 집어넣기는 용량이 부족 할 듯
싶지만 그렇지 않습니다. 열심히 공부하다보면 원리를 응용하는 것이어서
할 수 있습니다. 자신감을 가지시기 바랍니다. 이 책은 다른 책과는 다릅
니다. 읽고 공부하면서 본인이 느끼실 것입니다.　- 편집자 주 -

戊 癸 甲 丙　戊土 처가 年干에 있어서 첫사랑이고 편재라서 편법
申 亥 寅 寅　으로 만났다, 나 甲목 처 戊土 중간 사이에 엄마 癸
수가 있어 부부생활에 꼭 엄마가 끼어든다, 부부해로 못한다. 癸亥
는 큰 바닷물(大海水)로 물 건너 갔네요 한다. 엄마 癸수에게 물
어보자 癸수가 말하기를 우리아들이 甲목 인데 며느리가 나이가 많
아서 내가 내쫓아버렸소 한다. 고로 해로 못하는데 아내에게 또
물어보면 戊土日 속 모르면 말 마소, 시어머니(癸)에게 가려서 남
편 얼굴보기조차 힘들고(戊癸合) 남편은 공부 책(癸)만 보고 있고
공부하고만 연애하고 나는 쳐다보지도 않아서 그만 끝냈다오, 라고
말한다.

　甲목이 甲寅으로 아름드리나무다, (干與之同 夫婦不睦) 대쪽 같다
(松竹-高麗末 鄭夢周先生이 還都한 八字네요). 寅목은 비견으로 형
제다. 3, 8 木으로 삼남매중 하나다. 시에 丙이 있어(丙은 陽火로
겹꽃)가르치면(食神) 큰 학생을 가르친다, 이 사람이 가르친 제자
는 丙寅으로 태양이 된다. 즉 사주에도 그릇이 있다. (대학교수냐,
유치원 교사냐?) 時인 앞에서 丙이 길잡이 하고 있는 것으로 보아
비서 데리고 살아간다, 2,7, 火로 두 명이다.

　申이 金剋木 하려고 하면 癸亥수 엄마가 있어 극하지 못하고 오
히려 인성으로 변한다, (官印相生) 큰 도끼(申)로 다듬어(金剋木)
대들보로 쓰어진다(甲寅은 棟樑之木) 亥월은 초겨울로 추운데 丙
이 있어 따뜻하게 해준다, (丙은 내가 가르친 사람으로 나를 빛내주
고 돋보이게 한다) 식신은 희생으로 당신은 음덕을 쌓아야 좋아진
다고 말해라,

☞ 財는 음식이다, 水일주가 巳화면 음식인데 巳는 뱀으로 길다,
국수 자장면 냉면 등 분식이다. 만약 겨울 뱀이면 또아리 틀고 있
다, 그러면 부침으로 둥근 부추전다.
☪ 壬癸 일주가 庚辛년을 만나고 申酉월이라면 인수 월이다.
매매관계이다, 뭐 팔려고 하세요? 운이 좋으면 살려고 하고 운이

나쁘면 팔려고 한다. 일단 문서가 발동했다고 해야 한다.
☪ 재산 : 현금(財星) 건물(印綬) 토지(땅 土)

丁 丙 丁 己 丁巳생(큰 인물이 많다- 박정희 전 대통령도 丁巳생)
巳 午 丑 酉 똑같은 성격이다, (비겁과다인데 火다) 등잔불인 丁화
가 태양인 丙화를 보니 丁이 丙에 치어서 산다, 아무리 공부 잘해
도 받장 못한다, 통솔력도 없다, 배다른 형제 있다(備劫過多-異腹
兄弟) 형제들에게 줘야 한다, 일지 식신은 식복은 있다, 일지배우
자궁으로 일지를 생해주므로 배우자 아껴준다, 酉금은 큰 돈으로
(편재)말년에 잘 살겠다, 酉는 금은보석으로 집에 보석 많다, (예쁜
아내) 이사람 눈에는 남의 여자가 내 여자로 둔갑해 보인다. 정재
가 없고 편재만 있을 경우 이런 현상이 생긴다.
火가 많아 명랑하고 거짓말도 못한다, 1급 비밀 없다, 다 까발려야
속이 시원하다, 이 사람 보면 모든 사람들이 즐거워한다, 火는
말(話-말할 화)이므로 말 잘하고 말한 것은 씨가 된다.

☞ 밥을 먹는데 수저는 하나로 양이고 젓가락은 둘로 음이다, 밥
먹으면서도 음양을 맞춘다, 이사람 젓가락으로만 밥 먹으려 한다,
이사람 수저만 주로 쓰는 사람이네요,

☞　　　　　　성격관계로 연결하면　　　사업관계로 연결하면
인수(印綬)　　순진하다,　　　　　　　피부미용, 옷, 집, 장사
비겁(比劫)　　의심 많다,　　　　　　　동업 유 불리
상식(傷食)　　잔머리 (꾀보)　　　　　생산업 제조업
재성(財星)　　통솔력 군림　　　　　　음식 식품 장사
관성(官星)　　복종의식　　　　　　　관을 상대로 장사
편운(偏運) : 편자가 붙은 해 뜻밖의 일에 항상 대비하고 계세요,
 財: 계산이 빠르다, 여자가 官이 없고 財만 있으면 남자가 돈으로
   만 보인다, 상식은 재주, 말, 인정, 官殺은 동네복, 멸시, 배신,

六親表(육친표)

	인수	편인	비견	겁재	상관	식신	정재	편재	정관	편관
남자	母 外家 丈人	偏母, 丈人	兄弟 姉妹 子婦	兄弟 姉妹 子婦	祖母 孫子 女 丈母	祖母 孫子 女 丈母	妻 妻家	父親	子孫	子孫 外祖母
여자	母 外家 祖父 孫子女	繼母 사위 祖父 外家 姨母	兄弟 姉妹 媤父	兄弟 姉妹 媤父	子孫 祖母	子孫 祖母	偏媤母 外孫子	父親 媤母 媤家	男便 子婦	偏夫 시누이

☪ 母와 妻의 不和 原理: 甲木을 기준해 보자, 妻는 己土요, 母는 癸水다, 己土가 癸水를 土 剋 水로 밀어낸다. 이것이 바로 **고부갈등** 己土는 처가 처제 고모다, 내 고모가 남편 궁이 좋았으면 나도 아내의덕 있다, 장모(丁)은 친모(癸)에게 큰소리 못한다, 딸 준 죄로 지고 산다, (水剋火)

☪ 지지에 財가 많아서 합중국(合衆局)을 이루었으면 아버지 형제에 배다른 형제 있다. 여자가 財가 많으면 남편의 모친(시어머니)이 둘이다. 혼처가 둘이 들어왔다, 한사람은 財가 하나이면 남자가 다른 건 다 좋은데 시어머니가 둘인데요, 그리로 갈래요? 안가요, 한다. 한사람은 財가 셋이다, 시어머니가 둘 있는데도 시집갈거예요, 시집갈래요, 한다.

☪ 陽 자손은 아들이요, 陰 자손은 딸이다. 관성 되는 글자가 陽이면 아들이고 陰이면 딸이다(남자기준). 여자는 식상이 자식인데 식상 되는 글자가 陽이면 아들이고 陰이면 딸이다.

<참고>명리정종에 상관은 아들 식신은 딸이라고 되어있는데 번역 오류다. 김 우제 씨가 원서번역을 처음 했다고 한다. 역학 배워 서울 와서 한학자 3인에게 명리정종 5권을 나누어 해석 맡겼다 합쳐서 삼신서적에 넘겼다고 하더라,

여자가 乙인데 甲이면 오빠가 분명하고, 乙이 乙이면 언니가 아니고 만약 오빠라면 음을 가지고 태어난 오빠라서 오빠노릇 못하고 연약하다고 추론하라.

남자사주에서 편재만 있으면 나의 아내지만 항상 이런 생각을 한다, 저 아내는 언젠가는 내 곁을 떠나겠지, - 융화가 어렵다.

남자가 식상이 없으면 장모 없는 데로 장가간다, 식상이 많으면 장모 많다. 財는 父와 妻인데 년이나 월에 있으면 아버지로 보고 시에 있으면 아내이며 정인이나 편인이 년이나 월에 있으면 모두 정인으로 봐라.

辛 辛 丁 甲　인수가 卯와 甲인데 卯는 편인이고 甲은 정인이다.
巳 卯 丑 辰　실제적으로는 丁을 낳은 생모는 년 월에 있는 卯다, 자기가 낳은 卯를 계모로 알고 살았다. 딸만 여섯이라서 부친이 주먹집 여자와 통정 이사삶 丁을 낳았는데 甲이 빼앗아 키웠다, 丁은 甲이 진짜 엄마인줄 알고 살았는데 고 1 때 들통이 났다, 그런데도 卯에게 엄마 소리 안한다, 卯가 잘 할려고 하니 辛 아빠가 卯나무를 철사 줄로 꽁꽁 묶어 놨다, 창살 없는 감옥이다. 이것이 術이다. 년 월에 있는 것이 정인이든 편인이든 生母다.

여자에 官은 남편이다.
  乙의 여자에 庚이 본남편이다.
○ 辛 乙 庚　庚이 정관 辛이 편관이라서 월에 있는 辛인 본남편은
○ ○ ○ ○　남의 남편 같이 보이고 시에 있는 남의 남편이 내 남편같이 보인다. 나가기만 하면 길에서 지키고 있다가 만났다(庚) 과연 어떻게 할 것인가?

庚 辛 乙 ○　정관 庚이 년에 있어서 첫사랑이다. 죽도록 사랑 했
○ ○ ○ ○　다. 나중에 월에 있는 신금과 산다. (년보다 월이 가까우므로) 乙이 庚을 만나다가 나중에 辛을 만났다, 사랑은 庚이었는데 辛에게로 시집갔다. 항상 庚이 생각나서 늙은 후에도 乙木曰 첫사랑 경하고 딱 6개월만 살아봤으면 원이 없겠다.

☪ 남자에게 상식은 아랫사람으로 내가 낳은 자식이 아니라 남의 자손으로 보라, 고로 남자의 사주에 상식이 있으면 남의 자식 키워 준다. 원리는 바로 이래서이다. 木 일주가 火가 식상인데 木生火로 좋다, 木의 진짜 자식은 庚인데 木이 庚을 보니 한신하여 자기 자식 구박한다, 남의 자손은 좋게 보여서이다, 남의자식에겐 잘해주는데 내 자식은 멸시한다.

☪ 여자사주에 傷官 운이면 마음 울적해진다, 반항하고 싶어진다, 깽판 놓고 싶어진다, 남편이 보기 싫어진다. "왜, 이혼하려고요" 상관은 정관인 남편을 극하는 이유이다.

☪ 신생아의 첫출발은 중요하다, 신성하고 고귀한 것으로 장소와 방법도 중요하다. 병원에서 출생할 때도 병원 옷 말고 자신이 마련한 새 옷을 입혀라(간호사 구어 삶아라) 새 것은 항상 좋은 것과 일치한다.
✿ 배내옷 : 첫아기 낳아서 처음 입힌 옷.
1, 학생들 대학입학식에 가져간다.
2, 형무소 들어갈 사람에게 넣어주면 빨리나온다.
딱 한 번밖에 효과 없다. 부적의 의미다.

남자가 아버지가 잘 살고 똑똑하면 장가 잘 가고 돈 잘 번다.- 財는아버지(父)이므로,
여자가 아버지가 잘 살고 똑똑하면 시어머니가 따봉 이다.- 財는 시어머니(媤母)이므로,
여자에게 官은 벼슬하는 것이다, 고로 시집가는 것이 벼슬하는 것이다.
財일진에 음식 먹고 싶어지고 외식하고 싶어진다. -財는 음식이다.
여자와 財는같다, 그러므로 아침에 집에 여자 왔다 가면 재수 없다고 한다. 돈이 들어왔다 나간 것이므로 재수 없다고 한 것이다.

☪ 여자가 재용신이면 남편보다 시어머니가 더 좋고, 남편보다 돈이 더 좋다고 한다. 財라는 것은 아극재(我剋財)로서 내 손아귀에 있는 것이 좋다, 즉 관리능력, 통속능력인데 고로 財가 있으면 내가 시집가서 시댁을 다스린다. 또 財는 살림인데 재가 없으면 살림꺼리가 없다, 선머슴이다. 재가 있어야 살림꾼이다.

☞ 여자 사주에서는 재성(財星)은 1, 시어머니, 2, 시댁, 3, 음식, 4, 돈, 5, 받을 복으로 연결해서 통변하라,

1, 연애시절에는 남자 따라 남자 집에 놀러갔다가 그 집 음식 맛이 좋으면 눌러 앉는다, - 바로 시집간다.

2, 결혼식하고 폐백 받을 때 돈 많이 받으면 잘 산다. - 돈이 복이다. 돈 적게 받으면 고생한다, 이왕이면 많이 줘라.

3, 財가 많으면 시어머니가 둘이고,

4, 財가 용신이면 돈과 시어머니가 남편보다 좋고,

5, 財는 내가 다스리는 것으로 내 손안에 있어서 관리능력과 통속력이 스스로 생긴다, 고로 시댁 식구들 손아귀에 넣고서 내편 만든다.

☪ 사주에서 재성은 먹는 것이다. 고로 財星이 刑 沖이면 음식타박 잘하고 까다롭고(식성이) 위경련 조심하라(위장병) 財多者는 아버지 꺾고 조실부모(早失父母)한다.

☪ 여성 사주에서 일지가 재성이면 여성 상위시대와 같아서 남편 누른다.

☪ 재고(財庫)운이면 옛날 돈(묵은 돈)가지고 속 썩는 일 생긴다,

☪ 남자 사주에 재고가 있으면 여자를 자기 앞에 무릎 꿇려야 직성이 풀린다. 재고는 사주에서 吉작용하면 아주 길하다, 그러나 병으로 연결 되면 난치병 불치병으로 아주 흉하다. - 아내 무덤이다 -

☪ 財庫가 刑 沖 만나서 열릴 경우에는(開庫) 신강이어야 내 것이 되고 관리능력이 없으면 죽 쒀서 개준다. 버는 놈 쓰는 놈 따로 있다.

財沖 四柱 入庫 運 바로보기

甲 丙 戊 乙   이 사주는 관인상생(官印相生)하는 사주로 官이 유력
申 子 午 卯   (有力)하여 구의원 한번과 서울시의원 재선으로 선출
직 3선을 한 팔자이다. 그러나 재성인 子水가 相沖하고 丙辰대운으
로 들어서면서 財가 입고(入庫)되어 아내가 득병 30년을 병석에 누
어있다. 어려서 丑운에는 빈농의 아들로 고생하다가 어린나이에 상
경하여 동방木관살 운에 죽을 고초 다 겪지만 굴하지 않더니 46 辛
巳 운부터 남방 火운으로 운행 조후용신 운으로 진입하면서 관운이
열려 무난했다. 1995년 乙亥년 壬午월 선출직 구의원당선, 乙木 정
관 운에 壬水 재성 운으로 재생관(財生官)하여 대길하였으나 4년
후 戊寅년 戊午월 서울시의원에 도전 낙선, 비견이 쌍으로 나타나
재관을 설기시킨 경우이고, 壬午년 庚午월 재성이 용신을 달고 들
어와 재생관(財生官) 하는 운이라서 당선됐고, 丙戌년 甲午월은 壬
午 대운으로 甲목 관성이 재로부터 생을 받고 丙화 편인이 돕고 甲
목이 午화정인 문서를 달고 있으므로 재선에 성공하지만, 66대운인
癸未대운을 맞이하고 庚寅년운세가 불리하더니 관재구설로 공천을
받지 못하고 무소속출마 하였으나 낙선했다. 癸수는 戊癸합으로 官
을 生하지 못하고 庚금은 식신이고 寅목이 申금을 刑하여 그해 구
설이 난무하더니 결국은 공천도 못 받고 낙선의 고배를 마셨다 4년
후 甲午년도 낙선했는데 관살이 문서를 달고 들어온 운이라 문서로
인한 관재가 발생 하게 된다. 甲午를 분석해 보자면 甲목은 편관
칠살이고 午화는 인수인 문서지만 원국의 子수 재성과 子午沖을 한
다. 고로 財生官을 못하고 도리어 상대후보들 비방한 혐의로 고소
당해 입건되어 집행유예처분을 받는 등 구설로 송사가 분분했다.
이와 같이 官이 庫藏에 들면 官은 체면과 위신이 되기도 하여 체면
과 위신이 손상 되고 직장문제로 고민하게 된다.
(허위사실 유포로 고소당해 형사문제는 집행유예 처분, 민사는 패소하여
위자료 2,000만원 지급판결 받음)

<8> 相生 相剋과 六親 應用
(상생 상극과 육친 응용)

[실증철학 원문]

 지금까지 공부한 범위 내에서 사주와 대비하여 응용한다면 年柱 조상의 자리에서 일주 나를 생하여 준다면 선조의 유덕(有德)에 노인이나 기관장의 귀여움을 독차지함은 물론 조부님이 건강에 똑똑하셨고, 月柱 부모의 자리에서 일주 내가 생을 받으면 부모님의 덕이 있으며 또 윗사람이나 국과장의 사랑을 받고 형제와 원만하며, 일지가 일간을 생하면 내조하는 현처요, 배우자의 사랑을 받고, 시주로부터 생을 받으면 가정으로는 자손에 효도 받으며 사회로는 수하인(手下人)의 도움을 받고 또 말년이 행복하다. -이하중략-

 인수가 월주에 있으면 학자집안이나 부모가 공부할 때 출생 되었으며, 재성이 있으면 사업가나 재정계의 집안이고, 관성이 있으면 공직생활 할 때 태어났으며, 비겁이 있으면 부모 대에 재산 감소되었고, 상관이 있으면 부모 대에 패업(敗業)이나 식신이 있으며 옷과 밥인 의식주가 풍부하고 기예(技藝)의 가문이며, 일지 배우자 자리에 인수가 있으면 교육계와 인연 있고, 비견이 있으면 친구하다 사랑으로 변화 했고, 상식이 있으면 기술계와 인연, 관이 있으면 직장인과 짝함과 동시에 맞벌이 부부요, 재성을 놓으면 재정계나 사업가와 인연이라, -이하 중략-

 이와 같이 추명하면 되나 지금까지 기록한 것은 일부분에 지나지 않으니 추명의 이치와 요령을 잘 터득하기 바라며 또 상대에 따라 다시 달라질 수도 있다는 점을 항상 명심하기 바라며 앞으로 복합추명을 공부하면 자신을 가지게 될 것이다.

[강의 노트]
日干에서 년 월 시와의 상극 상생 할 때의 육친 활용법<단편적인 것>

년주(年柱) : 기관장, 노인
 년이 일간을 생하면 : 선조의 덕이 있고 노인이나 윗사람 기관장의 도움이 있으며 할아버지가 건강했다. (조상 궁이므로)
ㅇ ㅇ 丙 ㅇ   이 사주는 丙화일간으로 배우지 않고도 알고 똑똑 하
寅 卯 辰 ㅇ   다, 寅목이 木生火 잘 해주고 그러나 卯목은 木生火 못한다(濕木) 회장, 사장단에서 잘 봐주니 (寅) 약관 33세에 선경 상무가 됐다. 직속상관 卯가 시기해서중간에 방해하니 (木生火도 못하면서) 중간에 나왔다.
년을 일간이 생하면 노인 모시거나 잘 도와주고 (내가 생하므로)
년이 일간을 극하면 할아버지가 엄했고 벼슬했고,
癸 ㅇ 丙 ㅇ - 할아버지가 엄했고 공직에 계셨다.
日干이 年을 극하면 - 노인이나 조상 또는 상사를 무시하고,

年에 인수가 있으면 - 조부 자리에 부모가 있어 부모가 고령이다.
年에 편재가 있으면 - 아버지의 나이가 많다(고령이다.)
年에 정재가 있으면 - 년 월에 있는 것이 첫사랑이고 연상의 여인
                    년은 초년이므로 장가 빨리 간다.
癸 ㅇ 戊 ㅇ - 연상의 여인이다. 만약 년에 관성이 있는 여자라면 유부남이나 노랑(늙은 신랑)에 시집가고동성동본과 결혼하거나 할아버지 인연으로 결혼 하게 될 것이다. 또 년에 자손이 있으면 할아버지 닮았고, 첫이 빨리 든다. (애늙은이) 년에 비겁이 있으면 나이 많은 형이 있다.

월주(月柱) : 부모, 직속상관, 형제.
월이 일간을 생하면 : 부모덕 있고, 직장상사 직속상관 혜택 있고
일간이 월을 생하면 : 부모님을 도와준다.(역으로 생각해라, 부모

님에게 도움 받지 못하고 부모님 도와주니 부모님이 가난했다.)
월이 일간을 극하면 : 부모님이 엄하셨고 가정교육이 심하거나 윗 사람 많아서 쫑코 먹고 질타 당한다.

O 壬 丙 O   이 사주는 丙화 일간이 월주에 壬子 관살이 있어 부
O 子 O O   모 간섭이 지나쳐서 기가 죽는 형상이다.

일간이 월을 극하면 : 통솔력은 좋으나 윗사람을 이기려하고(하극상) 부모 이겨먹으려 한다.
월에 인수가 있으면 ; 제자리에 있어 어머니가 똑똑하고 수명 길다. (월은 가장 강하고 센 것이므로)
월에 편재가 있으면 : 아버지가 엄하시다(자기자리에 있어)
월에 정재가 있으면 : 연상의 여인과 인연 있고 財는 경제다. 정재가 주도하는 시기라서 연상의 여인과 많이 맺어 진다. 여자가 월에 재가 있으면 재는 정복욕이므로 신랑을 가지고 논다. 월에 관성이면 친정아빠같이 든든하고 월에 자식 있으면 제일 힘이 좋은 곳이므로 든든한 자식 두고, 월에 비겁이 있으면 장남 장녀다. 부모 모셔야 한다. 만약 월에 비겁이 없는데 장남이나 장녀라면 장남이 장남 같이 안 태어났다, 집안이 앞뒤가 바뀌어야 되겠네요, 동생한테 형이 치이네요, 장가도 동생이 먼저 가겠어요, 해야 한다.

일주(日柱) : 배우자-일지.
일지가 일간을 생하면 : 배우자의 사랑 받고, 丙寅일주 木生火 잘해 준다. 일간이 일간지 생하면 : 배우자에게 잘한다.
일간이 일지를 극하면 : 배우자 꼼짝 못하게 한다, (역으로 생각해라, 일지가 일간을 극하면 배우자의 멸시 배신마음상하고)
일지가 인수이면 : 妻 자리에 母가 있어 1, 어머니 간섭이 지나치다. 2, 부모님 모시고 산다. 3, 어머니와 처가 불합 한다.
일지가 편재면 : 항상 여자가 따라붙는다. (돈이므로 돈 깔고 앉아있다).
일지가 정재면 : 항상 여자와 연애한다. 일지에 財를 깔았으면 바람둥이다. 또 관성이면 이성에 주의하라, 식상이면 자손사랑 좋다.

위치 = 고정위치(宮) 년은 조상 궁, 월은 부모 궁, 일지는 배우자 궁, 시는 자손 궁,
유동위치(星) 각 육친의 별이 어디에 있나 하는 것이다.

시주(時柱) : 자손-아랫사람, 말년.
시가 일간을 생하면 : 자손에 혜도 받고, 手下의 도움 받는다.
일간이 시를 생하면 : 아랫사람에게 잘한다.
시가 일간을 극하면 : 아랫사람에게 관리 당한다. (자손과 손아래사람이 반발하고 배신 때린다) 일간이 시를 극하면 아랫사람에게 더 럽게 군림하려 한다. 자손과 아랫사람에게 엄하다.
시에 인수 있으면 : 어린애 자리이므로 철들기 어렵고, 또 나보다 나이가 적은 어머니가 있기 쉽다. (아버지가 바람피워서)

시에 편재면 : 부모의 마음이 어리다. (돈이므로 돈 깔고 앉아있다).
시에 정재면 : 처와 나이차가 많고 말년에 바람난다. 시는 앞으로이고 밖에만 나가면 여자가 기다리고 있다. 시에 관성인 여자면 연하남자와 결혼한다.

甲 ○ 辛 己　이 사주는 여자사주인데 남들이 엄마를 언니로 착각
辰 ○ ○ 丑　한단다, 아버지가 연에 있어서 父와 母가 나이차이
가 많다. 엄마가 소실이냐? 재취냐? 甲이 辰에 장가갔고 己가 나를 낳았다 소실이다.

戊 辛 戊 乙　이 사주는 여자사주인데 木이 남편이다. 혼자 된지
辰 亥 午 卯　3 년 만에 3살 연하 남자가 생겼다.

○ ○ 己 甲　이 사주도 여자사주인데 연하남자가 생겼다, 안 만나
○ ○ 卯 子　주면 집으로 쳐들어간다고 공갈쳐서 돈 뜯어간다, (子
卯 刑하고 있다)

時에 자손 있으면 자손구실 좋다.

☾ 상관성 : 인기능력 순발력 있다. 남편 속여먹는다. 권모술수, 자기 꾀에 스스로 자기가 수령에 빠지는 경우가 있다. 말을 함부로 막 한다, 겁 없고 거칠다.

월지가 상관이면 형제가 많다 했는데 상관은 관살을 극한다. 관살은 비겁을 극하는데 상관이 있으면 작용 못하여 비견 겁이 활발하다. 고로 형제가 많을 것이다. 다만 月中의 상관을 말하는 것이다.

☾ 여자는 官이 제 2의 用神이다. 여자사주에 관이 없으면 남편이 나에게 아무리 잘해줘도 항상 마음이 외롭다.

☾ 인수가 운에서 吉작용하면 1,새집 짓고, 2,회사설립, 3, 매매관계(매입 매도 운) 그러나 인수가 凶작용하면 설계변경으로 고생, 준공검사 안 떨어지고, 비싸게 사고 싸게 판다. 사기 당한다.
인수: 집 두고 집 산다.
인수가 비겁으로 변하면 - 타인의 명의로 집 산다.
인수가 식상으로 변하면 - 자식 죽이고 집 산다.
인수가 재로 변하면 - 앞으로 팔아먹을 것이다.
인수가 관으로 변하면 - 여자는 남편 죽이고 집 산다.
인수는 어머니 깨끗하게 하는 것이다. 고로 인수용신이면 늘 거울 보고 화장하기 좋아한다.

☾ 인수가 많은 사주가지고 궁합 보러 오거든 한마디 하라, 자손 결혼 시키려 하거든 부모 손 떼시오, 인수가 많으면 財를 沖하므로 처갓집이 형편없다. 단 인수가 많을 때 財合이면 사이가 좋다. 자기의 가문처럼 처갓집도 좋다. 좋은 처갓집 있다. 만약 남자 사주에 인수가 적고 재가 많으면 아내가 어머니를 업신여긴다.

☪ 재다신약사주의 특징(財多身弱四柱의 特徵)

父가 일찍 죽게 되고, 아버지 형제 중에 이복형제 있다, 잘 못 걸리면 소실 몸에서 태어난다. 완전한 재다 신약 사주는 거짓말쟁이다. 남의 돈 관리하거나, 남의 돈 벌어주는 팔자다. 내 돈 안 된다는 말이다. 아내가 실권 잡고 아내 말 잘 들어야 하고 악처 만날 수 있다. 처를 절대 못 이겨 먹는다, 그 집의 실권자는 아내이다. 처갓집 콤플렉스에 아내 눈치 보며 산다. 처가집 근처 살거나 인연 있고 아내 콤플렉스에 주눅 든다.

☪ 사주에 없는 오행을 육친으로 비유하여 육친 되는 자에 관심이 적다. 가령 財가 없으면 가정에 무관심하고 아내에 무관심하고, 아버지를 무시하고, 여자가 관이 없으면 남편을 무시하더라,

☪ 오행 중에서 말 잘하는 오행은 火와 己土 (己土가 둘이면 쌍 나팔)

☪ 殺이 흉하게 작용 할 때는 관재로 연결 된다. (심하면 형무소 감)

<9> 地支 暗藏法(지지 암장법)

[실증철학 원문]

　地支 암장이란 천간은 명(明)으로 모두가 들어나 보이고 나타나 있는 반면 지지는 음이요 암(暗)이 되어 보이지 않고 또 보이지 않는 것은 무엇인가 감추고 있는 것과 같아 지지 내(地支 內)에는 각기 성질에 따라 장축(藏畜)하고 있는 천간이 있는데 이것을 말하여 암장천간(暗帳天干-以下 藏干)이라고 하며 앞으로는 지지를 응용함에 있어 장간을 가지고 논하게 될 터이니 유념하기 바란다.
　따라서 子丑寅卯辰 하는 외형적(外形的)인 것을 체(體-몸체)라 함과 동시응용에서도 단 형 충 합 등 하는데만 국한되어있고, 장간을 용(用-쓸용)이라 하여 단독으로 작용함에 있어 양인지 음인지 또는 습한지 조한지를 정확하게 구분하고 나아가서는 지지를 대표하는 것을 장간(藏干-감춰져있는 천간)이라고 하는 것이다.
　천간은 남자요 지지는 여자로서 남자는 아이를 가질 수 없듯이 장간 법이 없으며 여자는 음이면서도 아들도 낳고 딸도 낳을 수 있듯이 장간도 그 지지의 성질에 따라 하나 둘 또는 셋까지 감추고 있으며 때로는 그 장간의 기(氣)에 의하여 전혀 다른 기로 변할 수 있으며 그리고 장간이란 용어 자체가 말해주듯 모든 인간사의 보이지 않는 내면 즉 비밀을 내사하는데 응용하고 있음으로 철저하게 연구하고 익혀 두기 바란다.
　다시 말하여 사주 상에 나타난 육친(六親)도 육친이려니와 암장으로 숨어있는 육친도 육친으로서의 소임을 다하고 있으니 가령 나타난 정재(正財)는 내 정처(正妻)가 되나 암장간의 정재는 애인 또는 소실로 보며 또 나타난 정관을 정부(正夫)로 본다면 암장된 정관은 정부(情夫)로 간주하게 되니 똑같은 육친이라 하여도 소속 되어있는 위치에 따라 호칭과 작용이 각기 다른 것이다.

[강의 노트]

암장은 감추어진 것으로 인간사의 비밀이 표출되는 것이다. 천간은 노출이오, 남자이므로 암장법이 없다. 지지는 비밀이오 여자이므로 암장법이 있다, 고로 각 지지에는 성질에 따라 하나 둘 셋까지 들어있어서 때로는 그 장간의 기에 의하여 전혀 다른 기로 변화할 수 있다.

暗藏(암장-어둘 암 감출 장): 집결 비밀 암장에도 핵(核-모이는 곳) 있다.
월률분야도(月律分野圖) : 월에만 국한 되는 법.
암장(暗藏) ; 년 월 일 시 어디에도 있다.

암장 시결(暗藏 詩訣)
子藏癸水 是祿位 : 子 속에는 癸수가 자기의 祿을 가지고 있다.
丑己三分 辛及癸 : 丑 속에는 己辛癸가 세 개로 나누어져 있다.
寅藏甲丙 卯乙木 : 寅 에는 丙甲이 있고 卯 속에는 乙木이 있다.
辰有戊兮 乙與癸 : 辰 속에는 戊와 더불어 乙과 癸가 있다.
巳藏丙戊 及庚金 : 巳 속에는 丙 戊와 庚금이 있다
午宮却有 丁火己 ; 午 속에는 丁화와 己 토가 있다.
未宮丁乙 己同臨 : 未 속에는 丁乙과 己가 같이 오고,
申宮庚金 壬水是 : 申 속에는 庚과 壬이 함께 있고,
酉宮辛金 일위美 : 酉 속에는 辛금하나 아름답게 자리하고 있다
戌有丁辛 戊土至 ; 戌 속에는 丁辛戊가 있다.
亥藏壬甲 二天干 : 亥 속에는 壬甲 천간이 두 개있다.

地支: 體-겉: 子 丑 寅 卯 辰 巳 午 未 申 酉 戌 亥
　　　　　　　　 癸　　　 乙 戊　 丁　　　　 辛
　　　　　　　　 辛 丙　　 癸 庚 己 乙 壬　　 丁 甲
　　　用-속: 癸 己 甲 乙 戊 丙 丁 己 庚 辛 戊 壬
子午卯酉는 正(正北 正南 正東 正西)으로 욕심도 없다.

子 午 卯 酉 는 암장이 한 개다. - 一 天 ; 天干
寅 申 巳 亥 는 암장이 두 개다 - 二 地 : 地支
辰 戌 丑 未 는 암장이 세 개다.- 三 人 : 人間

午 - 丁 己 : 午中己土는 火土 共存으로 一位로 봐야한다.
寅 - 丙 甲 : 戊丙은 火土 共存으로 一位로 본다.
巳 - 戊庚丙 : 戊丙은 火土 共存으로 一位로 본다.

子 午 卯 酉 는 陽이면 陽 陰이면 陰만 있다.
辰 戌 丑 未 는 음양이 섞여 기가 섞여있다 하여 잡기(雜氣)라고 한다. 丑未는 陰만 있는데 辰戌이 같이 들어간다.

亥 (壬 甲) : 壬生甲으로 (푸른색)바다는 푸르다, 10월 달은 육림(育林)의 날이 있는데 10월에 심는 나무가 더 잘 자란다.
子 : 癸가 있어서 우로수(雨露水-비이슬) 천수(川水-냇물)천수(泉水-샘물) 한랭지수(寒冷之水-차가운 물)라 한다. 체용(體用)이 바뀜
水 극火는 잘하나 水生木안 됨,(凍水라서)
丑 ; 癸수가 있어서 濕土요, 12월로 겨울이라 凍土이며, 辛이 있어 철분이 많은 흙이다. 丑토는 흙인데 철분이 있어 묵직하다, 얼어있는 흙이라서 土生金은 잘하나 土剋水는 못한다. 水일주 여자가 丑토 남편이면 꽁 꽁 얼어서 기(氣)못 편다.

寅 : 甲이 있어 동량지목(棟梁之木)이다. 1월의 어린 나무라서 눈목(嫩木-어린나무)이고 丙이 있어 조목(燥木-마른나무)으로 인화물질인 폭약과 같다. 寅시에는 날이 밝아 木生火로 丙이 생기고,
卯 : 乙이 있어 작은 나무이다. 2월에 나무에 물이 오르니 습목(濕木-젖은 나무)이고 바람이니 風이고 양유목(楊柳木-버드나무)으로 卯목은 木生火는 잘 못하나 木剋土는 잘 한다.<나무뿌리 역할 한다, 寅卯木은 나무로 천간에 金이 있으면 못 자라므로 키가 작다.>

辰 : 乙이 있어 대목지토(帶木之土)요, 癸가 있어 습토로 농사지으니 가색지토(稼穡之土-농사짓기 좋은 땅)이니 습토는 土生金은 잘 하지만 土 극 水는 못한다.<辰土가 잘못 연결 되면 허풍 잘 떤다, 辰巳 巽風 -辰은 間方이고 손자는 동남쪽> 3월에 장독 깨진다, 辰中癸水가 있어서이다.

巳 ; 丙이 있어 용광로요, 체와 용이 바뀌어 지고 4월에는 보리가 익어서 庚이 들어온 것이고 庚은 가을로 서늘한 기운 巳는 바꾸기를 좋아한다.

午 ; 丁이 있어 등잔불 초불 체용이 바뀜, 丁은 홍색으로 멋쟁이(바람 둥이) 紅은 붉은 홍자로 홍등가 말은 초식동물,

未 : 己가 있어 적으나 여름토로 旺土요, 丁이 있어 燥土다. 여름이자 삼복이고 불을 머금고 있어 불 먹은 땅이다. 土生金은 어렵지만 土剋水는 잘한다.

申 : 庚이 있어 완금(頑金)으로 무쇠요, 壬은 金生水요 신은 오후로 해가 기울기 시작 밤의 시작이고 석양에는 이슬이 맺히고, 金生水도 잘 하지만 金剋木도 잘한다.

酉 : 辛이 있어 금은보석이요, 8월이라 맑고 깨끗하고 가을이므로 淸白 잘 되면 봉황이요, 못되면 닭이다.

戌 : 丁이 있어 燥土요, 戊가 있어 旺土이며 산이나 언덕으로 土剋水는 잘하나 土生金은 못한다.

☪ 戌亥 : 예언가, 예지력, 발달해 있다. 戌亥는 天門星이다, 고로 戌 亥일에 기도하면 기도발 잘 받는다, 亥수는 壬이 있어 호수나 바닷물이고 甲이 있어 溫暖之水 暖流로 본다.

☪ 辰戌丑未는 암장이 세 개라서 욕심쟁이요, 子午卯酉는 어떤 오행을 만나도 다른 오행으로 변하지 않는다. 자기중심적이다.

乙 己 壬 己   이 사주는 여자의 명으로 己土 남편이 木극土당하
未 卯 辰 酉   여 무력하다, 水 일주라서 흘러야하므로 돌아다녀야
한다. 선머슴이다, 己土 남편이 乙卯木에 얻어터졌다. 己土는 입인
데 木인 식으로 입을 꿰맸다, 남편한테 입 닥치라고 한다. 월에 상관
으로 남편 꺾는다, 상관이 2월 卯목으로 바람이 심하다, 乙卯未 바
람으로 壬水물에 바람 불어 수 십 바람으로 맞고풍파를 다 끼고 살
아가는 사람이다, 시간의 己土는 연하의 남자를 기다리고 있다, 財
인 火가 없다, 없으면 찾는다고 돈에 대한 애착이 강하다, 시지의
酉金은 친정이다, 말년에 친정 앞으로 가야 한다, 친정 끼고 살아
야 한다, 상관이 많으면 억세게 생겼고, 木이 많아서 간덩이 크고
손이 크다, 즉 배짱이 좋다, 시에서 金生水로 일간을 생하고 일에
서 월을 생하니 거꾸로 살아가는 것이 바르게 사는 것이다, 재취
소실팔자로 여자가 억세다, 물이 바르게 흐르는가? 물이 잔잔한 호
수인가? 파도가 이는가(刑 冲 破 害)? 그런데 더러운 물이다, (물이
얕고 土가 있고 풍파가 일고 있다) 얕은 물은 동네아이들 다 들어
와 논다, 고로 남에게 멸시 당하고 무시당한다, 그러나 깊은 물은
사람이 못 들어온다, 그 사람을 두려워함.

乙   여자가 乙巳일주면 庚금이 남편인데 巳화 뱃속에 있다, 巳화
巳   상관(자식)속에 정관이 들어있다, 고로 자식 때문에 애인 생
긴다. 乙巳일주여자에게 자모회장 맡기면 담임선생님과 눈 맞는다,
앞장의 정관이 애인이라 남편으로 둔갑해 보인다, 이런 경우는 남
편이 의심 안 해요, 해봐라 왜? 앞장에 애인을 숨겨 놓았으므로 들
통 안 난다, 남자도 앞장으로 財가 있으면 귀신도 모르게 연애한
다. 乙巳일주가 庚년에 신수 보러 왔다면 애인 놔두고 또 애인 생
기네요, 참 복도 많으셔 라고 해야 한다.
ⓒ 여자 辛금일간이 寅년을 만나면 財년이라 남녀모두 財운에는 돈
벌고 싶어지고 집에 안 있고 싶다, 이럴 때는 돈은 벌겠는데 애인
도 달고 들어와요 라고 말해라. 寅속에 丙화 정관이 丙辛 합한다.

○ 丙 辛 ○ 여자의命으로 丙한 남편이 子丑 묶어앉아 불이 꺼져
○ 子 丑 ○ 간다, 壬子년 만나면 丙인 남편이 날라 간다, 다음해
癸丑년까지 정황이 없다. 甲寅년 되니까 財운이라 돈 벌려고 움직인다, 금년에 신수 보러 왔다면 금년은 장사하면 잘 될 것이니 해보세요, 하면서 그런데 돌아가신 남편 같은 좋은 남자가 생기는 해랍니다, 했더니 가게시작하자마자 손님으로 온 남자가 남편같이 잘 해주어 사귀는 중이란다. 〈寅中丙火가 남자가 들어온 것이다〉

암장(暗藏) : 인간사의 비밀 - 이성 남의자식 키운다, 애인 사귄다, 친모 계모를 구분하는 것이 암장 공부다, 암장속의 육친도 육친으로서의 소임을 다 하고 있다. 투간 된 정재는 본처요, 암장 된 정재는 애인 등 등.

☾ 천간은 누구나 본다. :개안(開眼)-지지를 알 수 있는 것, 혜안(慧眼)- 암장까지 모두 보는 것,

○ 庚 乙 ○ 이 사주에서 월간에 투간 된 庚금이 본 남편이고
○ ○ 巳 ○ 巳中암장 된 庚금이 애인이다. (지장간- 戊庚丙)

○ 辛 乙 ○ 이 사주에서 월간 에 투간 된 辛금이 편이지만 본 남
○ ○ 巳 ○ 편이다, 편자라 편하게 오다가다 만났으며 결혼식도 안올리고 살다보니 巳中庚금을 만났는데 辛과 庚을 자주 비교하다 보니 庚에게 마음이 쏠린다. (정관이 본남편이기에)

☾ 庚寅 일주면 일지에 편재를 놓았다, 偏은 치우칠 편자이므로 치우쳐서 편 되게 또는 편하게 만난 寅中丙화가 있어 여자만 건드리면 자식 생긴다. 甲寅년이 오면 애인 하나 생긴다, 여자가 임신 했다고 책임지라고 찾아오면 벌써 2개월 된 거다. 丙火은 2와 7이니까 바로 2개월이다.

○ ○ 壬 ○   戌土 남편이 午戌 火局을 이루니 남편이 돈으로 둔갑
○ 戌 午 ○   해 보인다. 고로 남편만 보면 돈 얼마 벌었냐고 묻고,
결혼 때도 남자를 돈으로 환산해 본다. (얼마짜리 남자인가?)

庚 庚 壬 庚   비겁季水가 앞장 되어있으니 숨어있는 형제로 이복
辰 辰 子 戌   동생 있다, 辰中 癸수와 子중 癸수가 3개나 있다.
乙 乙 癸 辛   丁화 처가 戌中에 앞장 되어있다. 丁 妻 曰 나는 곧
癸 癸   丁   땅속에 들어갈 거 에요, 丁 돈이 땅속에 있어 돈 보면
戊 戊   戌   저장 잘한다. 즉 쓰지 않고 버는 재미로 산다.
☞ 여기에 깊은 뜻이 있어 다시 자세하게 풀어 보려 한다.
丁 妻 曰 나는 곧 땅속에 들어갈 거 에요, 丁 돈이 땅속에 있어 돈
보면 저장 잘한다. 즉 쓰지 않고 버는 재미로 산다. 는 말은?
남자가 財庫를 사주에 놓으면 처는 땅속에 들어갈 것이라 墓地(무
덤묘)로 보고 한 말이고, 재물로 보면 庫地(창고고)로 보아 돈 창고
찾으니 돈만 보면 꼬박꼬박 창고에 저장 하는 격이라 돈은 잘 안
쓰고 돈 벌어 모으는 재미로 산다고 한 것이다. 이와 같이 강의 내
용 한마디 한마디가 다 의미 있는 말이요, 통변술이니 헛되이 듣지
말고 깊이 새겨가며 정독하기 바란다.
○ ○ 乙 辛   巳중에 庚금이 앞장 되어있다. 시간의 辛금은 편재지
巳 巳 巳 巳   만 투간 된 남편이고 앞장 庚금은 애인이다. 애인이
庚 庚 庚 庚   수두룩한 것이다. 자식은 巳中丙화요, 아버지 어머니
는 숨중 戊토로 말해라.
○ ○ 壬 庚   남자의 命으로 火財가 나타난 것이 없고 모두 앞장
戌 戌 戌 戌   된 사주다. 나타나지 않으면 더 밝힌다. 고로 젊은
이 늙은이 할 것 없이 나가기만 하면 여자가 줄선다. 자식은 戊토
로서 丁壬합만 하면 자식 생긴다. 4명의 여자에 자식 하나씩 다 있
다.
○ ○ 戊 乙   여자의 命으로 관살 혼잡이다. 노소를 막론하고 남
寅 卯 午 卯   자가 줄서 있다. 戊토가 목을 많이 봐서 돈은 없다.

<10> 合沖法(합충법)

[실증철학 원문]

10干 合, 沖 法

 合이라 함은 서로 만나다, 모이다, 화합하다, 의(誼)가 좋다, 묶이다, 끌려오다, 合 去 하다, 引力, 磁力 등으로 응용 되고, 沖은 衝突, 爭鬪, 離脫, 不睦, 離散, 破壞, 不和, 被傷, 推力,(충돌, 쟁투, 이탈, 불목, 이산, 파괴, 불화, 피상, 추력)등 등으로 응용 되고 있다.

[강의 노트]
天干의 合沖法
 합이나 충은 편리상 구분했다. 합 속에 충이 있고 충 속에 합이 있으니 겉이 합하면 속이 충이고 속이충이면 겉은 합이고, 합 다음에 충이 오고 충 다음에 합이 온다, 충은 합을 낳고 합은 충을 낳는다.
 충에도 좋은 충이 있고 나쁜 충이 있으며 합에도 좋은 합이 있고 나쁜 합이 있다. 합을 푸는 데는 충이고 충을 해소 시키는 것은 합이다. 충과 합은 서로가 필요하다.
合의 구성 : 陰과 陽이 配合한다.(配 자는 아내 배, 또는 짝을 맺어주다 로 쓰인다) - 와 +의 만남, 남과여의 만남, 인력,(引力: 끌 인자요, 力은 힘 력자로 끌어당기는 힘이다)
ⓒ 合 되는 날 일진은 좋다,-引力으로 끌어당긴다, 만나다, 바이오리듬 吉.
  沖은 나에게 떨어져 나가는 날이다. 推力으로 분산 된다, 싸운다,-推자는 옮길 추자로 변천하다로 쓰인다.
ⓒ 合은 만나다, 모이다, 의의가 좋다, 집합되다, 묶이다, 뜻으로 통한다, 그러나 沖은 충돌, 이탈, 파괴, 쟁투, 불화로 음과음 양과 양으로 대립이다. 동서, 남북으로 맞서야 沖이 성립된다. 즉 거부

반응으로 밀어내기다. 고로 戊己 土 중성자는 중앙이므로 합은 되나 충은 없다.

상합(相合)	상충(相沖)
甲己 合	甲庚 相沖
乙庚 合	乙辛 相沖
丁壬 合	丙壬 相沖
丙辛 合	丁癸 相沖
戊癸 合	戊己는 중앙으로 조절 신으로 충이 없다

여기서 剋은 沖이 아니다. 甲戊나 己癸을 충이라고 하는 학파도 있으나 충은 아니고 극으로 보라, 여기서 甲이 庚과 충돌하려 할 때 1도만 비켜나도 沖이 안 되고 乙庚 合으로 변한다. 合 속에 沖이 있고 沖속에 合이 있다. 甲庚 沖속에 乙庚 합이 있고 乙庚 합속에 甲庚 충이 있다는 것이다. 여기서 재미있는 철학이 나오는데 甲 다음에 乙이 온다, 즉 庚금일주는 甲庚 충이 먼저오고 乙庚 합이 뒤에 온다. 己다음에 庚이 오는데 甲일주는 甲己 합이 먼저 오고 甲庚 충이 뒤에 온다. 즉 木火는 陽으로 남자인데 甲남자는 己여자와 먼저 합하고 沖으로 한번 거부하고 乙庚 합으로 허락 한다.

甲 乙 丙 丁 戊 己 庚 辛 壬 癸

庚   壬   甲   丙

여기서 유심히 볼 필요가 있다. 陽인 甲이나 丙은 庚이나 壬을 만나면 甲庚 丙壬으로 沖이 먼저지만 음인 庚이나 壬은 己나 辛을 먼저 만나 합을 먼저하고 沖은 그 다음에 하는 형상을 발견하게 된다. 이 말은 남자는 양이므로 먼저 합하고 뒤에 충을 하지만(甲丙은 陽이므로 남자로 본다) 庚壬은 음이어서 여자이므로 먼저 거부하고 다음에 합하는 이치다.

干合(天干의 合)

甲己合 : 中正之合 - 중심 있는 합을 했다. 甲木은 無根之木이 田畓 土인 己를 만나 따라갔다. (甲己合 化土)

乙庚合 : 仁義之合 - 乙은 인정이고 庚은 의리로 仁과 義로 만난 합 庚근 남자가 乙목 여자를 만나 합을 하자 여자 가 말하기를 동정이나 의리로 나를 사랑 해 주 는 것은 싫어요, 진짜 정으로 사랑해주세요 한 다, (乙庚合 化金)

丙辛合 : 威嚴之合 - 威制之合을 했다. 강제결혼으로 辛이 강한 볕 인 丙에 꼼짝 못한다(丙辛合 化水)

丁壬合 : 淫亂之合 - 너 좋고 나 좋으면 되니 부담 없는 합이다. 壬 수는 스테머너 丁火는 장정으로 남녀 모두 힘 있으니 음란 지합(丁壬合 化木)

戊癸合 : 無情之合 - 정 없이 합한다하여 무정지합 이다, 戊는 양이 고 癸는 음이다. 나이 많은 남자와 어린 소녀 의합이다. 土일주이니 그 지방의 지주다, 癸 는 예쁜 소녀인데 돈 때문에 간다, 흙(戊)이 있는 곳에서는 10리 밖의 水分이 흡수 되니 癸 수가 빨려 들어가듯 간다. 친정 살리려고 가 니 무정지합 이다, 옛날에는 그런 일이 종종 있었다. 사주에 戊癸合된 여자는 연상의 남 자나 유부남과 정을 잘 통하더라(戊癸合 化火)

☞ 합을 수리로 연결하면 (1) 육합(六合)이다, 여섯 번째 천간과 합을 한다. (2)부부의 합이다, 정재와 합하고 정관과 합한다, 단 합에 있어서는 음양만 다르면 정재와 정관이 합이 되는 것 은 아니다. 여자는 음이고 남자는 양이어서 여자는 陰 일주만 정관과 합을 하고 남자는 陽 일주만 정재와 합을 한다.

☪ 남자가 陽일주면 연애결혼 할 확률이 50%나 된다. 10년마다 재운을 만나게 되어 20대 연애, 결혼, 30대 애인, 60대는 옛날 애인 만나는 해, 인생에 있어서 3번의 기회가 온다, 10년마다 주기적으로 財운이 오므로(30대, 40대, 50대에 재운이 오므로) 癸수일주여자는 정신연령이 높아 동료들과는 대화가 안 돼서 나이 많은 사람을 좋아한다, 고로 癸수일주 딸 있으면 친구인 사장에게 비서로 보내면 일 터진다. 주의 하라, 아빠 같은 나이의 남자를 좋아한다.

合身(합신) : 일간과 합하는 것, ○ 戊 癸 ○
合去(합거) : 일간 외 다른 것과 합하는 경우로 합하여 변화가 오니 연애하러 가버린다.

戊 癸 辛 ○ 이 사주에서 辛이 癸수 딸 낳아서 戊토 에게 시집 보
○ ○ 巳 ○ 니 가버린다(去) 신수 보러오면 아따 딸 하나는 기똥차게 잘 낳아 놨네요, (딸이 연애 박사니까) - 딸의 운명도 내 사주에서 나온다.

合 沖의 변화
合의 변화 : 合去 - 배우자 만나서 짝을 만들어 보내는 것,
沖의 변화 : 沖去 - 매직해서 강제로 보내는 것,
合도 변하오, 沖도 변한다. 즉 甲목이 혼자 있다가 己토 여자를 만나면 변하오, 싸우고 떨어지는 것도 변한다. 단 변화과정이 다를 뿐이다, 合은 자연적 변화로 알고 있다, 예견했다, 또한 자의에 의한 변화이고 沖은 갑자기 모르고 있다가 억지로 타의해 의한 변화다, 타의에 의한 변화는 쫓겨나는 것이다,
○ ○ 甲 ○ 庚년에 甲庚 沖으로 머리(木)를 얻어맞았다, 멍하니 정신없다, 쫓겨난다, 기억력 감퇴, 머리 아프다.
☪ 합으로 만난 부부는 연애가 많고 충으로 만난 부부는 억지결혼이 많으며 싸이클이 맞고 안 맞고도 연결하라.

☞ 선보는 날(택일) : 남자는 財合되는 일진이면 여자가 예뻐 보인다.(甲己合日) 여자는 官과 합이 되는 날이 남자가 좋게 보인다.

☪ 貪生忘剋(탐생망극) ; 生을 탐하여 극을 안 한다(庚 壬 甲 ㅇ)

☪ 貪合忘沖(탐합망충) ; 合을 탐하여 충을 안 한다(庚 乙 甲 ㅇ)
단 충은 안 당하지만 여자면 남편을 빼앗겨야 한다. 충은 해소 되지만 잃은 것도 있다는 것이다.
庚 乙 甲 ㅇ 이 수근 건축가 부인의 사주로 친구가 乙목탈겁이다,
辰 酉 寅 ㅇ 집에 놀러 왔다가 乙庚 합으로 남편하고 친구가 도망가 버렸다.
乙 庚 甲 ㅇ - 乙庚 합도 되고 甲庚 沖도 된다.
庚 乙 甲 ㅇ - 乙庚 합도 되고 甲庚 沖은 안 된다. 항상 합이 먼저고 沖이 나중이다. 甲일주가 庚년을 만나면 甲庚 沖이 되는데 해소 시키려면 乙字를 써 가지고 다녀라, 부적의 효과다.

부적 : 경명주사는 火로서 천(天-하늘)丙으로 임금님이다. 임금님이 계신 곳은 재앙이 침입하지 못한다.

☪ 부적에는 여러 가지가 있다.
부서;부적책 보고 써주는 것,-용신 부적, 소원의 글을 써가지고 다니는 것,
부음: 소리로 기도하는 것, - 제일 빠르다.
부像: 마스코트, -주택, 동상, 12지지 신상
부畵: 그림, 글씨, 가훈, 등 목단 장미는 뿌리로 번식해 자손에 해롭다,
　　　　　　부엉이 시계종류도 엄마 아프다.
☪ 일간이 충을 받는 해- 꼬이는 해이다. 이탈, 쟁투, 관재, 사고, 기억력감퇴, 골치 아픈 일 생긴다,
☪ 악몽(꿈자리 사납다, 칠살 운이므로 여자면 남편과 싸우고 남자는 자식과 싸우고 취직 안 된다.

☞ 沖은 合으로 풀고 合은 沖으로 푼다.
　甲이 庚에게 얻어맞고 고소하러 왔다. 이때에는 인수인 水를 찾아 화해시키면 된다. (甲 壬 庚으로 金生水 水生木으로 연결시키면 庚칠살도 인수같이 착해진다)
☞ 合이 많으면 合非合으로 좋지 않은데, 合 多하면 쓸데없는 정을 많이 베푼다, 여자가 정관 년이면 천리 밖의 남자가 찾아오는 해이다. 10년 주기로 온다, (有情之合-필요한 합, 無情之合-필요 없는 합,)

丙 丙 甲 ○　庚년이 와도 甲庚沖 안 된다, 자식이 보호해 준다.
○ ○ 午 ○　丙이 火극 金으로 制하여 못 들어온다.

○ 庚 甲 ○　庚년이 오면 甲이 작살난다. 甲은 운에서 오는 庚
○ ○ ○ ○　보다, 원국의 庚을 더 무서워한다, 한 사주에 있어서는 일거수일투족 모두 관리한다. 운에서 오는 庚은 잘 모르지만 원국이 庚균이 알려줘서 컨트롤한다, 가장 무서운 적은 가까운데 있다.
○ 甲 庚 ○　沖도 받고 剋도 받는다, 이중으로 곤욕 치루는 격이다, 월에 甲이 있으니 편재지만 처운, 매일 싸우므로 해로 못한다.
인수와 합되면 - 공부 잘 하고 부모 잘 모시고 살고,
비겁과 합되면 - 친구가 제일이고, 형제가 모여살고,
식상과 합되면 - 자식과 살고, 아랫사람과 화합하고,
재성과 합되면 - 가만히 있어도 돈과 여자가 따라오고, (男연애 결혼)
관성과 합되면 - 가만히 있어도 직장 감투 따라온다. (女연애 결혼)
일과 년이 合 되면 - 할아버지 할머니와 뜻이 잘 맞고,
일과 년이 沖 되면 - 조상터면 제사 안 지내고,
일과 월이 合 되면 - 부모와 뜻이 잘 맞고 윗사람 덕 있고,
일과 월이 沖 되면 - 부모형제 불화 모처불화 부모유산 못 지킨다.
일과 시가 合 되면 - 자식과 뜻이 잘 맞고 아래 사람과 화합하고,
일과 시가 沖 되면 - 자식과 불화로 본다.

☾ 합 되는 날 기분 좋은 날, 沖 되는 날은 기분 나쁜 날이다.
단 일(事)의 성사여부는 합 되는 날을 택하라,

☾ 인수와 합했던 사주는 부모 종신할 사주로 자손이 사업상 외부에
나가 있어도 집에 돌아와 종신 할 때까지 운명 안 한다.

☾ 건물 지으려고 하는데 시비 없이 잘 지을 수 있나요?

○ 甲 ○ ○   庚년이 오면 甲庚 沖으로 월주가 충을 해서 뒤 집
○ ○ ○ ○   하 고 시비 걸려 못 짓는다. 뒤 집 잘 구어 삶아라,

○ ○ ○ 甲   庚년이 오면 甲庚 沖으로 시주가 충을 해서 앞집
○ ○ ○ ○   하고 시비 걸려 못 짓는다. 앞집하고 화해하라,
          〈참고〉 년 월은 뒤이고 시는 앞이다,〉

☾ 천간이 沖 할 때 합이 들어가면 沖이 해소된다.〈貪合 忘沖〉
甲庚이 沖 할 때 己 토가 들어가면 甲己합으로 沖이 풀린다.
乙이 들어가도 (乙庚合) 沖은 해소된다.

丙壬이 沖 할 때 丁화가 들어가면 丁壬합으로 沖이 풀린다.
丁이 들어가도 (丁壬合) 沖은 해소된다.

丁癸가 沖 할 때 戊토가 들어가면 甲己합으로 沖이 풀린다.
乙이 들어가도 (乙庚合) 沖은 해소된다.

乙辛이 沖 할 때 丙화가 들어가면 丙辛合으로 沖이 풀린다.
庚이 들어가도 (乙庚合) 沖은 해소된다.

☞ 己亥 일주여자가 亥中甲木이 남자인데 앞장에 있어서 애인이다.
甲寅일에 애인 보고 싶어진다. (官과 합하는 날 애인 보고 싶어
진다-寅亥와 甲己合)

庚 庚 甲 癸   辰월의 甲목이다, 날씨가 좋아 해가 떠야 좋다.
辰 辰 寅 酉   寅中丙火가 필요하다, 고로 펄펄 끓는 탕 먹고 채식 분식 먹어라, 木일주로 항상 인정 있게 살려고 노력하는데 庚이 있어 말하기는 의리로 살아가겠다, 어떤 때는 헷갈린다. 木은 촉각으로 손재주 있고 甲寅은 棟梁之木으로 아름드리나무다, 시에서 水生木 받고 년 월에서 金극 木 받는 형상이라 항상 누가 뒤통수 칠 것 같다고 한다. 뒤통수 맞는 일 조심하라 인수가 시에 있어 모친이 젊다. (인수는 모친이고, 옷, 선생님, 집)

○ ○ 甲 ○   물위에 집 지어 놨다, (水는 인수로 집이다)
○ 子 子 ○   상식이 없다 (火-상식은: 응용, 꾀, 요령, 추리, 언변, 기술, 인정, 학생, 신도) 고로 요령과 꾀가 없고 너무 정직하다.

다시 위 사례 甲寅 일주 사주로 돌아간다.
甲寅일주는 寅中丙화만 있어 속으로만 생하니 답답하다. 표현력이 약하다. 財인 土가 지지에만 있어 아내 자랑은 안한다. 천간에 財가 나타나야 아내자랑 한다. 년 월에 財가 둘이 있어 결혼 할 때 꼭 둘이 나타나서 망설이게 한다(雙立 선다) 財가 년 월에 있어 아내가 연상이고 아내는 토이므로 두루 뭉실 넉넉한 사람이다. 돈 모으려면 땅 사라고 해야 하고 관살이 두 개나 있어 한 몸에 두 지게 지고 사네요, (관살: 직장, 직업, 자식, 남편, 쟁투, 싸움, 모략, 매, 진, 일복) 3월의 나무가 열매가 많아서 여기저기 일복 터졌다, 여자사주라면 시집 3 번은 가야 한다, 官沖(官이 모두 沖하고)에 寅酉가 원진이다(원진은 원수가 인연 됐다) 부부해로 못한다. 갈라지든도 할 목 한다. 辰中乙木이 누나인데 누나가 연애 박사다. (乙庚合으로 暗合한다) 여자사주라면 편관이니 속전속결로 번개불에 콩 구어 먹기 식으로 결혼한다. 편재가 있어 남자라면 세상여자가 다 내 여자로 보인다. 일확천금 노린다.

만약 ○ 庚 丙 ○   라면 庚금이 편재라도 불이 많아 녹아버렸다
　　　 ○ 午 午 ○   뜬구름 잡는 사람이다. 허풍이 세다,

地支 合 沖 法 (지지의 합과 충 법)

[실증철학 원문]

相合 ; 子丑 合, 寅亥 合, 卯戌 合, 辰酉 合, 巳申 合, 午未 合,
相沖 ; 子午 沖, 丑未 沖, 寅申 沖, 卯酉 沖, 辰戌 沖, 巳亥 沖,

지지도 천간과 같이 음과 양 양과 음의 배합에서 성립 되며 천간이 정신적이라면 지지는 육체적인 합이요, 천간이 露出, 正道, 또는 시작이라면 지지는 秘密, 不正, 結果의 합이라 할 수 있다.

[강의 노트]

六合 : 육체적인 합이요, 비밀, 부정, 결과의 합이다.
지지의 합은 12지지를 하늘과 땅에 짝하여 여섯 개로 합이 된다하여 六合으로 사시순행을 말한다. (四時循行-天地 : 春夏秋冬)

子丑 합은 土剋水 하면서 합이니 剋 합이다.
寅亥 합은 水生木 하면서 합이니 生 합이다.
卯戌 합은 木剋土 하면서 합이니 剋 합이다.
辰酉 합은 土生金 하면서 합이니 生 합이다.
巳申 합은 火剋土 하면서 합이니 剋 합이다.
午未 합은 火生土 하면서 합이니 生 합이다.
 그래서 합도 무조건 좋다고 할 수 없다.

극합은 극하면서 합을 하므로 나를 패대기치려고 합한다, 고로 종견승래(終見乘來)의 현상으로 결국 결과가 좋지 않게 끝난다, 즉 巳申합의 경우 巳화가 火剋金으로 극하여 들어온다,

☪ 스님들에게는 식상이 신도가 되는데 식상이 冲하는 해에는 신도들이 떨어져 나가는데 그냥 떨어지는 것이 아니라 악담 비방 하고 떠난다. 그러나 상식이 합이 되는 해는 신도들이 모여 든다.

六冲 : 육충 : 180도 정반대와 冲 한다.<음과 음 양과 양이 충 함>

[실증철학 원문]
　천간의 충은 내적으로는 합이 될 수도 있으나 지지의 충은 그러한 것이 없음이 다르기 때문에 철저한 충으로 완전한 파괴가 된다. 또 지지의 충은 7충이라고도 하는데 이는 子에서 午; 丑에서 未, 寅에서 申까지 모두 7位에 해당하고 있기 때문이다.
子午 冲
丑未 冲은 土와 土가 冲 하기 때문에 朋冲 이라 한다.
寅申 冲
卯酉 冲
辰戌 冲은 土와 土가 冲 하기 때문에 朋冲 이라 한다.
巳亥 冲

[강의 노트]
　그래서 충은 신속히 흔들린다. 반복 된다.라는 의미이고 朋은 벗 붕 자지만 오래된, 지방이 같은, 한솥밥을 3년 이상 먹은 즉 불알 친구이고 友 자는 오다가다 만나 인연 된 친구 우애 있는 사람을 말한다,

☪ 冲 되는 일진에는 모든 것이 꼬이고 실수를 연발하게 된다.
　合 되는 일진에는 바이오리듬이 최상이다.
☪ 六合이 잘못 연결 되면 꼭꼭 묶인다. 寅亥와 辰酉가 육합작용이 크다. 그래서 육합 되는 날 이사 날짜 잡아주면 못 간다.
☪ 천간은 시작이고 지지는 끝이다. 천간은 冲 하더라도 지지만 합하면 별 문제 없다.

干合支合 : 찹쌀 궁합, 싸이클 잘 맞는다, <庚戌과 乙卯 합이다>
干合支沖 : 시작은 좋으나 결과는 나쁘다.<겉은 좋으나 속은 다름>
干沖支沖 : 정신 육체 모두 싸이클 안 맞는다.
干沖支合 : 결과가 좋으니 걱정 마라,
부부끼리 연결 또 일주끼리 싸이클 안 맞고 맞고를 맞추어 보라.

[실증철학 원문]

沖에서 주의 할 것은 子午 沖은 水극火, 寅申 沖은 金극 木, 卯酉 沖도 金극 木, 巳亥 沖은 水극 火로 되어있어 상극작용이 바로 충이 되는 것으로 착각하기 쉬우나 극과 충은 판이하게 다르며, 丑未와 辰戌은 같은 土이면서도 충이 되고 있어 朋沖 이라고 하며 또 體가 충이 되면 藏干끼리도 沖이 된다는 사실을 알아야 한다.

[강의 노트]

體沖 - 子午沖　丑未沖　寅申沖　卯酉沖　辰戌沖　巳亥沖
地藏干沖 - 癸丁沖　癸丁沖　丙壬沖　乙辛沖　乙辛沖　庚甲沖
　　　　　　　　辛乙　　甲庚　　　　　　　　　癸丁沖丙壬沖

☞ 沖 하면 흔들린다, 싸운다, 고로 싸우면 악담을 하게 되므로 충 받는 운에는 비밀이 탄로 난다. 비밀이란 남이 모르는 일로 남녀 애정 관계, 비리, 비밀자식 둔 것, 등을 의미하고 들통 나는 데도 직접 들킨 것과 간접적으로 들통 나는 것이 있다.
여기서 예를 하나 들어 보자면 乙巳 일주라면 아이들 학교에서 자모회에 나가면 단임과 눈이 맞는다고 했는데 亥운이 와서 巳亥 沖 되면 들통 난다. 육친으로 살펴보면 비겁 운에서 비밀이 탄로 난다, 왜냐하면 비겁 날에는 고향 친구 등을 만나게 되는데 애인 데리고 유원지 놀러 갔다가 들통이 난다. <참고> 乙巳는 巳中庚金과 乙庚 합으로 暗合을 하는데 巳亥 충 하면 지장간에 육친이 튀어나옴으로 들통이다.

☞ 沖은 한쪽만 상하는 것이 아니고 相沖이므로 서로 상한다, 그러나 강한 오행이 승리한다.

○ ○ ○ ○　午 화가 이긴다.　　○ ○ ○ ○　子 수가 이긴다.
子 午 ○ ○　午월로 여름이므로,　午 子 ○ ○　子 월로 겨울임,

○ ○ ○ ○　寅申沖 金극 木으로.　○ ○ ○ ○　金이 당한다.
寅 申 ○ ○　이중으로 박살난다,　申 寅 ○ ○　寅 은 봄이므로,

☆ 旺神沖發 : 많은 걸 건드리면 더욱 억세 진다. 많아진다, 잠자는 호랑이 코털 건드리는 것과 같다, 젊은 걸 건드려 놓았으니 더욱 기승을 부리는 것과 같다.

☆ 衰者沖發 : 약한 것을 건드려 놓으면 뿌리까지 없어진다,

☆ 辰戌丑未는 흙이다. 고로 땅속에 감추고 저장하니 창고이고(庫支) 죽으면 땅 속으로 들어가니 묘지(墓-무덤 묘)로서 땅속의 것을 파내려면 땅을 파헤쳐야 하는 것이다, 그래서 土는 沖을 좋아하지만 단 적당히 필요한 沖이라야 하는 것이다.

〈辰 戌 沖은 적당한 충이고, 戌 辰 戌 좌우로 沖은 辰이 죽습니다.〉

☆ 지지가 沖이면 흔들려서 천간도 沖으로 봐야한다, 동주(同柱)는 부부와 같아서 남자가 지지인 처에게 뿌리하고 있는데 沖하면 남자도 같이 흔들린다.

天沖地沖 : 하늘도 무너지고 땅도 꺼진다(흔들림)- 머리도 얻어터지고 다리도 걸어 채이고, 정신적으로, 육체적으로 고통이다. 나가도 고통, 들어와도 고통, 겉과 속이 한시도 편할 날이 없다.

1, 관재, 2, 사고연발, 3, 이혼 수, 4, 부모상,

己 丁 丙 ○　庚辰년 만나면 천간은 火극 金, 지지는 辰戌 沖으로
亥 丑 戌 ○　干극 支沖이다, 이혼 수 아니면 부모 상 당하는 해라고 했더니 2 월 달에 아버지 돌아가셨다고 한다. 도박 등 신수연발이다. 지지가 沖 하니 제 정신 아니다.

沖 해소하는 법(貪合忘沖)
丑未 沖 - 巳 亥 : 巳丑 亥未 亥丑 亥丑
寅申 沖 - 辰 戌 : 寅辰 申辰 寅戌 申戌
巳亥 沖 - 未 丑 : 巳丑 亥未 巳未 亥丑
卯酉 沖 - 辰 戌 : 辰酉 卯戌
辰戌 沖 - 卯 酉 : 卯戌 辰酉.....어떠한 오행을 필요로 하느냐에 따라서 木火면 巳未로 金水면 巳丑으로 글자를 찾음.
卯酉 沖 하면 戌이 들어가도 해소 되고 辰이 들어가도 해소 된다. <개나 용 부적 써줘라> 닭장위에 토끼 키우면 닭 병 안 든다. 사주에 卯酉 沖된 자가 신수 보러 오면 金극木으로 자동차 사고 위험하니 개 마스코트 자동차 뒤에 달고 다니라고 해라.
寅申 沖 - 子운에 金生水 水生木으로 통관시킨다.
卯酉 沖 - 亥운에 金生水 水生木으로 통관시킨다.

沖의 작용

☾ 偏官 偏財가 되면서도 충이 될 때와 안 될 때가 있다. 그 변화의 작용을 살펴보자면 ○ 庚甲丙 甲庚이 沖이 되는데 丙이 있어서 火극金 당하는 것이 염려 되어 쉽게 沖을 못 한다. 沖이 성립 안 된다.
☾ 偏財이면서도 沖이 되는 것과 안 되는 차이
庚 甲 : 沖이 된다, 온전 동거해도 해로 못 한다.
甲 戌 : 沖이 안 된다, 극정도로 봐라, 해로 한다.
남자가 偏財면 여자와 결혼 안하고 산다. 여자도 偏官이면 남자와 결혼 안 하고 산다.
☾ 인수는 엄마인데 정인이든 편인이든 년 월에 먼저 있으면 그것이 生母이다. 만약에 년 월에 인수가 없고 시에만 있으면 그 역시 生母다. 壬 壬 甲 癸 이럴 경우 나를 낳아준 정인은 계모로 알고 나를 길러준 엄마 편인을 친엄마로 알고 산다.

☪ 偏官 이면서도 충이 될 때와 안 될 때가 있다.
　壬 戌 편관이지만 沖이 안 된다. 고로 해로 한다.
　庚 丙 편관이지만 沖이 안 된다. 고로 해로 한다.
　甲 庚 편관이면서 충이므로 꼴도 보기 싫다. 못 산다.

○ ○ 戌 ○　이 석영 선생님 두 번째 부인이다.
寅 申 ○ ○　남편의 별이 寅申 沖 당하고 있다. 월이 金이라 官인 寅목이 다친다. 식신은 아들 상관은 딸인데 상관은 沖이 안 된다. 그래서 아들 낳으면 남편이 다친다. 아들 낳고서 아이가 9살 때(金-4.9) 이 석영 선생님이 돌아가셨다.〈역학의 대가도 팔자 도망 못 간다.〉

☪ 合할 때 작용(일지와 합되는 오행의 육친에 대한 변화다.)
　　인수가 합 할 때 : 부모가 찾아온다.
　　식상이 합할 때 : 자식이 찾아온다.
　　재성이 합할 때 : 돈 또는 여자가 찾아온다.
　　관성이 합할 때 : 동사무소라도 갈 일이 생긴다.

☪ 일지를 沖할 때 : 1년 동안 앉은자리가 흔들리네요, 제 마음대로 못하니 짜증만 부리고 땡깡만 놓고 동으로 가라면 서로 가는 청개구리역할만 하게 된다.

○ ○ 丙 己　박철언 전의원 부인 사주이다. 庚辰 년에 국회의원
○ ○ 戌 亥　출마 했는데 辰戌 충으로 앉은 자리 일지가 충을 먹어 흔들렸다. 내가 생하는 것이므로 유권자다. 고로 참모끼리 싸우고 배신하고 결과는 떨어졌다.

○ ○ ○ ○　변 웅전 전 의원 戌土 용신인데 庚辰 년에 비례 대표
○ ○ ○ 戌　로 국회의원 출마 했는데 떨어졌다.

年　　　　　月　　　　　日　　　　　時

年이 沖을 하면 : 조상이 흔들렸다, 고로 무덤 옮긴다, 또는 사초하게 되거나 아니면 조상 묻힌 산 팔아먹거나 도로가 나게 되어 이장이라도 할 일 생긴다.

月이 沖을 하면 : 부모 형제간의 변동 수 환경 궁이 변동 된다. 고로 환경이 변 할 수 있다.

日이 沖을 하면 : 나의 변동 수 타인에 의한 변화요, 마누라 심성이 편치 못하다.

時가 沖을 하면 : 자식의 자리로 아랫사람의 변화가 발생하고 사업 궁이므로 사업적인 변화 발생한다.

☞ 국가에서 개발 할 땅 산이 확실하면 유실 수 나무 심어라, 보상이 엄청나게 나온다,

☞ 年 月 日 時 어디에 있던지

1, 財가 沖을 받을 때 : 돈 나간다. 이럴 때 돈 받을 것 있으면 소송해라 아니면 내용증명이라도 띄워라 그래야 돈 받는다. 남자면 이혼 수도 조심해야 한다.

2, 印綬가 沖 받을 때 : 집으로 인한 구설이 생긴다, 법원에서 압류 딱지 날라 온다, 나도 모르게 도용당하고 이전되기 쉬우니 집문서 땅 문서 가끔씩 열람 해 봐라, 어머니 아프거나 사고 나고, 귀인 후원자 도망간다, 시작이 충을 받으니 무엇을 해야 할지 대책이 안 선다.

3, 비견이 沖 받을 때 : 형제끼리 사이 나빠지거나 형제의 사고가 붙는다.

4, 식상이 沖 받을 때 : 자손이 흔들린다, 자식이 흔들리니 심하면 자손으로 인해 경찰서라도 간다, 고객이 흔들리므로 손님 없다.

5, 官이 沖 하면 : 여자면 남편이 흔들리고 이혼 수요, 직장이 흔들린다.

甲戌 일주가 辰년 만나면 財가 沖 한다, 辰戌沖으로 辰이 들어오고 戌이 나간다, 운에서 들어오는 것이 새 것이다, 원국에 것은 헌 것이다. 그러므로 묵은 돈 나가고 새 돈 들어온다. 남자면 있던 여자 나가고 새 여자 들어온다. 오행이 같으므로 물물교환이다. 물물교환은 土에만 해당 된다. 길흉은 사주 따라 다르다.

戊戌 일주가 辰년을 만나면 비겁의 沖이다. 형제끼리 부동산 가지고, 니 땅이니 내 땅이니 송사한다,

庚戌 일주가 辰년을 만나면 인수의 沖이니 집 바꾼다, 옷 바꾼다, 어머니가 바뀐다, 하던 공부도 바뀐다. 학생은 부교재 바꾸고 선생도 바뀐다.

壬戌 일주가 辰년을 만나면 관이 沖 한다, 여자면 남편 남자 바꾸고, 이혼 수 겪었다, 직업 바꾼다. 명예가 바뀐다.

乙酉 일주가 辰년 만나면 財가 합으로 들어온다, 가만히 있어도 돈, 땅, 여자가 들어온다,

己酉 일주가 辰년 만나면 형제가 찾아온다, 여자면 오빠가 온다.

癸酉 일주가 辰년 만나면 여자면 남자 애인이 들어온다, 남자면 윗사람이 뭐 하자고 달라붙는다.

☞ 들어 오고서의 결과는 길흉에 따라 판단하라,

✪ 무엇이든지 천간에서 시작, 지지에서 머물다가, 앉장에서 끝이 난다.

✪ 辰년이 들어와서 辰戌沖이 되면 해결책은 卯가 들어와서 卯戌 합이 되면 충이 해소 된다. 卯가 사주에서 어느 육친이 되는 가로 해결책을 찾아라.

1952년3월12일巳시생				
乾命	壬辰	甲辰	壬午	乙巳
수	10	20	30	40	50	60	70
대운	乙巳	丙午	丁未	戊申	己酉	庚戌	辛亥

사주해설과 운세

 춘삼월 물인 壬수가 연 시간에 甲乙木이 나타나서 왕성한 활동을 하면서 살아가는 팔자로서 벌리기는 좋아하나 마무리가 잘 안 되는 팔자에 또한 성격적으로는 고지식하면서도 대인관계가 좋으며 독선적인 모난 면도 보이는 사주이다. 재물을 벌어들이는 기술은 있으나 관리가 안 되는 팔자이며 직업적으로는 식상이 강하게 나타나있어 기술직으로 살아야 하며 재성이 강하면서 식상 생재하는 팔자라서 내 기술을 써먹는 자영업이 딱 인 팔자이다. 운세의 흐름으로 보아 40대운인 戊申운이 전성기였고 50대운인 己酉운은 己토 濁壬에 酉金이 辰酉로 묶여 나쁜 세운을 만나면 막힘으로 손재의 기운이 보인다. 庚戌대운은 무난하게 넘어갈 듯싶지만 신상에 큰 변화가 있을 운세로서 매사 조심해야 하며 69세까지 잘 넘겨야만 장수할 수 있다.

 위 명조의 주인공은 봉제공장 운영자로 평생 동안 재단사의 기술로 일하고 있는데 戊申대운이 가장 전성기였고, 己酉대운에 손재로 큰 손해를 보더니 庚戌대운에 안정적인가 싶더니 丁酉년 丙午월에 폐암 판정을 받았다고 한다. 어찌 된 일인지 살펴보자, 병의 원인부터 살펴보면 사주에 金이 없고 金이 대운에서 들어와 잘 살 수 있었다, 그런데 丙申년부터 문제가 발생 한다. 丙壬 충으로 흔들어 놓고 巳申이 刑을 함으로써 발병하기 시작 하여 丁酉년을 만났는데 酉금 정인은 辰酉 합으로 묶이고 丁화는 丁壬 합으로 다시 묶어 놓으니 기능이 활발하지 못하게 면서 金이 없어진 형상이니 金은 폐로 폐가 약한 命이다, 그런데 문제는 庚戌 대운의 칠살이 충이 되면서 고장이 충이 되어 사주팔자를 뒤집어 놓은 것이다.

辰戌丑未대운은 인생의 대변환점 이다.

　위 명조는 庚戌대운을 달리고 있다. 그런데 戌土가 財官의 고지로서 대단히 불리하다. 財는 재물의 庫지로 보아 돈으로 볼 때는 재물을 창고 속에 차곡차곡 쌓아놓는 것과 같아 좋으나 아내로 보아서는 아내를 무덤에 넣는 것이니 불리한 것이다. 官星은 어떠할까? 官庫地이므로 직업적으로 대 변화를 예측할 수 있다, 그런데 여기서 중요한 것은 언제 발동이 걸리느냐이다. 적용 시기는 순운(純運)일 때는 그 대운의 말기시점과 다음 대운의 초기시점으로 보는데 본명을 기준 한다면 66세부터 72세운까지로 보게 되므로 금년 66세 丁酉년부터 적용 된다고 보아야 한다. 그렇다면 역운일 때의 적용은 그 대운 초기 3-4년을 전환시점으로 본다. 그렇다면 변환기에 나타나는 현상에 대하여 알아보자,

1, 변화가 많다.(과도기적인 역할, 매듭이 저지 되고, 새로운 것에 대한 시작,) - 결혼, 이혼, 직업변동, 업종전환, 이민 등 최대의 전환점이자 갈림길에 와있는데 고속도로의 인터 체인지를 도는 순간이라 할 수 있다. 길한 운이든 흉한 운이든 공통점이 있는데 매사가 얽히고설키고 꼬인다, 매사가 지연되거나 자신의 의사대로 안되어 답답하다. 거의 확정 지어졌던 일이나 계획 되어졌던 일들이 외부적인 예상치 못한 문제로 지연되기 일쑤 이므로 조급하게 서둘게 되고 성급히 결정되기 쉽다. 또는 라이벌, 방해자나 협박 자가 생긴다.

2, 대책.(절대로 서두르지 말아야 한다).

　가능한 한 타인의 말을 듣지 말 것,(주관대로 계획대로 밀고 나가라) 특히 앞으로의 대운이 좋으면 남의 말을 듣지 말 것, 안 좋은 운이면 신중에 신중을 기하라, 절대로 서두르지 말고 조급히 결정 짓지 말고, 사고팔고 이동에 크게 주의하라, 비밀유지 입조심 해야 한다. 생일을 전후한 6개월가량은 절대 서두르지 말고 정도대로 가야한다. 어쩌면 이 기간은 준비나 정리하는 기간으로 봐라.

3, 대운이 변할 때 격국이 바뀔 수 있다. (사주를 변하게 할 수 있다).

　대운은 사주의 연속이다. 格局이 뚜렷하거나 조화를 이룬 사주는 충해도 변화는 발생 하지만 안 좋다고 봐서는 안 되지만 편중 된 사주에서는 많은 영향을 미친다. 참고 할 것은 원국에서 통근 못하고 있는 천간의 경우 대운이 옴에 통근 하는 지 여부도 살펴보고 지지에 통근 못한즉 뿌리내리지 못한 천간은 제 역할을 못 하기 때문이고, 또한 지지에서는 대운이 옴에 따라 투출 못하고 있는 지지도 대운 천간과를 비교하여 투출 여부도 확인해야 한다. 또 중요한 것은 대운이 옴으로 혼잡 되는지도 확인 하고, 오행이 혼잡 되면 변질 되거나 탁해지기 때문이다.

4, 합기 (合氣運)을 살펴야 한다. (다섯 번째 천간이 합하는 운을 말한다.)

　월간과 다섯 번째 천간 대운을 볼 것, 원국에서 월주는 그 사주의 중심이며 사회적인 면을 보고 있기 때문에 월간과의 합은 묶인다, 변한다, 직장이나 사회적인 활동이 월간의 역할에 따라 달라진다. 여섯 번째 지지 대운은 월지와 충 대운인데 辰戌 충 일 때는 건강과 환경의 변화를 봐야 한다. (칠살 운일 때는 건강문제를 말해야 한다)

5, 기타 주의해야 할 점은 ?

　앞으로 오는 대운은 그 사주의 희망 사항이므로 희망 신으로 봐라, 지나간 대운은 그 사주의 원망 신 증오의 신이다.
여자사주에 상관이 있고 대운에서 상관 운이 오면 남편에게 흉사가 있다. 여자 무관사주에 천간 관 대운이 어릴 때 오면 그때 성경험을 하게 된다. 조후용신 대운은 게을러지고, 억부용신 대운이면 사회적으로 불안하다.

　다시 본 사주로 돌아가 보자, 庚戌 대운이 辰戌이 충 되는 대운인데 壬午일주이므로 관살 충이 발생 하므로 건강문제로 봐야 한다. 庚戌월이 문제이고 戊戌년 양력 2월-3월이 대단한 고비가 될 것이다. 허약한 사주에 칠살이 치고 다시 식상으로 이중으로 얻어터지는 운에 잘못 되기도 한다.

干支化合法(干支合化法)

[실증철학 원문]
 합은 만남이요, 부부로 성립되며 또 합하게 되면 반드시 변하게 됨과 동시 변화하면 또 다른 형질의 것으로 바뀌게 되는데 이러한 것을 합화(合化-합해서 변했다)라고 하고 반대로 충은 이탈 파괴 가 되므로 어떠한 물(物)이 생하지 않기 때문에 충에는 합화와 같은 변화된 물이 없는 것이다.

[강의 노트]
합하면 변화가 온다,
甲己合化 土
乙庚合化 金
丙辛合化 水
丁壬合化 木
戊癸合化 火

 여기서 변화되어 나온 오행은 양과 음이(부부가) 합해서 나온 오행이므로 완전한 오행이다.
실전 사례로 한사람이 역학공부 하려왔다.
丙 辛 甲 ○ 공부하려온 사람의 사주인데 운이 지나 갔다.
寅 卯 寅 ○ 어디서 돈 생겨서 왔을까?
辛금은 정관으로 딸이고 丙은 辛의 남편으로 사위가 된다. 丙辛合 水되어 水는 甲목의 인수(공부)가 된다. 고로 딸이 치과의사다(辛-辛금이니 이빨) 그래서 辛과 丙인 사위가 합해서 나의 공부신인 인수를 만들었다, 딸내미가 공부하라고 돈 주었나요? 라고 했더니 깜짝 놀라더라, 이야기인즉 딸이 남편과 상의해서 아버지 역학공부라도 하시라고 돈 대주어 사주공부 하러 왔다니 ...... 하 하 하,
합의 구성 원리 : 이질(異質)이 異質을 만나서 동질(同質)이 되는 것을 합화(合化)라 한다.

辛 丙 = 水   丙辛합은 부부로 봐라, 丙辛합해서 水가 되는데 水는
妻 夫 자손   밤이다,<역사는 밤에 이루어진다.> 水는 캄캄하다,<남여가
미치면 주위눈치 안 본다,> 水가 자식으로 자식 생긴다. 그러나 水극 火
로 남편이 상한다. 병신합해서 남편이 죽으면 복상사다. 辛금은 상
하지 않고 丙화만 간다.
☞ 어디에 맞추어서 살아가느냐 ? 즉 합화한 오행에 초점 맞추어서
생극 관계를 육친으로 판별해봐라, 합화한 오행이 양이냐, 음이냐?
하는 판단, 일주가 양이면 음이 되고 일주가 음이면 양이 된다.
陰變陽, 陽變陰의 법칙.
1, ○ ○ 甲 己 甲己合 化土 인데 陽일주이어서 陰土가 된다.
2, ○ ○ 己 甲 甲己合 化土 인데 陰일주이어서 陽土가 된다.
응용방법 : 변화 되어 土가 하나 더 생겼으니까, 배다른 형제가 있
다고 추리하라, 陽은 남자요, 陰은 여자다.

☾ 合化 중에서 甲己와 乙庚은 둘 중 하나 본질은 그대로 남게 되
므로 연애는 해도 가정만은 버리지 않는다. 그러나 나머지 戊癸 합
丙辛 합 丁壬 합은 타 오행으로 변해서 정신 빠져서 도망간다.

3, ○ ○ 庚 乙 庚이 말년에 乙과 바람나는데 乙이 庚을 보고 도
망가자고 한다, 그러나 庚은 제자리 지킨다. 세상의 여자들이여 庚
금 보고는 연애는 하되 도망가자고는 하지마소, 만약 누가 상담 왔
는데 남편이 바람 났다고 걱정하면 일간이 庚금 남자면 걱정 말고
집에 돌아가시오, 남편은 절대 도망 안가니 꾹 참고 사시오라고 해
라.
4, ○ ○ 己 甲 세 살 연하 남자가 도망가자고 해도 제자리 지킨
다. 타 오행으로 변하지 않아 도망 안 간다.

5, 戊癸합, 丙辛 합, 丁壬 합, 은 변하여 사정없이 도망간다.

☆ 合化中에서 주의 할 것은 합한다고 무조건 합이 되는 것은 아니다. 合化되는 오행에 도움을 주어야만 비로소 성립되고 방해자가 있으면 합이 안 되는데 여기서 방해자란? 쟁합, 투합, 합화(爭合, 妬合, 合化)된 오행을 극하거나 하는 것인데 이것을 합이불화(合以不化)라고 한다. 합하는 오행의 根이 있거나 합하는 오행을 극하는 경우가 방해자가 되는데 이것을 부종(不從)이라고 한다. 합해도 化 되는 것과 合만 하고 化는 안 되는 경우가 있다는 것이다. 합이 되려면 첫째 방해자가 없어야 한다.

6, ○ ○ 己 甲 본 甲己합은 土가 된다.
7, ○ 己 甲 甲 본 甲己합은 형제 甲이 옆에 있어 안 된다. - 爭合
8, ○ 甲 己 甲 본 甲己합은 어느 장단에 춤을 추어야 하나?- 妬合
9, ○ 己 己 甲 본 甲己합은 合만 봐주고 化無다, 부부일수 없다.
10, 己 己 己 甲 본 甲己합은 내 남편이라는 것은 인정 해주지만
　　　　　　　己群 때문에 안 된다.
11, 甲 甲 甲 己 본 甲己합은 합하 안 된다. 방해자 때문에,

爭合 : 官 남자가 싸운다.
妬合 ; 財 여자가 질투한다.

○ ○ 甲 己　합해서 土로 변했다. 己토가 巳화의 생을 받기에
○ ○ ○ 巳　그러나 甲이 일간이라는 것이 문제다. 일간은 변 할 수가 없기 때문이다.

○ ○ 甲 己　甲己합만 했지 土로 변하지 않았다. 甲목이 어머니
○ ○ 子 巳　자수를 내 발밑에 내 옆에 있기에 힘을 받아 변화 (合化)가 안 된다.

乙 乙 庚 ○　합까지만 봐주고 合化는 안 된다.
乙 庚 庚 ○　합까지만 봐주고 合化는 안 된다.
辛 丙 丙 ○　합까지만 봐주고 合化는 안 된다.

합이불화(合而不化- 방해하는 것이 있어 合만 하고 化는 안 됨)

合而不化 가 된 사람은 처세가 참 좋다. 그러나 사장과 같은 장은 절대로 안 된다. 선승후패, 선득후실, 선합후리(先勝後敗, 先得後失, 先合後離)다 쉽게 풀어 말하자면 먼저는 이기나 뒤에 패하고, 먼저는 얻지만 뒤에 잃게 되며, 먼저는 합이 되어 잘 될듯하나 뒤에는 반드시 떠나더라, 라는 말이다. 合化가 잘 된 사람은 외교가 탁월하고 연애결혼이 쉽게 성립 된다.

合而不化
甲己合 化 土 에 - 木이 있거나 水가 있어 방해하면 不化다.
　　　(木은 木剋土하고, 甲木의 뿌리요, 水역시 인수로 甲을 돕는다)
乙庚合 化 金 에 - 火가 있거나 木이 있어 방해하면 不化다.
　　　(火는 火剋金하고, 木은 乙木의 뿌리로 돕는다)
丙申合 化 水 에 - 土가 있거나 木火가 있어 방해하면 不化다.
　　　(土는 土剋水하고, 木火는 丙의 뿌리로 돕는다)
丁壬合 化 木 에 - 金이 있거나 水가 있어 방해하면 不化다.
　　　(金은 金剋木하고, 水는 壬水의 뿌리로 돕는다)
戊癸合 化 火 에 -水가 있거나 金이 있어 방해하면 不化다.
　　　(水는 水剋火하고, 金은 癸水의 뿌리로 돕는다)
요약하면 합하된 오행을 극하는 것이 있거나 타 오행으로 변화할 것에 뿌리 즉 힘이 되면 합하되지 않는다.(不從이다) 합은 두 손끼리 손가락 깍지 끼는 것이다. 묶이는 것이다. 품기가 힘든다.

○ ○ 乙 ○　乙목 일주가 庚년에 신수 보러 왔다면 官과 합이다
○ ○ ○ ○　나이에 따라 통변 하자면 13-14세면 사춘기로 보고
10대 후반이면 연애 이성 인연, 20대 초반이면 결혼 수(早婚)30대 바람둥이 사주라면 애인생기고, 50이후 독신자라면 늘그막에 팔자 고친다, 돌아가신 남편생각이 유난히 많이 나는 해다. 로 말한다.

- 147 -

辛 甲 己 己　爭合이다, 오행전구에 건강한 청년이지만 47세인데
亥 午 卯 巳　아직 미혼이다. 甲己합은 합하고 싶어 하는 마음일
뿐 합은 성립되지 않았다. 이 사주는 甲己合 化된다해도 己土 일주
이므로 官合이다. 관이 비겁으로 변해 비겁이 늘어날 뿐이다. 쟁합
으로 합이 성립 되지 않으므로 관인상생으로 연결해야 한다.

戊 戊 癸 ○　爭合이다, 당시 33세 노처녀였다, 노랑(老郞)아니면
午 午 亥 ○　재취로 가야 한다. 癸수여자가 戊토 남편 둘과 합하
려 하고 있으니 두 번 시집갈 팔자다. 그런데 재취로 간다는 것은
장가 두 번가는 남자를 만나 결혼 하는 것이니 부부는 동신일체라
고 자기가 두 번 시집가는 것을 때우고 가는 것이어서 좋다. 그렇
지 않으면 나이 차이가 많아야 한다. 이 여자분 13세연상의 남한테
서 혼처가 들어왔단다.

[실증철학 원문]

甲己가 합하여 土가 되는 이유는 모든 조화가 호랑이인(寅)과 용인(辰)으로 인하여 발생 한다는데 기인하였기 때문에 甲己之年은 丙寅月로 시작하여 丁卯 戊辰이 되는데 辰 용 위에 戊土가 있어서 甲己合化土가 되고, **乙庚**은 戊寅 호랑이로 시작하여 己卯 庚辰으로 辰 용 위에 庚금이 있어 乙庚合 化는 金이 되며, **丙辛**合化는 庚寅월 호랑이로 시작하여 辛卯 壬辰으로 辰위에 壬수가 있기 때문이고, **丁壬**은 壬寅월로 시작하여 癸卯 甲辰 으로 辰 용 위에 木이 있어 丁壬合化는 木이 되며, **戊癸**는 甲寅월로 시작하여 乙卯 丙辰으로 辰 용 위에 丙화가 있어 戊癸合化는 火가 된다, 라고 옛글에 있으나 좀 더 관찰 한다면 합化한 오행은 완전한 오행이기에 土를 중심으로 甲己로부터 시작하여 乙庚합 化에 土生金, 丙辛合 化에 金生水 丁壬合化에 水生木 戊癸合 化에 木生火로서 자리하면서 순환하고 있으며, 또한 이것이 바로 五運의 운행 작용을 말함과 동시에 만물을 생화 시키는 것이지만 반대로 변성하는 면에서 보면 己甲土 庚乙金, 辛丙水, 壬丁木, 癸戊火는 만물을 制化하는 작용을 하는 것이다.

[실증철학 원문]

地支合化의 구성은 子와 丑을 지구로(土) 기준하여 우주를 구성하고, 丑 寅 卯 辰 巳 午 未 申 酉 戌 亥 子 로서 1년 12개월이 순환 하는데 따라 丑에서 午까지는 상승(上昇)하고 未에서 子까지는 하강(下降)하면서 교차하고 있는 합치점(合致點)을 춘하추동(春夏秋冬)의 사시(四時)로 표출하는 것이 지지합화(地支合化)인데, 또 이것을 세분한다면 午와 未는 하늘로 기준하되 午는 日로서 太陽이 되고 未는 月로서 太陰으로 午未를 天, 子丑을 地로 우주가 형성 되고 寅亥合木은 봄이요, 卯戌合火는 여름이고, 辰酉合金은 가을이고, 巳申合水는 겨울로서 지구가 공전하면서 발생하는 時節을 말하고 여기서 주의 할 것은 앞으로 응용에 있어서 生合은 합의 변화된 오행을 그대로 사용하고 剋合은 합까지만 보아주고 변화 된 오행은 작용하지 않는데 그 이유는 寅亥合 木은 水生木으로, 辰酉合 金은 土生金으로 각자의 氣가 木과 金으로 집결되어 철저한 합이라 변화된 오행이 작용 되며, 午未 합은 天이라고는 하나 실질적인 작용에서는 午月 未月은 夏節이요, 여름은 火氣가 사령하기 때문에 火局이 되고, 子丑 합은 地로서 土라고는 하나 子는 11월이고 丑은 12월로 겨울이기 때문에 水氣가 사령하여 水局으로 응용 되어야 한다.

지지에서는 2字 이상이 결속(結束)하면 사주 네 기둥에서 벌써 과반수를 차지함과 동시 세력을 규합 하였다하여 局이라는 용어가 붙게 되며 따라서 앞으로는 寅亥合木局, 辰酉合金局, 午未合火局 子丑合水局이라고 호칭 되며 이렇게 되면 亥는 水가 아니라 木으로, 辰은 土가 아니라 金으로, 未는 土가 아니라 火로, 丑도 土가 아니라 水로 바뀌어 작용하고, 子 午 卯 酉 만은 正方에 자리하고 있어 타 오행으로 변하지 않으며 子丑은 그합(剋合)으로 무정지합(無情之合)이라 칭한다.

地支合化圖(지지합화도)

天 未月　　午月
申　　　巳 　水 　冬
酉　　　辰 　金 　秋
戌　　　卯 　火 　夏
亥　　　寅 　木 　春
子　　　丑 　地

☪ 午未는 火 (여름)로 써먹고 子丑은 水(겨울)로 써 먹는다, 子丑 합 土는 안 써먹고 土局은 없다, 子丑合 水局으로 써라,

子丑 합 土라 했는데 안 써먹는다.

卯戌 합 火라 했는데 안 써먹는다.

巳申 합 水라 했는데 안 써먹는다.

그 이유는 극 합이라서 나를 해고지 하러 온 것이어서, 이물질이 생기므로 변화된 오행은 안 써먹는 것이다.

寅亥 合 木
辰酉 合 金
午未 합 火
子丑 합 水

　위 合들은 局이 성립 된다. 즉 寅亥合木해서 하나의 행이 나오면 局이 생긴다. 局은 판국자로 하나의 판이 이루어진다는 의미로 局은 크다, 많다, 똑똑하다, 개체가 아니라 하나의 큰 부피로 본다.
그래서
印綬가 局을 이루면 : 큰집, 부모가 똑똑하고, 공부도 큰 학교로 간다.(서울대 유학 연고대정도)

比劫이 局을 이루면 : 형제가 그만큼 똑똑하다.
食傷이 局을 이루면 : 사장보다 부하 비서가 똑똑하다, 엄마보다 자식이 잘 났고, 선생보다 학생이 잘 났다.

財星이 局을 이루면 : 아내가 똑똑하고 처가가 잘 살고, 본인도 돈 많이 번다.

官星이 局을 이루면 : 여자는 남편이 잘났고, 시댁이 잘 살고 남자는 큰 벼슬하고, 육군 대장, 장관도 할 수 있고, 큰 인물난다.

　그런데 合局 했다고 무조건 다 좋은 것은 아니다. 얻은 것이 있으면 잃은 것도 있게 마련이다. 즉 희생이 뒤따른다는 말이다.
寅亥가 合木 됐다면 목을 위해서 해수는 희생 했다, 즉 水는 없어졌다는 말인데 사주에서 亥의 육친이 희생 된다는 것이다.

응용하는 방법
○ ○ 丁 ○　寅亥 合木해서 木生火로 공부 잘하고 부모덕 있어서
亥 寅 ○ ○　좋지만 여명이라면 가장 좋아야 할 남편(亥)이 없어져 버렸다. 1, 남편이 공부하러 간다더니 안 온다, 이때 우리 남편이 유학 간다는데 보내야 하나요? 라고 물어오면 보내선 안 돼요, 가는 날이 끝나는 날입니다. 라고 해야 한다.

2, 丁일주가 亥中壬수와 丁壬 합하면 연애박사라는 얘긴데 일본인 현지처라고 가정 해보면 亥中壬수 남편이(일본인) 寅亥 合木으로 인수(집)을 사준다. 3:8목이므로 38평 아파트다. 그런데 말이다. 일본은 축소지향인고로 큰 아파트는 안사주고 18평으로 봐야한다. 만약 우리나라 사람 같으면 38평 아파트다. 응용은 이렇게 한다.

○ ○ 乙 ○   乙목 일주면 寅亥 合木해서 비겁이 局을 이루게 되니
亥 寅 ○ ○   형제가 똑똑하고 본인도 똑똑하고 겉은 乙목 적은나
　　　　　　무지만 뿌리는 아름드리나무다, 겉보기보다 속이 다르다.

○ ○ 己 ○   己토 일주면 寅亥 合木해서 官이 局을 이루게 되니
亥 寅 ○ ○   여자면 남편이고, 남편이 잘났다. 시댁이 좋다. 가만
　　　　　　있어도 잘난 남편이 시집오라고 혼처 들어온다. 딸내미 사주 보러
　　　　　　온 엄마에겐 딸내미 시집보내는 것 걱정 마세요, 좋은데서 업어가
　　　　　　겠어요.

○ ○ 辛 ○   辛금 일주면 寅亥 合木으로 財局을 이루게 되니 돈이
亥 寅 ○ ○   많다. 년에 있으면 부모가 잘 살았다, 할아버지 자리에
　　　　　　서 水生木 했으니 할아버지가 아버지에게 많은 도움 준다, 조상 덕
　　　　　　있다.

○ ○ 癸 ○   癸수 일주 여자라면 자식하나 똑똑하고 잘 두었다.
亥 寅 ○ ○   큰 인물 낳다.

☺ 당년의 해도 六合으로 연결 해 보고 辰년이라면 辰酉合 金으로 본다. 육합을 가정적으로도 연결 해 보면 부부 합 부모 자손 합 형제 합 친구 합 등이 있다.

○ ○ 辛 ○　辛금 일주면 장모가 없어지고 돈만 남았다.
○ 寅 亥 ○　상관 장모요, 財는 아내다, 고로 장모가 죽으면서 사위에게 유산 넘기라고 아내에게 유언 한다. 寅목 아내 보다 亥水 장모를 먼저 만났다, (일지에 있으므로) 금생수로 장모 구어 살다 아내 만났다, 앉은자리에 안방에 아내는 없고 장모가 앉아 힘이 들었으니 장모 모시고 사는 팔자다.

실전 사례(例示)1.
庚 庚 甲 己　甲목 일주가 甲庚冲 甲己合 辰戌冲에 巳戌 원진까지
辰 辰 戌 巳　안 걸린 것이 없는 팔자다. 合 冲이 많이 걸린 사주는 볼안 하고, 삶이 고달프다. 甲목은 아름드리나무인데 극을 받으니 乙목 만도 못한 나무다, 甲庚冲에 金剋木도 받는다. 甲목 인정이 禁에 두들겨 맞는다. 인정 없다, 木은 간담(肝膽-간과 쓸개)인데 두들겨 맞으니 간도 약하고 간에 병이 들고 간이 약해지니 남자라면 배짱이 없어져 사업도 못한다. 土끼리 冲한다, 토는 위로 토가 충을 받으니 위가 상하고, 甲庚이 冲하니 조상부모인연 없고 (부모조상 궁) 년 월에서 충을 받으니 冲은 좋아냈다는 말로 고향 일찍 떠나고, 년과 월에서 金극 木하니 쫓기는 형상으로 볼안 초조 비맞은 장 닭 이다.

甲　甲戌일주면 甲이 상반신 이고 戌이 하반신이다. 상반신 중에도
戌　머리이니 머리를 자주 얻어터져 머리아프다고 한다. 財가 년 월 일에 있으니 여자가 많다, 장가 여러 번 간다. 꽃밭에서 논다. 재는 돈이므로 돈 가지고 잘 싸운다, 甲목 하나 놓고 두 여자가 싸우니 바람피우면 등통 잘난다. 만약 돈 빌려주면 그냥은 못 받는다. 소송이나 내용증명이라도 띄워야 받는다.

庚辰생이 庚辰년을 만나면 61세 환갑(還甲)이다. 干冲 支冲으로 내 몸이 흔들린다. 원국에서 甲庚冲 辰戌冲으로 甲목이 죽을 지경인데 세운에서 다시 삼중창으로 얻어터진다. 이럴 때는 환갑잔치도, 여행도 가지 말고 매사 조심해야 한다. 잘 못하면 병원 간다.

甲 己　木 일주가 甲己合(妻)으로 들어 왔으니 겉으로는 좋다.
戌 巳　그러나 속으로는 원진(巳戌)이 들어 안보면 보고 싶고 보면 원수다, 듣자니 무겁고 놓자니 깨질 것 같고 진퇴양난으로 난감(難堪)하다.

암장(暗藏)을 보자면　辰中 乙癸戊, 戌中 辛丁戊, 巳中 戊庚丙, 로 합 충이 많이 걸린다. 암장이 이렇게 되면 비밀이 많고 삶이 고달프다. 인수인 癸수가 암장에 있으며 辰戌 沖으로 년 월이 沖을 받아 부모와 인연이 적다, 조실부모 했단다.

재는 돈이고 돈이 많으면 밥도 많이 사먹는데 밥그릇이 여기저기 많이 널려있어 남의 집 밥 먹고 자랐다, 눈칫밥이다. 위아래가 막혀 잘 안 돌아간다, 그러므로 막히고 답답하고 살아 갈 수밖에 별 도리가 없다.

실전 사례(例示)2,

乙 乙 乙 庚　천간에 乙목이 3개다, 문제는 乙庚合化가 되느냐 ?
酉 酉 酉 辰　안 되느냐가 관건이다. 일간 乙목 나무가 酉라는 쇠에 받혀있다. 년 월의 乙木도 뿌리내리지 못하고 죽어있는 나무다. 月의 乙木은 8월이라서 나뭇잎이 떨어지고 일지가 酉라서 역시 뿌리내리지 못하고 庚辰시라서 乙庚合 化金格이 성립 된다. 연월일시가 모두 金이다. 從殺格 이라고도 한다. 乙庚을 부부인데 乙목에게 庚은 남편이다. 방에 부부가 누워 자는데 옆에 乙木 친구 둘이 누어자고 있어 신경이 쓰인다, 건드려보니 모두 세상모르고 자고 있다, 乙庚이 합을 한다. 뿌리 없는 나무는 金剋木 당해서 기사상태다, 고로 乙庚합 하는데 방해자가 못된다. 從殺格 여자는 남편 잘 만나 잘 산다.

실전 사례(例示)3,

壬 壬 丙 辛 년과 월이 모두 물이고 子月이라 꽁꽁 언은 물이다,
辰 子 寅 卯 동짓달은 물로 보지 말고 눈(雪)으로 보아도 된다.
천간에까지 있으므로 사람 한 키는 싸인 눈이다. 丙화 일주가 다행인 것은 일시지에 寅卯木이 있어 木生火를 받고 있어서이다. 만약 木이 없었다면 水剋火로 바로 가지만 이런 경우을 館印相生이라고 하여 水 관살이 순한 양이 된다. 그러나 水는 넷이고 木은 둘이라 나를 치려는 세력이 더 많아 木운에 좋게 된다. 子丑 운에는 꽁꽁 얼어서 고생 많이 한다. 丙辛 合 水인데 丙화가 寅목에 뿌리 하여 辛금 미인이 丙辛합하여 나 데리고 도망가자고 꼬셔대지만 丙화는 미쳤냐? 우리 부모 寅卯木은 어찌하라고? 한다, 신금 너는 하나지만 우리는 木火가 셋이다, 라고하면서 丙辛 합까지만 하자고 한다, 합화는 곤란 하다고 말한다. 겨울은 눈이 오니까 雪이고 丙화는 꽃이고 寅卯木은 큰 나무이니 겨울나무에 핀 꽃으로 매한다, 고로 이런 사주를 설중매화(雪中梅花)라고 한다. 木生火를 받아먹기만 했지 火生土는 못한다. 辰토에게 火生土 하러 갔다가는 水에게 가로막혀 火生土 못한다는 것이고 火生土는 안된다고 보아야 한다. 그러므로 받아먹고만 사니 제 입 밖에 모르는 사람이다. 나를 극하는 수는 많고 재물인 금은 적으므로 직장생활이 좋다, 관인상생 사주는 직장하나는 끝내준다고 말해도 된다.

水多한 사주는 죽어가는 나무도 살린다.
火多한 사주는 꺼져가는 불씨도 살린다.
水多한 사주는 물 박사다.

地支 三合 法(지지 삼합 법)

[실증철학 원문]

　앞에서 공부한 六合은 둘이 만나서 합하는 것이고 (부부 합)지지 삼합은 지지의 삼자가 만나서 합을 하고 있다하여 삼합이라는 명칭이 붙게 된 것이고(부모 본인 자손) 또 삼합은 이질(異質)과 이질이 만나 하나의 동질(同質)로 변화 하는 것을 말하고 局이라고 하는 것은 어떠한 집합체(集合體)를 말하는 것이니 하나의 뜻으로 모여 있는 판(局-판국)을 생각하면 된다. 警察局 鐵道局을 생각하면 이해가 쉽다) 고로 국은 하나의 세력을 형성하게 되며 방대하고 많고 똑똑하며 특히 제 구실을 다 할 수 있는 힘을 가지고 있는 것이다.

[강의 노트]

　육합은 둘이 만나 합을 한 것으로 부부간의 합과 같고, 지지삼합은 셋이 만나서 합하고 있어서 삼합이라고 하여 부모 본인 자손이 만나 합한 거와 같다.

三合 : 천륜(天倫)으로 가족으로 연결하면 부모 본인 자손이 되는 것이어서 1촌이고 이질(異質-다른 바탕)과 이질이 만나서 엉뚱한 동질(同質-같은 바탕)이 되는 것이다. (强 强 : 굳셀 강자로 굳세어진다)

六合은 무촌(無寸)이다. 삼합도 이루어지면 局으로 바뀐다. 국이란 집합 단체 부피가 많고 크고 잘났고 똑똑하다고 응용하면 된다.

亥卯未 셋이 만나서 木局이 되고
寅午戌 셋이 만나서 火局이 되고
巳酉丑 셋이 만나서 金局이 되고
申子辰 셋이 만나서 水局이 되고 이러한 삼합은 가운데 글자인 子午卯酉 중심 자가 되는 것이 모여서 이루어진다. 寅午戌은 午화를 중심으로 모여서 이루어졌고, 그 외도 같은 방법으로 이루어진다. 다만 土만은 국이 없이 혼자서 산다.

여기서 亥卯未는 봄
　　　寅午戌은 여름
　　　巳酉丑은 가을
　　　申子辰은 겨울 을 의미한다, 즉 春夏秋冬으로 되어 있고 亥卯未 寅午戌은 봄여름으로 陽이 되고 巳酉丑 申子辰은 가을 겨울로 陰이며 이것을 一氣에서 陽陰으로 연결 되고 陽中에서도 陰은 亥卯未가 木局이 되고 寅午戌은 火局으로 陽이 되며, 陰中에서도 陽은 申子辰 水局이고 陰은 巳酉丑 金局이 된다, 그러므로 하나에서 둘로 둘이 넷이 되는 것이 여기서도 증명 되고 있는 것이다.

亥卯未 木局: 亥=水 卯=木 未= 土인데 셋이 모이면 木으로 변한다.
寅午戌 火局: 寅=木 午=火 戌= 土인데 셋이 모이면 火 로 변한다.
巳酉丑 金局: 巳=火 酉=金 丑= 土인데 셋이 모이면 金으로 변한다.
申子辰 水局: 申=金 子=水 辰= 土인데 셋이 모이면 水 로 변한다.
　이와 같이 이질(異質-바탕이 다른 물질)과 이질이 만나면 동질(同質-바탕이 같은 물질)로 변하는 데 이를 국(局-판 국)을 이루었다 말한다, 이것을 응용한다면 申子辰 날은 비올 확률이 60%이고 寅午戌 날에는 맑을 확률이 70% 는 된다.

　　　　　　　　　　　　　　부모　본인　자손
三合은 부모와 본인과 자식이다, 寅　午　戌
　　　　　　　　　　　　　　木 生 火 生 土

삼합은 부피로 연결 된다.
寅午戌로 보자면 火는 태양인데 인시에 밝아온다, 午시에 강하다가, 戌시가 되면 넘어간다.
巳酉丑으로 연결하자면 酉는 金으로 쇠 덩어리 인데 巳화라는 용광로 속으로 들어가서(巳中 丙이 있어 큰 불) 丑이라는 광석으로써(丑中 辛금이 있어서 丑은 흙은 흙인데 묵직하다)이물질을 걸어내면 巳酉丑 金局이라는 멋진 베어링인 스텐레스가 된다.

여기서 중요한 것은 亥卯未 水生木 받고, 寅午戌은 木生火 받고, 申子辰은 金生水 받는데 유독 巳酉丑은 火剋金을 받고 있는데 쇠는 불을 만나야 제구실(成器)을 하니까, 이것이 자연의 원리다.

합이 되는 이유 : 각각 가지고 있는 암장(暗藏)의 작용 때문인데.
亥卯未 木局 : 亥中甲 卯中乙 未中乙이 각기 木氣를 갖고 있어 木局
寅午戌 火局 : 寅中丙 午中丁 戌中丁이 각기 火氣를 갖고 있어 火局
巳酉丑 金局 : 巳中庚 酉中辛 丑中辛이 각기 金氣를 갖고 있어 金局
申子辰 水局 : 申中壬 子中癸 辰中癸가 각기 水氣를 갖고 있어 水局
이것을 공식으로 연결하면
亥 + 卯 + 未 = 木局인데 부피로 보나 다만 주위 할 것은 변한다고 해서 꼭 좋은 것은 아니라는 것이다. 局은 희생타가 있다.
가령(假令 : 이를 테면, 예를 들자면)

|丁|
|巳|

일주가 巳를 만나면 巳中丙이 있는데 丁화인 본인은 陰하로 작은 불이고 丙화는 태양으로 커서 丁이 丙을 보면 행세를 못한다. 巳酉합이 되므로 巳일 낮이 되자 丙에게서 전화가 왔다, 종로4가 鍾다방에서 오후 5시(酉)에 만나자고 한다. 그런데 丁화는 속이 편하지가 않다, 왜? 그동안 丙이 계속 돈을 뜯어 갔으므로(丙은 겁재로 탈재) 혹시 또 돈 얘기? 하는 생각에 .... 그런데 巳酉丑金局으로 (丁에게 金은 財다) 돈이 보인다. 그동안 돈 빌려줘서 고맙다면서 돈 주고 간다. 바로 이것이 합의 변화인데 만나자는데 1, 무슨 소리 할 것인가?
2, 돈을 뜯어갈 것인가? 3, 돈을 줄 것인가? 는 사주 원국에 따라서 다른데 하여간 金인 財로 변화했으니 돈이 되는 것이다.
삼합은 亥卯 卯未로 둘이 만나도 합이 성립된다.
　　　寅午 午戌, 巳酉 酉丑 申子 子辰 과 같이 둘이 모여서 작용하는 것을 준삼합(準三合)이라고도 한다.
가령 丁卯일주가 亥일이 됐다, 丁이 亥中壬수와 丁壬合(암합)으로

|丁|
|卯|

만나니 애인인데 전화가 와서 만나자고 한다, 亥卯未 해서 木이 인수가 된다. 인수는 집, 옷, 공부 등을 의미하므로 애인이니 옷으로 풀이하면 된다. 무조건 나오라더니 옷 한벌 사준다.

○ ○ 丙 戌   戊戌土는 식신이므로 자식 제자 手下 사람으로 보면
○ ○ 午 戌   된다. 그런데 식신이 午戌 火局으로 변했다. 丙화입
장에서 보면 비겁이다, 수하가 동급(手下가 同級)으로 변한 것이다.
戊戌은 土이므로 신용이고 부처님으로 연결 하면 병화가 다른 사람
이 주라면 절대 안 주지만 스님이 와서 주라면 (午戌火局)즉시 준
다. 스님으로 연결하면 신도인 戌토와 합이 되어 火局을 이루므로
신도와 유정하다 따른다, 로도 본다.
삼합은 또한 계절로도 연결하라

1, 木이라는 봄은 10월 亥에서 시작하여 2월 卯에서 왕성하다가
   6월 未에서 끝난다.
2, 火라는 여름은 1월(寅)에 시작하여 5월 (午)에서 강하다가 9월
   (戌)에서 끝난다.
3, 金이라는 가을은 4월(巳)에서 시작하여 8월 酉에서 왕성하다가
   12월 丑에서 끝난다.
2, 水라는 겨울은 7월(申)에 시작하여 11월(子)에서 강하다가
   3월(辰)에서 끝난다.

☞ 亥는 10월이지만 적은 봄이다, 亥中의 甲木과 봄이 시작되기 때
   문이고 또한 木인 나무가 잎이 나와 자라서 가을 단풍 낙엽 되
   어 떨어지는데 왜냐 하면 나뭇잎에서 씨눈(亥中甲木)이 먹고 나
   오므로 .... 고로 그 씨눈에서 다음해 봄에 새잎이 돋아 나오게
   되므로 10월을 소춘지절(小春之節)이라고 하는 것이다.

☯ 똑 같은 苗木을 심는데 10월에 심고 春三月에 심는 것에도 차이
가 있다. 나무 잎이 피어나는 것이 10월에 심는 것이 배 이상 크고
좋은데 연약한 잎이 겨울을 나면서 참고 견디는 힘이 생겨서이다.
巳는 麥秋之節(맥추지절 보리가을에 늙은이가 얼어 죽는다,)이 되므로
가을은 巳월에 시작 되었다고 하였고(巳中庚金이 있기 때문 庚은 가
을) 辰은 辰中癸水가 있어서 겨울의 끝이 되므로 3월에 장독 깬다
고 하는 것이다. 寅은 寅中丙화 때문에 음력 1,2월은 봄조심기간이
고 봄 봄은 여우 봄이라고 하는 것이다.

| 乙 |
| 未 |

남자 乙未일주라면 未는 財로서 돈, 아내, 여자인데 卯년을 만나면 卯未로 木局이 된다. 돈이 없어졌다, 처로 연결하면 아내가 없어졌으니 "이혼 수 겪겼네요," 라고 한다.

[실증철학 원문]

일지가 三合이 되는 해는 변화의 년도가 되므로 여행 이사 전출입 결혼 이혼 가출. 전직. 입 퇴원. 등 환경의 변화가 있게 되는데 여기서도 주의해야 할 것은 합이라 하여도 없는 것은 들어오며 본래 있는 것은 나가거나 없어진다는 것이고 (운이 좋으면 들어오고 나쁘면 나가고 없어진다)

[강의 노트]

三合권내에 걸려들면 변화 한다. : 움직인다.

| 丁 |
| 亥 |

丁亥일주가 未년을 만나면 亥未 木局으로 변하였다. (원래 丁이 물인 亥수를 깔고 있다가) 木인 인수로 변했다, 그러면 亥는 서북건방(西北乾方)인데 亥未木局으로 변했으니 木은 東方으로 서북에 있던 사람이 未년이 오니 동쪽으로 간다, 즉 이사 수 변동수가 있네요, 하는데 만약 어느 쪽으로 가나요? 라고 물어오면 동쪽으로..... 다른 방향으로 연결 해 본다면 丁이 亥수가 남편인데 水剋火로 연결하면 남편이 날 때리고 괴롭히는데 언제쯤 괜찮겠느냐고 물어오면 寅未卯年이 와야 한다고 나를 업어준다고 해야 맞는 것이다.

| 甲 |
| 辰 |

여자 甲辰일주가 乙丑년에 신수 보러 왔다. 乙丑년 이전이 甲子년인데 甲子년을 먼저 생각 해 볼 필요가 있다. 甲이 甲을 만나니 친구다. 子辰 水局으로 들어 왔으니 변화다, 인수는 문서로 변했다. 여기서 어떤 문서로 변했을까? 친구가 차용증 문서 써 줄 테니 돈 오천 만원만 빌려달란다. 이 돈은 남편도 모르는 전 재산인데.... 걱정마라 차용증 써줄게, 믿고 돈을 내주고 말았다, 그러나 甲목이 子辰 水局이면 겨울이 되므로 甲목이 꽁

꿍 얻어 버렸다 辰土는 甲목에게 돈인데 합해서 나갔고 물로 변했는데 물은 근심 걱정 눈물이므로 근심 걱정거리 생겼다. 乙丑년에 신수 보러 왔으므로 乙목은 겁재로 친구이고 丑土는 돈이므로 친구에게 준 돈 받을 수 있을까 물어보러왔는데 "작년에 친구에게 오천만원 빌려준 돈 금년에 받을 수 있을까 해서 왔어요?"라고 했더니 깜짝 놀라더라, 합의 변화를 이런 식으로 응용해 연결하면 딱 떨어진다.

합끼리 섞여 있을 때는 어떤 합이 우선인가?

未 = 丁乙己가 암장 되어 午를 만나면 午未 火局, 亥를 만나면 亥未 木局이 되고, 卯를 만나면 卯未 木局이 되고 未만 있으면 土가 된다. 卯 午 未가 午未 합으로 잘 지내다가 卯를 만나니 卯未 木局으로 간다. 午가 말하기를 未가 卯未 합으로 가버렸대요, 그러면 우리는 조금만 기다려라 곧 다시 너에게로 온다, 왜? 卯未는 木이고 木은 木生火로 오게 되어 있기 때문이다. 未가 혼자 오는 것이 아니라 卯木까지 데리고 올 것이다. 결과는 더 힘이 세지고 火로 모이게 된다.

戌 = 辛丁戊가 있어서 (丁) 寅을 보면 寅戌 午를 보면 午戌로 火로 가지만 寅이나 午를 안 만나면 그냥 土이다.

寅 亥 卯 亥를 기준으로 한다면 寅亥 합이고 亥卯 합인데 어느 합을 더 잘 하겠는가? 寅과 卯가 亥를 가운데 두고 서로 줄다리기를 한다. 어디로 갈 것인가? 이런 것을 알아야 상황 판단이 나온다. 이리가나 저리가나 木이라고 생각해서는 안 된다.

1, 寅亥合은 부부 합이고 (無寸), 亥卯合은 水生木이니 부모자손의합으로 一寸이어서 寅亥合으로 간다. (부부가 더 가까우므로)

2, 卯는 陰이고 寅은 陽으로 양은 크고 음은 적다, 고로 亥수는 큰 데로 가고 적은 데는 안 간다.

☞ 천간은 개체로 논다, 강자이고 그러나 지지는 약자이고 또한 약자는 군중심리에 의해서 좌우된다. (세력에 따라간다) 고로 亥수는 寅목 강자에게 가고 卯목에게는 오라고 해도 안 간다.

四正 : 子 午 卯 酉 正方을 말함이고 (正南 正西 正東 正北) 旺支로서 지장간이 하나밖에 없어서 자기주장이 강하고 또한 어떤 지지를 만나도 자기자리를 지키고 있어서 子午卯酉 일지는 고집이 세다는 것이고 그러므로 다른 오행으로 변하지 않는다는 것이다.

地支 方合 法(方位 合, 季節 合)

[실증철학 원문]
寅卯辰 合 木局 (東方, 春節)
巳午未 合 火局 (南方, 夏節)
申酉戌 合 金局 (西方, 秋節)
亥子丑 合 水局 (北方, 冬節)

　寅卯辰 合 木局은 寅은 1월, 卯는 2월, 辰은 3월로 춘절이요, 봄은 木의 계절이어 木局이며, 東方에 소속 되므로 東方합이라고하며 이를 줄여 방향의 합이라 하여 方合 계절의 합이라 하여 節合 이라고 부르는 것이다, - 중략 나머지도 같은 의미로 해석하면 된다. -

　이 方合도 三合과 같이 응용 되고 있으나 세력 면과 合力 合局의 힘에서는 삼합에 훨씬 뒤떨어지고 있으며, 寅卯나 卯辰 寅辰도 木局의 작용이 되며 이 方合을 兄弟의 합이라고 하는데 이는 비견비겁으로 집합체(集合體)를 형성하기 때문이다. -나머지도 동일 해석-

　辰이 土이면서도 木局의 일원이 될 수 있는 것은 辰中乙木과 3월로 春節 木에 속하고, 未가 土이면서도 火局이 될 수 있음은 未中丁火와 6월로 하절기에 속함이며, 戌이 土 이면서도 金局이 되는 것은 9월로 가을이고 戌中辛金이 있음이며, 丑이 土이면서도 水局에 합류할 수 있는 것은 丑中癸水와 12월로 겨울에 소속되어있기 때문이다.

그리고 合局이라 함은 합하여 단일체가 되는 것이니 가령 亥卯未 합 木局이나 寅午戌 합 火局이 될 때는 木이 셋이다, 火가 셋이다로 보지 말고 大一合 즉 하나의 큰 부피로서 응용한다는 것을 잊지 마시기 바란다. 다시 말하여 丙火일주가 酉丑 金局이 될 경우 酉中 辛金과 丑中辛金으로 財가 둘이 아니라 큰 하나로서 똑똑하고 건강한 처라고 보아야 하고,(財 역시 같이 보면 튼튼한 財星이다)

方合 또한 寅卯辰 木局은 木氣가 寅에서 生하여 卯에서 旺하고 辰에서 衰(墓, 庫)하는데 여기서도 子午卯酉는 四旺에 해당되어 변화 되지 않고 있음을 알게 된다. - 기타 方合도 똑 같은 원리이다 -

그다음으로 辰土를 일컬어 목여기, 목퇴기, 화진기,(木餘氣 : 木의 기운이 남아있음, 木退氣, : 木의 기운이 물러가고, 火進氣 : 火의 기운으로 진입함,) 기타 未 戌 丑 土도 똑같은 원리다. 또 여기는 상순 퇴기는 중순 진기는 하순(餘氣는 上旬 退氣는 中旬 進氣는 下旬)기간을 설정하면 된다.

그 외에도 합의 원리는 같은 동성(同性-같은 성품)일 때 결국(結局-판이 짜여 짐)되기 때문에 子와 子 丑과 丑 寅과寅 등도 모두 합이 될 수 있는 것은 사실이지만 從은 없고 主만 있기 때문에 결과 적인 면 즉 결정적일 때는 서로가 주권을 차지하려고 분파작용이 발생 하게 되는데 우리 인간사에서는 결당(結黨)은 하였으나 중심세력이 되는 확고한 인물이 없을 때는 다시 분당(分黨)되는 것과 같은 이치이다. 그래서 이런 합은, 합은 合이로되 局이면서 다시 개체(個體; 각자의 기질)가 되는 큰 흠결이 있다.

[강의 노트]
삼합은 生 旺 墓 로서 墓(무덤 묘)는 庫(창고 고)라고도 한다.

　　　亥 卯 未
　　　寅 午 戌
　　　巳 酉 丑
　　　申 子 辰

庫는 사물이나 물건으로 쓸 때는 창고이고 墓는 사람으로 사용할 때는 무덤과 같은 개념이며 辰戌丑未는 절 부처님 스님으로 본다.
寅申巳亥는 모두 生地이므로 四生之局
子午卯酉는 모두 旺地이므로 四旺之局
辰戌丑未는 모두 庫藏이므로 四墓之局 이라고 한다. 사생지국은 四孟之局(孟:맏 맹 처음 맹자로 형이라는 뜻)이라고 한다.

☞ 큰형을 孟氏 둘째를 仲氏 동생을 季씨라고 하는데 孟은 맏이요, 仲은 가운데로 버금중자를 季는 끝계 자로 막내를 의미하는 것이다.
☪ 暗合은 비밀 合, 귀신도 모르게 합하는 것
暗藏끼리 합하는 것으로 암장 자체도 비밀인데 또 그들끼리 몰래 합하니 암합은 비밀 合, 귀신도 모르게 연애한다.
가령 　亥 未　巳 丑　寅 戌　申 辰
　　　　甲 己　丙 辛　庚 乙　戊 癸

○ 己 丁 庚　丁未일주는 홍연살로 야시시 한데 亥未가 암합한다
○ 亥 未 戌　亥中甲木과 未中 己토가 합이다. 반드시 숨겨놓은 여자 있다. 감쪽같이 숨겨서 탈로 안 난다.
○ ○ 戊 ○　戊辰일주는 辰중 癸수와 戊癸合 한다.
○ ○ 辰 ○　그런데 辰中에도 戊 토가 있다(辰 : 乙癸戊) 여기서 중요한 것은 일간 戊토와의 합일까 辰中戊토와 합할까, 인데 일지니까 자기 코앞에서 지 아내가 애인과 손잡고 가는 것 들통 난다.

☞ 三合중에서 子午卯酉가 빠지면 合이 안 된다고 하는데요?
☺ 合이 된다. 다만 合력이 약할 뿐이다. (작용력도 약하다)

壬 丁 甲 ○ 甲목 일간의 딸 丁화가 丁壬합 한다. (음양 지합)
응용 하자면 딸이 연애결혼 한다. 딸 네미 단속 잘하시오, 잘못하면 날라리 되요, 또한 丁壬合 木으로 木은 비겁이 되어 내 것을 빼앗아간다, 甲목이 딸 하나 낳았더니 丁壬합 자기 남편하고 한통속이 되어 친정집 돈 빼앗아간다는 것이다 어찌 보면 자기 팔자에 딸이 돈 빼앗아가는 것으로 구성된다는 것이다.

庚申 庚申일주가 子년이 12년마다 한 번씩 오는데 申子 합하면 변화가 온다.< 사주 여덟 글자가 강하면 좋고 약하면 불리하다>
(1) 庚금이 金인 申위에 앉아있는데 申子水로 옮겨 앉았다.
(2) 방위로는 金인 서쪽에서 水인 북쪽으로 옮겨 앉았다.
(3) 색으로는 백색에서 子년이 되면 검정색을 깔고 앉았다.
삼합은 신상의 변화가 온다. 또 金生水로 내 것이 나간다. 줘야 한다.

辛巳 辛巳 일주여자는 火가 남편인데 (巳中丙火) 丙辛 합으로 만나서 싸이클이 잘 통하고 정이 좋았다, 그러나 12년마다 酉년이 오면 巳酉合 金局이 되니 火는 없어지고 金만 남았다, 남편인 火는 없어지고 나 홀로 된다, 남편은 어디가고 나 홀로 외롭게 계시나요? 남편은 어디 갔소? (죽었거나, 해외로 돈 벌러 갔거나, 바람나 나갔거나)원인은 많다.

☞ 三合중에서 寅午戌이 모두 있는 것이 좋은가? 아니면 寅午 午戌 寅戌 등 준三合이 있는 것이 좋은가? 정답은 준 삼합이 좋다 이다, 그 이유는 사주팔자는 네 기둥이 균형을 이루는 것이 좋은데 삼합이 되면 균형을 이루기가 힘든다, 준 삼합은 균형을 이루기가 좀 쉽기 때문이다. 삼합 중에서도 酉丑金局이 제일 강하고 다음이 寅午 午戌 寅戌 순이며 삼합을 상생으로 연결하면 木生火는 木이 타서 불이되고, 木은 없어졌다.

◐ 비겁이 변하여 財가 된다면 형제로 인하여 돈이 생긴다.
ㅇ ㅇ 戊 壬　戊辰 일주라면 간지 모두 土로서 비견(형제)인데
ㅇ ㅇ 辰 子　子시라서 子辰 합 水局으로 土가 水로 변질 됐다.
그러므로 친구와 형제가 돈으로 둔갑해 보인다. 성격이나 욕심으로 연결하면 내 것은 내 것이고 형제 것도 내 것으로 생각하는 욕심쟁이다. 또한 局을 이룬다는 것은 正과 偏으로 구분 한다면 편이고 정이 될 수 없다.

◐ 비겁이 변하여 財가 되는 일주는 화토밖에 없다.
ㅇ ㅇ 丁 己　丁巳 일주가 巳酉합 金局으로 火인 친구가 재로 변
ㅇ ㅇ 巳 酉　했으니 친구나 형제로 인해 돈 번다. 욕심이 많아 친구형제가 모두 돈으로만 보인다. 그런데 酉월생이면 <酉 巳 酉>로 이때는 친구가 내 돈 가지고 도망쳤다. 로 보아야 한다. 왜? 金이 많아지면 丁화가 관리능력부족으로 (金多火熄) 돈이 나간다로 보아야 한다. 만약 午월생 분이라면 丁
　　　　　　　<午 巳 酉> 큰 분이다. 돈 들어온다. 로 보면 된다. 巳화가 酉금 닿고 도망간다면 午화가 火剋金으로 내 것으로 만든다.

◐ 印綬가 財星으로 변하면 공부의 목적은 돈에 있다.
ㅇ ㅇ 辛 辛　辛未일주라면 未토가 공부다. 그런데 卯未 木局되어
ㅇ ㅇ 未 卯　財局이 되므로 "너 뭣 때문에 공부하니? 그러면 돈 벌려고 공부한다." 그럽니다. 인수는 나를 도와주는 것이므로 문서 또는 사들이는 것에도 해당 된다.
그런데 만약 辛금일간의 남자라면
ㅇ ㅇ 辛 ㅇ　未는 親母요, 亥는 丈母로서 亥未합으로서 잘 통한다.
未 亥 ㅇ ㅇ　그런데 둘이서 木局을 만드니 財局으로서 재물이 나에게로 들어온다. 로 보면 되는데 주도권은 장모가 쥐고 있다. 내가 3억을 내놓을 테니 (3:8木) 안사돈이 조금만 보태서 사위 사업자금 만들어 줍시다한다 이런 식으로 엮어서 통변 해보면 달변가가 될 수 있다.

☪ 비겁이 印綬로 변하면 형제가 집사주고 부모 같은 형제 있고 공부도 시켜준다.

ㅇ ㅇ 戊 ㅇ 戊午 일주가 상담하러 와서 선생님 저에게 형님 한분
ㅇ ㅇ 午 ㅇ 계신데 언제나 집 사주겠어요? 라고 물어본다면 금년이 酉년이므로 내년(戌年)에 집 사줄 꺼 예요, 戊戌년이면 비견이 午戌合火局으로 문서인 인수를 만들므로 한 말이다. 여기서 중요한 것은 역학을 하려면 이런 것을 알아야 한다. 지금 말하는 것 즉 물어온 것은 가까이 왔다는 것이다. 氣가 이미 조성되어 말이 나오는 것이므로 기가 만들어져서 가슴에 차 있다가 기도를 타고서 입으로 옮겨지고 행동으로 옮겨지는 것이다. 고로 소리가 나왔다는 것은 행동이 얼마 남지 않았다는 것이다. 그러므로 戌년에 집사준다 로 보면 된다. 戊戌 土는 형제요, 午戌合火하여 火生土로 나를 생하여 들어오므로 인수다, 그런데 말이다, 이사람 이렇게 물어온다면 당황 할 수 있다. 단독으로 인가요? 공동명인가요? 그러면 동생을 아직 어린 사람으로 보기에 멀음이 가지도 않을 뿐 더러 그렇게 물어 본다는 것은 단독보다는 공동 명으로 사줄 것을 암시하는 말이므로 공동 명이라고 하는 것이 맞는데 누가 戌土를 달고 왔는가, 비견 戊土가 戌土 비견을 달고 와서 午戌로 합하여 인수를 만든 것이니 정답은 공동명이다. 이때는 學보다는 術로 해야 한다. 배울 때는 學인 이론이지만 써먹을 때는 術인 꾀로 써먹는 것이다.

☪ 역학공부는 통변술을 익히는 것이다.
1, 格局은 그 사주의 그릇이다, 돈 버는 그릇, 직장인 그릇, 대장 그릇 졸병그릇, 본처와 해로 하는 그릇, 못하는 그릇, 장가 몇 번 갈 그릇이냐? 규격을 말하는 것이다. 규격 중에는 넓이도 있고 길이도 있고 숫자도 있고 부피도 있다. 무엇으로든 다 연결 되는 것을 격국 이라고 한다. 격국도 두 가지가 있는데 사주팔자 본명을 선천 이라 하고 후천 이란 운을 말한다. 나온 것은 연예인인데 국회의원이 되는 것은 格局의 변화 즉 運에서 들어온 격국의 변화다.

☪ 운(運)은 돌 운자로 "돌다 회전하다"라는 뜻으로 통한다.

돌 운(運)자를 잘 살펴보면 車에다가 위에 포장을 씌우고, 달리는데(走-辶)쉬 엄 쉬 엄 갈 착 자를 붙여서 만든 글자로 그 차 속에는 무엇이 들어 있을까? 이것을 아는 것이 운을 보는 법이다. 財운이면 여자가 탔다, 사물로 연결하면 금괴를 실은 차이고, 官운이라면 그 속에 군수인지 판사인지 국회의원인지를 알아야 하고 印綬운이라면 웬 문서(문서는 집 땅문서도 있고 합격승진 문서도 있다,)를 싣고 가는 가보다, 이런 식으로 알아내는 것이 미래의 운을 분석해내는 기준이고 방법이다.

☪ 용신(用神)은 쓸용, 귀신 신자로 그 사주의 核(씨 핵)이요 꽃이다. 사주가 균형을 이루는데 있어서 없어서는 안 될 귀중한 보물이다. 이 용신을 제대로 잡을 줄만 안다면 귀신도 꼼짝 못한다. (用神에는 귀신 신神자가 들어있어서이다)

☪ 운(運)이 좋다는 것은 크게 보면 한나라의 통화양은 정해져 있고 그 속에서 주고 뺏고 하는 것과 같다. 내가 운이 나쁠 때는 운 좋은 이에게 맡겨 놨다가 운 좋은 때 가지고 오는 것과 같은 것이다.

ㅇ ㅇ 甲 丙　이 사주는 동짓달인 子수가 셋이나 된다. 꽁꽁 얼어
子 子 子 寅　甲목이 죽을 지경이다. 다행이도 시를 잘 만나 丙寅이 밝게 해주어 甲목 이라는 나무가 잘 자라고 꽃피울 수 있는 것이다. 이때 丙화를 용신이라 하는 것이다. 또한 水가 많아 음기가 강하므로 양이 들어가 부족한 양을 보충해 주므로 음양의 균형을 이루게 하므로 균상천하다. 그러므로 이 사주는 火용신이라 하고 용신에 의해서 희비애락 길흉관계가 좌우된다. 그래서 용신을 核이라 말 하는 것이고 丙화가 살아야 이사주의 기가 팔팔해 지는 것인데 辰년을 만나면 子辰合水로 흉신 되어 辰이 財이므로 돈 나간다.

☪ 일지(日支)가 三合되는 해는 변화가 일어난다.

|甲子| 甲子일주가 辰년을 만나면 子辰 合水가 되므로 변화가 발생하는 운이다. 변화란 이사 전근 전직 발령 여행 이런 까지도 해당 된다. 이사하려면 방위도 봐야한다. 이사方位에 있어서 가장 중요한 것은 1.주거환경이요, 2.직장과의 거리 관계 3.남향집 여부 등을 반드시 참고한 다음에 방위 길흉을 따져야 하는 것이다.

☞ 남향집을 선호하는 이유: 일조량이 좋으므로 박테리아 번식이 안 돼 건강하고, 건강하니까 재수 있어 남향집이 좋다는 것인데 옛말에 3대가 적선해야 이런 좋은 집 만난다고 한다.

만약에

○ ○ 甲 丙
子 子 子 寅

이 사주의 주인공이 병원에 입원중인데 卯일에 언제 퇴원하겠냐고 상담해오면 오늘은 절대 안 되고 내일 辰날 퇴원하게 된다고 말 하면 된다. 슴은 변화이므로 일지가 합되는 날은 다사분주(多事奔走)하다. 가정주부라도 누가 불러내 돌아다니게 된다.

|甲戌| 여자 손님이 왔는데 사주를 뽑아 적어놓고 보니 甲戌일주다, 庚辰년을 만났으니 천지가 충을 한다, (甲庚沖 辰戌沖) 이혼수 겪였어요, 남편하고 안 살고 싶지요? 그렇단다, 당시 25세였는데 결혼한지 4-5년 됐고 이렇게 젊어도 干沖支沖으로 얻어맞으면 끝자리가 사납다. 눈만 감으면 귀신이 나타나서 괴롭힌다.

○ ○ 戊 己
未 未 戌 未

戊戌 일주에 3 未土가 있으니 건조한 불 먹은 땅이다. 머리는 흙은 만지면 손이 데일 정도로 뜨거운 흙이다. 물 한주전자를 부으면 흙이 다 흡수하고 안 내놓는다, 土일주에 財는 水이다 고로 이집에 여자 들어가면 죽어나오는 팔자다, 만약 여자팔자라면 官이 木인데 나무가 말라죽었다, 官庫가 셋이니 세 남자 죽어나간다, 한마디로 남편 잡아먹는 팔자다.

☞ 三合은 무조건 변한다, 없는 것은 들어오고(入) 있는 것은 나간다(出) 이것이 삼합변화 과정이다.

가령

○ ○ 甲 丙　　子년 생이 辰년이 되면 子辰이 되어 삼합권에 든다.
子 子 子 寅　　위치별로 보면
年支가 三合이면 조상이 동했네요,
月支가 三合이면 부모 형제가 들썩거려요,
日支가 三合이면 배우자가 들썩거려요, 배우자 변동수로 보고
時支가 三合이면 자식이 들썩거리네요,

육친별로 보면
印綬가 三合권으로 動했다면 이사 수 있다, 집터가 동했다.
　　사고팔고, 부모여행수로도 본다.
比劫이 三合권으로 動했다면 형제가 움직인다.
傷食이 三合권으로 動했다면 수하 부하 종업원 비서가 왔다갔다,
　　변동하고 局을 이루면 종업원이 집단으로 이동하고 움직인
　　다. 여자라면 상식이 자손이므로 자식이동 수 결혼 수를 본
　　다.
財星이 三合권으로 動했다면 돈과 아내가 움직인다.
官星이 三合권으로 動했다면 직장 직업의 변동수요, 여자라면 남
　　편이 변동수로 보고 움직이고 난 후에 결과는 사주에 따라
　　다르다, 일단 삼합은 "움직인다" 로 봐라

☆　寅午戌로 시작해서 午을 거쳐가지고 戌로 빠져나간다.

|甲戌|　甲戌일주라면 戌은 아내 인데 午운이 되면 午戌 火로 火는 장모님인데 장모가 왔다, 무엇 때문에 왔을까? 甲木 입장에서 보면 木生火로 주어야 하는 운이어서 손 벌리러 왔다, 그런데 戌土는 재성으로 戌이 寅午戌 火로 없어졌다, 火로 변했으니 돈이 없어진 거다 돈 나간다.

- 170 -

癸 乙 己 甲   본명은 종합병원에 근무하는 약사사주이다.
丑 丑 未 戌   결혼에 대한 궁금증을 알고 싶다고 합니다.

본 사주를 명리학적 관점에서 보자면 일단 편고 된 사주라 그렇습니다. 편고(偏枯)란? 치우칠 편, 마를 고, 자로 사주의 구성 요소인 오행(木 火 土 金 水)이 고르게 분포되지 못하고 한쪽으로 치우쳐 조화를 이루지 못했다는 말로 이런 사주를 가진 사람은 특별한 사주이므로 특별한 일을 하면 좋다고 합니다. 즉 의사 약사 검사 판사 재단사 요리사 등 칼을 쓰는 일을 하면 무조건 좋다, 잘했다, 말하며 운의 흐름에 따라 약간은 다르지만 대체적으로 그쪽으로 직업선택이 되었다면 잘 살아간다고 보면 됩니다. 본 사주의 주인공은 약사라고 하니 살아가는 데는 걱정이 없습니다. 그렇다고 다 좋은 것은 아닙니다. 궁색하거나 사람의 역할을 못하는 백수이거나 그렇지 않고 정상적인 삶을 살아간다는 말입니다.

성정으로는 약간 강한 팔자로서 주관도 뚜렷하고 하고자하는 일에 대한 성취는 잘 되는 팔자지만 배우자 인연이 적고 활발하지 못하며 내성적인 기질이 강할 것입니다. 고집 인내력이 강해 마음먹은 것은 성사시켜야 직성이 풀리지만 남 앞에 나서는 것을 싫어하고 조용한 것을 좋아합니다.

사람에게는 운이라는 것이 있어 운이 잘 흐르면 막힘없는 삶을 살아가게 되는데 이사주의 주인공은 현재 44세에 바뀐 운이 53세까지 살아가게 되는데 20년 대운이 아주 좋아 잘 살아 갈 것입니다.

배우자인연에 대한 조언

사주구성 면에서 土날에 태어난 사람이 土가 많으면 배우자 인연이 적습니다. 결혼을 못하는 사주는 아니고 결혼성사가 잘 안 되고 자신이 배우자를 골라오는 용기도 없어 주위사람들의 중매로 맺어질 가능성이 큽니다. 결혼이 쉽게 이루어지지 않을 운이며 2019년 47세 己亥년이라는 돼지 띠 해 성사가능성이 높습니다.

< 2017년 7월 11일에 간명함>

乙 己 辛 甲　본명은 亥卯未 木局 午未 火局으로 년 월에 財局이
亥 卯 未 午　먼저 있고 火局은 뒤에 있다. 먼저 돈 벌고 나중에 권
격 잡는다. 죽마하려고 죽어라 하고 돈 번다. 官은 정치이고 財는
경제다. 財生官으로 정경유착이 된다. 金 일주는 예쁘고 완벽주의
자다. 午未 火局으로 金이 녹아난다. 金은 피부로 피부가 약하다.
인수와 상관이 변해 財가 됐다. 여기서 중요한 것은 未土가 午未
火局으로 가느냐, 財局으로 넘느냐 인데 지지는 군중심리에 좌우
되므로 亥卯未 木局으로 갔다가 결국은 木生火로 오니까, 午未火
局으로 간다. 未土를 기준으로 하면 木이 지배하는 寅卯 년에는 木
局이 되고 巳午 년이면 내가 너희 편이지 하면서 巳午未 火局으로
온다. 년운에 따라 변화가 발생하는데 이사람 木이 강하니 간덩이
크다. 金이 약하니 폐활량 부족하고 신장에 털 났다. (木털)

丙 甲 丙 丁　본명은 寅午합 辰酉합 돈복은 타고 났다. 재국을 이
寅 午 辰 酉　루어서 알부자다. 이런 사람은 돈 자랑 말라. 천간은
자랑 지지는 감추는 것이다. 자랑하면 천간에 돈이 나타나면 丙丁
이 모두 가져가 버린다. 절대 돈 자랑 말라. 丙이 午월 생이고 火
局이 있고 木生火 받으므로 볕이 많다. 가뭄, 낮이 길다. 양이 많
다. 꽃으로 연결하면 꽃이 활짝 피었다. 한하다 눈에 정기가 서렸
다. 꽃이 피었고 열매도 실하다(辰酉合金) 열매가 국을 이루어 아
주 좋다. 일하는데 마무리 잘한다. 아무데 가서도 떡수원이다.
명랑하고 눈썰미 좋고 금방 배운다. 金水 용신이다.

三合과 方合의 比較(삼합과 방합의 비교)

[실증철학 원문]

　三合과 方合은 똑같이 三者가 모여 합이 되고 있으므로 그중 어느 합이 강하고 크며 또 합이 더 잘 되고 있는지 궁금하리라 보는데 方合보다 三合이 강하고 방대하며 우선하고 있으며 또 三合보다 앞서고 있는 것은 六合이나 이는 寅亥와 辰酉에만 국한 되고 있을 뿐이다. 그 이유는 육합은 부부의합으로 무촌(無寸-촌수가 없음)이고 삼합은 부모 자신 자손과의 합이어서 서로 다른 것과의 만남(異質과 異質의 만남)으로서 이질(異質)들이 동질(同質)로 변해 가장 견고하기에 1촌으로 보는 것이고 方合은 동질로서의 형제이기에 2촌으로 보는 것이다. 그리고 寅亥와 辰酉는 생합(生合)이기 때문이다.

　또 三合인 亥卯未 木局은 10월에 시작하여 2월을 중심으로 6월까지 포용하는 반면 方合인 寅卯辰 木局은 1, 2, 3월만으로 구성된 것이다. 기타 이하도 같은 원리로 해석하면 되고 아울러 삼합인 亥卯未는 亥 水生木局하고 寅午戌은 寅生火局으로 국의 원류가 있지만 寅卯辰이나 巳午未라는 方合은 원류가 없기에 합력이 떨어질 수밖에 별 도리가 없는 것이다.

[강의 노트]

　方合은 형제의 합이다, 형제는 2촌이다. (부모자식은 1촌이고 부부는 무촌이다)여기서 方이란 방위(東西南北) 또는 계절의 합으로(節合-春夏秋冬)도 본다.
寅卯辰은 합해서 木局이 된다. : 1, 2, 3월은 봄, 春은 木, 木은 동쪽.
巳午未는 합해서 火局이 된다. : 4, 5, 6월은 여름, 夏는 火, 火 남쪽.
申酉戌은 합해서 金局이 된다. : 7, 8, 9월은 가을, 秋는 金, 金 서쪽.
亥子丑은 합해서 水局이 된다. : 10, 11, 12월은 겨울, 冬水, 水 북쪽.
　이처럼 運에서 오는 寅卯辰을 東方木運이라 하고 巳午未를 南方火運 申酉戌을 西方金運 亥子丑을 北方 水運이라고 말한다.

春夏秋冬 四季節 이 局이 成立되는 이유

寅卯辰이 木局이 되는 것은 寅(甲) 卯(乙) 辰(乙)속의 木氣.
巳午未가 火局이 되는 것은 巳(丙) 午(丁) 未(丁)속의 火氣.
申酉戌이 金局이 되는 것은 申(庚) 酉(辛) 戌(辛)속의 金氣.
亥子丑이 水局이 되는 것은 亥(壬) 子(癸) 丑(癸)속의 水氣
 위와 같이 子午卯酉의 정 방향을 중심으로 해서 이루어지고 있다. 또 子午卯酉는 타 오행으로 변하지 않는다는 것과 아울러 子丑은 土가 아니라 水局이고 午未는 火局이라는 것을 알게 되었다.
三合과 方合의 차이에 있어서 삼합도 방합도 셋이만나 합이 되는데 어느 것이 더 강할까?
三合은 異質과 異質이 만나 同質이 되는 것이고
方合은 同質과 同質이 만나 同質이 되는 것이어서 다른 물질이 만나서 합이 된 삼합이 더 강하고 비율로 보자면 삼합 9 에 방합 1 정도이고 서울과 시골 같은 차이로 보면 된다. 이것을 응용해보면

○ ○ 庚 戌   이 사주는 寅午 火局이 남편인데 午화가 寅목과 합이
○ ○ 午 寅   되는 것이므로 목생화 받아 강한 남자를 만든다.

○ ○ 辛 甲   이 사주는 午未 火局이 남편이지만 木生火 받지 못하
○ ○ 未 午   고 오히려 火生土로 주어야 하니 무력한 남편이다.
그러므로 寅午 三合한 火가 강한 남자로 보아야 한다.
여기서 통변을 하자면 寅午 합으로 된 남편은 공부도 많이 한 박사급 남편이라면 午未 합한 남편은 공부도 안 하고 제멋대로 사는 힘없는 도움 안 되는 남편으로 해석해 말해야 정답이 된다.

☞午未 합과 子丑 합은 六合으로 써먹지 않고 方合으로만 써먹는 것이 원칙이다. 그 이유는 六合으로서의 제구실을 못하기 때문이고 육합의 제구실하는 합은 辰酉와 寅亥 합밖에 없다.

삼합도 방합도 움직이고 변화가 오는 것은 같다. 그러나 그 차이는 다르다 삼합은 멀리 크게 많이 움직이고 이사도 멀리 간다, 그런데 방합은 과내(科內)의 움직임으로 앉은자리의 변동이고 이사도 동네에서 동네로 이웃 간의 이사다.

☞ 방합과 삼합의 차이 : 合局이란 합하여 단일체가 되는 것이니 큰 하나 즉 부피로 작용한다. 즉 亥卯未 寅午戌 局등은 木이 셋, 火가 셋으로 보지 말고 큰 부피로서 작용하라는 것이다.

가령

○ ○ 庚 戌   이 경우는 午中丁火 寅中丙火가 남편이니 시집 두 번
○ ○ 午 寅   가는 것이다, 라고 하지 말고 시집 한 번 간다 그리고 아래의 경우는 方合으로 시집 두 번 간다, 그러는 것이다.

○ ○ 辛 甲   이것이 三合과 方合의 차이이다 삼합은 하나로 부피
○ ○ 巳 午   로 보라는 것이고 방합은 무리지은 것으로서 관살 혼잡으로 봐야 하기에 시집 두세 번으로 말 하는 이유이다.

○ ○ 壬 ○   여자가 丑이 정관으로 남편인데 子丑水局으로 변하여
○ 丑 子 ○   남편이 없어졌다. 남편이 물에 빠져죽었다, 丑土는 凍土로서 꽁꽁 얼어버렸다, 동토는 혈액순환 안 되서 쥐가 잘 난다.

○ ○ 丙 ○   남자가 酉丑이 재성으로 장가 두 번 간다, 로 보지
酉 丑 ○ ○   말고 삼합이니 부피로 말해 똑똑한 여자 만난다로 보라,

☞ 寅午戌 은 여름 1 월 5 월 9 월까지로 9 개월 관장한다.
 巳午未는 같은 여름이라도 4,5,6, 3 개월 관장 하므로 삼합이 방합 보다 훨씬 크다는 것이다.

☞ 土는 조절 신으로 계절과 계절사이에 있으면서 다가오는 계절을 적응시키는 역할을 한다.

辰(3월土) :
上旬 - 木餘氣 -3월 상순이니 아직 봄의 기운이 있다.
中旬 - 木退氣 -3월 중순이니 木氣가 물러갈 때다.
下旬 - 火進氣 -3월 下旬이니 곧 여름 기운이 온다.

未(6월土) :
上旬 - 火餘氣 -6월 상순이니 여름기운이 남아 있다.
中旬 - 火退氣 -6월 중순이니 火氣가 물러갈 때다.
下旬 - 金進氣 -6월 하순이니 곧 가을 기운이 온다.

戌(9월土) :
上旬 - 金餘氣 -9월 상순이니 가을 기운이 남아 있다.
中旬 - 金退氣 -9월 중순이니 金氣가 물러갈 때다.
下旬 - 水進氣 -9월 下旬이니 곧 겨울 기운이 온다.

丑(12월土) :
上旬 - 水餘氣 -12월 상순이니 겨울기운이 남아 있다.
中旬 - 水退氣 -12월 중순이니 水氣가 물러갈 때다.
下旬 - 木進氣 -12월 하순이니 곧 봄의 기운이 온다.

12월 하순은 곧 봄이 오니까 木進氣라 하지만 여기서 木火는 陽이니까 陽進氣라 한다. (추운 것이 물러가면 따뜻한 기운이 오므로 양진기라고 한다)

丑월은 겨울과 봄의 적응역할을 하므로 추우면서도 따뜻한 기운이 감돈다.
戌월은 水進氣로 들어가는 겨울(水)시작이 立冬부터인데 입동 하루 이틀 전후 水進氣로 들어간다.
未는 여름이고 未(6月)월중에 삼복이 있어서 더위가 심한달이다. 그래서 삼복더위라고 하는데 三伏이라는 의미를 모두 다들 잘 모르고 더워서 엎드려 있으라는 말인가? 또는 여름철 중 가장 더위가 심한 시기 정도로만 알고 있다, 그러나 우리 역술인들은 삼복 이라는 의미를 반드시 알아야 하고 알 필요가 있기에 그 유래를 자세히 설명하려고 한다.

 未월은 小暑 立節해야만 未월이 된다. 小暑입절 전은 망종인데 소서가 입절하고 첫 庚日이 初伏이다.(또는 하지 지나고 셋째 庚일) 庚은 가을인데 未월이 지나니 얼마 안 있어서 내 계절이 온다고 庚이 나오려다 너무 더워서 땅 속으로 엎드렸다 하여 初伏이라 말하는 것이고 중복은 버금중자를 써서 仲伏 이라 말하고 初伏 지나고 10일후에 다시 두 번 째 庚일이 오는데 이때도 庚이 나오려다 아직도 아니다 싶어 다시 엎드렸다하여 仲伏이고, 마지막 末伏은 立秋가 立節하고 첫 庚이 말복으로 이때는 마지막 엎드렸다는 것인데 立秋가 왔다는 것은 가을이 왔다는 것이고 庚이 제 계절을 만난 것을 말복이라 한다. 중복은 초복 후 10일이 되는 날이지만 말복은 立秋지나고 첫째 庚일 이라서 달이 바뀔 수 있어 바꾸게 되는 경우를 越伏이라 말한다. 伏자는 사람 人변에 개犬자로 본뜻은 사람은 개를 보면 무서워서 엎드려라 인데 이것이 와전 되어 이 더위를 이기려면 개를 잡아먹어야 한다하여 보양식으로 발전했다고 한다.

☪ 합의 원리 중에서 동성(同性)일 때는 합은 합이되 局 이면서도 결국은 개체(個體)가 된다. 이 말은 主와 從이 없고 主 만 있어 서로 주권을 차지하려다 결국은 갈라선다. 예: 子子 丑丑 寅寅 卯卯 辰辰 巳巳 午午 未未 申申 酉酉 戌戌 亥亥, 를 말한다.

☪ 三合과 方合의 비교 응용 법: 어느 합이 우선인가?(그 차이점)
ㅇ ㅇ ㅇ ㅇ 寅卯는 方合이고 寅午는 三合이다. 어느 합이 더 잘
卯 寅 午 어떨까? 이것을 알아야만 어디로 가는지를 알 수가 있다. 사주에 午 와 卯가 있다고 치자 그런데 寅년을 만나면 寅午냐 寅卯냐 정말로 헷갈린다. 그런데 우선이 三合이다. 寅卯는 方合으로 형제의 합이고 寅午는 삼합으로 부모 자식의 합이기 때문이다.

만약 庚일간이라면 돈이 생기는가? 벼슬이 생기는가? 벼슬은 火이고 여자라면 돈이냐 서방님이냐? 결과는 서방님이다. (財로 가지 않고 官으로 갔다는 말이다)

○ ○ ○ ○　巳酉金局이냐, 巳午方合이냐, 인데 어느 힘이 더 잘
○ 午 巳 酉　될까, 巳中丙火와 午中辛金은 애인이다(丙辛 暗合)
고로 형제보다 애인이 좋아 巳酉金局으로 간다.

○ ○ 丁 ○　이런 경우 12년 만에 巳년을 만나면 巳午냐, 巳酉냐,
○ 午 酉 ○　그런데 巳酉로 간다는 것이다. 그 이유는 丁火일주가
巳中 丙火를 만나면 겁재로 내 것을 빼앗아 가지만 巳酉金局으로 가면 큰돈을 갖다 주고 가더라. 〈이런 것을 알아야 써먹을 수 있다〉

○ ○ ○ ○　辰酉육합이냐, 卯辰方合이냐, 육합이 우선이다.
○ 酉 辰 卯　辰酉는 土生金이지만 卯辰은 木剋土로 극이다.

○ ○ ○ ○　申戌이냐, 申子냐, 가족관계로 연결 해 봐라,
○ 子 申 戌　申戌은 부모요, (土生金) 申子는 자식이다. (金生水)
이런 때는 자식한테 먼저 가더라,

◎ 三合의 분석

○ ○ ○ ○　木局인데 卯未는 木生火 잘한다. 亥未는 木生火 잘한
○ 亥 卯 未　다. (未자체가 여름이므로) 亥卯는 木生火 못한다.
(습목 이어서 그러나 木剋土는 잘한다)

○ ○ 辛 ○　여자 사주라면 木局인데 목은 財이므로 돈 많은 여자
○ 亥 卯 ○　다. 亥卯는 木生火 못하기 때문에 남편은 있어도 없는 듯이다, 여기서 돈 많다고 모두 감투(국회의원)쓰는 것 아니다.

이를 가지고 木生火가 잘 되면 火인 官이 살아나서 감투가 되지만 (財生官) 木生火 못하면 돈만 없어지지 감투는 멀다. 우리는 목신의 한계를 알아야 한다.<당신은 돈돈까지만 목신 부리고 벼슬이나 남편은 목신 부리지 마세요, 이것이 정답이다>

☪ 寅午戌 火局인데 火生土 잘 하겠는가? 잘 한다. 단 燥土(불속에서 나온 흙)라서 바람과 같이 사라진다, 사막과 같다.

☪ 巳酉丑 金局인데 金生水 잘 하겠는가? 잘 한다. 단 너무 깨끗해서 (淸白之水)고기가 못 산다. 물도 너무 맑으면 고기가 못 산다.

☪ 申子辰 水局인데 水生木 잘 하겠는가? 잘 못한다. 단 꽁꽁 얼은물은 水生木은 못하지만 水剋火는 잘 한다. 여기서 주의 깊게 살펴야 할 부분이 있는데 子辰은 동짓달 물이라 얼어서 水生木 못하지만 辰子은 봄철 물이므로 水生木 잘 된다.

☞ 貪合忘冲 : 冲하고 있을 때 합이 들어오면 冲이 안 된다.

O O O O 辰년을 만나면 辰戌冲이 된다. 모든 것이 깨지고 떠
O O 戌 O 나가고 이탈하는데 이럴 경우에는 卯가 들어가서 卯戌 합을 하면 冲이 해소 된다. 酉가 들어가면 辰酉合으로 괜찮다. 과연 어느 것을 써야 하는가? 卯木은 陽이고 酉金은 陰이다, 사주에 木火가 필요하면 卯목을 金水가 필요하면 酉금을 써라.

이런 경우 토끼띠가 좋으니 토끼띠와 의논하고 토끼 마스코트 차고 다니라고 하는 것이다.

O 卯 戌 酉 卯酉 冲 되는 것을 戌土가 막아준다. 冲하고 싶은 마음 뿐 冲이 안 된다.
O 戌 卯 酉 이런 경우는 冲이 된다. 그러나 冲의 충격파가 약하다. 卯戌 합이기에 冲도 합도 안 된다고 봐야 한다.

ㅇ 亥 巳 ㅇ 巳亥 沖으로 부모 형제와 불화하고 모처불화 고부갈등 있다가 未년을 만나면 巳未 亥未 합으로 충이 해소되니 서로가 사이가 좋아진다. 단 未가가 주관하는 기간 (세운과 대운 월운이 다르다.)만 沖이 해소 될 뿐으로 그 기간이 지나면 역시 전과 똑같아진다.

☪ 未는 양이고 祥자도 양이 들어 있다. 양 마스코트가 가 좋고 부적에 祥자 넣어주면 좋고 巳亥 沖 사주 가진 자는 충을 해소시켜야 하므로 이름글자에 祥자를 써도 좋아진다.

乙卯년에 己酉일주 여자가 상담 왔는데 남편은 庚戌 일주더라 여자가 말하기를 연하남편이라 온갖 정성 다 드려 사장 만들어 주었더니 이제 와서 본처에게 들어간다고 헤어지자고 한단다.
卯酉충이 걸렸다, 乙목은 편관 칠살이다, 卯는 宮인데 沖이 되니 인연 다 된 것이다. 남자는 乙庚 합으로 정재와 합하고 있다, 卯戌로 宮으로 합 되어 들어온다. 누가 뭐라 해도 본처 찾아가는 해이다. 이럴 때는 己酉 여자는 이혼 수 걸렸고, 庚戌 남자는 본처 찾아가는 해이군요, 라고 말해야 한다.

☪ 沖은 合을 해소시키고 合은 沖을 해소시킨다.

<11> 刑 破 害 元嗔殺 法(형 파 해 원진살 법)

[실증철학 원문]

<1> 刑 殺 去
1, 三刑殺 - 寅巳申 : 無恩之刑, 丑戌未 : 持勢之刑
2, 相刑殺 - 子 卯 : 無禮之刑
3, 自刑殺 - 辰 午 酉 亥

　三刑殺은 寅巳申 丑戌未로 三者가 만나 刑을 한다하여 삼형살 이라 하였고, 相刑殺은 子와卯가 서로가 형을 한다하여 상형이라 하였으며, 自刑殺은 辰 午 酉 亥가 각각 스스로를 형 한다하여 자형 살 이라 하였으나 이 자형살 만은 다른 형살에 비해 작용력이 약한데 연월일시에 辰午酉亥가 모두 다 있다면(순서 관계없이) 다른 형살과 동일하게 취급해도 된다.(手足異常)

　三刑殺의 구성은 寅에서 前進 四位에 巳가 있고 巳에서 前進 巳位가 申이며, 寅에서 後進 10번째가 巳이고, 巳에서 逆으로 10번째가 申이 자리한다. 또한 丑戌未도 子卯 형도 똑같은 위치에 자리한다. 다만 자형만 이런 방법에 해당 되지 않고 있어 그 작용력이 미약하다.

[강의 노트]

　三刑殺은 官災(관재: 형사사고) 訟事(송사: 민사사고) 惡氣가 發生 破壞 被傷(악기가 발생 파괴 피상) 不睦(불목: 화목치 못하고 원수가 됨) 手術(수술: 기술) 등 다양하게 응용한다.
　직업으로 연결하면 : 군인 의사 법관 경찰 형사 기술자, 질병(疾病: 형이라는 것은 병으로도 연결한다)

성격으로 연결하면 ; 포악(暴惡-잘못 연결된 경우) 세상사에 궁금증이 많은 사람, 요즘 같은 다변화 된 세상에서는 사고수도 보아 보험(재난보험 사고보험) 들라고 권한다. 삼형살을 사주에 가진 자는 유난히 넘어지고 다치고 잘한다.
寅巳申 셋이 모여 삼형이지만 寅巳나 巳申도 형살이라 부른다.
丑戌未도 역시 丑戌 戌未을 형이라 말한다.

☪ 寅巳申 : 無恩之刑 왜 무은지형이라 했는가?
寅 巳 申 암장으로 아무도 모르게 도움을 받았는데 은덕을 입었
丙 戊 庚-지장간 데도 은혜를 모른다, 는 것인데 사주에 寅巳申
삼형을 놓은 사람은 키워주고 돌봐줄 펵요가 없다는 말 되 된다.
또 현재 일어나고 있는 일 납치 실종(失踪)등의 일이 발생한다.
巳申 : 刑合(刑 하면서도 合)인데 극함(火剋金)으로 거북스러운 일이 된다. 감당하기 어렵고 풀기 어려운 일이 된다. 꼬이고 막힘, 처음은 좋았다가 나중은 틀어진다.

☪ 丑戌未 : 持勢之刑 - 서로의 세력을 믿고서 한 치의 양보도 없이 형작용이 일어난다, 셋 다 土이므로 土의 힘을 믿는다 하여 지세지형이라고 한다.
사주로 연결 하면 형제끼리 싸우고 치고받고 송사하고 건강으로 연결하면 土는 위장 등 소화기능 이므로 위경련 위 수술하고 장이 꼬이고 답답하다, 刑 沖도 흔들리므로 바꾸어진다. 종교로 연결하면 종교 바꾼다(改宗)

☪ 子卯 : 無禮之刑 相刑殺 -서로가 刑하는 것.
부모와 자식이 반목하고 질시하고 있어서 예의가 없다. 고로 무례지형이라고 하고 예의 없는 사람 보면 욕부터 나온다.
子卯는 水生木관계인데 왜? 刑하는 것일까, 刑은 형벌 형자로 죽인다는 뜻도 된다. 동짓달 차가운 물로 苗木인 卯를 살릴까? 죽일까?

○ ○ 壬 ○　子卯 刑이 걸린 사주다. 壬子 양인 일주가 卯목 상관
○ 卯 子 ○　을 월지에서 만나서 대단한 여자다. 배운 것도 예의도 없다, 남편을 빳다로 내려친다. 상관은 내가 생하는 것이므로 말인 언어다. 그래서 어린애 사주에 상관이 없으면 말을 더디게 배운다, 말이 형에 걸렸다. 刑은 惡氣이므로 무조건 독부터 나온다, 무례지형 이므로 위아래가 없다. 그렇게 세상을 살고 있다. 형살은 이런 식으로 응용한다.

☪ 自刑殺 : 辰午酉亥가 다 모인 것이 진짜 自刑殺이다.
辰辰 午午 酉酉 亥亥를 자형이라고 하는데 이것은 약하다.
사주에 辰午酉亥를 다 갖춘 命은 수족이상이 있다.(팔다리 전다)

☪　旺者刑發 : 많은 자가 형을 당하면 더욱 많아진다.
　　衰者刑拔 : 작은 자는 형을 당하면 뿌리가 뽑힌다.(근거지가 없어짐) 사주팔자에 형 충이 많은 팔자 깨진 그릇이다.(전과자가 많다)

○ ○ ○ ○　木氣가 火에 집결한다. 그런데 형살이므로 봄에게 형
○ 寅 巳 ○　살이 집결 되어 巳화라는 봄은 역마살상 하는 봄이다.
그래서 봄 잘나는 사람이므로 화재보험 꼭 들라고 권해야 한다.
봄도 사람에게 편안한 봄인가? 아니면 사람을 죽이는 봄인가? 즉 살펴야 한다. 모든 오행의 작용이 똑같다.

☪ 사주에 財가 刑이 되어있을 때 : 돈 빌려주면 송사까지 가야 돈을 받을 수 있으므로 내 돈 쓰고 구설에 항시 소송까지 따르고, 부친과 인연 약하고, 이혼해도 합의보다는 재판까지 가야 해결 된다.

☪ 사주에 傷食이 刑이 되어있을 때 : 아랫사람들의 사고, 말이 거칠고, 여명은 자손이 형무소(교도소, 자식의 별이 형이므로) 갈 수, 제왕절개수술 해야 하고, 수술날짜 잡아서 낳더라.

☪ 사주에 官殺이 刑이 되어있을 때 : 관은 직업이므로 기술직업이고 형법을 관장하고 있는 것이므로 형사 군인 경찰 등이고 여명에서는 심하게 연결하면 남편 감옥 간다. 라고 연결하기도 하는데 칼자루를 잡은 경우라면 좋게 말한다.

ㅇ ㅇ 乙 ㅇ 女命이라면 (年月러 刑 月日러 刑,셋이 모여 三刑殺)부모
申 寅 巳 ㅇ 조상과 인연 없고 안 맞고, 모처불화 고부갈등 관재구설도 있고 수술도 받아본다. 제일 먼저 남편 되는 글자를 찾아보라, 년지 申궁인데 형살이 걸렸다. 남편이 온데갈데없네요, 남편이 납치 실종에 걸렸으므로 해로하기 어렵다는 것이고 이 여명은 남편 농사는 버린 것이다.
甲 丙 己 丙 이런 女命은 좀 달리 말해야 한다. 남편木이 官印相生
申 子 巳 寅 해로는 할 수 있으나 남편의덕이 적다, 남편이 말썽부린다, 로 보아야 한다.

☪ 사주에 印綬가 刑이 되어있을 때 : 무슨 일을 해야 할지 두서가 없어 순서 없이 일하고 닥치는 대로 일한다. 공부에도 형법공부가 좋고, 소설도 탐정소설 추리소설 좋아한다. 인수는 집이므로 항시 이집에는 압류 당해 있거나 저당 잡혀 있거나 집문서가 시끄러워 경매되기도 한다. 또한 인수를 옷으로 연결하면 재단사 수선 집, 가옥수리, 등의 일이 천직이다.
庚 己 己 壬 이 男命은 인수가 刑殺에 걸려있고 관살이 형살이며
寅 卯 巳 申 상식이 형살에 걸려 직업이 목수이고 인테리어 가옥수리가 전문이다. 칼잡이 팔자로 칼자루를 잡아 잘 살아왔다. 그런데 많이다, 유난히 다치고 사고 나고 불안하게 살아 왔다. 丙申년에 일하다가 큰 사고로 다리 수술하고 고생 많이 했다.

☪ 사주에 비겁이 刑이 되어있을 때 : 형제지간 화목치 못하고 형제 물고 늘어지고 친구도 물고 늘어진다.

형살의 구성 원리 : 前 四位 後 十位가 刑殺이다.

子 丑 寅 卯 辰 巳 午 未 申 酉 戌 亥

子에서 4 번째가 卯다- 子卯 刑, 巳에서 4 번째가 申이다- 巳申 刑
형살 놓은 사람은 대체적으로 얼굴이 인상파다. 즉 형사, 군인 같다.

○ ○ 壬 ○ 卯년을 만나면 子卯형살이 걸렸다. 水生木으로 자식
○ ○ 子 ○ 놓는 해인데 형살 걸렸으니 제왕절개 수술해야 한다.
만약 송사 걸리면 자손문제일 것이다. 지지가 형 걸리면 천간도 형 받는다. (충과 동일하게 흔들린다)

辛 乙 庚 ○ 현 검찰총장의 사주로 丑戌未 三刑殺을 가진 명조다.
丑 未 戌 ○ 丁酉년에 검찰 總帥로 등용된 것은 사주자체도 형권을 잡아야 할 (庚戌 魁罡殺 乙未白 殺에 三刑殺 있음)命으로 土金사주지만 庚금이 뿌리가 약해 酉金 양인을 만나고 丁火가 정관이니 官을 먹을 수 있었던 것이다.

○ ○ 甲 丙 申이 刑 : 폐, 대장인데 일지이므로 대장이고 대장
○ 巳 申 寅 가까이 있는 것이 치질이므로 무조건 치질 한자이며 수술 수 있다. 寅巳申 三刑이므로 세 번 수술 수로도 본다. 언제냐고 물어오면 寅년 申년에 발생 가능하다.

○ ○ 乙 丙 財가 형살이 걸렸다. 항상 돈에 송사 붙고 관재(官災)
○ ○ 丑 戌 가 따라 붙는다. 그런데 상관생재(傷官生財)하는 사주여서 돈에 대한 인연 있는 반면 문제성이 항상 따라붙으니 매사 조심 하라 말해야 한다.

☞ 貪合忘刑(탐합망형) : 형이 되어 있을 때 합이 들어오면 형은 해소 되는데 여기서 하나의 나쁜 걸 해소시키는 데는 거기에 상응하는 희생을 당해야만 한다는 것이다.

巳申刑살이 겪겼을 때: 酉금이 들어오면 巳酉 申酉합이 되어 해소.
寅巳刑살이 겪겼을 때: 午화가 들어오면 寅午 巳午합이 되어 해소.
戌未형살이 겪겼을 때: 亥卯가 들어오면 亥未 卯戌합이 되어 해소.
丑戌형살이 겪겼을 때: 酉금이 들어오면 酉丑 酉戌합이 되어 해소.
子卯형살이 겪겼을 때: 亥辰이 들어오면 亥子 卯辰합이 되어 해소.

巳 申刑살이 겪겼을 때: 酉금이 들어와 巳는 없어졌다.
寅 巳刑살이 겪겼을 때: 午화가 들어와 인목은 없어졌다, 이 없어진 것이 문제요, 희생이다. 吉神이 희생됐다면 그만큼 손해가 온다는 것이다.

[실증철학 원문]

<2> 六 破 殺
1, 子 酉   巳 申
2, 午 卯   寅 亥
3, 丑 辰   戌 未 -육파암기법: 자유 신사가 오묘한 미술을 추진하기 인해서

위 六破殺은 子午卯酉의 四正之局과 寅申巳亥의 四生之局 辰戌丑未의 四庫之局을 모듬 하여 횡(橫:가로 횡)으로는 모두가 沖이 되고 종(從좇을종 즉 세로)으로 구성하고 있으니 살펴 보건데 子午와 卯酉가 相沖하니 子酉와 卯午는 자연 흔들려서 破(깨질 파)가 되고, 寅申과 巳亥가 沖을 하므로 申巳 寅亥로 흔들려서 破(깨질 파)가 되는데 모두가 모여서 여섯 종류라 六破殺이라 하였다.

[강의 노트]
  이殺의 작용은 글자그대로 파괴 붕괴 불목 이탈 쟁투(破壞 崩壞 不睦 離脫 爭鬪) 등 不美스러운 일이 발생한다 할 수 있으나 자세히 살펴보면 子酉는 金生水 이나 너무 깨끗해서 병이 되고, 午卯는

濕木이 되어 火熄이 되며, 巳申은 합과 刑에서 나왔고, 寅亥는 합으로 무관하며, 丑辰은 모두가 濕으로 凶이 되고, 未戌은 형살로서 작용되고 있으니 어떠한 살에 집착하지 않고서도 흉이 된다는 것을 알았을 것이다. 단 주의 할 것은 중복 되는 것은 그중에서 강하게 작용하는 것을 대표로 흉이 가중됨은 면할 길이 없다.

[실증철학 원문]

<3> 六 害 殺
子未　寅巳　卯辰　丑午　亥申　戌酉

위 六害殺은 횡으로는 합이 되나 사각으로는 충이 되고 있어 충도 합도 아닌 어려운 관계되므로 종으로서 害가 성립 되는데 여섯 가지가 되어 六害라 이름 하였고, 아울러 상천살(相穿殺)이라고도 하는데 작용은 해롭다, 서로가 뚫는다, 파괴된다, 불미스럽다하여 다른 살과 같이 년 월 일 시 또는 육친에 대조하여 모두 응용되고 있다. 그중에서도 日時 丑午는 妻妾飮毒 悲觀 壓世, 子未는 妻産亡, 등의 괴변을 겪게 되어있으며(水土일주 왕하고 子未全은 妻産亡)寅巳는 형살 亥申은 金生水(貪合忘害)卯辰은 方合, 酉戌도 方合 되기 때문에 살의 작용이 미약하거나 아예 안 된다.

[강의 노트]
　이殺을 相穿殺이라 하는 이유는 相은 서로 상이고 穿 꿰뚫을 천 자이고 殺은 죽일 살 자로서 서로가 꿰뚫었다, 를 육해 중에서 子未, 丑午 만 써먹는다.
☪ 水土일주가 왕하고 子未 全인 남자라면 妻産亡 이다.
이 말은 口傳으로 전해오던 말인데 그 원인을 규명해 보면
壬 壬 癸 壬　癸水일주가 旺하다, 동짓달 극자가 셋인데 水의 妻는
子 子 未 子　火로서 未中丁火가 있으나 수압이 높아 죽을 지경 이

고 앞장에 있어 물속 깊이 들어가 있는 형상이다. 신장이 터질 것 같다, 丁화는 신장으로 눈하고 연결 되어 있다, 이 사람과 사는 여자는 누가 됐던 신장판막증 환자다. 애기 낳다 죽는다, 요사이는 의술이 좋아 애기 낳다 죽는 확률이 낮지만 옛날에는 종종 보아오던 일이다. 위 사주는 子未가 줄인 팔자로 산모사망이 두려운 팔자다.

○ ○ 戊 己 이 사주는 큰 산이고 한여름의 燥土다, 子가 아내의
未 未 子 未 병인데 고립되어 있는 상태에 마른 흙이라서 한 점의 水氣가 들어가면 흡수해버리고 내 놓지 않는다.

寅丑午는 丑午가 탕화 살인데 어느 한자만 있어도 탕화살이 된다. 탕화는 끓는 물에 또는 불에 혼나보는 팔자로 화상 흉터라는 있게 되는 팔자이다. 만약 흉터가 없다면 火災나 水災 조심해야 한다. 쓸날에 낳으면 일지 탕화로 나에게 흉터 없으면 아내에게라도 있어야 액땜이다. 탕화를 나쁘게 연결하면 악질 비관 염세자살로 연결되기도 하고 좋게 작용 연결 되면 볕난 집으로 이사 가면 운이 터진다, 직업으로는 위험물 취급, 독극물 취급, 소방 설비 업, 의사 약사 소방서 근무, 탕화는 육친별로도 응용한다.

[실증철학 원문]

<4> 怨嗔殺
　子未　丑午　寅酉　卯申　辰亥　巳戌

　위 怨嗔殺은 子가 未, 未가 子를 만남으로서 성립 되는데(以下同一) 원진살의 작용은 불목, 불화, 원망, 반목, 불만, 원수,(不睦, 不和, 怨望, 反目, 不滿, 怨讐) 등으로 응용 되고 있으며 타 흉살과 같이 柱中의 위치 그리고 육친 및 운에까지도 적용시켜 추명 한다,
　이 원진살의 구성은 충돌하고 나면 불화가 따르는 법으로, 子午가 相沖하면 양이 되어 순행이라(午 다음이 未라) 子未가 원진이요, 丑未가 충을 하면 음이 되어 역행이라 (未 前 午)丑午가 원진이 된다.(以下同一) 일설에 의하면 子未가 원진이 됨은 쥐는 양의 뿔을 싫어하고 양은 子의 물을 싫어한다, 또 丑午가 원진 됨은 소는 죽어라 일하는데 말은 온갖 모양만 내어 싫어하고 말은 소의 뿔을 보고 시기(猜忌)하고, 寅酉가 원진임은 호랑이는 닭의 입부리를 싫어하며 닭은 호랑이의 밥이라 싫어하며, 申卯가 원진임은 원숭이와 토끼는 서로 원수로 여겨 서로 싫어하고, 용은 검은색 돼지를 싫어하고, 뱀은 개 짖는 소리에 놀라 경풍을 일으킨다고 싫어한다.

[강의 노트]
　원진살에서 子酉와 寅未만 바꾸면 나머지는 똑같이 귀문관살이다. 귀문관살은 子酉 丑午 寅未 卯申 辰亥 巳戌로 귀신의 문을 들어갔다 나왔다, 하는 것이 바로 귀문관살인데 신경이 무지하게 예민해지고 (신경성 히스테리)나쁘게 연결하면 정신병(미치는 것, 조울증) 그런데 귀문이 좋게 작용하면 미치고 싶도록 좋다, 영리하고 영특한 면이 있다. 여기서 신경질을 다른 걸로 연결하면 짜다, 깨팍스럽다, 박박 긁는다, 신경 쓰게 만든다, 미치게 만든다, 변태성 등 미친 짓거리하는 것도 귀문관살이다.

원진은 원래 배우자 부모 자손까지는 보지만 그 외는 약하다, 그러나 귀문관살은 좀 다르다. 원진 보다는 귀문관살에 초점을 맞추어 사용해야 한다.

☆ 일진되는 날이 귀문에 걸리면 무지하게 신경 쓰이는 일이 생긴다. 예를 든다면 庚申일주가 卯년을 만나면 財 때문에 미치는 해이다. 財는 돈과 여자로 본다.

☆ 寅申巳亥는 무조건 역마다. :교통수단, 교통기관, 도로, 객지, 해외.
寅 : 전철
申 : 자동차
巳 : 비행기
亥 : 배 .... 역마성의 사업-자동차 폐차장, 정비업소.
　역마지살 : 午生 - 말 띠, 未生 - 양 띠 천역 성, 水 : 물은 움직인다. 傷食 : 내가 생한다는 것은 나한테서 나간다로 움직인다는 뜻이다. 활동성,
寅申巳亥는 국제적으로 논다, 해외파다, 오라는 데는 없어도 갈 데는 많다, 부지런하다.

☆ 辰戌丑未는 화개지다. : 종교, 철학, 부처님과 연결하여 통변하라.
　스님사주에 辰戌丑未가 많으면 어이구 스님은 千佛이고, 萬佛이 계시네요, 土는 땅이므로 저장 은닉 비밀스럽다, 은익하는 경향이 있다. 辰戌丑未는 욕심 많고 들어가면 안 나온다, 저장하는데 일가견이 있다. 辰戌丑未가 모두 있으면 중국과 인연 있고, 한문공부 잘하고, 그걸로 벌어먹고 살아야 한다.

☆ 子午卯酉는 도화(桃花)다. : 홍조 붉은색 흥분
　子午卯酉는 旺支요, 대장이다. 子午卯酉가 다 있으면 천하의 바람둥이고 끼가 많다. 子卯형이 걸렸다, 그러면 형은 病이고 도화에

겹쳤으니 性病이다.
도화를 여자기준해서 남자로 연결하면
子 : 밤에만 왔다 가는 남자. - 음란해서 바람나고,
午 : 낮에만 왔다 가는 남자. - 흥분해서 바람나고,
卯 : 아침 출근길에만 왔다 가는 남자. -卯風 바람이라 바람나고,
酉 : 저녁 퇴근길에만 왔다 가는 남자. -예뻐서 바람나고,

☪ 卯酉戌 : 鐵鑢開金(철 갑 개금) : 해결사. 고민을 풀어준다. 어려운 일 있으면 이 사람에게 부탁해라, 남의 신부름 남의 일 잘해준다. 卯酉戌월 생이면 의사집안이요, 법관 집안이요, 한번쯤 물어봐도 된다. 卯酉戌이 재성인 命은 간호원 의사와 인연 있고, 관성인 여자는 의사나 법관 남편과 인연 있다. 한 자만 있어도 해당 되고 두 자 이상이면 더 확실하고 세자라면 정확하다.

☪ 辰戌 巳亥 :天羅之網殺 - 하늘에도 그물 쳤고(축국정지)땅에도 그물 쳤다(지명수배) 1字만 있어도 해당 되고 辰戌 巳亥가 모두 있으면 쫓기다 볼일 못 본다. 관재구설 따라다닌다. 전과자다.
羅자는 그물 라, 비단 라, 全羅道 ; 유배지였다.

甲丙己壬 이 사주는 己土 일주가 정월에 태어나서 月에 정관이
戌寅巳申 므로 가정교육이 잘 되어있고 정직하고 법 없이도 살 수 있고, 책임감이 강하고 내가 태어날 때 부친이 직장인 이었고, 그런데 官이 刑이 겹쳐 있어 부친이 경찰관 형사였다라고 추론 할 수 있다. 己土는 신용이므로 信用으로 연결하면 신용이 생명이요, 일주에 해당하니까 천성이다, 천성은 못 바꾼다.
　寅戌이라 火局에 丙도火 巳도 불이므로 己土가 바짝 말랐다, 말라있어 사주가 가볍다, 또한 火多하면 성격이 급하고, 화생토로 생을 받아서 두텁게 생각 되지만 실제로 火는 가벼우므로 가볍기가 짝이 없다. 토에는 물이 들어가야 무겁게 된다, 고로 이 사주는 물

인 財가 들어가야 무게잡고 결혼해야 무게 잡고, 호주머니 돈 있어야 무게잡고 생활 한다. 이 사주에서 壬申이 刑 沖이 걸려 수원지인 申이 刑 沖이므로 수원지를 쑤셔놓은 상황이라 더러운 돈을 받게 되고 받으면 관재요 구설이 따르고, 여자도 안 좋은 여자 만나게 된다.

寅 巳 申 刑을 적용하면 수술 받아 보는데 三刑이므로 3번 수술 받게 되고, 寅은 나뭇가지이므로 手足이고 木은 인파선이고, 巳는 눈 수술이고, 申은 치질 맹장이다. 위치벌로 보면 초년에 수족 중년에 눈 말년에 치질 수술 받게 된다.

수술 날짜 잡아준다면? 沖 되는 날, 寅申亥 날은 수술이 취소 되거나 의사가 실수하게 되니 합 되는 날 잡아준다. 午未丑일을 말한다. 여기서 또 한 가지 중요한 것을 거론 하자면 인신사해는 움직이는 역마이므로 우리 몸에 적용시키면 관절이고 관절이 형이므로 관절 수술, 다리뼈 수술 관절염 환자이다.

申 역마지살에 刑이 걸리면 자동차 정비도 좋고, 형이 있으면 손재주로 기술자 사주다. 월간에 丙이 있어 부모가 잘 해주지만 월일지가 형이 걸려 부모와 함께 못산다. 월일이 형살이므로 부모유산 못 지키고 년지와 일지가 귀문관살이 걸려 성질이 까다롭고, 괴팍하다. 燥土가 되어 수분이 부족하니 건성피부이고 항상 입이 마른다. 木이 火에 둘러 싸여 肝膽이 염려 되고, 日時가 相沖되어 자손과 불화하며 不合이다.

寅申巳亥는 역마이고 역마위에 財가 있어 역마를 길거리로 본다면 길거리에서 돈 잘 줍는다. 단 형살이 걸려서 신고 안 하면 구설 따르고 골치 아프다, 여자로 연결하면 객지에서 만난 여자요, 여행 중에 만난 애인이다. 水가 財이므로 아내를 집에 가둬 놓으면 쌩병난다. 水는 逆流 하지 못하므로 水가 財인 사람들은 돈장사 안 되고 돈 꿔주면 잘 안돌아 오고 형이 걸려 송사해야 받게 된다.

木이 자식인데 甲木이 년에 있어서 첫 아들이고 陽이니까 아들인데 두 번째 자식이 더 똑똑하다. (月支寅木) 여자라면 甲목이 남자

로서 첫사랑인데 나이가 많다, 戌土 겁재위에 있으니 유부남이다,
巳戌이 원진이므로 원수가 인연 됐고, 귀문이 겹쳐 둘이 미쳐 돌아
간다, 천간은 甲己 合인데 지지는 원진 귀문이어서 해로 못한다.
日支와 슴은 사주 어느 곳에 있던지 일지에 있는 것과 똑 같다.
○ ○ 己 ○ 이와 같은 경우 寅목이 일지에 있는 것과 똑 같다.
○ ○ 亥 寅 인해 합목으로 인목이 일지에 있는 것으로 본다는 것
이다.

> 위에서 여러 가지 비법들을 나열 해 보았다, 이와 같이 사주 하나를
> 놓고서도 할 말이 많다, 그런데 초보 때는 사주 뽑아 놓고 무슨 말을
> 해야 할지 답이 안 나와 고개만 갸우뚱 거린다. 이 책에서 나오는 감명
> 비법을 하나도 놓치지 말고 사주에 적용해 보는 연습을 해야 한다. 안
> 맞아도 좋다 이런 연습을 하다 보면 사주가 보이기 시작한다.
> 사주가 보인다는 것은 사주 여덟 글자의 구성과 合 沖 刑 破 害를
> 들여다 볼 수 있어야만 이런 공식을 적용해도 맞는 것이지 조화를 보지
> 못하면 적중률이 약해지기 마련이다. 이 많은 것 들을 어떻게 다
> 머릿속에 넣느냐고 걱정일 거다, 걱정 안 해도 된다, 연습하다보면
> 암기하지 않아도 적용하게 되고 보이게 마련이다.
> 운전을 하다보면 초보 때는 앞만 보기도 바쁘지만 노련해지면 여유
> 있게 전후좌우 다 보면서 운전하게 되는 것과 똑 같은 이치다.

丙 辛 辛 己   이 사주는 丙이 죽었다, 丙子로 水剋火다.
子 卯 酉 丑   辛卯 땅에 나무를 심으려 해도 辛금이 잘라 버린다.
당신은 아무리 노력해도 절반의 성공밖에 안 됩니다. 辛금일주로
멋쟁이다. 酉丑金局으로 단단한 소 족 베어링 이다. 전차가 지나가
도 안 깨지고 바늘로 찔러도 피 한 방울 안 나온다, 金이 많으니
냉정하고 찬바람 싱싱 불어온다, 이걸 바꾸려면 스마일 작전하라
말해준다. 완전무결 없고 이루기 어렵다. 결혼도 늦다.
刑 沖으로 연결 : 子卯刑 卯酉沖 으로 財가 刑 沖 되어있다. 財는
재산으로 3:8木으로 세 번 살림 엎는다. 남자라면 결혼 3 번한다,

卯가 아내인데 키가 작다, 子酉 귀문관살로 까다롭다, 卯가 財로 刑沖이 걸려 이리 깎기고 저리 깎기고 해서 돈이 없다. 그런데 귀문작용으로 까다롭고 영악하다, 개뿔도 땡전 한 푼 없는 것이 귀문관살로 더럽게 까다롭다.

여자라면 辛金일주라 예쁘다. 단단하다, 丙이 남편인데 丙辛合 하면서 사랑해 주는데 신금이 집에 있을 때 丙한 남자에게서 전화가 왔다. 보고 싶어 온다더라, 그런데 올 때가 됐는데도 안 온다. 왜일까? 월의 신금에게 잡혔다, 신하면 合去로 월의 慎금과 눈이 맞아 도망갔다. 남편 빼앗기는 사주다.

金은 동선(銅線) 火는 전기인데 卯木은 濕木으로 木生火 못하여 동선은 팔뚝만 한데 전류는 0.5볼트다. 고로 전기가 안 온다, 선머슴 아다. 차라리 시집가지 말고 혼자 살라 했다.

卯목 편재가 부친인데 아버지 존경 안 한다. 卯목 財가 처갓집이고 아내인데 처갓집 안 가고 아내도 무시한다. 子卯 刑이 관재구설이고 수술 수인데 卯는 편도선 子는 비뇨기라로 본다. 사주에 金水가 많아서 음기가 강하여 음치이고 내성적이어서 남 앞에 나서길 싫어한다. 丙은 없어진 거나 다름없고 卯는 습목(濕木)이고 그래서 陽이지만 陰으로 본다. 火는 눈인데 丙火가 꺼졌으니 시력 나빠 안경써야하고, 눈(丙)밑에 子가 刑을 하고 있어서 눈빛도 좋지 않다. 인수가 年에 있으면 늙은 엄마요, 月에 있으면 제자리이니 똑똑한 엄마이며, 日支에 있으면 안방 차지하고 있으니 간섭 많고 모처불화(母妻不和: 아내가 내 자리 내 놓으라 싸운다)時에 있으면 애로 연결하여 토라지기 잘하고 비위 맞추기 어렵다. 항상 애기 다루듯 해야 한다.

남자사주라면 화(丙)가 자식인데 丙이 陽으로 아들이지만 陰이 많은 陰四柱이므로 아들은 없고 딸만 있다. 金水인 陰이 많으므로 체온이 낮으므로 딸 만 낳는다. 이 사주가 만약 술을 많이 먹는다면 물이 들어가니 더욱 차가워져서 딸 만 낳게 되는데, 당신의 몸이 차가워서 딸만 낳게 됩니다.

☪ 공통적으로
<1> 寅申巳亥는 역마 지살,겁살, 망신살인데 제일 많이 응용 되는 것이 역마지살이다. 역마 : 큰 차 지살 : 작은 차, 겁살 ; 빼앗기는 것, 망신 : 망신 수, 망신살 뻐쳤네요, 누구든지 금년 운수 나쁘면 망신살 뻐쳤다고 조심하라 해야 하고, 역마지살과 겁살을 연결하자면 길거리에 돈 깔고 다닌다, 역마와 망신을 연결하자면 길거리에서 망신당한다. 해외 나가면 망신당한다.
<2> 子午卯酉는 도화(桃花-年殺)는 바람, 육해살(陸害殺)은 질병, 재살(災殺)은 관재로 감옥 가는 것, 장성(張星)힘이 있으니 바람피운다.
<3> 辰戌丑未는 화개(華蓋 : 종교 척학) 천살(天殺:천재지변, 사람힘으로 안 되는 것, 종교의 힘에 의지) 반안살(반안살: 높은 자리 부처님은 높은 자리에) 월살(月殺: 월의 재앙, 질병, 마른다, 잘 안 쓴다)
<4> 日干 ; 日主 - 身元 - 身主 = 일주천간을 호칭하는 것으로 사주 장본인인 삼각점(기준점)이다.

강한 일주 ; 일주를 기준해서 인수비겁이 많을 때. - 내편이 많다.
약한 일주 : 상식 재관이 많을 때. - 내 편이 적을 때.

☪ 通辯(통변- 꿰뚫어 말하다) 변화와 관계를 살펴보는 것,
通자는 통할 통, 꿰뚫다, 막힌 것을 터주고, 싸움도 해소시키고,
　　(싸움은 상극을 말하고, 막힌 것은 사주에 너무 많은 것,)
變자는 변할 변, 합이나 沖 刑으로의 변화를 말하다. 즉 사주의
　변화되는 모습을 꿰뚫어 보는 것이다.

☪ 막힌다는 것에 대한 예시
癸 癸 甲 乙　이 사주는 水木으로만 구성 된 사주다. 木이 많아서
卯 卯 子 亥　木이 막힌 것이다. 동쪽이 막혔고 친구가 형제가 막
　　　　　　혔으니 친구나 형제가 웬수다. 病이 木이고 약은 金과 火가 된다.

癸 乙 甲 乙 이 사주는 인수가 많아서 막혔다. 인수는 母인데
亥 亥 寅 亥 어머니 여섯에 둘러싸여있어 꼼짝달싹 못한다. 서로
내가 생모라고 우긴다. 인수는 옷인데 여섯 벌 옷을 껴 입었다면
답답할 것이다. 水가 많아 甲寅으로 뿌리 내렸어도 떠내려간다. 한
겨울 한밤중 음지나무로 쓸모없는 나무이다.

<12> 十二運星法(12운성법)

[실증철학 원문]

　이 12운성은(일명 胞胎法. 絶胎法)천간을 각 지지에 대비하여 살고 죽는 것을 구분하는데 응용되고 있으며, 또 이 방법을 잘 알고 있어야만 앞으로 공부할 일간의 강약을 쉽게 알 수 있고 또 일주의 강약(强弱旺衰)을 구분할 줄 알아야 비로소 사주의 통변이 가능해짐은 물론이거니와 길흉화복(吉凶禍福)과 수명(壽命)까지도 내다 볼 수 있는 기초가 되고 있으니 이 공부에 소홀히 해서는 안 된다.
　쉽게 생각하면 상생과 상극으로 대비하여 천간의 생사(生死)를 알 수도 있겠으나 본래 천간은 양으로 남자요, 지지는 음으로 여자라 남의 남자가 남의여자를 함부로 극할 수 없고 또 남의 여자가 남의 남자를 함부로 극할 수 없다는 뜻에서 이 12운성이 생기게 되었으며, 첨언하자면 이 방법도 또한 생 극 원리에서 벗어남이 없으니 용어만 바꾸어 놓았다 하여도 과언이 아니다.
　그리고 12운성은 12종류로서12지지에 응용하고 있으며 용어 자체가 우리 인간사에만 국한되어 있는 것 같으나 알고 보면 만물의 생성소멸 법칙이 이 속에 담겨져 있음을 깨닫게 됨과 동시에 음과 양의 생사 과정을 좀 더 자세하게 알 수 있게 하였으며 또 12운성의 구성 원리가 삼합에 의한 것임을 알 수 있고 아울러 삼합을 펼쳐 놓으면 12운성이 되고 12운성을 축소시키면 삼합이 될 정도로 밀접한 관계를 가지고 있으며 또 12운성 내에도 나름대로 학문과 철학을 갖추고 있으니 잘 살펴 공부하기 바란다.

(1) 十二 運星(포태법)

胞 胎 養 生 浴 帶 冠 旺 衰 病 死 墓

12운성은 胞로부터 시작하지만 胎에서 시작하여 설명함이 이해하기 쉬울 것이어서 설명은 胎(아이 밸 태)에서부터 설명하기로 한다.

이 十二 運星을 인생으로 비유 한다면 제일 먼저 아버지의 精子와(原子核 陽電子) 어머니의 卵子(陰電子)와 몸 자체의 胎子(中性子)로서 정합(精合)하여 모친의 태반에 회태(懷胎)하는 것이 胎가 되며, 태중에서 10개월 동안 무럭무럭 성장함이 養이요, 다음으로 이 세상에 출생하는 것이 生이 되고 출생하면 목욕하여야 하니 浴이요, 목욕한 다음 옷을 입고 띠를 두르게 된 것을 帶라고 하였고, 그다음이 성장하여 의관을 갖추고 벼슬길에 오르게 됨으로 冠이라 하였으며 그 다음은 인생에 있어서 절정에 달하므로 旺이라 하였고 왕성한 시기가 지나면 쇠약하여지는 법이거늘 이것을 일컬어 衰라 하였으며 쇠 다음에 반드시 병이 오니 病이라 하였고, 병들면 죽게 되니 病 다음에 死가 오며 다음으로 죽고 나면 무덤에 들어가야 하니 이것을 墓 또는 藏이라 하였고 무덤으로 들어가면 모든 것이 끝이 되므로 절명이 된다하여 絶 또는 胞라하였는데 絶이라는 의미는 絶處奉生으로 시작을 의미하여 胞라 한 것이다.

따라서 胎는 시작은 틀림없으나 무형의 시작이라 생각만 하였지 실질적 행동으로는 옮길 수 없고 養은 성장한 것은 사실이나 胎로서 생각하였던 것이 더 굳어지면서 행동과 마음의 과도기 라 할 수 있으며 生은 실질적인 행동으로 옮겨져 활동하게 되고 또 전진하며 생기를 얻어 자신을 가지고 임하며 매사 원만하여 뜻을 이루고, 浴은 목욕을 하려면 옷을 벗게 되니 나체지상으로 풍류 또는 방탕 음란 주색 등으로 통함과 동시에 또 물에 들어갔다 나왔다 하는 것과 같아 곤욕을 치르면서 성패가 번다(煩多)하며, 帶는 의복을 갖추는 것과 같이 목욕의 악운을 정리하는 단계가 되어 上. 下 정리하면서 내실을 기하고, 冠은 벼슬길에 올라 인간으로서의 임무를 수행하며 대가를 받게 되니 식록이 풍부하고 정당성을 추구하며 전성기를 향하여 매진하며, 旺은 힘을 얻어 세력을 형성하며 邪에 현혹되지 않고 주체의식을 찾아 나를 내세우게 되니 인생일대에 가장 좋은 전성기를 맞아 기세가 당당하며, 衰는 기력이 쇠진하듯 의욕이 상실 되고 매사가 쇠퇴하며, 病은 병들면 신흠하고 활동이 정지 되듯 되는 일이 없으며 건강도 좋지 않고, 死는 죽는 것이니 매사가 동결 되며 집산이 불능하므로 패망이 따르며, 藏은 감추어지고 덮어두며 비밀이고 집합으로서 모이고 축적이 되며 옛것을 찾고, 胞는 종식으로서 끝이 된다. 그리고 胞를 絶, 生은 長生, 浴은 沐浴, 帶는 冠帶, 冠은 임관이라고도 칭하며, 藏은 墓 또는 庫라고도 한다.

[강의 노트]
胞 - (포태 포, 絶: 끊을 절)
胎 - (아이 밸 태 : 잉태)
養 - (기를 양, 성장시킴)어머니 뱃속에서 자란다.
生 - (날 생 태어났다) 長生이라 한다.
浴 - (목욕할 요) 목욕시키다.
帶 - (띠 대)옷을 입히고 관대를 하다.
冠 - (갓 관)갓을 쓰고 밥벌이 하다. 臨官
旺 - (왕성할 왕) 전성기
衰 - (쇠할 쇠) 쇠약해진다.
病 - (병들 병) 병든다.
死 - (죽을 사) 죽는다.
墓 - (무덤 묘) 藏 (감출 장) 사람으로 볼 때 墓, 사물로 볼 때 藏.
포태법은 잉태하는 것, 절태법은 끝과 시작이 맞물려 불러지는 것,
포태법은 4계절을 중심으로 하여 성립 되었기에 土를 따로 분류하지 않음.

포태법 보다 오행의 상극제화(生剋制化)가 최우선이다. 포태법은 참고용으로 족하다. 火土는 共存으로 戊와 丙을 같이 돌린다. 명리정종에서는 水土가 同根이고, 연해자평에서는 火土를 동근으로 본다. < 火土는 상생으로 부모와 자손으로 천륜으로 보고, 土水는 부부로 봤다, 그러나 천륜은 변하지 않으므로 火土同根이 맞다 고 본다.>

(2) 起 胞 法(기포법)

12운성의 구성 원리는 삼합법과 관계가 있고 삼합을 펼쳐놓으면 12운성이 되고 12운성을 축소시키면 삼합이 되고 이렇게 밀접한 관계가 있다.

木申火土亥　　金寅水巳當(陽日主順行)
木酉火土子　　金卯水午當(陰日主逆行)

　甲木일주는 金에서부터 絶로 시작하여 酉에 胎, 戌에 養, 亥에 生 子에 浴, 丑에 帶, 寅에 冠, 卯에 旺, 辰에 衰, 巳에 병, 午에 巳, 未에 藏이되고,
　丙火와 戊土는(火土一色) 亥에서부터 絶로 시작하여 子에 胎, 丑에 養, 寅에 생, 卯에 浴, 辰에 帶, 巳에 冠, 午에 旺, 未에 衰, 申에 병, 酉에 死, 戌에 藏이 되며,
　庚金은 寅에서부터 絶로 시작하여 卯에 胎, 辰에 養, 巳에 生, 午에 浴, 未에 帶, 申에 冠, 酉에 旺, 식으로 순행하고,
　壬水는 巳에서부터 絶로 시작하여 午에 胎, 未에 養, 申에 生, 酉에 浴, 戌에 帶, 亥에 冠, 子에 旺, 식으로 이하 순행한다.
그다음으로 음일간인
　乙木은 酉에서부터 絶로 시작하여 申에 胎, 未에 養, 午에 生, 巳에 浴, 식으로 역행애서 돌리면 되고,
　丁火와 己土는 같이 子에서 절로 亥에서 胎, 戌에 養식으로 역행.

辛金은 卯에서 절로 癸水는 午에서 絶로 역행하여 돌리면 되는데 포태법에서 陰 일주는 生剋制化가 최우선이고 陰生陽死 陽生陰死의 법칙만 알고 있으면 된다. 이 말은 포태법은 陽일간에만 해당된다는 말로도 생각 할 수 있다.

12운성법에 양론(兩論)이 있는데

命理正宗에서는 水와 土를 共存시키고 淵海子平에서는 火와 土를 공존시켜 기포(起胞) 하고 있는데 水土공존은 부부의 부부로, 火土공존은 부모 자손관계로 성립시켜 놓은 것이 차이점이다.

그러나 부부는 인륜이요, 부자는 천륜이라서 인륜보다 천륜이 앞서기에 火土共存인 연해자평을 따르게 되었고 또 명리정종에서 신지용용에서는 火土공존을 택하고 있다는 말도 첨언하오니 참고하시고 앉장법에서도 巳中에는 丙戊가 午中에는 丁己로서 火土가 공존으로 작용하기 때문이고 土를 따로 분리시켜 구성하지 않는 이유는 포태법이 사계절을 중심으로 하여 성립되었기 때문이다.

포태법을 다시 정리하자면 음양오행의 생왕사절을 염두 단계로 구분한 것이 12운성이고 12운성을 사람의 일생에 비유한 것이 포태법이라 할 수 있다.

陽 胞 胎

丙 : 낮 해, 여름, 寅(生) 午(旺) 戌(墓)는 寅午戌 三合 火局
亥 : 胞(絶)하루의 끝은 시간으로 해시다. 亥는 水剋火 받아 絶
子 : 胎 하루의 시작은 子(0)시이다. 子中癸水가 정관으로 부부
丑 : 養 亥子丑은 겨울이고 밤중이다. 水극 火 당한다.
寅 ; 生 三合으로 生이고 木生火 잘 되며 먼동이 튼다.
卯 : 浴 丙이 卯를 만나면 목욕중이다. 卯는 濕木으로 木生火 못하고 목욕하면 옷 벗어야 하고 바람난다.

辰 : 帶 火生토로 내가 설기하는 丙화의 식신이다.
巳 : 冠
午 ; 旺
未 : 衰 巳午未는 여름이고 해가 제일 강한 낮 시간이다.
申 : 病 해가 넘어가는 저녁 때, 여름은 가을을 만나면 고개 숙인다. 丙이 申을 만나면 財殺地이다. 財殺地는 바늘방석이고 결국은 내가 죽는 것이 재살지이다. 丙이 申을 만나면 역마로 길거리인데 또는 여행 중인데 申中의 庚금이 편재로서 여자이고 편재이니 남의여자 만났다. 火극 金으로 건들면 金生水로서 편관 칠살이 되어 나를 沖剋한다.
酉 : 死 가을이라 해 넘어가고, 丙화일주가 申酉년에 신수 보러 왔다면 金이 기신이면 큰일 났네요, 갈 길은 멀고 해는 서산에 기우니 말입니다.
戌 : 해가 넘어갔다. 땅속으로 들어갔으므로 庫藏으로 入墓되어 죽는 것이다. 삼합의 끝 자는 庫地다.

壬 : 밤, 겨울,
巳 : 胞(絶) 낮이 전멸 된다.
午 : 胎 밤이 시작된다. 하지에서는 一陰이 始生된다. 하루의 시작은 0시부터이고 저녁의 시작은 正午부터이다. 午中丁火와 합으로부터 태가 되고,
未 : 養 밤이 조금 가까워 왔다.
申 ; 生 水가 巳午에는 땅속에 들어갔다.7월 申에 金生水 만나서 살아난다. 수가 살아나기 시작하니 신시에는 나뭇잎에 이슬이 맺히기 시작한다.
酉 : 欲 금생수이나 물이 너무 맑아서 물고기도 못 산다. 淸白之水로 맑은 물이다.
戌 ; 帶 燥土로서 흙이 말라있으니 水가 못 써먹는다. 활동하려고 띠를 두르고 있는 것이 帶궁이다.

亥 : 冠 해중임수 얻어서 관이 되고
子 ; 旺 子수로서 水가제일 왕하고,
丑 : 衰 衰宮 이지만 섣달로 겨울이므로 土로 쓰지는 안 는다.
寅: 病 봄이 오니 水가 물러간다. 水生木하여 설기한다. 寅에서는
   밤이 물러간다. 水의 계절이 아니므로,
卯 : 死 壬수는 陽水로서 위에서 아래로 흐르는데 2월 달에 나무에
   물이 오르므로 거꾸로 밑에서 위로 올라간다.
辰 : 墓 3월엔 모든 땅의 氣가 水氣로 거두어들인다. 3월 땅의 흙
   은 밟으면 촉촉하고 나무 심으면 잘 산다.

☾ 다만 물은 흙이 많으면 막힌다.
丙 戊 戊 己 모기보고 총질하는 팔자이다. 子수 물 하나 막으려고
戌 子 戌 未 남산 흙을 모두 파다 놓았다. 매사 헛수고만 한다.
준비만 하다 끝이 난다. 망건 쓰다 장 파한다.

戊 己 壬 丁 흙이 많으니 물이 흙이 막힌다. 물은 고여 있으면 썩
戌 未 子 未 는다, 썩은 사주다, 수는 지혜인데 지혜가 썩은 지
혜 다. 사주에서 썩은 냄새가 나네요, 똥 푸는 직업이다. 이사님
하수도 치우는 사람이다.

[실증철학 원문]

　　甲木이 申金에 絶이 됨은 木인 봄이 金인 가을을 만나 정 반대의 계절이라 절멸(絶滅)하기 때문이며, 또 생 극으로는 金 木을 받아 木이 折木되고 소멸(消滅)되며 암장(暗藏)으로는 申宮庚金과 甲庚으로 相沖되고 木 새벽이 金 석양을 만나 꺾이기 때문이며, 또 절처봉생(絶處逢生)이 됨은 甲木 나무가 金 가을을 만나 잎새가 떨어지나 그 자리에는 씨눈이 남아있어 다음해 봄에 피어날 수 있는 준비가 되어있고 申宮壬水가 水生木하여 木을 살릴 수 있는 인소가 엿보이고 있음이다.

[강의 노트]
甲 : 木이요, 陽木이고 봄이다. 亥卯未 三合이다.
申 : 胞(絶) 木은 봄인데 金은 가을로서 계절의 반대로 絶地이다. 절처봉생(絶處逢生)의 순환적인 생이 들어있다. 金극 木으로 나무가 죽는다. 甲申은 포태법으로 절지를 만나니 甲목이 죽어있는 나무이다. 나를 죽이고 들어오므로 殺地로 써먹는다. 살지를 바늘방석으로 비유하는데 그 이유는 아래위에서 송곳으로 쑤셔대기 때문이다.
酉 : 胎 甲목의 정관으로 甲木이 酉禁에 시집갔다. 고로 태가 된다.
戌 : 養 양궁이지만 마른 흙(燥土-조토)이라 나무가 자라지 못한다.
　　木나무가 申酉戌월 가을이면 낙엽 져 떨어지고 앙상한 가지만 남는다. 甲戌은 나무와 흙이지만 조토라서 나무가 착근(着根-뿌리내리지 못 함)하지 못한다.
亥 ; 生 水生木 받아서 살아난다. 10월은 육림(育林)의 달이다.
　　亥中에는 甲이 있어서 木 은 봄이므로 水生木잘 되고 亥中의 壬水로서 난류(暖流)가 되고 木 은 亥卯未이기에 亥에서 살아나므로 生宮이다. 나무를 물에 담거서 송진을 뺀 다음 사용하면 천년 간다고 한다. 甲木은 陽水인 亥水 壬水를 좋아한다.

子 : 欲 흘러가는 작은 물으므로 목욕궁(沐浴宮) 이다.
  부목(浮木-떠있다 마음이 항상 떠 있다.) 표목(漂木-뗏목,떠돌이, 물결치는 대로, 바람 부는 대로 산다,) 음지나무(子는 한밤중이라서 여자라면 소실로 음지생활 즉 숨어서 산다) 아무리 巨木 다 큰 나무라도 11월 얼은 물(凍水)은 좋아하지 않는다.
  목욕궁은 패지(敗地)로 실패하는 곳, 함지살(涵地殺)-물에 빠졌다) 목욕이 바람이고 도한다. 즉 끼 바람둥이를 의미한다. 그래서 실패도 의미하는 것이다. 甲子는 목욕궁으로 써 먹는다. 甲木 일주가 자년에 신수 보러 왔다면 모든 것이 동결 되어서 꽁꽁 묶여있는 상태에서 매사가 잘 안 풀린다고 해야 한다. 물이 들어와 좋다고 하면 절대 안 된다. 다만 조열한 사주라면 한숨 돌린다고는 해도 되지만 문서라고 문서 잡으라고 해도 안다. 실패의 문서요, 묶여있을 문서요, 그래서 갑목이 자를 보면 부목을 표목이라고 하고 심하면 떠돌이 인생살이라고도 하는 것이다.

丑 ; 帶 동토(凍土)로서 흙의 역할이 잘 안 된다. 아직도 섣달로서 나무가 뿌리 내리지 못하는 시기다. 甲木 일주가 丑년을 만나면 丑中의 己土와 갑기로 暗合이 된다. 甲木이 財와 暗合이라서 연애하는 것이다. 그런데 꽁꽁 얼어있는 여자라서 오갈 데 없는 여자이거나 쓸모없는 여자다, 그래서 甲木이 생각 끝에 그만 헤어지자고 했더니 丑土 왈 약 먹고 죽는다고 야단이다. 그래서 탕화살 이다. 흥, 흥, 탕화는 음독하는 살이다.

寅 : 冠 祿地로 제철 만났다. 甲寅은 뿌리 했다 한다.

卯 ; 旺 2월은 봄의 중심으로 旺 宮이다. 같은 뿌리라도 寅卯는 음양이 다르다. 음양이 다르면 잡목이라고 한다.

辰 : 衰 衰宮 이지만 甲木이 辰을 만나면 3월의 촉촉한 흙으로 잘 살고 착근이 잘 된다.다만 봄의 철인 木의 "기" 가 다 했다는 의미정도로 받아드려라.

巳 : 病 언제든지 木은 여름을 만나면 木 生火로 힘 빠진다. 나무

가 불을 만나면 타버려서 재만 남는다,
午 : 死 사궁은 이미 죽었다는 말이다.
未 : 墓 未中의 乙목을 만나러 땅속에 들어간다. 辛酉戌 가을을 넘기려고 땅속으로 들어가는 것이다.

[실증철학 원문]
　다른 오행은 長生宮이 生을 받는(木生火, 金生水, 水生木)자리가 되어 힘이 있으나 유독 庚金만은 巳火에 剋을 당하고 있으므로 타 장생궁같이 힘이 생기고 살아난다고 보아서는 안 된다.
　庚金이 巳火에 長生이 됨은 완금장철(頑金丈鐵)이 로야지화(爐冶之火)에 제련이 되어 하나의 기명(器皿-그릇)으로서 완성이 되므로 장생이 되는 것이다(강하고 큰 금을 최고의 쓸모 있는 쇠로 만들려면 화로 불같은 강한 불로 불려야만 그릇이 된다는 말이다,)
　고로 庚금이 巳화에 長生이 되려면 巳酉나 巳丑으로 金局이 형성 되어야만 하며 대신 타 오행의 養宮은 무시하나 金만은 辰土養宮이 습토로서 生助 하는 곳이 되어(土生金) 장생과(滋養之金)이라 하여 소중하게 다루고 있는 것이다.

[강의 노트]
庚 : 봄의 반대는 가을이며 甲庚 沖이다, (亥卯未 巳酉丑도 沖으로 봐야한다)
寅 : 胞(絶) 가을(庚)이 봄을 만나면 寅卯辰 봄에는 가을이 꼼짝 못한다. 寅은 火가 長生하는 곳이므로 金이 絶地가 된다.
卯 : 胎 卯中乙木과 乙庚합하니 胎가 되고 있다.
辰 : 養 濕土이므로 土生金 잘 받아서 잘 큰다.
巳 ; 生 巳午여름에서 이미 가을이 시작 되었다.
　　 巳中의 丙火로 용광로 불에 무쇠덩어리인 庚 金이 하나의 그릇이 되니 장생이 된다.

午 : 欲　午火 정화로서 등잔불로서 무쇠는 못 녹인다. 실패작으로 목욕궁이다.
未 ; 帶 조토(燥土)로서 土 生金 못한다.
申 : 冠　申中庚金으로 제자리 찾아서 관궁이 된다.
酉 ; 旺　申酉 가을의 금이 제철을 만났으니 전성기다.
戌 : 衰　燥土이고 金氣가 물러가는 때라서 쇠 궁이고 燥土는 토생금 못한다.
亥 : 病　설기 되고
子 : 死　亥子丑 겨울이니 꼼짝 못한다.
丑 : 墓　丑中辛金을 따라서 들어가니 入墓다.

庚子일주는 金沈이다.
○ 庚 乙 ○　乙목의 남편인 庚금이 亥子위에 있으니 술독에 빠
○ 子 亥 ○　져있다. 고로 이여자도 음지나무이니 술집 여자다.
庚은 폐와 대장 이다, 丑을 만나면 庫藏地로 늙어서 힘이 없다. 고로 대장이 무기력한데 축이 겨울이니 꽁꽁 얼었다. 대장은 수분을 흡수하는데 꽁꽁 얼어 흡수불가니 설사다.
　　이때는 대장이 열 받으니 변비다.
○ 丙 庚 ○　변비가 치질로 변 할 수도 있다.
○ 午 午 ○　고로 庚金 일주는 丑月에 설사병 한 번씩 걸린다.

戊土는 火土共存으로 또는 화토일색으로 병과 같이 돌린다.

　나는 이렇게 배웠다. 암기하기 쉽고 편안하고 이해가 빠르다.
甲亥와 丙寅이가 壬申해서 庚巳났다, 을 암기하면 되는데 甲은 亥水에 生地가 되고 丙은 寅에 庚은 巳에 壬은 申에 生地가 된다는 말을 알기 쉽게 한 것이다.
地支 手掌圖는 잘 들 알고 있는데 天干 手章圖는 잘 모르는 사람들이 있어 설명하려고 한다,

지지수장도 에서 申이 甲이고 酉가 乙이며 한 칸 건너 亥가 丙이고 子가 丁이며 다시 戊土가 亥이고 己土는 자에 놓는다. (火土는 같다하여 一色 또는 共存으로 부른다.)

陰 포태법

음 포태법은 너무 신경 쓰지 말고 丁도 丙과같이(나머지 음일간도) 활용하라, 음 포태법 이치는 잘 못하면 죽 쏜다. 여기서 중요한 것은 陽生 陰死 陰生 陽死의 법칙만 확인하면 된다. 오행의 生剋制化의 이치가 우선이다.

甲목은 陽이요, 氣로서 보는데 乙목은 陰이요, 살아있는 나무로 또는 보이는 나무로 활용하라,
음일간은 역행으로 돌리는데 乙을 지지수장도 酉에 놓고 胞絶로 시작 申에 胎요, 未에 養이고 午에 生이 되고 巳에 浴이 되며 辰에 帶, 卯에 官, 寅에 旺, 丑에 衰가 되고, 子에 病이요, 亥에 死가 되며, 戌에 墓가 된다.
乙木은 살아있는 나무이므로 午월 달에 성장하여 모든 꽃은 午시에 활짝 핀다. 농부도 벼꽃이 활짝 피는 午시에는 논에 안 들어간다. 午에 生이다. 亥에 巳가 되는 이유는 해수 바닷물이 들어오면 乙木은 죽는다. 養生 陰死의 법칙을 확인해라.

ㅇㅇ乙ㅇ 乙木이 午는 포태법으로 生宮인데 乙木이 기운이 살
ㅇ午ㅇㅇ 아 있다고 볼 것인가, 아니면 木生火로 힘이 빠진다,
로 볼 것인가 ? 생극제화가 우선이기 때문에 힘이 빠진다, 로 보는 것이다.

乙亥는 水生木으로 살아있는 나무로 볼 것인가? 아니면 壬水 짠 물로서 죽어있는 나무로 볼 것인가?(死宮) 그러나 생극제화로 살아있는 나무로 보아야 하는데 다만 음지나무로서는 면치 못하니 주변을 잘 살펴 陽地라면 生이고 陰地라면 絲로 보아야 한다.

丁火는 陰火로서 달이다. 丙은 태양하로 해로 보아야 한다.

丙화 태양이 죽는 酉에 長生이고 해가 뜨는 새벽 寅시에는 死宮이고 巳午에는 火氣가 旺하므로 冠旺地가 되고 있다.
子에 놓고 胞絶로 시작 亥에 胎요, 戌에 養이고 酉에 生이 되고 申에 浴이 되며 未에 帶, 午에 官, 巳에 旺, 辰에 衰가 되고, 卯에 病이요, 寅에 死가 되며, 丑에 墓가 된다.

丁火가 寅을 만나면 포태법으로는 死인데 정이 인목을 만나서 힘을 못 쓰는가? 木生火로 펄펄 살아있는 불로 볼 것인가? 살아있는 불로 보는 것이 맞다. 그래서 생극제화 우선이라는 것이다.
丙 陽이 사는 곳에 丁陰은 죽고 丁 陰이 죽는 곳에 丙 陽이 산다는 양생음사 음생 양사 법칙만 여기서 확인 하면 된다. 즉 丁화도 巳午에는 官旺이되어서 전성기로 살아가게 된다. 음 포태의 이치는 잘 못 사용하면 안 된다. 포태법은 양포태만 사용하라는 것도 이와 같은 이유 때문인 것이다.

辛金은 珠玉이다. (金銀 珠玉)
辛金은 寅卯에는 絶이고 亥子水의 겨울에는 서리로서 그 강도가 깊어지니 子에 長生이고 辛喩에 冠旺이 되고 辰에서는 埋金되므로 墓가 된다.
卯에 놓고 絶로 시작 寅에 胎요, 丑에 養이고 子에 生이 되고 亥에 浴이 되며 戌에 帶, 酉에 官, 申에 旺, 未에 衰가 되고, 午에 病이요, 巳에 死가 되며, 辰에 墓가 된다.

辛금이 子에 生宮 이라는 것은 辛은 서리(霜)요, 子는 눈(雪)으로 보면 눈 위에 서리 오면 반짝거리면서 좋다고 이해하라.
女命이 辛巳일주라면 巳中丙火와 丙辛 암합하는데 巳中丙火는 애인일 뿐이다. 辛은 작은 金, 丙은 큰 불로서 辛 여자는 丙 남자에게 녹아 버렸다.

癸水는 陰水로 작은 물이다.
　壬이 生하는 申에서 死하고 壬이 죽는 卯에서 長生이다. 亥子水에는 冠旺이고 未에 墓가 된다.
午에 놓고 胞絶로 시작 巳에 胎요, 辰에 養이고 卯에 生이 되고 寅에 浴이 되며 丑에 帶, 子에 官, 亥에 旺, 戌에 衰가 되고, 酉에 病이요, 申에 死가 되며, 未에 墓가 된다.

　辛은 卯에서 살고 申에서 죽는다. 卯는 生宮인데 卯목은 木剋土로 써 土를 극하므로 땅의 세포가 벌어져서 수맥이 형성되고 이것을 따라서 물이 올라오므로 生宮이라 했고 2월은 나무에 물이 오른다.
☪ 水脈 : 눈에 보이는 물은 위에서 아래로 흐르고 보이지 않는 물은 아래에서 위로 흐른다. 조수물이 들어오는 시간에는 백두산 꼭대기 까지도 조수물의 영향이 미친다.

　申은 死宮인데 金生水 받으니 살아있는 물로 봐라,
癸水가 申金을 만나면 絲地가 되는 이치는 癸수는 申금 서쪽을 만나면 죽는다는 것인데 申중에는 壬水가 있어서 癸水+壬水=壬癸=壬水가 되기 때문이다. 이것을 西不水流 물은 서쪽으로 흐르지 못 한다 라 한다.

12운성 응용 방법

12운성에서 구성자체는 음과 양으로 구분하여 놓았으나 실제 응용에서는 음양을 구분 하지 않고 양포태위주로 작용한다.
絶胎는 절 태지로 같이 보고, 冠旺은 왕지로 같이 보고, 病死地는 약지로 같이 본다.

포태법 : 계절과 같으면 冠旺이고, 계절과 반대면 絶胎이고, 다음 계절이면 病死, 그 앞의 계절이면 生浴이다.

長生宮은 木火土水는 모두 生을 받는데 金만 巳에서 生이아니라 극으로 이루어진다. 그러므로 다른 장생처럼 힘이 있다고 보아서는 안 되고 그릇이 되는 것도 장생이다. 고로 庚巳에 長生이 되려면 巳酉 巳丑 金局을 형성해야만 한다.

養宮을 살펴보면
木은 戌土이고 火는 丑土요, 水는 未土가 되고, 金은 辰土가 되는데 이중에서 金만 養宮으로 써라,

[실증철학 원문]
(1) 長生은 發生의 氣象이다.

장생은 발생의 기상으로 도와주는 자리가 되어 年支에 있으면 선대가 발달하였고, 또 선조의 유덕이며, 生月에 있으면 부모 대에 영화요, 형제가 발전 하였고, 日支에 있으면 부부화목에 영리하며 가문을 빛내고, 時支에 있으면 자손이 귀하게 되며 자손의 효도를 받고 日時에 있으면 자신의 말년이 좋을뿐더러 더욱 빛이 나는데 여명은 비록 박학수재(博學秀才)이나 지나치게 강하고 똑똑하여 夫德이 없는 것이 흠이다.

[강의 노트]
60甲子에서 長生은 4개 밖에 없다.< 丙寅 壬申, 丁酉 癸卯,>
여기서 남녀 모두 丙寅 壬申 일주는 앉은자리에 장생을 놓았다,

여자면 재주덩어리는 좋으나 남편 덕은 적다. 여자가 너무 잘나서 남편이 꺾이니까,
癸卯 위에는 물이고 뭍은 바람이다, 바람 불면 풍파가 일어난다.
풍파를 끼고 사는 팔자요, 장생궁 이라고 좋다고 하면 큰일 난다.
○ ○ 丙 ○ 부모덕이 있다.
○ 寅 ○ ○ 여자가 인수면 친정 덕이고 친정 유산도 받는다.

○ ○ 丙 ○ 선조 덕이 있다.
寅 ○ ○ ○ 년에 장생 궁이므로 선조의 덕이 있는 것이다.
己 丙 丙 戊 이대 전 총장 김활란 박사의 사주이다.
亥 寅 寅 戌 亥가 남편인데 寅亥합 목으로 변질 되니 남편 없이 혼자 산다.
甲 丙 丙 甲 천하의 똑똑한 남편이다. 남편과 인연 있다.
申 子 寅 午 官印相生에 재생관 까지 받았으니 똑똑한 남자라고 한 것이다.

[실증철학 원문]
(2) 沐浴(敗地) : 사치가 심하다.
　목욕은 나체지상으로 淫을 발하게 되어 있어 年支에 있으면 선조가 주색으로 패망하였고, 生月에 있으면 모친이 再嫁 또는 소실, 이요, 아니면 부친의 풍류로 가정이 패하였으며, 生日에 있으면 부모유산을 지키기 어려우며, 사치 또는 색난으로 풍파가 많고 어렸을 때는 잔질로 병원출입이 잦아 부모의 마음이 많이 상하였을 것이고 時支에 있으면 자손이 자손의 풍류도 있지만 자신도 작첩한다. 그러나 여명은 부부해로는 하더라,
[강의 노트]
　목욕하려면 옷을 벗어야 한다. 〈끼가 많다.〉
일지에 목욕이 있으면 어렸을 때 잔병 많았다, 또한 부부 궁이 안좋다 甲子, 庚, 辛亥, 乙巳, 일주는 일지가 沐浴지이다. 부부궁이

안 좋고 어려서 병 많았다. 辛亥일주는 이중에서 목목궁의 의미가 약하다, 金水로서 차가우니 오히려 봄감증과 같아서 남자를 모르기 때문이다. 만약 겨울 생이라면 확실하다.

[실증철학 원문]
(3) 帶宮(冠帶) : 裝飽之氣象이다.
　대궁은 장포지기상 으로 생년에 있으면 예의가문이요, 평안한 생활을 하였고, 생월에 있으면 부모 형제 중흥하여 사회에서 두각을 나타냈고, 생일에 있으면 <丙辰, 壬戌>용모가 좋았고 여인과 인연이 있으며, 생시에 있으면 자손은 大榮하나 늘그막에 재혼이 두렵다.
[강의 노트]
　별로 써먹지 않는다. 장식의 기상이다, 예의지상이다.
火가 예의이니 火로 풀이해서 써먹어라, 丙辰일주를 보면 辰土는 襲土로서 晦氣無光이자 불이 꺼진다, 그런데도 대궁으로 봐야하나? 의문이다. 壬戌도 土剋水로 극한다. 과연 帶宮이 될까? 그러므로 12운성은 참고일 뿐이고 목을 매어서는 안 된다는 말이다.

[실증철학 원문]
(4) 冠宮(比肩) : 臨冠이란 지지에서 비견이다.
　臨冠은 自立之性이 되어 생년에 있으면 선대에 발달하였고 生月에 있으면 장남이나 장녀요, 사회진출이 빠르며, 生日에 있으면 (甲寅, 乙卯, 庚申, 辛酉,)건강하고 예능에 소질이 있으며 성격이 원만 형이라 모든 사람의 칭송이 자자하며, 가난한 집안에 태어났더라도 말년은 부자요, 時柱에 있으면 자손과 말년은 좋은데 주중에 너무 많으면 오히려 흉이 됨과 동시 남녀모두 부부궁이 부실하여 재혼이 많다.
강의 노트]
　60甲子중에 앉은자리에 冠宮인 비견을 놓은 것은 (甲寅, 乙卯, 庚

申, 辛酉,) 4개다. 부부궁이 안 좋다는 이유는 ? 천간과 지지가 같으면 干如支同이라하여 다른 남자에게 내처 빼앗겼다 가령 甲寅이라면 寅中甲木과 천간 甲木이 둘이라 己土가 자기 남편인줄알고 甲己합 했더니 다른 남자더라, 일지에 비겁 있으면 항상 형제 한자식 깔고 산다,

여자가 辛酉 일주라면 丙이 남편인데 일지 배우자궁의 酉中辛金이 있으니 아내가 둘이라는 것이다. 고로 하나는 빼앗기게 된다.

[실증철학 원문]
(5) 旺宮(比劫) : 剛健의 氣象이다.

이 왕궁은 강건의 기상으로 생년에 있으면 품위 있는 가문에 선조부귀로 영화를 누렸고, 生月에 있으면 형제가 많고 장남 장녀로 부친에 흠이 있고, 生日에 있으면(壬子, 丙午, 戊午, 丁巳 ,癸亥, 己巳.)강건은 하나 재물이 모이지 않으며 고집이 대단하며 처궁이 부실하고, 生時에 있으면 孫宮에 흠이 있다. 女命에 있어서도 비겁이 태과하여 夫宮이 불미스러워 독신녀이거나 재혼이 많다.

강의 노트]
60甲子중에 壬子 丙午 戊午일주가 왕궁이다. 앉은자리가 왕궁이면 너무 강해서 좋지 않고 역시 겁재이니 형제 한 자식 깔고 사는 경우이다.

ㅇ ㅇ 丙 ㅇ   왕궁을 셋이나 놓았다. 불이 너무 강하여 못 쓴다.
ㅇ 午 午 午 낮만 있고 밤이 없으니 꽃은 피었지만 열매가 없다.
병이 혼자 벌어 나누어 먹어야 하니 힘든다. 음양의 조화를 이루지 못했으니 건강도 문제다. 양인 살이 셋이나 되니 신체불구 가능하다.

ㅇ ㅇ 甲 ㅇ   甲의 처나 재물이 들어설 길이 없다.
ㅇ 寅 寅 寅 木극 土로 여자 돈을 쫓아버리고 있는 형상이다.
이사람 결혼하고 친구 좋아하면 가정 파탄 난다.

[실증철학 원문]
(6) 衰宮 : 沒落의 氣象이다.

이 쇠는 몰락의 기상으로 年支에 있으면 선대에 파산이 있었고, 생월에 있으면 부모 대에 쇠진(衰盡)하였고, 日支에 있으면(甲辰 庚戌) 온순은 하나 박력이 없어 큰일을 할 수 없으며, 다중교제(多衆交際)를 싫어하고, 주체성이 강하지 못해 타인의 꼬임에 손재를 잘 하고 時柱에 있으면 자손의 걱정이 많다.

[강의 노트]

男子가 甲辰 일주면 甲이 辰에 衰宮 이지만 쇠 궁으로 보지 않는다. 甲목이 辰토에 뿌리 내리고 있음이고 그러나 편재라서 여자가 붙었다 떨어지고를 자주한다. 신약사주라면 박력도 부족, 결단력도 부족, 지구력도 부족, 인내력도 부족, 용두사미로 매듭을 못 짓고, 귀가 얇아 사기 잘 당한다.

[실증철학 원문]
(7) 病宮 : 呻吟의 氣象이다.

이 병은 신음의 기상이다. 生年에 있으면 선대에 병약 곤궁(病弱, 困窮)하였고, 生月에 있으면 부모 대에 간난 중에 출생하였고, 生日에 있으면(丙申 壬寅)어릴 때 大病 내지는 병약으로 고생 하였고, 또 부모인연이 희박하며, 生時에 있으면 자손의 질병으로 마음고생 하게 된다.

[강의 노트]

丙申 財殺地이다. 申중의 庚金은 財요, 壬수는 殺이다. 내 것 주고 뺨맞는 형상의 팔자이다. 소리 나는 音 그대로 병신이다. 呻자는 끙끙거려 신에 吟 끙끙 앓다 음자를 쓴다.

ㅇㅇ丙ㅇ   申金은 金으로 열매다. 꽃도 피기 전에 열매 즉 결실
ㅇ申申申   부터 서두른다. 못된 송아지 엉덩이에 뿔난다, 김치
국부터 마신다. 여자라면 못 다 핀 꽃이 서리부터 맞았네요, (그것도 팔자인가요, 16세에 못된 곳에 끌려가 몸 버렸단다.)

☾ 多財는 無財다. - 관리능력이 없으니 가난뱅이(金多火熄) 능력도 없으면서 억만장자 꿈꾼다. 꽃은 적은데 열매는 크다.

[실증철학 원문]
(8) 死宮 : 終熄의 象이다.

死는 죽을 사 자이므로 종식의 상으로서 生年에 있으면 선대의 덕이 없으며 生月에 있으면 부모 형제의 인연이 희박하고 生日에 있으며 生氣가 없으며(甲午 庚子)좋은 일 많이 하고 욕먹으며, 生時에 있으면 자손이 없다.

[강의 노트]

病과 死는 같이 봐라.
봄(木)이 여름(火)을 만나면 病死地가 되는데 봄(木)이 죽는다.
여름(火)이 가을(金)을 만나면 病死地가 되는데 여름(火)이 죽는다.
가을(金)이 겨울(水)을 만나면 病死地가 되는데 가을(金)이 죽는다.
겨울(水)이 봄(木)을 만나면 病死地가 되는데 겨울(水)이 죽는다.
항상 다음 계절이 病死地가 된다. 병들고 죽는다는 말도 포태법을 알고 보면 계절에 맞추어진 것이다.

봄(木)이 가을(金)을 만나면 絶胎地가 된다. (태는 안 쓰고 절로만 본다.)
여름(火)이 겨울(水)을 만나면 絶胎地가 된다. (태는 안 쓰고 절로만 본다.)
가을(金)이 봄(木)을 만나면 絶胎地가 된다. (태는 안 쓰고 절로만 본다.)
겨울(水)이 여름(火)을 만나면 絶胎地가 된다. (태는 안 쓰고 절로만 본다.)
항상 계절의 반대가 絶胎地가 된다.

[실증철학 원문]
(9) 墓宮(庫 藏) : 收藏 氣象이다.

이 墓宮은 收藏(수장-거둘 수 감출 장)의 기상으로 生年에 있으면 선조의 무덤에 정성을 다하고, 生月에 있으면 부모 형제로 인하여 자신이 망하며 生日에 있으면(丙戌 壬辰 乙未 辛丑 日)잔질로 고생하며, 生時에 있으면 자손으로 인해 愁心이 많다. 그리고 이 墓庫

藏은 집합, 무덤, 저장, 창고, 옛것, 묵은 것, 오래 된 것, 늙은 것, 등으로 활용되고 있으며 또 숨겨놓은 것이 되어 열지 않으면 사용이 불가능하므로 오히려 沖이나 刑을 좋아하는 것이 특징이다.

[강의 노트]

　　病과 死를 같이 보라, <거두어들이고 관리하는 것>

墓 : 육친<부모 형제 처자)으로 쓸 때는 墓를 연결하라,

庫 藏 : 사물(쇠 나무, 물, 돌)로 볼 때는 창고나 감추는 것 저장으로 보라.

墓의 응용 법

<1>印綬庫 : 書庫 장서가, 고서적. 육친으로 응용하면 어머니의 恨 어머니를 집합으로 연결 어머니가 둘이다. 집으로 연결하면 古家

<2>財 庫 : 돈 창고, 금고, 묵은 돈, 옛 애인, 늙은 여자, 나이 많은 여자, 또 그대로 연결하면 여자의 집합이다. 財庫가 아주 쉽게 연결되면 상처(喪妻)다. 남자가 재고 놓은 사주는 여자위에 군림하려 한다. 자기에게 고분고분해주길 바란다.

<3>官 庫 : 관고는 남편의 무덤이다. 남편의 한이요, 남편의 질병이요, 여자는 옛 애인이다. 남자의 집합이다. 남자사주로 자식의 무덤이다. 여자가 관고를 놓고 있으면 어떤 남자든지 꺾으려 든다. 남편 농사 안 되고 심하게 말하면 자기가 벌어 서 남편 먹여 살린다. 또 남편이 병들어 놓고먹어야 하니 이런 것이 남편의 한을 가지고 산다는 것이다.

<4>食傷庫 : 식상은 여자에게는 자식이다. 자식의 한을 품고 살고 남의자식을 키워줘야 하고, 집합으로 보면 호루라기 불면 여기저기서 자식이 모여든다, 직업으로 보면 옛날에 고아원 지금은 유아원 남자는 부하 수하로 손아래사람 학생 제자 스님으로는 신도.

<5> 比劫 庫 : 비겁은 형제의 한, 친구의 한. 집합으로 연결하면 배다른 형제가 있다. 60세 이후에 비겁의 고장 되는 년운에는 질병과 연결시키지 말고 친한 친구가 죽는다. 충격 받지 말라고 상담 해 주세요.

庫(墓) : 辰戌丑未가 庫地다. - 삼합으로 연결하여
生 旺 墓
亥卯未 合 木局 : 봄(木)은 未土를 만나면 늙었으니 古木이다.
寅午戌 合 火局 : 여름(火)은 戌土를 보면 늙었다.
巳酉丑 合 金局 : 가을(金)은 丑土를 보면 늙었다.
申子辰 合 水局 : 겨울(水)은 辰土를 보면 늙었다.

丁未 일주는 : 未는 木의 庫藏이다. 고로 印綬의 庫로 어머니의 한을 품고 산다. 부모이혼 또는 父親先亡 母親改嫁, 공부 안 한다. 공부 못하게 된다. 종교 철학 공부 등은 100점이다.

乙未 일주는 未土는 木의 庫로 비겁의 고지이기에 형제의 恨이 있고 형제의 집합이므로 배다른 형제다.

辛未 일주는 未土가 財庫가 된다. 안방에 금고가 들어있다. 財庫는 돈 창고로 본다. 그러나 배우자인 아내의 잔병치레 하는 것은 면할 수가 없다. 여기서 단순하게 생각하면 財는 아내의 별인데 처궁에 재고를 놓았으니 아내가 아플 수밖에 ......

癸未 일주는 식상의 고를 놓은 것이니 자식의 한을 품고 사는 것이요, 남의 자식 키우는 것이다. 직업적으로는 유치원 유아원장이다. 이런 식으로 풀이하고 응용하면 거기서 뭐가 나온다.

☞ 모든 수장으로 거두어 드리고 관리하는 것이다. 고로 진술축미 놓은 자는 관리하는 데는 1등이다. 財庫 : 아내 관리 1등, 돈이 들어가면 나오지 않는다.

☞ 墓宮이 생월에 있으면 부모형제로 인하여 자신이 망하거나 피해를 본다, 덕이 없다는 말이다.

◐ 墓가 생일에 있으면 겉늙는다. 乙未, 丙戌 壬辰, 辛丑일주는
　 앉은자리에 고장을 놓아서 겉늙는다.

　辛丑일주는 앉은자리가 金의 庫다, 庫이면서도 土生金 받는 것은 60甲子중에 辛丑뿐이다. 壬辰일주는 土극 水로 土는 官이고 남편이다,
刑이나 沖은 나쁜 것인데 좋은 경우도 있다.
庫이므로 형 충으로 깨야 한다. 금고는 열어야 쓴다, 여는 것이 刑 沖이다, 그런데 여는 것도 방법이 있다,
(1) 自意야? 他意냐?
(2) 금고를 열어서 내 돈이 되느냐 남의 돈이 되느냐?
(3) 금고 여는 시기?

○ 戌 甲 ○　甲목이 戌토 편재가 3개나 된다. 편재는 억세다.
戌 戌 戌 卯　辰년을 만나면 辰戌沖으로 창고가 열린다, 開庫라고 한다. 너무 억센 걸 건드려 놓았다(白虎殺) 오히려 甲목을 잡아먹으려 덤빈다, (신약함-土多木折)
○ ○ 壬 ○　水는 火를 극하고 戌土는 火庫地니 財庫라 돈 창고
子 子 子 戌　인데 土는 땅이니 돈 되는 땅이다. 辰戌丑未는 점터로 봐야 한다. 辰년을 만나면 辰戌沖으로 開庫 되어 돈 창고가 열린다. 그런데 子辰이 合水하는구나, 水는 비겁으로 내 돈 이놈들이 다 빼앗아간다. 만약 未토가 와서 戌未 刑殺을 했다고 치자, 이때는 참 좋다고 봐야 한다, 未토는 火氣가 있는 土로 凍水를 녹여준다, 그런데 만약 丑토가 오면 장난친다, 子丑合水로 가기 때문에 비겁이 되어 탈재로 연결된다.
辰년이 이 사주에서 어떤 작용을 할까?
辰은 애인이다, 본명에 있으면 편관이라도 남편인데 운에서 오는 편관은 애인으로 본다. 辰戌沖으로 남편 쫓아내고 줄행랑쳤지만 결과는 탈재로 이어지고 망신만 당했다.

甲戌일주가 庚辰년 만나면 干沖支沖 이다, 干沖 支沖은 하늘이 무너지고 땅이 꺼진 거니 파고, 이별, 이혼, 부모상당하고, 모든 것이 뒤틀리고 충으로 쫓겨날 것이다.

木(甲乙)日柱
辰 : 印綬 庫(水)   戌 : 食傷 庫(火) 財庫도 된다. (戊土庫)
丑 : 官庫(金)   未 : 比劫 庫 自庫

火(丙丁)日柱
辰 : 官 庫(水)   戌 : 比劫 庫(火) 食傷庫도 된다. (戊土庫)
丑 : 財庫(金)   未 : 印綬 庫

土(戊己)日柱
辰 : 財 庫(水)   戌 : 印綬 庫(火) 比劫庫도 된다. (戊土庫)
丑 : 食傷庫(金)   未 : 官 庫

金(庚辛)日柱
辰 : 食傷 庫(水) 戌 : 印綬 庫(土) 官庫도 된다. (火庫)
丑 : 比劫庫(金)   未 : 財官 庫

水(壬癸)日柱
辰 : 比劫 庫(水) 戌 : 財 庫(火) 官庫도 된다. (土庫)
丑 : 印綬庫(金)   未 : 食傷 庫

己丑일주면 食傷庫가 된다. : 남의 자식 보면 안쓰럽고 잘해 준다.
庚이 辰을 만나면 土는 인수이고 辰은 水의 고장이다. 水는 상식으로 응용이고 인수는 공부다, 이 사람은 배운 즉시 써먹는다. 또 상식은 학생으로도 본다. 늙은 나이 먹은 학생이다.
官庫 : 묵은 관재로도 해당 된다.

財庫 : 재고가 잘 연결 되면 금싸라기 땅이다, 땅만 사놓으면 앉아서 떼돈 번다, 대박이다 그런데 잘 못 되면 묵은 돈 옛날일 가지고 송사 일어나고 돈 문제로 신경 쓰게 된다.

응용 : 庚辰年을 만나면
木(甲乙)일주는 인수의 庫地다.
  女命은 친정근심이 있게 되고 어머니 문제 발생한다.
火(丙丁)일주는 官星의 庫地다.
  男命은 자손으로 인한 흠 또는 아프고 근심 걱정 발생한다.
  女命은 남편으로 인한 근심, 아프고 흠이 생기고, 깊은 병,
土(戊己)일주는 財星의 庫地다.
  男命은 배우자 아프고 근심걱정 발생. 옛날 애인 만나고,
  女命은 돈으로 연결하면 辰도 土이므로 서로가 자기 것이라고 군겁쟁재 발생하고 재는 아버지이므로 부친근심 발생.
金(庚辛)일주는 食傷의 庫地다.
  男命은 手下 손아래사람부하 학생으로 인한 근심 걱정발생.
  女命은 자손으로 인한 근심걱정 있다.
水(壬癸)일주는 自身의 庫地다.
  男女命 모두 질병이다. 힘이 없다. 기가 빠지는 해다.

☾ 고장이니까, 땅속으로 푹 꺼져버렸다, 하늘로 푹 떠올랐다가, 하루에도 몇 번씩 마음이 바뀌고 변화가 예상 된다, 庫藏地는 무격하다로 표현 하라.

☾ 고장만은 生剋制化의 원리가 적용 안 된다. 12운성에서 써먹을 것이 바로 이러한 고지이다.

실증철학 원문]

(10) 絶宮(胞宮) : 杜絶 象이다.

　　이 絶宮은 두절(杜絶-끊어지고 걸어 잠갔다)의 기상으로 生年에 있으면 선대에 양자 서줄(소실한테 자식 낳는 것)서게 되기 쉽고, 生月에 있으면 부모 형제의 덕이 없으며, 生日에 있으면 (甲申, 庚寅)타향살이 또는 고생 많고, 生時에 있으면 말년고생이요, 자손으로 인한 한을 품고 살아간다.

[강의 노트]

　　庶는 소실을 뜻한다. 소실한테 자식 얻어 대를 이어간다. 막히고 끊어지고 답답한 시기다.

(11) 胎宮(태궁) : 形廓의 象이다.

　　이 胎宮은 형곽(形廓-모형과 둘레다)의 상으로 生年에 있으면 선대에 發고하려다 말았고, 生月에 있으면 부모에 이주가 많았고 형제가 적으며, 生日에 있으면 (丙子, 壬午)되는 일이 없으며, 生時에 있으면 자손이 나의 재산 지키기 어렵다.

[강의 노트]

　　胎는 아이 밴 "태"자로 매사 형상과 둘레만 있을 뿐 소득이 없다.

(12) 養宮(양궁) : 無形의 象이다.

　　이 養宮은 무형(無形-모형상이 없다)의 상으로 육성의 상이나 무형의 상이기 때문에 길함이 될 수 없다. 生年에 있으면 부친에 양자가 아니면 자신이 양자 간다, 生月에 있으면 남의 부모를 모셔 보며, 生日에 있으면 (庚辰, 甲戌)타가기식에 호 주색(他家寄食에 好 酒色)하며, 生時에 있으면 자손의 효도를 받는다.

[강의 노트]

　　養은 아직도 어머니 뱃속에 있으니 무형의 상이다.

이 외에도 12운성은 월지와 대조하여 형제 수 생시에 대조하여 자손의 수를 아는 방법이 있는데 확실치 않은 방법이다.

辛 辛 丙 甲 이 사주는 함이 많다. 酉丑 金局 寅午 火局,
酉 丑 寅 午 丙이 丑月에 나서 酉丑 金局을 이루니 무척 차가운데
이런 경우 火가 반드시 필요하다. 그런데 午시에 나고 寅午 火局을
이루었으니 대형 난방이다. 세상 살아볼 만한 좋은 팔자다.

성격 ; 성격은 급하지만 명랑하고 화를 잘 내지만 금방 잊어버린
다. 예의바르고 시원시원하다.〈火 일주는 성격이 급하고 명랑하다.〉

부모 : 부모는 인수로 보는데 甲寅이 뿌리내리고 앉은자리에 長生
이니 부모 덕 있다. 月에 丑土인 財庫를 놓았으니 부모 유산도
많이 받는다. 財(辛金)가 丙辛 합으로 들어오니 자연적으로 부모
유산이 들어온다.

건강 : 이 사주에서는 겨울 생이라 火가 건강의 핵이다. 火가 충분
하면 건강하고 부족하면 건강치 못한 것이다. 그런데 火氣가 강
해 건강은 별 문제 없다.

공부 : 척하면 삼천리다. 火일주는 배우지 않고도 잘 알고 학습이
좋고 배운 것 잘 써먹고 좋은 대학 간다.

배우자 : 辛금이 아내인데 둘이나 나타나 있다. 이런 경우 결혼 할
때 꼭 두 군데서 같이 나타나서(雙立) 이것 도 저것도 다 내 것
안 된다. 財庫 놓은 사람은 아내가 아프다, 그런데 丙辛합 했으
니 연애 결혼한다.

언제 애인 생기나요?

辛금 財년에 애인 생기는데 예를 들어 辛巳 년이라면 辛금 財가
합으로 들어와 인연은 되지만 배우자 궁 寅목과 寅巳 刑 하므로
결혼 까지는 안 되고 오래가지 못할 것이다.

자손 : 水官이 자손의 별인데 丑中癸水가 있어 자손 있다.

용신 : 木火가 用神이므로 2자 7자 3자 8자가 좋고 색상은 청 적색
이고 방위는 동남쪽이 좋다. 나와 맞는 띠는 寅 午 띠가 좋다.
다만 巳는 寅巳 형으로 제압시켜야 한다.

일지가 寅 이므로 寅午戌 년에 변동 생긴다. 여행 수 이사 수 환경

변화수이다. 申년은 沖殺있어 申달 申날은 사고 수 조심해야 한다.

壬 丙 庚 乙   이 사주는 寅午戌 火局,에 봉화가 월간에 투출 되어
戌 午 寅 酉   火氣 衝天이다. 火가 病이고 水가 약이다. 그러므로
衰 浴 絶 旺   결혼상대도 金水가 많은 사람이어야 한다.

甲 丙 甲 丙   이 사주는 甲목이 3寅木에 뿌리 내린 아름드리나무
子 寅 寅 寅   이다. 火가 용신인데 월 시간에 나타나서 좋다.
浴 冠 冠 冠   12운성으로 冠(祿)이 셋이나 되어 왕성하다.

癸酉 날에 戊辰 일주라면 戊癸 합 辰酉 합이다.
干合 支合으로 남자라면 財와 합이니 애인 생각 아내 생각 돈 받는
날 로 연결 하고 기분이 많 땅 이다.
그런데 丁卯일주라면 干 沖 支 沖으로 기분 나쁘다 다 틀어났다,
고로 비력이 탈로 난다. 沖은 파괴, 관재구설, 사고 등 싸우는 것
이고 합으로의 변화는 자의에 의한 변화지만 충으로의 변화는 타의
에 의해 쫓겨난다, 고로 초조 불안 하게 된다.

- 224 -

제 3 편
干支 生死 體性 및 應用
(간지 생사 체성 및 응용)

[실증철학 원문]

<가> 天干

　지금까지 공부하였던 모든 것들을 토대로 천간이 지지에 의해 살고 죽는 것을 확실하게 알고 있어야 비로소 정확한 추명(推名)이 가능할 수 있으므로 천간의 생사관계와 본질 그리고 응용을 기술하니 열심히 공부하여 오판이 없도록 노력하기 바란다.

(1) 甲木
　甲木은 천간의 시작으로 머리가 되며 계절로는 봄에 해당 되고 있어 만물생육의 주제가 되므로 항시 시작을 좋아하고 두령의 성격으로 구속받는 것을 싫어하며 때로는 자신을 지나치게 노출시켜 공격의 대상이 되기도 한다.

[강의 노트]

首(머리수) : 어디가든지 두령 우두머리로 남에게 지고는 못산다.
春 (봄 춘) : 봄이다, 木의 기운이다.
頭領格(두령격) : 어디가든지 대장노릇 한다. 그래서 남에게 공격대상이다. 남 앞에 앞장서면 사람의 신보가 올라가면 흔들고 짓밟으려한다.
雷(우뢰 뇌, 뢰,) : 木은 우뢰다.
溫暖(따뜻할 온 더울 난) : 봄이니까 따뜻하고, 덥다. 甲목은 木氣
長(긴 장) : 길 다. 木은 |, 火는 △, 金 은 ロ, 水는 0, 土는 ○, 딴

약 균일주가 사각형을 많이 넣어 실내디자인 했다면 각진 것은 金이므로 비겁이 많아 손해나고 손님과 부닥친다.

無根之木(무근지목) : 甲木은 棟梁之木(용마루 대들보가 되어야 할 다 큰 나무)으로 아름드리나무로 다 큰 나무라서 더 이상 두면 고목되기에 베어서 잘라서 죽은 것이지만 진짜 죽은 것은 아니다. 널판, 책상, 목재로 다시 돌아온다.

甲木은 강하고 견고하지만 만나는 상대에 따라 변하고, 甲목이 허약 하면 乙목 만도 못하다. 어느 오행을 만나느냐에 따라 달라진다.

○ 庚 甲 ○   1년생 乙목 만도 못하다
○ 申 申 ○   천지사방에서 나를 극하니 죽을 지경이다.

太强則折(태강즉절) : 너무 강하면 부러진다.
○ ○ 甲 ○   음지나무로 火가 없어서 부러진다.
卯 卯 子 辰   태강즉절로 부러지는 나무이다.

○ ○ 甲 丙   丙화가 있어서 부러지지 않는 나무다.
卯 卯 子 寅   강하고 큰 나무도 불을 보면 휘어진다.

甲木을 기준으로 보자면
壬수와 丙화를 좋아하고 庚금과 丁화를 싫어한다.
壬수는 나무를 잘라서 바닷물에 넣어 놓으면 진액이 빠져서 단단해진다. 임수는 바닷물이고 따뜻한 물이다.
丙화는 南山 나무되고 양지나무로 좋아하고 甲목에 丙화는 꽃이다.
庚금은 沖으로 칠살 이다. 그러나 무조건 싫어하는 것은 아니다
丁 화는 상관작용으로 싫어하는 것이다.
木 : 仁情 東方 3甲 乙8 靑 甲 綠 乙.
曲直(곡직) : 나무는 혼자 있으면 曲으로 굽어서 크고 많이 있으면 直으로 바르게 큰다.

○ 庚 甲 ○   굽어서 큰다.   ○ ○ 甲 丙   곧게 큰 나무다.
○ 申 申 ○   마음이 꼬부라졌다.   ○ 寅 寅 寅   마음이 곧다.
肝(肝膽) : 木은 담력 있다. 배짱 있다, 그래서 손이 크다.
咽喉(인후) : 편도선
毛髮(모발) : 木 多하면 털보 木이 없으면 민둥산.
文敎(문교) : 木은 仁이다. 선생은 무조건 인자해야 한다. 그래서
             교육이다.
遞信(체신) ; 木은 길다, 고로 有線이고 火는 無線이다.
保社(보사) : 의술을 인술이라고 한다. 고로 木일주가 의사가 많
             다, 같은 의사라도 木은 신경과 의사, 火는 안과,
             심장전문의, 土는 척추, 내과, 金은 치과, 또는 정형
             외과, 金은 칼로 외과 수술의다. 水는 비뇨기과,
             또는 마취과인데 水는 밤으로 자야하기에 한 많이다.
木材(목재) : 지물 섬유, 섬유 중에서도 자연섬유다.
藝體能(예체능) : 乙木 일주는 음악 감상 잘 한다.

木日柱에 金多하면 : 삭감 된다, 부러진다.

○ 辛 甲 ○   나무주위에 金이 많아 삭감된다. 서리 맞고 있다.
○ 酉 申 ○   목은 바람 금은 서리이므로 이런 팔자는 많고풍상 겪
으며 살아간다. 뿌리 없는 나무로 근거지가 없다, 부모도 모르고
성씨도 모른다, 木은 肝인데 金극 木 받으니 간이 굳고 간경화, 크
게 오면 간질.
木日柱에 火多하면 : 焚燒 된다, 불살라 타버렸다.
○ 丙 甲 ○   나무주위에 불이 많아 다 타버렸다. 목이 불에 타고
○ 午 午 ○   있으니 간에 불붙었다. 肝炎이다. 이런 사람도 잘 못
하면 또라이 된다.
木日柱에 土多하면 : 岩石 된다, 土多木折로 욕심 많다.
○ 戊 甲 ○   땅은 넓고 허허벌판에 나무 한 구루 서있다.

- 227 -

○ 戌 戌 ○   戌土는 燥土로 나무뿌리 못 된다.

木日柱에 水多하면 : 浮木 된다, 漂木으로 떠돌이 인생이다.
○ 壬 甲 ○   나무가 떠내려간다. 浮木 뗏목, 음지 나무로 떠돌이
○ 子 子 ○   생활, 萬頃蒼波에 一葉片舟다. 내가 설 땅이 어디인지 모른다. 누가 이렇게 만들었나? 인수 때문에 엄마 때문에, 부모가 자식 버렸다, 매사 모두 엄마가 다 해주어 무기력 의지하고 살려고 든다.

金木相戰이면 : (1) 木이 죽으니 인정이 없고, (2)金이 너무 많아도 多者無者로 의리가 없다, (3)木이 얻어터지니 頭痛이다.

○ 庚 甲 丁   2木 3金으로 일주가 당하고 있다.
○ 申 申 卯   그러나 균형을 이루면 오히려 안 싸운다.

戊 辛 甲 丙   木火 4 土金 4로 균형을 이루어 싸우지 않는다.
辰 酉 寅 寅   그러나 균형을 이루면 오히려 안 싸운다.
위 사주와 같이 구성 되면 骨痛 神經痛 筋痛으로 痛자동반이다.

水木凝結이면 : 수목응결이란 水生木인데도 水가 너무 많으니 木이 꽁꽁 얼어 응결된 경우다.

○ 庚 甲 丁   木에 水가 많으면 火가 존재하지 못한다.
亥 子 子 卯   火는 혀이므로 水극 火로 혀 짧은소리 한다. 저능아.

木火通明이면 : 목화통명이면 자기를 불살라서 세상을 밝혀준다.

○ 癸 甲 丙   癸亥水가 있어도 寅목이 있어 응결(凝結)이 안 되고
○ 亥 寅 寅   丙화로 불 밝혀 환하게 비춰주니 이런 경우를 木火通明이라 한다. 世人의 등대요, 世人의 등불이요, 상속수다, 木生火

잘하니 영리하고 박사급이다. 10월 甲목이 꽃이 피었으니 인품이 좋다. 여기서 단점이 남에게는 후한데 가족에겐 인색하다는 것이다.
木土 相戰이면: 목토 상전이면 학교 공부는 별로인데 돈 버는 데는 일가견이 있다. (財가 많으면 財극 印으로 인수를 극하니 공부 못 한다)
○ 戊 甲 ○   戊辰 3토가 있어 財극 印으로 공부는 별로인데 돈은
○ 辰 辰 ○   잘 벌어드린다. 여자에 미치면 돈 버는데 미치면 고향 떠나고 부모도 눈에 안 들어오고 오직 돈 돈 돈 하고 욕심이 많다.
木多하면 硬化되어 작용 못한다. : 간경화로 간이 굳었다. 간암이 염려 된다.

[참고]
乙未 는 고목나무다, 늙어있는 나무(庫위에 있으므로 自庫라 한다)
　　　木은 肝이므로 간 기능이 약하다.
戊土는 火庫지로 불씨를 가둔다. 入墓 庫藏 작용이다.
丙丁 火일주가 丑은 겨울 흙으로 凍土라서 버려진 땅이지만 火일주에게는 금싸라기 땅이 될 수 있다.
丙子 庚子일주는 申子辰년을 만나면 변화가 온다. 합으로 인해 動하게 된다. 어딘가를 가고 싶어 하고 갈 일이 발생한다. 입. 퇴원도 합이 되는 날 이루어진다.

여자사주에서 壬辰일주가 子년을 만나면 子辰 水局으로 土官이 변하여 水 비겁이 된 경우인데 이렇게 되면 남편이 없어진 경우이므로 이혼 수 걸렸다, 로 연결하면 된다.

　고 박태준 총리 일주가 辛卯인데 庚辰년을 만났다, 비겁 년을 만나면 비밀이 탄로 나는 해라고 한다. (왜? 숨겨둔 애인 데리고 공원에 놀로 갔다가 친구에게 딱 걸렸다. 이게 비겁 년에 벌어지는 일이다) 모 역술인이 금년은 경거망동 하지 말고 조심하라고 써 주었다는데 팔자는 못 속인다고 세금문제가 탄로 나서 사퇴하고 총리직 사퇴 했다.

乙 己 丙 癸　年柱의 乙卯는 木生火 잘 못한다, 멀리 있고 濕木이
卯 丑 子 巳　라서 이 사주는 巳火 하나에 의지하는 형상이다.
동생 형제 친구 또는 나 하나 밖에 없다. 그러므로 홀로서기 해야
하는 팔자이다. 火는 두 개이고 水는 子水 癸水 외에도 丑도 水가
된다. (子丑은 土가 아니라 亥子丑水로 봐야한다) 그래서 水극 火로 불
을 끈다. 辰年을 만나면 子辰 合水局으로 수가 많아진다, 이런 경우
남편한테 얻어터지는 형상이고 이혼 수 격렸다, 남편과 해로 못한
다고 해야 하고 金水가 많은 사주는 근심걱정 끼고 사는 팔자다.
甲木에게는 丙火가 제일 좋다, 양지이고 꽃이 피니까 실력발휘다.
다음으로 壬癸水인데　生에해당 된다.

甲목이 甲목을 만났을 때 <甲 甲>
[실증철학 원문]
　甲木이 甲木을 만나면 신약에는 幇助(방조: 도울 방 도울 조)로서 의
지처가 되지만 신강에는 閑神(한신: 막을 한 귀신 신)으로 방해가 되고
爭財(다툴 쟁 재물 재)하여 군중심리로 쓸데없는 火를 生하여(木生火)
印綬母水의 피를 말리니(火多水渴))친구라도 술친구일 뿐 진정한 친
구는 못 된다. 다소 도움이 된다면 庚金에게 얻어터질 때 단체기합
수준으로 가벼운 위안일 뿐 己토 정재 내 아내와 合去(합해서 가다)
하므로 아내도 돈도 친구 잘못 만나 다 잃는 경우가 된다.

[강의 노트]
身弱(신약) : 幇助(방조-도울 방, 도울 조)로 나에게 도움이 된다.
身强(신강) : 閑神(한신-막을 한, 한가할 한)으로 도움이 안 됨.
　　1, 閑神 : 기생충, 아무것도 하지 않으면서 빼앗아 먹
　　　　　　는 것이다.
　　2, 爭財(쟁재-다툴 쟁, 재물 재) :재물가지고 싸움이 벌
　　　　　　어 진다, 己토 하나 놓고 甲木 둘이 서로 차지하려고
　　　　　　싸운다. (여자하나 놓고 서로 자기 것이라고 싸운다)

3, 群衆心理(군중심리) 甲木이 하나있을 때보다 둘 셋이 모이면 군중심리가 발동 위법행위도 불사한다.

甲木이 혼자 있을 때는 己土와 合이 되어 유정한데 甲甲으로 둘이라면 옆에 있는 甲木이 같이 먹자고 한다. 즉 내 것을 빼앗아가는 것이다. 다른 甲木이 걷고넘어진다. 고로 己土를 갈라 먹어야 한다. 그런데 甲甲己 또는 甲己甲이라면 爭合 이라 하여 合以不合이다.

凶작용 : 甲甲甲癸인 경우 甲의 어머니는 癸水인데 3木이 木生火하면 火가 많아져서 水가 마른다.

吉작용 : 단체기합아 재미있다. 1庚에 2甲이라면 얻어맞아도 재미있다. 甲甲己 月의 甲과 甲己合去 하여 도망간다. 이런 팔자는 친구한테 애인 빼앗기고 돈도 빼앗긴다, 고로 의처증이 심한 팔자이다.

甲木이 乙木을 만났을 때 <甲 乙>

[실증철학 원문]

甲木이 乙木을 만나면 庚金 칠살을 乙庚合으로 合去시켜 일선에서 甲木을 보호하는 것 까지는 좋은데 乙木의 희생은 면할 길이 없다. 또 재다신약(財多身弱: 재성이 많아 身이 허약할 때)에 財를 다스리는데 도움은 되나 신왕(身旺)에는 비겁으로 탈재, 분재, 극재, 쟁재, (奪財, 分財, 剋財, 爭財,) 로 손재가 따르고 여명은 남편을 빼앗기며 辛金 정관을 沖去시켜 직장마저도 없어지게 한다.

[강의 노트]

甲木에게 乙木은 겁재다, 그러나 잘만 쓰면 보하관이다.
甲木이 乙木을 얼마만큼 용의주도하게 쓸 줄 아느냐에 따라 달라진다.

庚 乙 甲 ○   甲이 庚을 만나면 甲庚沖 金剋木 偏官이고 편관은
○ ○ ○ ○   군인과도 같다. 무섭다 그래서 칠살이라 한다.

甲목과 乙목은 남매지간이다. 甲목의 여동생 乙목이 보니까 庚 때

문에 오라버니 甲목이 맥을 못 추고 있더라, 자기가 庚을 乙庚합으로 묶어버리니 甲목이 드디어 축세하더라, 甲목이 乙목 때문에 축세한다는 말은 乙목이 그만큼 희생한다는 것이다.

○ ○ 甲 ○　　甲이 庚年을 만나면 甲庚冲 金剋木 당하게 되는 본명
○ 卯 ○ ○　　은 卯中乙木이 乙庚합 한다, 甲木과 庚金은 처남 매부 지간으로 변해 사이가 좋아진다.

○ ○ 甲 ○　　甲이 3土에 맥을 못 춘다. 아내는 똑똑한데 본인은
未 戌 戌 ○　　못 났다, 돈은 천지에 많은데 관리할 능력이 없다.
편재는 아버지도 되니 아버지 컴플렉스 걸리고 아버지가 무섭고 함께 있기 싫어한다. 土가 많으면 인수인 水가 맥을 못 추게 되어 공부도 못하게 된다. 이런 경우는 甲乙목의 도움이 요구되는 팔자다.

乙 己 甲 乙　　甲에게 乙목은 겁재에 해당 되어 己土는 아버지 돈
○ 卯 ○ ○　　인데 甲乙목이 己土 하나 놓고 서로 가지려고 탈재 분재 극재 쟁재 등 돈 가지고 싸운다.<월에 있어 부모 돈으로 봄>

☞ 응용하는 방법 ; 신수 볼 때 甲乙목 일주가 甲乙년을 만나면 돈 빼앗기고, 남편 빼앗기고, 결국은 이혼 수 걸리고, 돈字에 "ㄴ"자 빼면 도적만나는 해로 연결하라.

[한수 배워봅시다]
　오늘 사주 본 것 중 甲子일주가 있었는데 甲木이야기편이니 소개하려 합니다. 사주는 누가 뭐래도 핵을 짚어야 합니다.
丁 戊 甲 癸　　甲子일주가 五行全具에 별로 나무랄 데 없는 사주 같
酉 申 子 酉　　이 보이지만 사주 여덟 글자를 보고 눈에 들어오는 것이 있어야 합니다. 학인님은 보이는 것이 없나요? 이 사주에서 핵(核)은 무근지목(無根之木: 뿌리내리지 못한 나무)이라는 것입니다.

거기에 官殺까지 혼잡 된 허약한 팔자라는 것이죠, 이런 사주는 운이 좋을 때는 그런대로 잘 나가지만 운이 나빠지면 사정없이 무너집니다. 가장 염려 되는 것이 건강입니다. 내 경험상으로는 대체적으로 젊어서는 별 문제 없다 해도 오육십 대가되면 꼭 문제가 발생하게 되더라고요, 丁酉년 戊申 월에 본 사주인데 관살이 하늘을 찌를 듯이 설쳐대는 운이지요, 丁酉가 3개가 모이고 戊申이 둘이나 되는군요, 젊어서는 잘 나갔겠는데 지금은 사정없이 무너지는 운이라서 건강에 문제가 있을 것 같아 건강이 어떠냐고 물었어요. 파킨슨병으로 요양원에 있다는 군요, 나이 61세면 건강해야 할 나이에 요양병원신세라니 팔자는 못 속인다는 옛말 어른들 말씀이 생각납니다. 다시원국으로 돌아갑니다. 申子水局에 癸水까지 시간에 丁화는 丁癸 沖으로 無力 도와줄 놈들은 엉뚱한 짓거리하고 忌神 덩어리(金水)들만 우글거립니다. 丙申 丁酉년에 박살나는 거죠, 무술년은 반짝 좋아질 수 있으나 己亥 庚子년에 고생 좀 할 것입니다.

甲목이 丙화를 만났을 때 <甲 丙>
[실증철학 원문]

甲木이 丙火를 만나면 木生火로 본인을 불태워 세상을 밝혀주니 木火通明이라 世人의 등불이며 또 나무에 꽃이 만발한 형상이니 아직도 그 威勇을 뽐 낼 수 있어 좋고 庚金 칠살을 丙火가 막아주어 갑목을 보호함과 동시에 화생토로 재를 생하니 壽星으로서 제몫을 단단히 함으로 日 희생이 更生이요, 때로는 甲木이 없어진다 하여도 丙화로서 존재하고 있기 때문에 그 생명은 영구 할 수 있으며 木生火로 나의 주머니에서 지출이 된다하여도 陽으로 아들이라 나의 가문에 있으면서 혈통을 계승하기 좋으나 만약 甲木이 虛弱한 상태라면 存亡을 가늠 할 수 없어 종내는 회비인멸(灰飛 絪滅 : 재로 날라 기운이 멸망함)로 본인의 지나친 희생으로 자멸하게 됨은 필연적이라 할 수 있다.

[강의 노트]

甲목에게 丙화는 원래 식신으로 의식주라 하여 좋게 본다. 아주 허약한 경우가 아니라면 큰 문제없을 것이나 아래 예를 보면서 다시 이야기를 연결합니다.

○ ○ 甲 丙 나무에 꽃이 피었다. 내가 生하므로 음덕 적선 희생
○ ○ ○ 寅 (陰德 積善 犧牲)이다. 참 좋다. 이런 대가가 나중에 庚金이 沖으로 들어 올 때 火剋金으로 보호해 준다. 만약 庚辰년 같은 경우다. 절대 재앙을 당하지 않고 火生土로 오히려 財를 生한다. 여기서 이런 질문이 나올 수 있다. 甲목은 庚금으로 다듬어주어야 좋다는 더 요? 그렇다 병화의 담금질로 제련해서 더 좋은 연장으로의 역할 도 한다, 다만 칠살 역할은 안 한다는 말이다. 甲이 丙을 보면 내 몸 불살라서다, 그러므로 태양과 같이 세상을 밝혀주니까, 얼마나 좋은 심성인가? 살신성인(殺身成仁)의 이치다. 木火通明의 이치다. 꽃도 陽火이니 큰 꽃이고 접 꽃이다.

甲丙庚이 만나는 경우는 甲庚沖은 못한다. 그래서 食神星을 壽星이라 말하는 것이다. 음덕 쌓고 보시하는 길이 자기 목숨 구하는 길이다. (1) 스님에게 신도가 와서 庚년이 되니까 내 집인데도 집에 들어가기가 무섭다고 한다, 스님 曰 애기울음소리 나는 부부 살라고 해라 그럼 재수있고 집이 좋아진다, <그 이치는 木生火로 자식이니까 애기 울음이 나야 자식의 역할 이 된>
(2)청주에 사는 어느 고객이 좀 재앙이 일어나서 죽겠단다. 자기 집 뒷동산에 고압선(송전)이 지나가는 철탑을 세우고 나서 부모님이 교통사고로 돌아가셨고, 우환이 가치지 않는단다. 산에 철탑 세우면 土生金으로 산의 정기가 모두 죽는다. 일반 집 지하실에 녹슨 무쇠 덩어리 두면 안 된다.두려면 깨끗이 닦아서 두어야 한다. (3) 집이 안 팔릴 때 마당에 무쇠 덩어리 묻어 놓으면 집이 잘 팔린다. 집이 팔린 다음에는 무쇠 파내야 한다. 그냥 놔두면 그 집 망한다. <土生金의 이치다> 金을 죽이는 것은 水다 水는 흑색이

고 참숯도 흑색이니 참숯 구해다가 철탑주위에 묻어놓으라고 했다. 그러면 안정 될 것이다. 상생 상극의 이치를 알아 적용하면 답은 나온다.
甲이 여자라면 丙은 陽이니까 아들이고 丁은 음이니까 딸이 된다.
○ 壬 甲 丙 이라면 木生火 하더라도 좋은데 만약 ○ 丙 甲 丙 이라면 양쪽으로 木生火 하게 되면 분소(焚燒: 불사를 분, 불사를 소)되어 버리므로 7년 大旱 가뭄으로 바싹 마른 형상이라 안 좋다.

甲목이 丁화를 만났을 때 <甲 丁>

[실증철학 원문]

　　甲木이 丁火를 만나면 傷官으로 도기(盜氣 : 기운을 도적질 당함)되고 甲목이 가장 좋아하는 壬水를 丁壬 합으로 묶어 合去 시키며 辛금 정관을 火剋 金으로 피상(被傷)시키니 자연 위법 행위를 조장 시키면서 편재 戊토를 火生土로(陰生陽土)야기 시켜 허욕을 낳게 함으로서 항시 위험한 줄씨를 안고 있는 것이 되어 초조 불안하며 정인 癸水 마저 丁癸 沖으로 沖去 시키면서 木生火를 요구하고 있으니 원류(原流)가 완전 두절(杜絶)이라 불필요한 지모(智謀)와 부하(部下)하나 잘 못 만난 결과는 본인을 고립 시켰고, 또 딸 자손은 부모님의 희생만을 요구하였지 도움은 되지못하고 그래서 딸 하나 잘 못 두면 패가망신 한다는 것을 실증하고도 남음이 있는데 그러나 반대로 목이 왕하고 설기가 필요할 때는 길하게 작용한다.<太旺者宜泄>

[강의 노트]

　　甲木에게 丁火라 상관으로 법을 무시하는 무법자지요, 辛金 정관을 치고 그래서 석양의 무법자라 하는 것이고 내가 주는 것이라도 빼앗기는 기분이라 盜氣라 하는 거늬다.
壬 丁 甲 ○ 이라면 丁은 딸이고 壬은 딸의 남편이므로 사위가 되는데 둘이 소곤소곤 만든 것이 木이라 (丁壬合木)木은 비견으로 내것 빼앗아가는 겁니다. 그래서 딸은 도둑인거야.....

甲에 丙은 - 丙生 - 己生 - 辛이면 정관이 생기고
甲에 丁은 - 丁生 - 戊生 - 庚이면 칠살이 생기고
甲목이 丁을 보면 壬水와는 합을癸수는 沖을 하고 辛금은 强극한다. 결과는 壬癸水 인수 때리고, 辛인 직업 없애고, 戊土인 편재를 만들어서 허목에 패가망신한다. 그런데 말입니다. 木이 왕성하여 배부른 상태라면 丁화의 도움이 반드시 필요합니다.

甲목이 戊토를 만났을 때 <甲 戊>
[실증철학 원문]
　甲木이 戊土를 만나면 편재로서 일단 승리라고는 할 수 있으나 (木剋土)과다(過多)는 좋지 않고(土多木折) 우로수(雨露水)인 癸수를 戊癸 합거하여 甲木의 부패를 예방하는 것까지는 좋으나 壬水 편인을 剋制하여 원류가 두절됨으로 희비(喜悲)가 엇갈리고 또 木은 土를 떠나서는 살 수 없으니 승패를 가름 할 수 없고 甲木이 旺하면 많은 토라도 다스릴 수 있으나 허약하면 財生殺로 오히려 인수가 무너지니(壞印) 이것이 여자하나 잘 못 만나면 병신 되고 완패하는 이치이니라, 또 편재 戊土는 소실이고 癸水 인수는 어머니로 戊癸 합하니 애인은 어머니를 무서워하지 않음이 여기에 있고 어머니들은 자기 남편 바람피우는 것은 용서하지 못하면서 아들 바람은 감싸는 이유 또한 여기에 있는 것이다.

[강의 노트]
　甲木에게 戊土는 偏財로 형제 큰돈 목돈 애인 父 음식 (편재 낳음식 생기고 애인 생긴다, 정재 낳은 내가 받을 것이 들어온다)
○ 戊 甲 ○ 戊土는 癸수와 戊癸합 한다. 甲木에게 癸수는 正印이지만 우로(雨露水)즉 빗물이나 이슬 같아 甲목이 썩을 수 있고 甲木은 다 큰 나무라서 水을 반기지 않는다.
○ 戊 甲 戊 甲이 戊을 木극土한다지만 土多木折로 오히려 당할 수 있고 財生殺로 토는 금을 만들기에 금이 바로 살이 되는 것이다.

- 236 -

돈이 내 신체에 맞지 않게 많이 쌓이면 財生殺로 내 몸이 아프게 되는 이치이다.
☺ 재생살의 이치 : 돈이 무섭고, 여자가 무섭다. 그것을 알고서 세상의 남자들이여 살아가라. (1)殺을 병으로 연결하면 재는 음식이니까 모든 병(病-殺은) 먹은 음식(財_는 飮食)에서 온다.
(2) 남자가 남의 여자(偏財-애인)건드리면 그 것이 殺이 되어 종래에는 감옥 간다.
☪ 壞印(괴인- 무너질 괴, 도장인) : 재성이 많으면 인성이 무너져 자신을 도와주지 못한다는 말인데 甲木에게는 土가 재성이고 土가 많으면 土剋水하여 水를 극하니 인성인 水가 水生木 못한다는 말을 壞印이라 한다.

戊 戊 甲 戊 甲이 癸년을 만나면 괴인이 된다. 甲목은 오랜만에 어머니의 도움이 있을 거라고 기대 하지만 3戊가 戊癸合去 하여 甲木은 안중에도 없다. 水生木 못한다. 財가 많으면 공부도 못한다. 이 말은 "아버지가 업한 가정은 자식이 공부 못 한다"는 말로도 통한다. 財는 父星이기도 하다.

甲목이 己토를 만났을 때 <甲 己>
[실증철학 원문]
　甲木이 己토를 만나면 甲己合化土로 변질 되어 木이 아니라 土로서의 작용을 하게 되고 또 己토 正財는 正官 辛금을 生하여 명예를 얻게 하며 때로는 갑목 한신을 합거 함은 비록 己토 처는 희생 된다하여도 갑목을 평안하게 하여 줌으로 본처가 夫君에 향한 애틋한 뜻은 가상타 할 수 있고 또 土剋水함은 母妻 不合을 말함이니 자연의 이치를 어찌 거역하겠는가 말이다. 그래서 세상은 자연의 이치에 순응하며 살아야 하는 것이다.

[강의 노트]

甲木일간이 己土를 만나 合하는 것을 合身이라 말한다. 合身의 의미는 오직 당신만을 생각하며 나를 버리고 처를 위해 희생하며 살아가겠다는 말이다. 다만 일간이 변하지는 않으므로 甲木으로 남는다.

甲 己 甲 ○ 合去다. 원래 己土는 年上의 甲木을 좋아 했는데 살기는 일주 甲木과 산다. 合身하면 서로 싸이클이 잘 맞는다. 己土의 희생도 있지만 甲木 역시 己土 생각만 한다.

己土의 역할이 크다 年上 甲木 때문에 행세를 못 했는데 그놈을 묶어 매니 일간 甲木이 출세하더라.

母妻不合(모처불합)

癸 己 甲 ○ 甲木이 己土와 결혼하면 己土가 모친 癸水를 土剋水 한다. 그래서 부모 슬하를 떠나 자립해야 한다.

甲목이 庚금을 만났을 때 <甲 庚>

[실증철학 원문]

甲木이 庚金을 만나면 편관으로 깎기 우고 다듬어져 동량지목(棟樑之木)으로 그 위용을 자랑할 만하고, 乙木 비겁을 合去하면서 甲木이 필요한 壬水를 생하여 생기를 불어넣어주고 쓸모없는 비견 甲木을 沖去시키며 목이 봄이라면 여름에 자라 가을이 되어 결실케 하고 견고(堅固)하여지며 金剋木으로 잘려진다 하나 다시 木材로 살게 되니 이것이 바로 죽는다는 것은 죽는 것이 아니라 영원하게 삶 하게 되므로 이러한 것을 말하여 종이부종지리(終而不終之理)라 하고 또 원수는 원수가 아니라 바로 없어서는 안 될 은인이 된다는 교훈이 이 속에 담겨져 있으나 반대로 甲木이 허약하면 相沖에 칠살로 무서운 鬼로서 패몰 되며 나무는 삭감되고 부러지며 공작(工作)은 하나 파괴요, 서리(霜)에 의하여 나무는 고사(枯死)되고 과중한 열매 때문에 가지가 찢어져 당대를 넘기기 어려우니 이렇게 되면 약한 乙木 만도 못한 것이다.

[강의 노트]

　甲木이 제일 무서워한다. 沖받고 剋 받는다, 이중으로 곤욕 치른다, 못 되게 연결하면 극 받아 다쳤는데 다시 가서 확인사살 하는 경우가 沖이다. 가을을 맞났으니 서리 맞고 성장이 정지 되고 낙엽지고 삭감(깎아 낸다)된다. 그러나 위 외적으로 甲庚이 만나면 棟梁之木으로(깎아서 쓸모 있는 물건으로 만 듯)서 역할 도 하는데 이런 경우를 말하는 것이다.

○ 庚 甲 丙　　丙이 火극 金하고 木이 많아서 金극木을 함부로 못
　 酉 辰 寅 寅　하니 이런 경우에 해당 된다. 3월의 나무에 병화 꽃이 피었고 金으로 결실을 멋지게 하고 있다. 좋은 작용을 하는 경우이다.

甲 庚 甲 庚　3甲木 3午火 2庚금의 경우로서 동양지목으로 쓰일
寅 午 午 午　수 있는 형상이다 3火가 견제 하고 있어 칠살 로서의 역할서 보다는 연장으로의 역할을 하는 경우로 서울시청 이사관으로 근무하는 사람의 命이다.

　凶으로 연결 된 경우
○ 庚 甲 丁　2木이 4金에 沖剋을 당하고 있는데 정확는 이미 꺼진
　 申 申 申 卯　봄이다. 沖剋 = 七殺 - 鬼 - 病이다. 鬼로 귀신들렸다, 申卯는 귀문관살이다. 庚申금은 군인으로 장군신이 들렸다. 나를 극하는 것이 많으니 신들려 아프다, 신병이다. 이런 경우 동양지목 운운 하면 큰일 난다.

戊 辛 甲 丁　火가 필요한 사주다. 金剋木 하러 오니 火가 먼저 손
申 酉 申 卯　목을 비틀어 버린다. 金극 木으로 얻어터지고 水인 인수를 찾아도 때는 늦다. 이 사주는 甲목이 金을 많이 만나고 있다, 많고풍상 다 겪는다고 보면 된다. 낙엽장송이다, 金木相戰으로 안 아픈 곳이 없을 정도다, 木은 風이오, 金은 서리(霜)로 온갖 풍파 다 겪으며 사는 팔자이다. 가난한 팔자이다.
같은 말이라도 세 가지 정도로 써먹어야한다. (1) 제살 깎아먹기, (2)머리가 잘려 나갔네요, (3)서리 맞았네요.

극 (官殺)은 일복이다. 水-火= 눈이 튀어나오도록, 쎄가 빠지도록, 土-木= 허리가 휘어지도록, 水-土= 오줌 놓고 똥 눌 사이도 없이, 金-火= 뼛속이 쑤시도록 일해도 먹고 살 똥 말 똥 하다.

甲목이 辛금을 만났을 때 <甲 辛>

[실증철학 원문]

甲木이 辛金을 만나면 겁재 乙木을 沖去(乙辛沖)하여 財를 보호하고 丙火를 합으로 묶어(丙辛) 분목(焚木)을 예방함과 동시에 金生水로 인수를 불러 부모님을 생각게 하면서 공부도 하게하니 정관으로서의 임무는 완수하지만 甲木이 약한 곳에 辛金이 많으면 종래에는 折木 됨으로 흠이 되며 어찌 연금(軟金)이라고 가볍게 볼 것인가, 이와 같이 환경에 의해 행복이 좌우되고 있다는 것을 깨달아 처세를 하여야 될 것이다.

[강의 노트]

甲木에게 辛金은 정관이다. 그런데 乙木은 겁재로 내 돈 빼앗아 가는 놈이다. 가운데에 辛금이 있으면 乙辛沖去로 또는 金극 木으로 乙木을 없애 버린다.

乙 辛 甲 〇 겁재를 없애버리는 역할을 정관이 한다.

丙 辛 甲 〇 甲이 丙화를 만나면 타버리는데 辛금이 丙辛合水하면 인수로 변해 버린다.

〇 辛 甲 〇 8월의 甲木으로 金旺節에 金이 많아서 甲木이 부러
〇 酉 申 〇 지고 만다. 辛금이 적지만 申酉로 方合하니 무지하게 커졌다. 환경에 의해 이렇게 달라진다.

辛 辛 甲 辛 甲木이 辛金에게 꺾인다. 여자라면 정관이 3개나 됨으로 남편이 셋이고 세 번 시집간다. 여성이 남자가 많은 사주는 남자에게 얻어맞고 사는 팔자다. 어디가든지 주위에 남자로 둘러 싸여 살더라, 고로 남자들이 많은 곳에 근무하게 되고 힘들게 된다.

甲목이 壬수를 만났을 때 <甲 壬>

[실증철학 원문]

甲木이 壬水를 만나면 한없이 기쁜데 이는 도기처(盜氣處)인 丁火를 丁壬 합으로 묶고, 나를 생하여 주니 수입원(收入源)으로서 균형을 이루게 되며 또 丙화를 丙壬 沖으로 沖去 焚木을 예방하고 庚금 칠살이 沖 剋하여오는 것을 金生水 水生木으로 殺印相生 (貪生忘沖 通關)이라 오히려 적을 나의 근원으로 만들고 있으나 덕을 쌓으면 一擧三得 이다. 반대로 壬水가 과다하면 丁壬합 木으로 비견을 강화시켜 剋財 하므로 불리요, 또 대가를 치러야 함을 말해주고 있으며 丙火식신을 沖去는 도식이 되고 지출 없는 수입으로 종래는 포만(飽滿)이라 자폭(自爆)하며 金 官은 用을 못하고 나무는 음지에 무화(無花果)가 되어 패망이 되고 만다.

[강의 노트]

甲木에게 水生木으로 들어오니까 좋다. 편인이지만 편인답지 않은 것이 壬水다. 壬수가 바닷물이니 나무를 바닷물에 담그면 단단해진다. 甲木에게 丁火는 상관으로 도기라 한다, 壬수가 있으면 丁壬합으로 묶어버리니 좋고, 水生木으로 도와주니 수입이고 보호이며 원류가 된다.

庚 壬 甲 O 庚金이 칠살 노릇 안 한다 金生水 水生木으로 沖과 剋을 해소시킨다. 通關이요, 殺印相生이다. 인수는 덕이다, 사주에 인수가 좋으면 덕을 갖춘 사람이고 그렇지 않으면 덕이 모자란 사람이다. 壬수가 庚 丙 丁을 눌러버린다.

壬 壬 甲 壬 어머니가 셋이고 옷을 너무 많이 입혀놓았다, 너무 배부르다. 물이 많으니 浮木이다 水는 밤으로 음지나무다, 인수가 많다고 좋은 것은 아니다. 여기에다가 金을 넣어보자, 水가 많으니 水多金沈이다. 甲목에 金은 직업이고 남편인데 공부 많이 한 여자는 시집가기 힘들고 남자도 취직할 곳이 없다. 丙이 있어도 丙壬 沖이고 丁이 있어도 丁壬 합이고 甲목에게 해만 끼친다.

壬 壬 甲 丙　水가 많고 겨울인데 丙화가 있어 조화를 잘 이룬다.

壬 丁 甲 ○　내 딸 丁화가 나쁜 역할을 할까? 조화를 이루어 나쁜 딸은 아니다.

壬 丁 甲 壬　만약 甲에게 이런 딸이라면 문제가 발생한다. 丁壬合 木으로 비견이 많아지면 내 것 빼앗아간다.

倒食(도식): 밥그릇을 발로 차서 넘어트린다.
壬 壬 甲 丙　甲목에게 丙화는 식신인데 식신이 옷과 밥이다. 壬수는 편인으로 언젠가는 丙壬沖 水剋火로 식신을 때리려고 만반의 준비를 다하고 있다. 식신인 丙화를 壬수가 때려 부셨다고 하여 도식이라 한다. 밥그릇을 엎어버린 형상으로 도식 운엔 부도나는 운으로 본다. 그러나 위 4천간만으로는 도식이라 할 수 없고 운에서 丙巳火를 만날 때 도식이 된다.
壬 壬 甲 壬　꽃도 열매도 없는 팔자이다, 金도 火도 없으니 음지나무에 무화라다. 또 물이 많으니 떠돌이 팔자요, 음지나무니까, 소식의 팔자이고, 비밀이 많고, 壬癸水년에 신수 보러 왔다면 "아무도 날 찾는 이 없는 외로운 산장에서"라고 써 주면 된다.

甲목이 癸수를 만났을 때 <甲 癸>

[실증철학 원문]
　甲木이 癸水를 만나면 우로수(雨露水)가 되어 필경 썩기 때문에 대단히 싫어하나 때로는 편재 戊土를 묶어(戊癸합)욕심을 버리게 하며 상관 丁火를 丁癸沖去 하여 지나친 재조와 방종 그리고 위법 행위를 제거하고 金극木하여 오는 것을 金生水 水生木으로 通氣 貪生忘剋케 하면서 正道를 걷게 하니 역시 정인은 그래서 좋은데, 癸水도 太過하면 甲木을 썩게 하고 음지나무에다 水剋火로 나무에 꽃을 피우지 못하게 하니 각기 만나는 오행 정도에 따라 이해가 엇갈리며 또 잘 나가기도 하고 못 나가기도 하며 나아가서는 부귀빈천이 이 속에 있으므로 수시변역을 명심하여 한가지로만 이론을 고집해서는 안 된다.

[강의 노트]
　甲木에게는 正印도 많으면 흉작용을 한다.

癸 癸 甲 癸　壬水와의 正 偏의 차이는 있지만 水가 많아서 목이
〇 〇 〇 酉　뜨고 있다. 無花果 陰地나무 浮木의 작용도 똑 같다.
甲 癸가 만나면 편재 戊土를 戊癸합 으로 묶어놓고, 정화 상관이 잔머리 굴리고 나쁜 짓하자고 하면 丁癸沖으로 沖去 시킨다. 고로 인수이기에 나쁜 짓 못하고 정도로 간다, 그래서 깨끗한 사람이고 착한사람이다.

　지금까지는 甲목이 10천간을 만났을 때를 공부 한 것이고 지금부터는 12지지를 만났을 때에는 어떤 상황이 벌어 지지고 있는지를 살펴보기로 하겠다.

[실증철학 원문]

　　子水를 만나면 동목 습목 부목 표목(凍木 濕木 浮木 漂木)이 되고 또 冬水라서 수목응결(水木凝結)로 냉풍만 조장하여 북풍한설(北風寒雪)이 엄습(掩襲:불어 닥침)이요, 종래에는 敗地 沐浴宮(바람)으로 조화를 이룰 수 없으니 인수라고 하여 모두가 좋은 것은 아니므로 四柱를 잘 살펴야 하고 木剋土는 잘 하나 木生火는 어려운데(濕木은 不生無炎火: 습한 나무는 불꽃을 발생시키지 못한다는 원리)다만 왕한 火를 동반 한다면 냉풍은 훈풍(冷風은 薰風)으로 음지의 나무가 양지의 나무로 변화 하면서 꽃을 피우게 하니 이러할 때는 火를 제일 좋아한다.(甲子일의 특징 사치 낭비 殘疾)

[강의 노트]
　甲이 子를 만나면
正印(육친으로 쓸 때) 沐浴宮(포태법에서 나온 것) 水生木(상생상극에서 연결일 뿐 결과는 凍木 濕木이 되고 (건강 관계를 볼 때 하는 말) 浮木(떠돌이 인생) 陰地나무(여자는 소실, 음지 숨어살아야 한다)가 된다. 자수를 만나면 水木凝結(물과 나무가 꽁꽁 얼어붙었다, 신경이 굳는다.)심하면 저능아 건강에 문제 있다.
甲子일주 甲은 風이고 東이다 子는 北이니 北風寒雪이다. 고로 甲子일주 어렸을 때 병이 많았다, 인수인데 북풍한설이니 엄마가 좋은 역할 못하고 부모덕 없고 여기서 甲목은 木剋土는 잘 하나 木生火는 잘 못 하는데 그 이유는 물에 젖어있는 나무라서 다만 화를 동반하면 즉 갑자가 병인시를 만났다면 나무에 꽃피고 양지나무가 돼서 훈풍으로 좋아진다. 만약 甲子일주가 子년이나 丑년에 신수 보러 오면 寅년 봄이 되면 좋아지니 그때나 기다리시오 해라.

[실증철학 원문]
　丑土를 만나면 丑中癸水가 水生木하고 金의 고장지로 철분이 과다하여 나무를 키울 수 없고 또한 丑土는 凍土요, 광석과 같아 뿌리를 못하니 기대 할 수 없으나 丑中己土와는 暗合(甲己) 하며 관고로서 작용이 되므로 甲목이 왕하여 丑만 소유 할 수 있다면 금상첨화(錦上添花)가 된다,

[강의 노트]
　甲이 丑土를 만나면
正財로 내 돈이요, 내 아내가 되는데 내 돈 내 아내지만 뿌리 내리지 못하니 이는 동결(凍結)로 돈은 압류된 돈이고 여자는 남의 여자나 마찬가지다.
官庫 : 남자는 자손의 한을 품고 살게 되고 여자는 과부살로 연결
　　　(자손 남편의 무덤)하라.
凍結 : 꽁 꽁 얼어 응결 된 것이니 나무로써는 쓸 모 없는 흙.
難根 : 뿌리내리기 어렵다는 뜻으로 내가 설 땅이 아니라 방황하고
　　　있다. 어려운 날에 뿌리 근자다.
無根之木 : 얼어있는 땅이나 뿌리 못 내린다.
陰地木 : 찾는 이가 없다 외롭게 산다.
丑 : 癸 辛 己 가 있으나 癸수는 얼어있는 섣달 물로 水生木 못한다. 물로 보지 말고 얼음으로 보라, 辛金도 있고 金庫라서 철분 많은 땅으로 나무가 잘 자라지 못한다. 己土가 있지 않아요? 아니다 凍土다.
甲木이 丑土와 연애 했다(丑中己土와 暗合) 연애 할 때는 돈 많은 여자로 알고 내 돈이라고 생각 했는데(甲己合)막상 합하고 보니 凍土라 내가 못 쓰는 돈이더라, 헤어지자고 했더니 丑 탕화살로 음독자살 한다고 공갈치더라, 만약 甲목이 女命이라면 관고 찼다. 丑中辛金이 남편 노릇 못한다. 甲목이 벌어 먹여 살려야 할 남편이다.

[실증철학 원문]
甲이 寅목을 만나면

   비견이 되고 冠宮이라 튼튼하여 뿌리내려 능히 성장 할 수 있고 꽃을 피우게 됨은 木生火의 이치요, 冠宮이라 나의 벼슬로 所用할 수 있어 좋고 수를 만나도 납수(納水 : 水路가되다) 되어 어둠을 밝음으로 바꾸어 놓으니(水生木 木生火)그 조화는 무궁무진 할 수밖에 없다. 그러나 寅木도 태고(太過: 지나치게 많으면)하면 財官이 구몰(俱沒 : 함께 빠진다) 되어 흉이 되는 것이다.(甲寅일생 고독, 문학소녀, 대쪽 같은 성품)

[강의 노트]
比肩 官宮 棟梁之木 : 대들보 아름드리나무,
着根(뿌리 한다.) : 철이 든다, 내가 설 땅을 알게 되고 내가 있을 곳을 알아 정착한다.
南山나무 : 寅中丙火가 있어 火는 남쪽으로 마른나무.

甲寅일주라면 金이 와서 金剋 木하려고 하면 寅中丙火가 있어 눈 하나 깜짝 안하고 水는 어둠인데 밝음으로 바꾸어 놓고 좋으나 고란살 외로운 살로 나는 시집안가고 문학소녀로 살란다, 뿌리가 단단 하니 대쪽 같은 성품이다.
그러나 寅이 너무 많으면
ㅇ ㅇ 甲 ㅇ   나무가 너무 많고 커서 집안 망한다.
寅 寅 寅 ㅇ   木多土崩(崩은 무너질 붕) 木多金缺(缺은 이지러질 결)으로 財官이 俱沒된다.

財官 俱沒 : 구몰은 함께 빠진다, 이고 財는 土이 官은 金인데 木 多해도 土가 맥을 못 추고(木多土崩) 金도 목다금결(木多金缺)로 못 쓰게 되니 구몰이다. 돈 음식 재물이 없어지고 관직업도 없어지는 형상이며 혼자 살아야 한다, 그래서 고란살 이다.

[실증철학 원문]
甲이 卯목을 만나면

겁재요, 旺宮으로 着根하니 그 힘이 대단하여 너무 지나칠까 염려 된다. 혹 庚금을 만난다 해도 卯中乙木으로 그 힘을 저하시킴은 물론이거니와 반위길 또는 합살위귀(反爲吉 또는 合殺爲貴)로서 가히 아름다움으로 보는데 본인 때문에 매씨가 희생됨은 필연적이라 어찌 희생 없는 대가가 있겠는가, 卯木도 많으면 濕木으로 음지나무가 되어 木으로서의 임무를 상실 할 수 있는데 이를 두고 太剛한즉 折이라 한다.

[강의 노트]

겁재작용(劫財作用) : 내 것을 빼앗긴다. 旺宮 : 전성기
濕木 : 卯목 자체가 陰木으로 젖어있다. 雜木 : 섞인 잡자로 양목 음목이 섞여 있다는 말로 젊는 젊년은 甲乙寅卯가 섞여있는 팔자를 보고 하는 말이다. 卯는 風으로 많으면 강풍이다.

○ ○ 甲 乙 이런 경우 庚을 만나도 걱정 없다. 庚금은 칠살인데 내 누이동생이 乙庚 합으로 묶어 놓는다. 칠살이 매제로 내편이 된다.

太剛則折 : 태강즉절이란? 너무 강한 나무는 부러진다는 말로 단 火가 없을 때만 부러진다. 큰 나무라도 火가 있으면 구부러지거나 부러지지 않는다.

○ ○ 甲 ○　음지나무로 火가 없어 부러진다. 즉 진퇴를 할 줄 모
卯 卯 子 ○　른다. 자제 능력이 없다는 것이다.
○ ○ 甲 丙　양지나무로 火가 있어 부러지지 않는다,
卯 卯 子 寅　進退를 알 수 있는 본수를 아는 사람이다.

乙 乙 甲 丙　4木이라도 양지나무요, 火가 있어 부러지지 않는다,
未 酉 午 寅　본수를 알고 庚금을 만나도 눈 하나 끔쩍 안한다.
내편이니 나를 다듬어 적재적소에 쓰이게 하는 역할을 한다.

[실증철학 원문]

甲이 辰土를 만나면
　辰土는 온난지습토(溫暖之濕土)로 着根하니 비록 衰 宮이라도 또 인수의 고장이라 해도 辰中乙木이 있어 甲목이 살찌고 성장함에 부족함은 없으나 만약 戌土를 만나 辰戌沖당하면 甲木의 보고(寶庫)를 상실하며 酉金만나 辰酉 合金局이 되면 암석위의 나무와 같아 필경 고사(枯死)하고 만다.(甲辰일 살찌고 항시여자, 兩母, 父橫死)

[강의 노트]
　편재 : 甲에 辰은 土로 財요 여자다. 종교요, 부처님이다.
甲辰일주는 辰酉 合金局되면 눈에 보이지 않는 가운데 정관이 따라온다. 酉金을 역학에서는 金佛像으로 보는데 부처님이다. 금불상 모시고 있다. 뿌리 한다, 3월이니까, 戊土 乙木 癸水가 있고 辰자체가 3월이고 봄으로 따뜻하니 온난지토요, 辰中에 乙木을 가지고 있으니 나무가 뿌리하면서 살 수 있는 좋은 흙이고 癸水가 있어서 수분을 가지고 있어 수분공급도 잘 한다. 그러므로 나무의 성장요건이 모두 갖추어져 있다.

○ ○ 甲 甲　甲戌이 좌우로 沖을 먹었다, 戌土가 辰을 파 헤쳐버
○ 戌 辰 戌　 렸다. 辰이 날라가 버렸다. 뿌리 못한다.

衰宮(쇠궁) : 살찐다. 辰은 土요, 土는 살이다.
印綬의 庫藏地 : 어머니의 한, 종교철학 공부가 재미있다.

癸 辛 癸 壬　여자가 戌 부처님 종교철학이고 戌亥는 天門星이다.
卯 酉 亥 戌　선생님 역학 배워도 되나요? 라고 질문해 오면 팔자에 있으니 공부하고 싶다. 卯 酉 戌은 의사 법학자 역학이고 亥卯未 木局으로 내가 생하니 인정 베풀어서 불쌍한 사람을 도와주는 것으로 복지학과다. 동국대 복지학과 다녔단다.
甲辰일주 辰土는 水庫지이니 印綬庫다. 아버지가 횡사한다. 편재가 백호에 앉아있다. 백호는 혈액이다. 급사, 횡사, 수술, 총 맞아죽

고, 교통사고로 죽는 것이 모두 백호살의 작용이다.
여기서 총각이 백호살 이면 딸 주지마라, 앉은자리에 편재 깔아 여자 달고 다닌다. 財가 백호에 앉아있으니 백호대살이 작용하면 내 딸 약사발 들고 죽는다. 또 어머니가 둘인데 나를 무당한테 팔아 어머니라고 부르란다. 이혼 하거나 떨어져 살고, 남편이 바람피우면 어머니가 둘이다, 이럴 때는 좋은 친구 하나 골라 수양어머니 삼아주라고 한다.

[실증철학 원문]
甲이 巳火를 만나면
　巳화는 木生火로 泄氣요, 또 木焚 되고 病宮으로 목기는 없어지고, 午火를 만나면 상관이요, 死宮으로서 완전히 몰하게 되는데 午中己土와는 暗合하고 있으므로 자연 紅色을 발하게 되고(甲午일주는 바람둥이지만 인정 많다) 未土를 만나면 自庫로 스스로 入墓되니 枯木이다. 혹자들은 未中乙木에 着根한다 하겠으나 亥나 卯를 만나기 전에는 변형되기는 어려워 다만 火土로만 보아야 하겠기에 甲木이 착근 못한다.
[강의 노트]
　食神 : 甲목이 木生火로 설기(泄氣- 샐 설 기운 기)나의 기운이 빠져 나갔다. 식 상운에 신수 보러 오면 금년에 당신 설사만 하네요, 하자 돈 많이 설사 했단다.
病死宮이니 포태법으로 병들고 죽는 운이다.
木焚 : 나무가 불을 만나니 타고 있다. 가뭄에 비 한점 없는 운이요, 털어 봤자 먼지만 나는 운이네요,
午火는 傷官, 盜氣, 病死宮, 木焚, 좋게 보면 양지나무로 꽃이 핀다. 甲午일주 午中己土와 甲己로 暗合 비록 정재라도 애인으로 봐라, 바람둥이 홍연살, 애인이 항상 따라다닌다. 木은 인정이고 火도 인정이므로 인정이 많으니 여자가 많이 따른다.

[실증철학 원문]
甲이 申금을 만나면

　추절지금(秋節之金)으로 낙엽 되고 絶宮으로서 성장은 정지되고 暗藏 庚金에 沖剋 받아 折木으로 木의 값을 완전히 상실하니 기대하기 어려운데 혹자는 申中壬水가 水生木하여 주니 절처봉생으로 목이 살아난다고 하겠으나 金속의 물로 철분이 과다하고 차가운 물이 되어 甲木은 살지 못하며(木逢秋節 甲申일 생은 坐不安席 여자는 남자주의 목에 칼침)

　酉金을 만나면 비록 胎宮이라고는 하나 金旺節로서 木은 더욱 삭감 되어 착근 할 수 없고(木逢秋節)

　戌은 土라 뿌리 내려 살 것 같지만 조토(燥土)요 火의 庫藏 으로 火山과 같아 養宮이라 하여도 木 은 죽게 되어 있으며 또한 財庫요, 食傷庫로서 분산되기 쉬우니 목이 바람과 같이 사라질까 염려된다.(甲戌일 여자는 他子養育 돈이 모래성 쌓기)

亥수를 만나면 長生宮으로 水生木을 받아 木의 임무를 다하게 되어 있고 또 亥中에 甲木이 있고 寅冠宮을 寅亥로 暗合하여 木을 도우니 12지지 중 가장 좋아하는 亥와 子수가 다른 점이 여기에 있는 것이다.

[강의 노트]
　甲 - 申 : 칠살, 편관 殺地(절지라고 하지 않는다) 枯木 낙엽지고 서리 맞다. 折木 - 꺾어버린다. 가을로 낙엽 떨어지면 앙상한 가지만 남는다. 즉 헐벗는다. 옷도 입지 않고 있다.
신중의 壬수가 水生木 가능한가? 불가능 하다(원문 참조)
☞ 絶處逢生(절처봉생) 이란 무슨 의미인가? 끝은 바로 시작으로 이어져 간다는 말이고, 極 則 變 이고, 變 則 通 = 窮極則通(궁하면 통한다.
甲申 일주 甲은 木이고 申은 칼, 그래서 목에 칼침 맞는다,
坐不安席 - 바늘방석, 女命이라면 남자 조심해라, 목에 칼침 맞는다, 왜? 자기남편 많고 편관 애인 달고 다니므로, 연하다.

ⓒ 왜? 年下(연하)인가? 甲은 위에 있고 申은 아래에 있으니까 나보다 나이가 어린 애인이다.
甲辛申卯午未 = 헌칙살 친 잘 놓는다. 뻔족하다. 또 말(言) 친 잘 놓는다. 상대의 폐부를 찌르는 소리 잘한다. 할 소리 다한다.

사주하나 보고 갑시다.
 필자는 전국구입니다. 역술서적을 출판하는 관계로 전국 역학도 들의 질문전화가 쇄도하여 어떤 때는 업무가 마비 될 정도이지만 그래도 열 번이고 백번이고 아는데 까지는 설명해 줍니다. 어차피 역술은 活人업이기에 이일이 내가 해야 할 임무로 생각합니다.
아래에 기록하는 명조도 익산에서 역술공부를 하는 역학도의 팔자입니다. 역학도 들도 자기사주를 가장 궁금해 하기에 몇 마디 핵심을 알려주었더니 뽕 가드라 구요,
乙甲甲己 乾命의 사주로 甲寅일주에 甲乙木이 년 월간에 나타
巳申寅巳 나서 강해 보이지만 申월의 甲木 에다가 寅巳申 三刑 까지 하고 있어 허약한 命造로 봐야 합니다. 그러나 비겁이 重重해서 겁재작용은 하는 사주지요, 사주는 핵심을 알아야 합니다.
" 칼자루(형권)를 잡으면 좋고 칼날을 잡으면 꼭통인 사주이다,"
刑權이란 행정이 아닌 사법권을 의미하지만 인수허멸(印綬壞滅)인 사주라 공부로 승부 할 수 없고 식신 성이 강하므로 기술로 승부하면 좋고, 寅巳申은 손재주요, 기술자로 때려 부수고 고치고 하는 재주꾼이니 인수가 있었더라면 공부많이해서 사람 병 고치는 의사였을 텐데 공부가 약하므로(인수가 없다) 기술로 의사이니 사람의 사가 아니라 자동차 의사가 맞다(지지가 온 역마성이고 寅巳申 까지 했으니) 자동차기술이 천직이고 아니면 자동차 세차장하면 돈 많이 벌고 안정 된 삶을 살 수 있다. 라고 말 해주었더니 익산에서 자동차 정비 사업을 한답니다. 사시 공부하다가 포기하고 그런데 삶의 기복이 심해 지금 역술공부를 한다면서 필자에게 본인사주에

역술인 기질이 있으며 대운상으로 앞으로 어떻게 살아야 할 지 궁금하다는 질문을 하여 다음과 같이 말해주었습니다.

　역술인들의 덕목 중 가장 큰 것이 인간에게 희망을 주는 일이죠, 만약 안 맞아도 좋고 일단 희망을 주면 대체적으로 잘 되더라 는 것이 필자의 소신이고 경험담입니다. 대운이 현재 己卯 대운인데 戊寅 대운으로 가면 매우 좋아질 것이다. 그리고 丁酉년 세운은 傷官見官의 해라 볼안 초조 하는 일이 벌어져 별로이지만 戊戌년은 약간 안정은 되나 어쩌면 또 벌리는 일이 발생 할 것이지만 본수를 지키면 좋아지고 己亥 庚子 辛丑년에 안정 되고 대박을 터트릴 가능성이 있다, 그리고 북방水운으로 가면 가정적으로나 사업적으로 안정 될 것이다. 라고 했더니 戊戌은 식신이 入墓되는 해로 모든 활동이 정지될 텐데 좋아질까요? 라고 역습해와 이런 때 통변술이 필요한 것이다. 어디서 듣긴 들은 것 같다. 식신이 入墓되거나 깨지면 활동이 정지 된다고. 맞다. 그런데 본명은 역동성이 강하고 벌리는 것을 좋아하고 비겁이 중중해서 고집도 있고, 해서 입묘되면 본수를 지킬 수 있어 좋아지고 戊土가 戊戌로 오기 때문에 비록 건토(乾土-마른 흙)지만 甲목이 뿌리 할 수 있고 재물인 土가 희신이기에 안정으로 본다, 비록 申월의 甲목 이지만 木이 많아 물인 水운 인수 운에는 안정으로 보기에 말년은 좋다고 말한 것이다.
또 戊寅대운이 되면 寅申沖으로 또 깨지는데 좋다고 보는 것이 맞을까요, 라고 의문을 제기해서 이렇게 답변 해 주었다. 대운은 세운과는 달리 合沖의 작용이 약하고 오행 그대로 봐주라, 원국의 寅木은 깨졌지만 대운에서 만나는 寅목은 일간甲목에게 귀인이다. 또 한 가지 덧붙여 甲寅일주는 부부불목인데 甲乙木이 나타나서 군겁쟁재(群劫爭財)하니 조강지처 인연 적어 해로하기 어렵고 재물역시 먼저 보는 놈이 임자라고 했더니 己卯대운에 엄청 큰돈 날려 먹었고 본처와도 이혼했다고 하더라고요, 공부 좀 되셨나요. 사주는 많이 봐본 사람이 최고이고 공부는 독학보다는 토론이 중요 하다.
酉 - 甲 : 정관이다. 金剋木 받는다. 絶地 : 본래는 胎宮이지만절

지라고 해야 맞다. 가을 나무로 낙엽지고 앙상한 가지만 남는다. 서리 맞은 甲목 이다. 정관이라고 다 좋은 것은 아니다. 甲이 酉년 만나도 작용하고 酉달에 태어나도 작용은 같다. 甲木 일주가 申酉년에 신수 보러오면 금년은 서리 맞는 해로 별 볼일 없다고 해라.

　　戌 - 甲 ; 편재다. 가을 나무, 無根(뿌리 못한다,- 燥土이므로) 상식의 고지다. 자손들이 몰려온다, 자식 끼고 산다.
甲戌일주 뿌리 못하는 나무, 여자는 남의 자식 키워주고 두 姓에 자손 둔다. 식상 고장이므로 아이도 잘 들어선다, (임신 잘 된다)

甲 丁 甲 ○　甲이 년지 午火 자식으로 먼저남자와 살다가 자식 둘
午 卯 戌 ○　낳고서 헤어지고 나중 남자 만나서는 딸 만 둘이란다.
언제나 자식들과 만나 함께 살아보나, 그 생각 뿐 이란다.

戌 : 火山- 뾰족 뾰족한 산(관악산이 火山이다)
辰 : 水山- 물 나오고 예쁜 산
丑 : 金山- 각이 져 있거나 바위가 많은 산
未 : 木山- 산이 길게 연결 된 산
土山은 넓찍한 고원이다.

亥 - 甲 ; 편인 이지만 水生木 잘 한다. 長生 陰地나무 浮木 장생이라고 다 좋은 것은 아니다.

○ ○ 乙 丙　乙이 亥수 바다 물에 떠있다. 바람에 휘청거려도 亥
○ ○ 亥 戌　中甲목에 뿌리 하여 떠내려가지는 않는다. 丙戌 火로
꽃이 피니 연꽃이다.< 연꽃 피는 물에 목욕하면 피부병 다 없어진다. 그물에는 철분이 많이 들어서이다.>
○ ○ 甲 ○　甲이 亥를 보니 음지 나무이고 물위에서 자란 나무다.

○ 亥 ○ 亥 연약한 나무이므로 寅木이 와서 寅亥 합으로 따라가면 튼튼한 나무가 된다.
○ ○ 乙 丁 乙에게 子가 편인 亥가 정인이다. 정인이든 편인이든
○ 子 ○ 亥 년이나 월에 먼저 있는 것이 생모(生母)다.

[참고]
  辛巳일주 : 정말 紳士다. 辛은 金이고 巳는 丙火로 火剋金 받고 있어 신이 녹아 힘을 못 쓴다. 천간과 지지가 暗合한다. 비겁의 합이므로 女命은 丙이 정관이므로 애인 두고 산다.
辛보고 왜? 남편 두고 남의 남자를 보느냐고 물어 봤다, 丙의 눈맞 봐도 빨려들어 간단다. 또한 火는 전기라서 丙火 생각만 해도 전기가 와서 밤잠 설친단다. 그럼 상사병인데, 이 집의 남편은 의처증이 심한 남자일 것이다. 상대성이니까, 辛巳 일주가 신수 보러 오면 남편이 의심 많이 하지요? 라고 물어 봐라,
  巳와 亥는 변화를 잘하고 바꾸기를 잘 한다. 巳中丙이 있어 남자 잘 바꾼다.<일주하나만 잘 파헤쳐도 공부 많이 된다.>
巳火는 역마지살이다. 고로 길거리만 나가면 남자가 따라붙는다. 화는 불로 올라가므로 비행기이다. 비행기만 탔다 하면 남자가 붙고, 그것도 연하의 남자다. 여자가 젊게 보인다. 애인이 丙 이 되어 火이니까 말을 잘한다. 말을 너무 잘하여 辛 여자가 녹아 버렸다. 남자가 辛巳일주면 남자인데도 여성스러운 데가 있다. 坐下에 巳火인 官이니 직장에 다닌다. 火에 해당하니까, 한전이나 도시카스 회사이다. 그럼 언제 쯤 남편과 인연이 다 될까? 巳亥 沖이니까, 亥年이 된다. 亥는 돼지요, 巳는 새우다(巳中庚金이 있어서 변화의 동물)돼지에 새우젓 먹이면 그냥 죽는다. 돼지고기 먹을 때 새우젓 나온다, 체하지 않고 소화가 잘 된다. 건강 면에서 폐가 약하다.

[실증철학 원문]

(2) 乙木

    乙목은 甲木을 승계한다고는 하나 陽이 陰으로 변화하고 있는 과정을 말하고 있으며 따라서 만물은 음양이 교차(萬物은 陰陽이 交叉)하는 가운데서 발육하고 성장하며 결실하는 것이다.

    형이상학적(形而上學)적으로는 바람(風) 인데 이유는 살아있는 나무(活木)로 동화작용(同化作用)을 하고 있기 때문에 눈에는 보이지 않으나 움직이고 있어 자연 바람이 일어나고 있으며 따라서 활목(活木-乙木)이 많으면 많을수록 공기 중의 산소는 그만큼 풍부하고 좋은 산소를 마음 것 마실 수 있으므로 마음은 착하게 되어있으니 각박한 인심에서 벗어날 수 있음이라 그래서 삼림(森林)이 울창한 시골인심이 아직도 남아 있는데 한편으로는 木月과 木日에는 바람이 많아 생활에 지장을 주고 있기 때문에 일 년 중에서 바람이 강한 2월 卯에는 바람을 하나의 신앙으로서 승화시켜 바람신을 모시는 토속신앙도 있고 또 木일주에 木多자는 청장년시절 바람을 많이 피운 대가로 늘그막에는 풍질(風疾)로 고생하다가 귀천하게 되어있으니 이를 두고 바람은 바람을 낳고 바람은 바람으로 인하여 패망함이라 어찌 우연이라고만 하겠는가 말이다.

    형이하학적(形而下學的)으로는 수목, 지엽목, 번화지목, 활목, 생목, 습목, 양류목, 초, 근, 음지목,(樹木, 枝葉木, 繁華之木, 活木, 生木, 濕木, 楊柳木, 草根, 陰地木), 등에 속하고 木剋土는 잘하나 木生火는 인색하며 주중(柱中)에 火를 만나지 못하면 종래에는 음지의 나무가 되어 아무리 木이 왕 하다 하더라도 동량지재(棟梁之材-큰 인물)가 되기는 어렵다.

    인체로는 담(膽: 쓸개 담) 녹색(綠色) 팔수(八數) 東方 長 인정 촉각 手足 등에 해당 되어 약손에 手德이 좋고 음악을 좋아함은 역시 기가 있음이다.

    木이 金 만나는 것을 가장 두려워하는 것은 가을로서 낙엽지고 성장이 정지됨은 물론이거니와 천간으로는 乙庚合 金으로 木의 존재는 찾을 길이 없으며 辛금에는 沖 敗요, 申酉에는 絶地가 되기 때문이고 水를 만나면 水生木 받는 것 까지는 좋으나 이도 過多하면 浮木이요, 濕木에 水木凝結로 集散이 不能에 강한 北風(水-北 木-風)으로 寒氣가 대단하여 大忌한다.

그러나 得局을 얻으면(亥卯未 寅亥合木) 甲목과 동등하여 왕한 금을 만난다 하여도 겁날 것이 없기 때문에 연약한 乙木으로만 보아서는 안 되고 또 木으로서의 임무를 완수하게 되므로 모든 것이 상대적이라는 것에 다시 한 번 유념하기 바란다.

[강의 노트]
甲인 陽이 변하여 乙이 된다.
　바람이다(風) : 살아있는 나무에서는 저절로 바람이 일어난다. 바람은 바로 산소다. 活木 生木 은 다 살아있는 나무라는 뜻이다. 乙木의 특성은 木剋土는 잘 하나 木生火는 잘 못한다. 습한 물먹은 나무라서 잘 안탄다. 음악을 좋아하는 이유? 촉각이 발달 해 있다, 고로 음대에서 피아노 치라고 한다. 제일 좋아하는 것은 丙화이고 제일 싫어하는 것은 辛금이다. (丙辛合 乙辛沖) 살아있는 나무는 금을 제일 싫어한다.
　음지나무가 되면 여자는 소식이요, 남자는 이름 석 자 못 내놓는다. 무화과로 열매도 없고 숨어 지내는 형상으로 교도소 간다.
○ ○ 乙 庚　乙경 합하여 金이 되니 乙목이 없어진 경우이다.
○ ○ ○ 辰　乙목 일주 여자면 庚금과 연애 하지 마라 왜? 자기만 손해 보니까, 時나 月에 庚이 있으면 당신은 나한테 해준 것이 뭐야 乙庚合으로 자기는 없어지고 경으로 변했으니 乙목은 희생이다.

○ ○ 乙 癸　亥卯未 木局이다. 음지나무로 부러지기 쉬우니 아픈 드
○ 卯 亥 未　러 나무로 보지 마라, 火가 없어서이다. 대들보는 안 된다. 원래 卯酉戌은 의사이므로 木은 손이고 그래서 乙木을 약손

이라 했다. 寅卯木에 着根한다. 巳午木은 타 버린다. 亥子水는 凝結로 浮木 된다.

○ 丙 乙 ○　나무는 하나인데 꽃이 만발했다. 언뜻 보기에는 예쁜
○ 午 巳 ○　데 복수속 멉다. 균형이 깨졌으니까, 木은 볼만 보면
휘어지니까, 체육선생이 좋다.

○ ○ 乙 癸　乙木이라도 寅亥合 木局 했으므로 甲木과 같은 巨木
○ 寅 亥 未　아름드리나무로 보라.

乙목이 甲목을 만났을 때 <乙 甲>

[실증철학 원문]
　乙木이 甲木을 만나면 乙목 작은 나무가 甲목 큰 나무에 가리어서 존재 마저 위태로움이라 이는 큰 나무아래에는 풀 한포기도 살 수 없기 때문이고 또 약자는 강자에 침식당함의 이치이고, 큰 것 옆에 작은 것은 보이지 않기 때문이다, 다만 작은 나무로 신약에는 의지처가 되고 乙木은 넝쿨식물으로 甲木을 보면 감고 올라갈 수 있어 좋다고는 하나 겁재는 겁재 일뿐 항상 마음을 놓아서는 안 된다.

[강의 노트]
○ 甲 乙 ○　큰 나무 밑의 작은 나무는 죽는다.
○ ○ ○ ○　己년이 오면 편재이므로 일확천금 큰돈을 노린다. 고로 乙목이 己土를 만나면 나도 큰돈 한번 만져보려고 己土를 내 것으로 만들려고 온갖 투자와 노력을 해서 마지막으로 己를 가져가려고 하자 옆의 甲木이 말하기를 乙아 乙아 己는 내 것이다, 하고 가져간다(甲己合) 이것이 바로 爭財다 甲木에게 빼앗기고 만다. 또한 乙에게 甲목은 형인데 이복형과 같다. 겁재로 겁재는 겁재 이상

도 이하도 아니다, 오직 겁재일 뿐이다. 내 것을 빼앗아간다.

○ 甲 乙 ○ - 庚이 乙목의 남편인데 甲목이 甲庚冲去로 좇아버린다. 그뿐인가 己土가 편재로 내 큰돈인데 甲己合으로 빼앗아 간다.
또 乙이 甲을 만나고 인수를 연결하면
○ 甲 乙 ○ - 壬이 母로서 水生木을 甲乙木은 요구하고 바란다. 어머니의 사랑을 놓고 경쟁 아닌 경쟁을 한다. 그런데 많입니다. 乙木은 정인이고 甲木은 인수가 편인인데 壬수는 乙木보다 甲木 키우는 것을 좋아한다. 어머니도 빼앗기는 경우이다.

乙목이 乙목을 만났을 때 <乙 乙>

[실증철학 원문]
　乙木이 乙木을 만나면 같은 지기(志氣-뜻이 같은)로서 신약에서는 힘이 되어 좋으나 신강에서는 닮은꼴이 되어 매사에 방해요, 또 탈재 분재, 시기, 모략, (奪財, 分財, 猜忌, 謀略,)은 물론 상대방으로 하여금 혼동을 하게하고 정관 庚금을 乙庚으로 合去하여 나의 벼슬을 빼앗아가니 친구잘못만나면 직장마저 잃어버리며 여자는 귀중한 부군(夫君-남편)을 빼앗기고,
그러나 편관 辛금에는 같이 冲을 받으니(乙辛冲)짐을 덜게 되며　또 같은 매라도 함께 맞으면 오히려 단체기합수준으로 좋으나 그도 태과(太過)면 불가라 강풍에 강질로(强風에 强疾)로서 고생을 면할 길이 없을 뿐 하천인(下賤人)으로 전락하기 때문이다.

[강의 노트]
○ 乙 乙 ○　만나지 않은 이만 못하다. 배는 하나인데 선장이 둘
○ ○ ○ ○　인격으로 庚(官星-벼슬 또는 夫君)을 뺏기나, 신약일 경우는 내 힘이 되어주니 좋다.

○ 庚 乙 ○ 을이 경하고 잘 살고 있는데 10년마다 한 번씩 乙목이 찾아오면 庚은 운에서 들어온 乙목과 바람을 핀다. 오행은 새것을 좋아한다. 乙목이 속 터져 못살겠다고 하자 경이 말하기를 남자가 가끔 그럴 수도 있는 거지 하고 이해하란다. 그러나 말 뿐이지 쉽게 떠나지 못한다 들어온 乙은 1년 후면 가버리게 된다.

乙 乙 乙 ○ 이런 경우 下賤人이다. 또 風疾로 고생한다.
○ ○ ○ ○ 배는 하나인데 선장이 많으니 결국 배가 산으로 간다. 乙은 風인데 바람이 너무 세다.

乙목이 丙화를 만났을 때 <乙 丙>

[실증철학 원문]
　乙木이 丙화를 만나면 乙木 작은 나무에 陽 접꽃이 만개지상(滿開之象)으로 乙목의 인기가 드높으며 또 陽地의 나무로 전환 하여 더욱 더 청청(淸淸)에 견고(堅固)하여 가장 좋은데 乙木을 지켜주는 정관 庚金을 火剋金으로 방해하게 되어 상관은 이래서 나쁘다고 하는 것이다. 편관인 辛金 마져 丙辛合去하여 金을 전멸(全滅)시키므로 결실에 지장을 초래 하니 매사를 시작하는데 만족하여야 되겠고 그러나 허약한 乙木이라면 경신금의 극목을 막아주어 도리어 내편이 되어주는 보호 신으로 활동하게 되므로 무엇이든지 일장일단은 있게 마련이니 사용하기 나름이며 상대적이라는 것을 항시 잊어서는 안 된다. 또 한편으로는 壬수 정인을 沖去(丙壬沖) 시키고 편재 己토를 생하니 정도를 버리고 허욕을 앞세울까 염려도 된다.

[강의 노트]
　乙목 입장에서 丁은 식신이고 丙은 상관이라 여기서는 병이 더욱 좋다. 병은 겹꽃이고 丁은 홑꽃이라서 한 말이다.

○ 丙 乙 ○　丙이 죽어 무력하니 인기가 없다.
○ 子 ○ ○　뿌리를 잘 살펴야 한다.

○ 丙 乙 ○　겹꽃이 만개하니 인기도 좋다.
○ 寅 ○ ○　丙화가 寅목에 木生火받으니 힘이 좋아 인기도 좋다.
丙이 있으면 乙庚合으로 乙木이 庚金 정관을 만나 시집가려하나 丙이 안 된다고 한다. 그래서 乙庚合이 (火剋金)안 된다.

庚 丙 乙 ○　乙木과 庚金은 부부사이지만 丙화 상관 자식이 가운데 끼어 부부는 떨어져있다. 乙庚合 하고 싶은 마음뿐이지 자식 丙火 때문에 合이 안 된다. 乙木이 丙은 있고 金이 없으면 시작의 명수다.
　乙木에 辛金이 있어 무서운데 丙이 있어 丙辛合으로 묶어버리면 좋다.
丙 辛 乙 ○　丙은 乙木의 아들이요, 辛은 丙의 아내인데 둘이 丙辛合 하여 인수인 水가 생긴다. 乙에 丙은 상관으로 편재인 己土가 생기니 허욕이 생긴 것이다.

乙목이 丁화를 만났을 때 <乙 丁>

[실증철학 원문]
　乙木이 丁火를 만나면 식신으로서 중화(中和)를 이룬다고는 보나 홀꽃이 되어 청빈(淸貧)할 수밖에 없고 壬水를 丁壬 合去하여 부목(浮木)을 예방하는 것 까지는 좋으나 化木으로 비겁을 조장하니 무엇이든 공짜는 없는가보다, 辛金 편관 칠살을 火剋金으로 제거하여 충 극을 면하게 하여 줌은 이것이 곧 착한 일을 많이 하면 죄를 사하여 준다는 것을 말해주고 있으며 또 여자가 외출 할 때에는 어린 딸이라도 동반하면 못된 辛금 남자의 시선을 피할 수 있고 부부싸

움에는(乙辛沖) 자손이 있어야 빨리 화해 할 수 있다는 이치와 癸수 편인을 丁癸 沖去 하여 정도를 걷게 함이라 그래서 식신이 좋은 것이다.

[강의 노트]
○ 丁 乙 ○ 乙인 陰 나무에 丁은 식신이고 홑꽃으로 연결하니 도로가의 코스모스를 상상하라, 청빈할 수밖에 없다.

壬 丁 乙 ○ 乙木이 壬水만나면 잘못하면 음지 되고 떠내려간다. 그런데 丁火식신이 壬水를 묶어버린다.(丁壬合木)그러면 비견이 된다. 비견은 경쟁자요, 내 것 나누어가지는 놈이다.
☺ 乙에게 丁이 와서 "乙아, 너 壬水만나면 음지 되고 떠내려가지, 그렇단다." 그러면 내가 인수를 물리쳐 줄 테니 얼마나 줄래? 왜? 丁壬合 木 되면 비겁으로 손 벌린다는 것이다. 세상에 공짜는 없다. 좋은 물건이라도 선물 받으면 내세에라도 꼭 갚아야 한다. 모든 것은 대가를 치루어야 한다는 것이다.

辛 丁 乙 ○ 乙木이 辛금과 겨루는데 불안하여 丁에게 도움을 요청한다.(火剋金) 그래서 식신이라도 내 힘만 빼는 것은 아니다, 때로는 내 편이 되어 주기도 한다. 그런가하면 乙에게 癸수는 편인으로 편법으로 세상을 살려고 한다(乙木은 화초나무요, 癸水는 차가운 물이다, 편법이 필요할 수밖에 없다. 이럴 때 식신 丁화를 보면 은인이다. 丁癸沖去(정화로 따뜻하게 해 주고 癸수를 沖으로 보내버린다)이것은 편법으로 살아가려고 하는 乙에게 세상을 正道로 살게 해주는 보호신이다. 그래서 식신은 좋은 것이다.

☺ 道자는 首(머리가)에 辶(가다, 달릴 주)가 붙는 글자이니 머리가 가는 것이 바로 道이다, 라는 의미로 만들어진 글자다.

乙목이 戊토를 만났을 때 <乙 戊>

[실증철학 원문]
　乙木이 戊土를 만나면 正財다. 편인 癸水를 戊癸合去하여 정도로 살게 하고, 壬수를 土극 水로 막아버리고(除去-浮木을 예방) 정관 庚金을 생하여 명예까지 주면서 무계 합화로 어머니와 합심하여 을에게 꽃을 피우게 하니 역시 정재는 버릴 것이 없어 옛날 어른들이 말하기를 본처 박대하면 죄받는다고 하였다. 그러나 戊土 같이 버릴 것 하나 없는 것이라도 과다(過多-지나치게 많으면)하면 토다목절(土多木折-土가 많으면 乙목이 뿌리내리지 못하고 흙에 묻혀버린다)되고 또 土극 水로 인수를 찬단(인수는 보급로)하면서 괴인(壞印-괴인은 인수가 무너진다)으로 공부에 방해 되니 여자 하나의 힘이 미치는 영향이 어떤가를 실감하고도 남을 것이다.

[강의 노트]
○戊乙○　正財가 큰 산으로 돈이 많다. 乙木에게는 己土는 편재지만 乙木 입장에서는 戊土 보다 못하다는 것이다. 戊가 癸水 편인을 戊癸로 없애고 壬水(큰 물)는 土극 水로 막아주고 戊癸合火 되니 乙木에게 火는 꽃으로 꽃이 핀다. 아버지와 어머니가 합심하여(아버지는 재성이요 어머니는 인수로 戊癸는 乙木의 부모) 꽃을 피우게 하니 좋다.

戊戊乙戊　正財라도 戊土는 큰 산이니 높은 산이고 깊은 골짜기이므로 심심산골에 외롭게 피어있는 화초나무다. 음지나무요, 土多木折이고 인수가 水生木 못한다.(土극 水로 모두 쫓아버림) 그러나 지지로 辰戌土가 들어올 때는 水生木 가능하다. 지지는 비밀이므로 아무도 모르게 갔다 온다는 것이다.
☺ 어떤 팔자든지 재가 많으면 공부 못하고 공부에 관심 없다(財剋印) 재가 둘이면 재수생 셋이면 삼수생이다. 재성이 많은 사주는

재수생과 같고 공부보다 돈 버는데 머리가 잘 돌아간다.
만약 재가 많은 팔자와 인수가 많은 팔자가 물건을 판다면 재가 많은 사람은 금방 다 판다.

乙목이 己토를 만났을 때 <乙 己>

[실증철학 원문]
　乙木이 己土를 만나면 偏財로서 욕심이 앞서 濁(탁할 탁)이 되므로 본래의 仁情에 흠이 될까 염려 되는데 한편으로는 甲木 겁재를 合去 시켜 을목을 도우니 때로는 쓸모없는 짚신도 유용하게 쓸 수 있을 때가 있는 것과 같고, 따라서 세상에 존재하고 있는 것은 무엇이든지 필요하게 쓸 수 있다는 것을 입증한 것이나 己土도 많으면 편관 辛금을 생하여(財生殺) 결과는 병이 될뿐더러 넓은 땅에 한그루 나무가 되어 외롭기 한이 없다.

[강의 노트]
己 戊 乙 己　財가 많아 탁격(濁格)이다. 동서남북 둘러봐도 여자밖에 없다. 절구통에 치마만 둘러도 좋단다. 많으면 더 밝힌다. 적어도 마찬가지다.
☺ 濁格이란? 格은 그릇이고 濁은 흐린 것이니 혼탁한 사주, 더러운 사주를 말한다. 1, 財가 많아 탁격 일 경우, 2, 刑冲이 많아 탁한 사주, 로 크게 나눌 수 있다. 사주에서는 많아도 병 적어도 병이다.
甲 己 乙 ○　乙목의 애인 己와 乙木이 연애 중인데 甲목이 내 것이라고 가져간다. (甲己합) 겁재는 그래서 안 좋다.

☺ 財生殺 ; 財는 官을 生한다.
財 生 官 ; 정당한 돈(正財)은 財生官 - 명예가 생기고 행복하다.
　　　　　그러나 신왕사주는 뇌물 먹어도 官이 된다. 그래서

　　　　　　　잘난 사람은 아내가 승진도 시켜주고 참 좋다.
財 生 殺 ; 부정한 돈은 살이 되어서 재앙으로 온다.
　　　　　　　신약한 사주는 財가 재앙(災殃)이다.
　　　　　　　못난이는 아내라도 여자만 보면 무섭다. 살이 되니까,

신 왕자는(강한사주) 뇌물 먹고도 잘 빠져 나간다.
신 약자는(허약한 사주) 작은 돈 먹고도 탈로 난다.

乙목이 庚금을 만났을 때 <乙 庚>

[실증철학 원문]
　乙木이 庚금을 만나면 正官이요, 乙庚合化 金으로 변화하는데 이는 자기를 희생 하면서 까지 金 官夫를 보호하는 결과라 본처의 내조가 얼마나 값진 것인가를 말하여 줌과 동시 부부는 곧바로 동심일체라는 것을 증명하고 있으며 甲木 겁재는 甲庚沖去 하고 乙木 비견은 乙庚合으로 묶어 활동을 정지 시킨 것은 형제의 만용은 정관 관청에 호소하여 다스려야 한다는 것과 또 정관을 따라 정도로 행함에 있어 어찌 방해자가 (비겁)있겠으며 乙庚合化 金이 水 인수를 생하여 水生木으로 木을 보(補-돕다) 하여 주고 官이 인수를 生함은 관 직장에서는 자연 공부를 지속하여야 하는 이유도 여기에 있다.

[강의 노트]
　乙목이 庚을 만나면 乙庚合化 金이 되니 乙木이 희생한다.
○ 庚 乙 ○　乙목이 乙庚合으로 잉꼬부부로 보이나 속으로는 치고 박고 싸운다. 왜냐고? 乙木여자가 남편이 싫단다. 서리 맞으니까, 乙庚合身하여 부부로서 하나가 되어 버렸다, 乙은 庚의 일부분이다. 그래서 乙木 일주는 金 用神이 어렵다, 乙木은 庚辛金을 원칙적으로는 싫어한다. 乙木은 生木으로서 가을을 만나면 낙엽 지니까,

☺ 乙木은 결혼하면 친구를 멀리하라, 자주 만나면 (甲乙木이 많이 모이면) 木生火가 되어 남편을 쫓아버린다 (火剋金으로)

○ ○ 乙 ○ 乙일주가 戊己년에 신수 보러오면 庚년 庚월에 시집 간다고 말해줘라.

甲 庚 乙 ○ 合以不合이다. 合은 合인데 合이 아니다. 합하고 싶은 마음, 충하고 싶은 마음 뿐, 合도 沖도 잘 안 된다.

乙목이 辛금을 만났을 때 <乙 辛>

[실증철학 원문]
乙木이 辛금을 만나면 乙辛沖敗 되고 丙화 꽃을 丙辛合去하여 불리하나 身旺에는 자극제(刺戟制)요, 충고가 되며 잘 되라는 매라 귀(貴物)물이 되니 이것이 바로 중환자에게는 극약이래야 인간의 생명을 구출하는 것과 같다.

[강의 노트]
○ 辛 乙 ○ 금목상전(金木相戰)이고 乙辛沖이고 金극木이다. 부부끼리 沖이 연결 되면 서로 싸이클이 안 맞는다. 남편에게 자꾸 거부반응이 일어난다. 乙이 庚년이 되면 乙庚合으로 예뻐 보이고 辛년이 되면 乙辛 沖으로 싸운다. 合 다음에 沖이 온다.

乙목이 壬수를 만났을 때 <乙 壬>

[실증철학 원문]
乙木이 壬水를 만나면 正印으로서 貴人이요, 보급로가 되며 丙화 상관의 도기처(盜氣處-기운을 빼앗아가는)를 丙壬沖去하여 수입과 지출의 균형을 이루게 하고 金 극木의 수제(受制)를 金生水 水生木으로 (官印相生)피할 수 있게 하며 또 원수를 은인으로 바꾸어 놓아 木을 구출하므로 정도는 이래서 좋은데 壬水도 과다하면 표목 부목

부목에 응결(漂木 腐木 浮木에 凝結)되어 만사가 집산(集散)이 불능이라 크게 흉하다.

[강의 노트]
○ 壬 乙 丙 壬 수는 정인으로 좋은데 만약 水生木만 받으면 배 터져 죽는다. 그러므로 지출을 해야 산다. (丙으로 木生火)
수입은 지출을 죽이고 들어온다.
수목응결(水木凝結) : 신경이 굳어졌다. 자율신경 마비됐다,
신경이 굳으면 아무것도 안 된다.

乙목이 癸수 만났을 때 <乙 癸>

[실증철학 원문]
　乙木이 癸水를 만나면 偏印으로서 매사를 진행함에 있어 한꺼번에 도모할까 염려되며 戊土 정재를 戊癸 합으로 묶거나 去로 보내 버리며 丁火 식신을 丁癸沖으로 피상 시키니 도식(倒食)이라 꽃이 피기도 전에 강한 비바람에 지는 형상 같아 되는 일이 없고 본래는 활목(活木-生木)이라 우로수(雨露水)를 좋아하나 이는 陰生陰의 이치로 음은 음을 좋아하기 때문인데 이도 태왕하면 壬水와 같아 종래는 浮木 漂木 음지의 나무로서 임무를 상실 하고 만다.

[강의 노트]
癸水를 만나면
癸 壬 乙 癸 乙木은 壬이나 癸수 무엇을 만나도 이치는 같다. 水生木으로 먹여 죽인다. 자꾸 먹여서 바보 멍청이 되라고 이것이 水木凝結이다.
乙木 : 습목, 유연목, 적은나무 30년간 키워야 아름드리나무 대들보로 쓸 수 있다. 끼가 있다. 음악 좋아한다, 여자는 버드나무처럼 자태가 곱고, 예쁘다. 끼가 있어 남자가 잘 따른다.

[실증철학 원문]
　子水를 만나면 비록 生은 받는다 하나 뿌리를 내릴 수 없어 浮木 漂木에 水木凝結로 集散이 不能함은 甲木과 같으며 또한 완전한 음지나무로서 木의 임무를 다 할 수 없으니 어찌 한 인간으로서 도리를 이행 할 수 있겠는가, 따라서 인수 어머니라고 하여 모두가 좋은 것만은 아니다.

[강의 노트]
　子水를 만나면 偏印 凍木 濕木 陰地나무 凝結 로 신경이 굳어 버렸다 강경하요, 활동정지로 아무것도안 된다.
음지나무 : 子시는 한밤중이므로 나를 찾는 이가 없다.
甲乙木 일주가 子년에 신수 보러 왔다, 나 올해 승진 되겠나요? 라고 물어오면 인수이긴 한데 한밤중이라 보이지도 않고 잘 안 된다. 북풍한설 몰아치는데 뭐 하나 제대로 되는 것이 없다. 浮木되니 마음이 떠있고 漂木되니 떠돌이 인생이다. 물결치는 대로 바람부는 대로 세상을 살아가는 사람이다.

[실증철학 원문]
　丑土를 만나면 장간(藏干) 己土 辛金이 당권(當權)하고 있어 재살지(財殺地)라 어찌 乙목이 根을 하겠는가 말이다, 종래에는 고사(枯死-말라죽음)할 수밖에 없는데 혹자는 丑中癸水가 水生木하여 산다고 하고 있으나 寒冷水에 철분이 과다하며 金의 庫藏이라 甲木과 같이 죽고 만다.(甲木은 甲己暗合, 乙丑일 凍木)

[강의 노트]
　丑土를 만나면 偏財 濕木 陰地(丑時는 한밤중)라는 것이 요건이다.
동목(凍木) : 꽁꽁 얼어있는 나무다. 乙木은 活木인데 연약한 乙木이 丑土에 뿌리내릴 수 없다.
丑中 癸水는 얼음물이라 水生木 못한다.

○ ○ 乙 ○   癸水는 편인으로 계모 또는 서모다, 凍水가 많아서
子 子 丑 子   凝結이다. 저능아, 신경이 굳었다, 火는 정신인데 火
가 없다, 설영 있다고 해도 水剋火로 죽어버린다. 火는 혀이므로
혀가 굳어 말이 늦어진다.
財殺地것? 乙丑 일주가 丑土 財星인데 丑中辛金이 칠살 이니 재살
지라 하는 것이다. 己는 財, 辛은 殺, 丑은 탕화살이다.
이것을 응용하면
남자 庚일주가 乙丑년에 乙庚 합으로 연애했다. 乙木 여자는 丑土
위에 앉아있는 여자이므로 춥고 배고픈 여자다. 을목이 경에게만
의지하려고 하자 庚이 그만 만나자고 했더니 축토가 탕화작용으로
음독자살하겠단다. 탕화가 잘 못 연결 되면 순 악질 여자다.
탕화 놓은 자는 독극물 취급이다, 여의사도 해당 된다.

[실증철학 원문]
　乙木이 寅木을 만나면 뿌리가 튼튼함은 물론이거니와 寅中의 甲
木과 丙火의 힘을 얻어 棟梁之材가 될 수 있는 여지가 있어 좋고
또 水木이 응결됨을 예방함과 동시에 남산의 松柏으로 꽃을 피울
수 있으니 한번 기대해 봄직한데 이것이 바로 친구나 형제를 잘 만
난 덕택이 아니까 생각한다.

[강의 노트]
　乙木이 寅木을 늘 만나면 旺宮이다. 겁재인데도 가장 좋아하는 이
유는 寅中丙火 陽地 나무이고 뿌리를 튼튼히 할 수 있고 꽃을 피울
수 있어서이다. 인이므로 형제요, 친구의 도움으로 내가 잘 살게 된
다. 乙은 작은데 寅은 큰 나무니 좋은 친구를 만난 것이고 또 乙은
陰인데 寅은 陽이니 큰 뿌리를 하고 있는 형상이다. 乙木 일주가
子년에 신수 보러 왔다, 형이 나를 도와준다고 했는데 언제 도와주
겠느냐고 물어보면 寅년에 도와준다고 말해라.

[실증철학 원문]
　乙木이 卯木을 만나면 冠宮이요, 자기자리를 찾아 長松되므로 능히 剋土는 하는데 濕木이 되어 木生火에는 인색(吝嗇-아낄인,아낄색)하고 특히 冬水를 만나 水木이 凝結되지 말아야 하며 그러나 陰木이라 연약한 나무로만 볼 수 있으나 亥卯未로 木局을 형성하면 甲木과 같이 棟梁之木이 되므로 卯木 비견보다 寅木 겁재를 더 좋아하는 것이다.

[강의 노트]
　乙木에 卯는 비견, 冠宮, 습목, 木生火가 어렵고 인색하다. 음지나무끼리 만난 경우 그러나 뿌리는 한다(着根)

○ ○ 乙 ○　수목응결(水木凝結- 얼음물에 화초목이 엉겨 붙어 얼
子 子 卯 子　어 굳어 버렸다.) 자율신경이 말 안 듣는다, 심하면 수족이상 장애인이다.

○ ○ 乙 ○　三合 亥卯未 木局이다.
亥 未 卯 ○　未월이라 木局이 잘 되기도 하지만 좋다.
○ ○ 乙 ○　三合 亥卯未 木局이다.
未 亥 卯 ○　亥월이라 未월만 못하다, 능력여부를 말한다.
○ ○ 乙 ○　三合 亥卯未 木局이다.
○ 寅 ○ 卯　乙木이 卯로 갈까, 寅으로 갈까, 당연히 寅木을 좋아한다. 陽地木이고 남산의 나무가 될 수 있으므로 乙목이 여자라면 여동생보다 오빠를 더 좋아한다.
乙卯는 干與支同이, 처지가 같은 오행으로 구성 된 것은 60甲子중 12개다. 부부 궁이 나쁘고 형제 한 자락 깔고 산다.

[실증철학 원문]
　乙木이 辰土를 만나면 뿌리는 할 수 있으나(着根-3월 습토이므로) 土多는 木折 이므로 쓰기 겁나며 만약 酉금을 동반하면 辰酉합금국

이 되거나 봉술(逢戌-戌土를 만나면)로 辰戌沖되면 더 더욱 착근이 어렵다. 그러나 寅卯와 함께 있으면 木局의 일환으로 변화하니 乙木의 힘은 배가 될 수 있다.

[강의 노트]
 乙木에 辰토는 正財로 뿌리 하지만 주위를 잘 살펴야 한다. 辰에 酉를 동반하면 金局이 되고 戌을 만나면 沖이되고 合 沖은 변하다, 고로 뿌리내릴 수 없다. 寅卯를 동반하면 木方菊으로 乙木이 힘 받는다. 고로 辰중乙癸가 있어 뿌리 하지만 印綬庫지라 인수집 함이고 습토이며 3월 봄 흙이니 얼마나 좋은가 다만 주위를 잘 살펴 펼 필요가 있다 土가 많으면 木折로 불리하다.

실증철학 원문]
 乙木이 巳火를 만나면 비록 濕木 이라 하지만 용광로를 만난 형상으로 乙木은 분소(焚消-불타서 사라짐)라 종래는 병이 되는데 또 상관이요, 도기(盜氣-강하게 설기)로 불리하다.

[강의 노트]
 乙木에 상관, 木生火한다. 盜氣(도적도, 기운 기-기운을 빼앗긴다.)
焚消(불사를 분, 사라질 소-불에 타 없어짐)
乙巳일주 ; 고란살로 고독하다. 멋쟁이로 예쁘다, 의심받고 산다. 巳中庚金이 애인인데 연하다. 양함으로 의심받고 산다. 애인을 항상 달고 다닌다. 연애박사다,
관식동림(官食同臨 ; 관과 식상이 같이 있다.) -庚은 관이고 丙은 상관이다. 巳中戊庚丙을 말한다, 1, 부정포태 2, 애기 잘 들어서는 팔자. 남자와 하루 밤만 자도 이상하다고 한다.
不正胞胎 : 처녀가 과부가 임신하고 유부녀가 남의 애 밴다.
乙巳일주는 왜? 예쁘다고 하는가, 乙木은 화초나무요, 巳火는 꽃이다. 그래서 예쁘다고 한다.

○ 庚 乙 庚   이런 경우 여자라면 庚金 관성이 두 개가 좌우에 나
○ ○ 巳 ○   타나고 巳中庚金까지 3개면 낮 낮이 팔자이다. 남자
양쪽 베게 하고 살면서 또 숨겨놓은 남자 있다.

[실증철학 원문]
　乙木이 午火를 만나면 비록 장생이라고는 하나 이는 나무가 오월을 맞아 무성하게 성장하는데 비유해서 하는 말이고 실은 甲木과 같이 木生火로 木焚이 되어 盜氣요, 死地로서 죽게 된다.

[강의 노트]
　乙木에 식신 午火는 설기다. 상관은 빼앗긴다 해서 도기이고 식신은 준다 해서 洩氣로 본다.
木焚 ; 불사를 분자이므로 나무에 불이 붙어 타다 로 오월 乙木은 活木 이라도 木焚으로 본다.

[실증철학 원문]
　乙木이 未土를 만나면 甲木과 같이 庫藏지로 본다. 入墓라고도 하는데 枯木이라 卯나 亥를 만나기 전에는 未土에 뿌리 할 수 없다.(着根) 乙未일주는 妻宮이 이 나쁘고 부친이 횡사로 모래성 쌓기 분산이다.

[강의 노트]
　乙木에 未土는 편재 燥土로 봄 먹은 땅으로 뿌리내리지 못한다. 自庫(肩劫의 墓地)로 늙은 나무다, 고로 잔병치레한다. 未土는 木의 庫地로 본다. 원래는 甲木은 未土에 乙木은 戌土가 庫地지만 풀이 할 때는 未土가 甲乙木의 墓地로 본다.
乙未일주는 말라서 동서남북으로 흩어진다. 늙은 나무로 고목이다, 가장 무서운 것은 "백호대살" 이라는 것이다. 白虎는 虎食으로 호랑이 밥이 되는 것, 옛날에는 호랑이 밥이었으나 요즈음은 교통사

고 르 본다. 형사로 피를 보고 죽는다 해서다. 未는 편재로 아버지 애인 처로 본다. 이중에서 하나는 당한다.

☞ 여자가 재혼하고 싶어 왔다. 한 남자는 상처했고, 한 남자는 생이별로 이혼 했다. 어느 남자에 가야 하나? 상처는 두 번 하지 말라는 법이 없다. 누구든지 죽을 때는 정을 두고 간다. 그래서 옛날 아내 생각 하게 되어있다. 이혼한 남자도 언제 했나 물어봐라. 3년이면 가도 된다. 5년이라면 남자가 살림을 알아 피곤하다. 애들이 몇인가도 보고 남자인지 여자인지도 알아보라 여자는 시집가면 그만이지만 남자는 지근거리에서 있어서이다.

[실증철학 원문]
　乙木이 申金을 만나면 추절지목(秋節之木)으로 낙엽 되고 金극 木으로 受制되어 根을 失하니 종래는 折木되나 申宮 庚金과는 乙庚合으로 暗合이다.

[강의 노트]
　乙木에 申金은 정관이지만 乙庚 暗合으로 情夫다. 그렇지만 종래에는 金剋木 당한다. 乙庚 合으로 본인이 하고 싶어 한 경우 이므로 金극 木으로 배신당해도 할 말 없다. 乙은 화초나무로서 가을에 서리 맞은 화초목이다. 서리 맞아 절목이고, 申中의 壬수는 철분이 많은 물이라서 나무 키우는 물이 아니므로 乙木이 뿌리 못한다.

[실증철학 원문]
　乙木이 酉金을 만나면 절지요, 金氣가 태왕 하여 木氣가 난존(難存 -존재하기 어렵다)이며 유중신금에 乙辛 沖敗당하므로 완전하게 절목 되고 만다. (乙酉일생 殺地, 女命은 小室이다)

[강의 노트]
  乙木에 酉金은 편관 칠살이다.(포태법으로는 絶지지만 절로 안 써먹고 殺지로 써먹는다. 죽는 곳이어서이다) 바늘방석 折木이고 가을 나무로 잎이 떨어진다.
  乙酉는 殺지로 소식의 팔자다. 남편이라는 사람이 퇴근시간 酉時에만 왔다 간다. 妾자는 立女에 女자다, 서서 기다리는 여자로 남편이 언제 도망갈지 몰라 서서 남편이 언제 왔다 가는지 기다리는 것이 妾이다.
乙木 일주 여자가 庚년을 만나면 乙庚합이 되는데 이 때 무엇이라고 말해야 하는지요? 애인 생기나, 시집가나, 아니면 장기 해외출장 간 남편이 돌아오나, 승진인가 등 어느 것인가를 가늠 하는 것은 사주 원국을 살펴서 구분해야 한다. 정숙한 팔자인가, 아니면 날 나리 팔자인가를 말하는 것이다.

[실증철학 원문]
  乙木이 戌土를 만나면 소생 할 수 있는 아무런 근거가 없어 無力 하여지니, 土多木折은 이를 두고 한 말이며 멀지 않아 亥수를 만나 살게 되니 하는 수없이 기다려야 하므로 시간이 약이다.

[강의 노트]
  乙木에 戌土는 正財다, 식상의 고장이고 (자손의 집합, 남의자식 키우고, 쓸데없는 정에 손해 많다) 정재지만 燥土라 뿌리 못 내린다.

[실증철학 원문]
  乙木이 亥水를 만나면 死宮이라고하며, 甲木과 같이 亥는 장생되고 水生木 받아 삶을 영위 하는 것은 사실이나 濕木은 면할 길이 없다.(乙亥日 어머니가 둘)

[강의 노트]
　乙木에 亥水는 正印, 水生木, 濕木, 음지나무,
浮木: 乙木이 亥水를 보면 浮木되나 떠내려가지는 않는다. 그는 亥中의 甲木이 있어서이다.

[실증철학 원문]
이와 같이 음양을 모두 대조해보니 12운성보다는 生,剋,制,化,原理가 우선이고 천간의 생사를 구분 할 때의 포태법은 음양 모두 양으로 기준 통용하고 있음을 알게 되었다.

[강의 노트]
　乙亥는 효신살(梟神殺)로 어머니가 둘이고 어머니와 인연이 없다.
梟 자는 올빼미 효자인데 올빼미는 저의 어미를 잡아먹는다.
일지에 인수 놓은 자는 자의든 타의든 부모님 모시고 살더라,
　여자가 일지에 인수 있으면 항상 부모님 생각하고 일지에 재가 있으면 시어머니 모셔야 한다. 이런 것들은 이치가 그렇다는 것일 뿐 이제는 세상이 바뀌어 부모님 모시고 사는 사람이 몇이나 되며 부모님이 늙고 병들면 요양병원으로 당연히 모실 걸로 알고 사는 세상이다.

乾命	辛丑	壬辰	乙酉	丙戌			
수	6	16	26	36	46	56	66
대운	辛卯	庚寅	己丑	戊子	丁亥	丙戌	乙酉

위 사주는 그림 그리는 어느 스님의 사주이다. 그런데 상관생재로 이어지는 팔자라서 기도승은 못되고 재물을 추구하는 형상이다, 그런데 너무 신약해서 건강이 문제 될 듯해서 건강 조심하라고 했더니, 건강 하나는 자신 있다고 장담하고 갔는데 몇 달 후 풍 맞아 거동이 불편하다는 소식이 전해 와서 학습차원에서 다시 간명해 보았다.

이 사주의 구성 자체를 살펴보면 바위사이 흙에 뿌리내린 화초나무라서 비바람이 심하게 불면 뿌리 채 뽑혀 나갈 형상이다. 乙木의 지지를 살펴보자면 酉丑 辰酉 酉戌로 모두 金 바닥에 천간에 辛금까지 나타났으니 金의기가 강한데 壬수는 丙壬 沖 辛금은 乙辛 沖 사주 여덟 글자에 합 沖이 안 걸리는 글자가 없으니 별 도리가 없다. 고로 乙목은 乙木다운 역할을 못하게 되는 것이다.

丙戌 대운 丁酉년 壬子월 辛巳일에 풍 맞았다고 하니 자세히 살펴보자, 戌토 역시 金소속이고 丁酉를 보면 丁화가 丁壬합으로 丁화 역할 못한다. 酉금은 金이 강해지는 형상이고 壬子월은 丙壬 충으로 丙화 역할을 못 하게하고 子辰합으로 묶이고 辛巳일은 巳酉丑으로 金局을 이루어 金天地가 되는데 이때다 싶어 辛금 예리한 칼로 乙목의 목을 쳐내려 버렸으니 의지할 곳 없던 乙木은 힘없이 쓰러져 버렸다고 보아야 한다.

乾命	戊子	乙卯	乙卯	丁亥

수	2	12	22	32	42	52	62
대운	丙辰	丁巳	戊午	己未	庚申	辛酉	壬戌

乙木이 卯木을 만난 경우이다. 亥卯未로 木局을 형성하여 甲木과 같이 棟梁之木이 되었으므로 큰 인물로 출세 할 가능성이 보인다. 다만 金이 없어 無官 사주인 것이 일점 흠이다. 이런 사주는 운에서 官運을 만나면 大發 하지만 그 운이 지나면 다시 無官으로 돌아간다는 것이다. 본명은 42세 庚申운으로 시작 61세 辛酉운까지 20년간 官運으로 흘러 승승장구 했던 정치인의 사주다. 여당의 당 대표까지 지내고 대권의 꿈까지 가질 정도였는데 운이 壬戌운으로 들어서면서 추풍낙엽같이 사라지고 말았다,

본명은 亥子水가 있어도 응결되지는 않는다, 戊土가 막아주고 丁火가 따뜻하게 해주어서이다. 이사주의 희 기신을 구분 하자면 태강한 명조이므로 水木은 忌神이고 火金이 길신이다. 본명의 대운이 남방 火운이 30년 서방金운이 20년간 운행 되어 50년간은 매우 좋은 운이었다. 그런데 壬戌 운으로 들어서면 하향 길을 걷게 됨은 원국이 無官인 것이 원인이 된 것이다. <정치인 강재섭의 명조이다>

[실증철학 원문]

(3) 丙火

　丙火는 陰 乙木이 변하여 陽이 된 순서이며 또 甲乙木 봄이 여름으로, 하루로 계산한다면 아침이 낮으로, 따뜻한 것이 더운 것으로 陽中의 陰이 純陽으로 변화하고 있음을 말하고 있으니, 丙火는 中天에서 맑고 밝게 그리고 넓게 골고루 천하를 비추고 있는 것이다.

　그러므로 형이상학으로는 태양, 광선, 순양, 뢰전, 정신, 초능력, 투시력, 자외선, 적외선, 방사선, 적기, 난서,(形而上學으로는 太陽, 光線, 純陽, 雷電, 精神, 超能力, 透視力, 紫外線, 赤外線, 放射線, 赤氣, 暖暑)등에 해당 되며 항시 그 마음은 넓어 상하, 부귀빈천(上下,富貴貧賤)을 가리지 않고 사심 없이 대하여 주며 또 모든 물(物)을 꽃피우게 하고 견고(堅固)하게 하여 주는데 중화를 실도(中和를 失道)하면 조급하고 말이 앞서며 펼쳐만 놓았지 수습을 못하는 것이 흠이며,

　형이하학적(形而下學的)으로는 강열지화, 사화, 왕화 (强烈之火, 死火, 旺火,) 로서 이 불은 나무가 죽어서 발하는 숯불과 같아 완금장철(頑金丈鐵)이라도 충분하게 녹여서 하나의 기명(器皿-그릇 기, 그릇 명)을 만들 수 있는 힘을 가지고 있다.

　또한 습목을 만나도 화식(火熄)되지 않으며 壬癸水의 극도 겁나지 않고 능히 火生土하여 조화를 이룰 수 있으나 허화(虛火)가 되면 약한 丁火만도 못하니 완금장철은 고사하고 연약한 金 銀 珠玉마저도 녹일 수 없는 것이다. 특징은 이마가 넓어 상대방에게 시원하게 보이고 바른말을 잘 하나 뒤는 없으며, 아는 체 많이 하고 말이 많아 항시 구설이 따름과 동시에 말이 씨가 되니 주의 하여야 하며, 음성이 높아 오해 받기 쉽고, 두 눈에 정기가 서려 항시 빛나고 있으며, 노랑머리에 눈 역시 노란 눈이 많다.

　陽은 上에 있고 陰은 下에 있으며, 外陽內陰으로서 丙火는 겉이 陽이지 속까지 陽이 될 수 없으므로 명랑하다고 하는 것은 내면의 수심(愁心)을 다른 사람에게 보이기 싫은 하나의 방편이기도 하며

별명이 박사요, 하는 짓이 다소 산만하고 실증을 빨리 느끼며 시각(視覺)이 발달하여 때로는 환상(幻相)을 잘 보기도 한다.

성격으로는 예의(火는禮), 赤色, 南方, 心腸, 小腸, 視力, 七數, 꽃, 낮, 여름, 양지, 달변(설득력포함), 명랑, 등으로 통용 되고 합 충으로는 辛금을 만나면 丙辛 合, 壬水는 丙壬 沖, 亥子에 絶하고, 인목에 장생하여 巳午로 冠旺 하였다가 申酉에 病死요, 戌土에 완전 入墓하며 甲木을 희(喜-기뻐하고), 己土를 싫어(忌-꺼린다)한다.

[강의 노트]
　甲乙丙丁을 통틀어 陽이라 하고 그중에서 丙이 陽中의 陽이다.
 丙은 해(태양)로 모든 만물을 골고루 비춰 따뜻하게 하여 생육을 돕는다. 고로 인군님(대통령)이다.

광선(光線)광선은 빠르다 그러므로 火가 많으면 민첩하고 가볍고 빠르다 직선적이다. 감추지 못한다.
배우지 않고서도 안다, 하나를 가르쳐 주면 열로 써 먹는다, 아는 척 많이 한다, <동네 시어머니, 변호사, 박사.
甲 庚 乙 庚　왕년의 권투선수로 번개 펀치로 명성을 날렸다.
午 午 未 辰　火가 많은 사람은 행동이 빠르니 번개펀치다,

癸 甲 戊 癸　여자의 명으로 庚辰년에 甲庚 沖으로 관살이 날라
丑 子 戌 丑　갔다, 辰土는 배우자궁의 戌土를 또 沖 한다. 일명
天剋地沖 天沖地沖으로 하늘이 무너지고 땅이 거지는 운인데 이런 운을 만나면 있던 애인도 떨어지고, 약혼자도 파혼 되고, 결혼성사 어렵고, 丑(소)띠 여자가 개띠(戌) 남자를 만나면 丑戌은 형도 되지만 과부살 이고, 水가 시어머니 인데 많다, 고로 시어머니가 둘인 데로 결혼 하더라,<여러 번 시집가거나 시어머니가 재취로 왔어야 한다>

순양(純陽) ; 陽中의 陽 번갯불
전기(電氣) 초능력, 투시력, 자외선, 방사선, 붉은 기운, 더운 기운,
입만 가지고 사는 사람이다, 사람판단 정확하다, 死火-숯불이다.

丙火는 乙卯木을 만나도 말리면서 태우니까 안 꺼진다.
O 庚 丙 辛 약한 丙화는 丁 화만도 못하다. 7월의 꽃인데 金이
酉 申 子 卯 많으니 가을 서리발이다. 많은 쇠를 못 녹인다.

☞ 火는 禮義다. 그런데 다자무자라 했으니 火가 많으면 오히려
예의가 없다. 오히려 비겁하다.

삼각형(△)뾰족한 것이 火다. 달변가로 설득력 있다. 색으로는
적색이고, 인체로는 심장 소장이며 나무에 비유하면 꽃이다. 그런
데 닫전으로는 싫증을 빨리 느끼는 것이고, 甲목을

제일 좋아하고 己土를 제일 싫어한다.
　丙火를 포태법으로 연결 하면
寅에서 나서 午에서 왕 하다가 戌에서 죽는다.
寅에 長生이고 巳午에 冠旺 하고 申酉에 病死고 亥子에 絶胎지다.

丙화가 甲목을 만났을 때 <丙 甲>
[실증철학 원문]
　　丙火가 甲木을 제일 좋아하는 이유는 양생양의 이치요, 木生火
받아 보급로가 튼튼하여 天地를 모두 밝히고도 남음이 있는데 이는
어디까지나 寅木을 동반 했을 때에만 한해서이고, 또 壬水가 있을
때는 水生木 木生火로 살인상생(殺印相生-살이 나의 인수를 도우면 그
인수는 나를 도우니 살과 인수가 함께 있을 때를 말함)되며, 丙火의 도
기처(盜氣處-기운을 빼앗아가는 곳)인 己土를 甲己합으로 묶어 보내고
戊土를 木剋土로 제거하여 中和를 얻으니 한 없이 기쁜데 만약 丙

火가 旺할 때는 도식(倒食-밥그릇을 발로 차 넘어짐)으로 병(病-병들 병)을 이루니, 기쁨 속에는 항시 슬픔이 따르기 마련이며 또 庚金 편재를 甲庚으로 沖去 함은 공부를 한 선비에는 횡재라는 것은 있을 수 없음을 말하여 주며, 편모(偏母)는 내가 유산을 받는 것마저도 허용하지 않는 것을 증명하고 있음이니라.

[강의 노트]
○ 甲 丙 ○ 甲이 丙을 生하므로 젖줄, 원류, 보급로가 된다.
己土를 싫어하는 이유는 가장 필요로 하는 甲木을 甲己합으로 잡아 가기 때문이다.

丙寅 ; 숯불 - 丙이 寅을 만나니 동이 터온다. 寅時에 먼동이 튼다) 목생화로 공부하는 사람이다, 선비 사주라는 말도 된다. 寅은 印綬로 어머니 끼고 있다.

丙午 ; 기름불 - 午時가 되면 얼마 안 있으면 해가 넘어간다. 공부 안 하는 사람이다, 비겁으로 형제 끼고 있다.

丙이 甲을 만나면 木生火가 잘 되는 경우는 甲寅에 한해서이다. 甲申은 木生火가 안 된다. 1, 丙이 甲을 만나면 상관 己土를 甲己합去 시켜 좋다. (丙이 己를 만나면 상관이 극성 하므로 悔氣無光으로 흉하다) 2, 壬을 만나면 水生木 木生火로 통관시켜 沖을 해소한다. 3, 庚은 편재로써 丙이 입학천금을, 떼돈 벌려고 하는데 甲庚沖으로 庚을 없애버리면 이는 바로 양심적으로 유도하는 것이다.

丙화가 乙목을 만났을 때 <丙 乙>
[실증철학 원문]
　丙火가 乙木을 만나면 濕木이어서 木生火를 받지 못할 것 같으나 丙火태양 불빛에 乙木이 스스로 건조(乾燥)되어 木生火가 되나 다소

간(多少間)의 지연(遲延)의 지연은 면할 길 없으니 서두르지 말아야지 서두르면 실패한다. 그렇지만 甲木에 비할 수는 없으니 당초 계획을 축소함이 살길이고 또 庚金 편재를 乙庚으로 합去 시킴은 욕심을 없애는 것이요, 辛金 정재를 乙辛 沖去함은 공부하는데 방해되는 여자를 보내는 것이요, 설기신인 己土상관을 剋土함은 사행(邪行)적인 것을 예방함이라 정인 어머니는 이래서 좋은데 나의 편재 庚金을 乙庚합함은 어쩌면 욕심을 없애고 정도로 행하면 때로는 생각지도 않은 횡재도 있다는 것을 증명하는 것이다.

[강의 노트]
　正印은 좋은 것이지만 정인이라고 무조건 좋은 것만은 아니고 丙은 甲을 더 좋아하고, 乙은 습목이라 말려가며 木生火 하려면 기다려야 하고 당장은 시원치 않으니 서두르면 실패 한다는 말이다.
丙이 甲乙을 보면 수입(木生火)으로 吉하다. (丙-乙)
丙화가 세상을 살다보면 甲년 다음에 乙년을 만나게 되는데 甲년의 50%만 받아먹을 수 있다는 것으로 甲년에 비해 축소되는 것이다.

丙이 庚을 보면 편재로 큰돈 과목인데 (丙-庚으로 편재)
乙庚으로 묶여 정인의 올바름에 욕심을 없애버린다. 이것이 정인의 작용이고 마음이다.
1. 丙에 庚은 편재로 애인 소식인데 엄마와 함이 들었다(乙庚) - 엄마가 자기아들 애인을 감싸고돈다.
2. 乙庚은 乙이 庚을 만나서 乙庚合으로 가버렸는데 乙庚合金으로 다시 돌아온다. - 횡재수도 있다.
3. 乙木 어머니가 丙자식이 자꾸 돈만 생각하니 (편재-돈, 욕심) 乙庚으로 묶어 두고서 - 나중에 준다고 한다.
　辛 乙 丙 ○ 사람이 너무 올바르고 깨끗하면(乙 丙-正印)여자가 안 따른다. 공부 많이 하면 여자가 안 따른다. (乙辛沖去로 날려 버렸다)

己 乙 丙 ○ 丙에 己는 상관으로 치우치게 가고 상관은 사행성으로 도박이나 먹수 등에 초점을 맞추고 사는데 정인이 있으면 극복됨.

丙화가 丙화를 만났을 때 <丙 丙>

[실증철학 원문]
　丙火가 丙화를 만나면 하늘에 태양이 둘이 뜬 경우로 사공이 많은 배는 산으로 간다했으며, 주야구분 없이 백야로 어찌 결실할 수 있을 것이며, 불면증 신경성 시기질투 모략 폭로 등의 일이 발생된다. 그런가 하면 辛金 정재를 合去 시키고 편재 庚金 마저 火剋金 으로 강하게 몰아내니 사람하나 잘 못 만나면 父, 妻, 金錢 할 것 없이 모두 다 잃는가 하면 壬水 칠살을 丙壬 沖하는 것에 공조하니 나쁘기만 한 것도 아니다.

[강의 노트]
○ 丙 丙 ○ 丙이 丙을 만나면 하늘에 태양이 둘이 뜬 경우로 혼자 벌어 둘을 먹여 살려야하니 두 집 살림이요, 아무리 잘해도 일등은 힘들고 항상 경쟁 심리로 의심이 많아지게 된다.

丙일주가 丙년을 만나면 친구나 형제가 많아지는 경우로 동업수요, 동업은 혼자 못 먹고 둘이 나누어 먹게 되고 아주 나쁘게 연결되면 도둑맞는다. 그동안 벌어 모은 것 많이 쓰게 된다.

丁 丙 丙 甲　사주에 火가 많으면 白夜다, 金水는 없고 木火만 있
未 午 午 午　으니 밤은 없고 낮만 있으니 결실이 부실하고 버는데는 일등이지만 마무리는 제로 상태이고 이런 팔자는 산만하고 의심 많고 신경이 항상 곤두서있다. 시기 질투 모략 폭로 등으로 자폭하게 된다. 이런 팔자는 父 妻 金錢 인연 적다.

辛 丙 丙 ○   月의 丙이 丙辛 합으로 먼저 가져가 버린다, 丙일주는 친구 만나러 갈 때 아내 같이 가면 친구와 눈 맞아 버린다.

壬 丙 丙 ○   丙壬 沖을 함께 맞으니 수월하다, 무거운 짐도 나누어 들면 가볍다, 그러나 항상 댓가 치러야 하고 나누어 먹게 된다.

庚 癸 丙 庚
寅 未 辰 寅

이 여인은 편재성이 많아 욕심이 많은 사람이다. 평생 목욕탕 때밀이를 해서 번 돈으로 이재에 밝아 아파트 청약에 손대 재물을 많이 모아 놓았다. 丙申년에 상담 왔기에 금년은 무모한 투자는 금물이다, 고 경고 했는데 사기도박단에 걸려 꽁지 돈 투자라다 억대 날리고 발을 동동 구르더라.
丙申년 운세 비견 丙화가 申金 편재 닿고 들어와서 寅申相沖 했다. 木火가 강한데 申금이 沖去 되니 손재수요, 구설 송사로 이어지는 해다. 사기 도박단 잡겠다고 검찰에 고소했단다.

甲 丙 丙 己
子 子 戌 丑

이 남자의 사주를 잘 들여다보면 甲丙이 년 월간에 나타났어도 허약하기 한이 없는 사주이다. 甲은 子子凍水에 무력하고 월간 丙은 꺼진 불이고 시간 己토는 상관성으로 剋洩 하는데다가 지지에 丑戌은 洩氣神으로 일간 병화가 의지할 곳이 없다. 주관도 줏대도 없고 丙이 丙을 만나면 하늘에 태양이 둘이 뜬 경우로 혼자 벌어 둘을 먹여 살려야하니 두 집 살림이요, 아무리 잘해도 일등은 힘들고 항상 경쟁 심리로 의심이 많아지게 된다.

본명의 주인공은 丙申년에 아내가 돈 챙겨 家出하더니 이혼소송까지 들어와 송사중이다. 申금은 아내요, 재물인데 비견이 닿고 들어와서 일간이 허약하니 비견이 빼앗아갈 경우요, 申子水局으로 관성을 키웠으니 송사수가 된다. 여자 밝히면 패가망신하는 팔자인데 아내와 이혼 소송중에 다른 여자 생겼다고 궁합보러 왔다, 궁합이 좋고 나쁨을 떠나 이 남자 여자 때문에 언젠가는 패가망신 할 것 같다.

丙화가 丁화를 만났을 때 <丙 丁>

[실증철학 원문]

丙火가 丁화를 만나면 太陽과 太陰이 공존이라 낮에는 해가 밤에는 달이 있어 세상을 밝혀주는 것처럼 어디를 가나 광명이요, 또 칠살 壬水를 合去하면서 合化木으로 木生火가 뒤따르므로 항시 위기에서 구출되고, 또 병화의 보좌관으로서 빛을 발하고 있으나 정관 癸水를 沖去함으로 偏道가 바뀌어 正道가 된다. 그러나 丁火가 왕하면 못된 친구가 되어 人의 장막에 가리 우기 쉽고, 또 지나치게 밝으면 오히려 보이지 않는 법(多者無者)매사에 허둥대며 조급성과 시력에 이상이 생기고 심장병 환자에 기관지가 약하여 형제와 친구 때문에 걱정이 많다.

[강의 노트]

丙이나 丁을 만나는 것은 오십보백보다.

壬 丁 丙 ○ 이런 경우 丙壬沖을 丁壬合去바꾸면서 合化 木으로 나를 도우니 吉하다. 이 또한 貪合忘沖으로 칠살을 제거 했고 이를 다시 설명하자면 丙의 보좌관 丁이 묶이면서 자신을 희생하여 木으로 丙을 돕는다는 것이다.

貪合忘沖 : 합을 탐하여 충을 잊어버린다는 말로 壬 丁 丙 ○ 이런 경우 丁이 丙壬沖을 막아주고 있어 합을 하는 경우를 말한다.

丁 丁 丙 丁 이런 경우 丙을 만나려면 丁을 통해야만 만날 수 있는데 이것이 바로 인의장막(人의 帳幕)이다, 多者無者에도 해당 된다. 金은 기관지 폐가 되는데 火가 旺하면 극을 강하게 받아 상한다. 火가 너무 많아서 심장병 환자이고 火가 많으면 심장확장증 으로 심장이 운동을 잘 안한다, 火가 적으면 협심증이다. 위도 확장 되면 위 무력으로 활동을 안 한다.

비겁이 많으면 남녀 모두 친구나 형제 때문에 근심 걱정이 많다.

丙화가 戊토를 만났을 때 <丙 戊>
[실증철학 원문]
　　丙火가 戊土를 만나면 식신으로 칠살 壬水를 제거 시킨다. 그런가하면 癸水 정관을 戊癸合去하며 정재 辛金을 土生金으로 生氣시키니 부자는 아니어도 궁색하게 살지는 않는다. 그러나 戊土多逢이면 종래에는 병을 이루니 이는 본인의 역량도 모르고 과다지출 하는 경우요, 동시에 土多火熄으로 회기(晦氣)되어 丙火가 엄식(掩熄-가리어 꺼지다) 됨이다. 따라서 언제든지 자기의 분수를 잊고 지나친 희생은 복을 받는 것이 아니라 화를 자초하는 것이다.

[강의 노트]
丙이 戊土를 火生土로 키우는 이유는 칠살 壬水를 제거시키려는 것이고, 癸水를 戊癸合으로 묶어 두려는 것이다.

戊戊丙戊　식신이 과다하다. 木이 회기(晦氣-그믐밤 같이 깜깜하게 되다) 된다.
○○丙○　土가 지배하는 운에 회기 한다. 庚辰 년이라면
申子辰○　 망하는 줄 모르고 망하고, 내 것 주고 뺨 맞고, 여자라면 자식에게도 배신당하고, 사장이라면 종업원들이 들고 일어나서 사장 쫓아내려 하는 해다.

丙화가 己토를 만났을 때 <丙 己>
[실증철학 원문]
　　丙火가 己土를 만나면 甲木 편인을 잡아가(甲己合)보급로를 차단시키고 합화土가 되니 설기 신으로서 보이지 않는 지출만 늘어나고 정관 계수를 강하게 극하니 위법행위를 하게 되는 등 禍를 자초한다.
[강의 노트]
　　丙화가 己토를 만나면 상관이다. 官을 상하게 하는 것이 傷官이다. 상관은 夫를 상하고 명예를 상하고 직장을 상하게 하는 고로

남편 직장 명예도 없다는 것이다. 그러므로 상관 운에는 직장 그만두게 되고 이혼 수 걸리고 남편이 보기 싫어지고 스트레스 많이 받는 해다.

正官 ; 법이고, 상관 : 위법행위를 서슴없이 하게 된다. 그러므로 상관이 많은 자는 석양의 무법자다. 남자는 전과자가 된다.

여기서 많으냐, 적으냐는 일주가 약 하냐, 강하냐에 따라 다르다. 일주가 약하면 상관 하나도 많은 것이 되고 일주가 강하면 두 세 개가 있어도 많다고 할 수가 없다. 사주구성에 따라 多少를 결정해야 한다.

己 己 丙 己　己土가 많아서 나쁘게 작용하면 남편도 떨어지고
○ ○ 辰 ○　(정관 癸수를 강하게 극함)직장도 떨어지고 직장 생활도 잘 안되므로 이런 사람에게는 자격증 면허가지고 살아가는 사람이라 말하면 딱 이다.

상관사주 하나 보고 갑시다.

癸 庚 己 辛　己土가 많아서 상관이 강해도 별 문제 없으며 三神四
亥 申 丑 未　柱로 癸水 재성으로 연결 되므로 財를 쓰는 사주인데 장사나 사업 보다는 면허나 자격증으로 자영업하면 끝내주게 좋고 부자 된다고 했더니 변호사란다, 己가 입이고 상관이 많인데 변호사가 천직이다. 이런 사람이 법관으로 간다면 뇌물 먹고 법관 옷 벗게 된다. 좋게 말하면 정년은 어려운 팔자다. <無官 四柱>

丙화가 庚금을 만났을 때 <丙 庚>
[실증철학 원문]

丙火가 庚금을 만나면 편인 甲木을 沖去하고 정인 乙木을 乙庚으로 合去하여 인수를 모두 없애버리니(壞印)공부는 뒷전이나 목전(目前)의 취재(聚財)는 일등이라 편재의 위력을 알만도 한데, 반대로 여자를 너무 가까이하면 부모와의 인연은 물론 고향마저도 등지게 되며 때로는 무지(無知)라야 돈을 벌 수 있다는 철학이 여기에 있고, 또 火일주가 金을 만나면 10중9부(十中九富)라는 이유는 金은 바로

金錢이요, 결실로서 견고하기 때문이다. 그러나 만약 火氣가 허약하고 金氣가 旺하면 작은 불로 쇠를 녹이다가 불이 꺼지는 것은 물론 왕한 金은 金生水가 자연 발생 財生殺이라 火는 金을 쫓다가는 결국은 패가망신(敗家亡身)하는 이치가 바로 여기에 있다.

[강의 노트]
  丙에 庚金은 편재로 여자다.
1, 丙에 庚辛이 투간(透干) 되어있으면 十中八九는 부자이다. <金은 바로 결실이므로>
2, 丙이 庚 여자에 미쳐있으면 甲乙이 안 보인다, 甲庚沖 金극 木으로 없애 버렸으므로 목은 부모요, 고향이며 공부가 되므로 여자에게 미치면 부모도 몰라보고 공부도 못한다, 결론은 여자인 편재의 위력이 크다는 것이다. <단 돈 버는 데는 땡삐다.>

丙庚星은 1, 음성하나는 끝내준다, 음성이 우아하다, 2, 法官이 많다. 庚은 무쇠인데 丙 용광로로 둘이 만나니 鐘을 만들었다. 생각해 봐라 얼마나 음성이 좋겠는가, 돈 버는 것은 無知라야 겁 없이 돈 번다. 옛날 재벌들은 보통 三無에 있다, 1, 이름 석 자 모르는 일자무식이다. 2, 자기재산이 얼마인지 모른다. 3, 마누라가 몇 명인지 모른다.<현대 정주영 회장>

丙이 庚을 보면 부자라지만 丙이 약하면 火가 꺼져버린다.

戊 庚 丙 辛   金이 많고 火가 부족하여 丙이 꺼져버렸다.
申 申 子 卯   결국 돈에 노예가 되고 처에게 잡혀 살게 된다.
처자식에게도 따돌림 당하게 된다.

○ 庚 丙 ○   이런 경우 지지가 모두 불바다이다. 편재 庚金이
未 午 午 ○   녹아 없어져 버렸다. 뿌리 못하고 떠있으니 부재
(浮財- 뜬재물)다 뜬구름 잡는 사람이다. 신앙하니 큰소리도 잘 친

다. 어떻게 된 일인지 이사람 손에 돈만 들어갔다 하면 안 나온다. 녹아 없어져 버려서다. 여자도 도망가고 해로 못하고 금이 다 녹아 없어지니 끝마무리도 못한다.

辛　丁　癸　○　癸수의 처는 丁인데 丁癸沖에 걸렸고, 지지는
丑　酉　丑　○　酉丑 金으로 丁이 의지할 데가 없다. 인수가 局을 이루니 아내는 안보이고 어머니만 생각한다.

丙화가 辛금을 만났을 때 <丙 辛>

[실증철학 원문]

丙火가 辛금을 만나면 정재로서 丙辛 합까지는 좋으나 종래에는 合化水로 水克火하니 丙火가 꼼짝 못한다. 丙火 군주도 辛金 여자 앞에서는 무릎을 꿇게 되니 영원한 강자도 없거니와 정인 乙木을 乙辛沖去시키니 母妻不合하게 된다.

[강의 노트]

丙辛이면 일주와 합하니 合身이다. 丙 남자와 辛여자가 마음이 잘 통해서 연애결혼 하고 돈도 저절로 잘 따라온다. 그러나 만약
○　辛　丙　○　라면 丙辛합은 확실한데 지지 강한 火에 辛이 녹
午　巳　午　○　아 없어져 버렸다. 뜬구름 잡는 사람이다.

남자 丙화일주가 辛년에 신수 보러왔다면 정재로서 연애 수, 결혼 수, 들어왔다고 한다. 그러나 나이별로 다르다, 10대는 사춘기, 20대는 연애 수, 20대말 30대초는 결혼 수, 30대 중반이면 애인 만드는 운, 이혼남이면 조강지처 그리워한다. 를 봐 주어라.
○　辛　丙　辛　이런 경우 여자가 둘이 양 날개에 나타났으니 양
○　○　○　○　팔베개다. 월이 본처고 시는 애인인데 월과 합하니 이혼은 안하고 양다리 걸친다. 丙이 乙년을 만나면 乙辛沖으로 母妻가 不合한다.

丙화가 壬수를 만났을 때 <丙 壬>

[실증철학 원문]

　丙火가 壬水를 만나면 칠살에 충 극까지 당하여 이중으로 괴로운 것은 사실이나 오히려 丙화가 왕 하면 충이 아니라 자극제가 되어 丙火를 분발케 하므로 없어서는 안 될 존재이니 어찌 충 극이라고 만 할 수 있겠는가. 또 7년 대한(大旱)에 큰비(大雨)가 방장(方丈) 으로 만물의 고갈(枯渴)을 해소하여 주는 것과 같이 기쁘기 한이 없고, 겁재 丁화를 丁壬 합거 하면서 合化木으로 나를 돕게 되니 근원을 만들어주어 힘이 되게 하니 좋은데, 만약 허화(虛火)에 수기(水氣)가 旺하면 꺼져가는 불이요, 밤중의 달빛은 고사하고 별빛보다도 못하니 항상 어둠을 헤 매이는 삶을 살아가는 것은 물론이거니와 己土 조차도 生 할 능력이 없으며, 따라서 丙화가 왕하고 균형이 잡혀있다면 수화기제(水火旣濟)라 하여 길명(吉命)으로 보고 이와 반대가 되면 수화미제(水火未濟) 라 하여 흉명(凶命)으로 본다.

[강의 노트]

　丙이 壬을 보면 沖도 되고, 剋도 되고, 자연으로 비유하면 시커먼 먹구름이 몰려온다. 七殺도 되고 무서운 귀신(鬼)으로 病도 된다. 여자 丙火일주에 壬이 나타나 있으면 해로(偕老)하기 어렵고 그렇다고 무조건 丙壬이 만나면 나쁘다고 할 수는 없다.

丙 甲 丙 ○　이런 경우 칠년대한이다. 寅午火局에 신강 조열
寅 午 ○ ○　하니 백야에 해당 되고 낮만 있고 밤이 없으니 꽃
만 무성하다. 그런데

丙 甲 丙 壬　이런 경우 봉감우(逢甘雨-단비를 만남)로 칠년대
寅 午 申 辰　한에 단비를 만난 격에 申辰이 水局까지 만들어 강우량이 많으니

균형을 이루어 丙이 壬을 만나 沖이 아니라 生이나 다름없다. 고로 이런 경우 충불충(沖不沖-충은 충이로되 충이 안 된다)이라 한다. 자극제 사상의 때로 보면 된다.

壬 壬 丙 壬　이런 경우는 꺼져가는 불이다. 좌우에서 극해 들
○ ○ ○ ○　어 온다. 귀신 따라 붙는다.
水火未濟 ; 水와 火가 너무 치우쳐 균형이 깨진 것,
水火旣濟 ; 水와 火가 동등해 균형을 이루고 있는 것,

丙화가 癸수를 만났을 때 <丙 癸>

[실증철학 원문]

　丙火가 癸水를 만나면 겁재 丁火를 丁癸沖으로 보내고 戊土식신을 合去하나 다시 合化로 丙의 힘이 되어주고 또 정인 乙木을 生하여 항시 올바른 길로 인도하는데, 허화(虛火)에 癸水가 旺하면 구름에 가리어진 태양과 같아 음지의 생활만 계속하게 되니 어찌 약한 癸水라고 가볍게 볼 수 있겠는가,

[강의 노트]

　丙에 癸는 정관이다. 올바른 직장, 마음착하고 법 없이도 산다. 책임감이 강하고 여자가 정관이면 한번 남편은 영원한 남편으로 죽어도 역시 그 남편밖에 없다고 생각한다. 편관을 놓은 자는 여자팔자는 뒤룽박 팔자라고 또 바꿔 보자다. 남자도 정관성이 강하면 그것이 오히려 흠이 된다. 너무 정확해서 아내가 시집살이 하게 된다.
癸 癸 丙 癸　이런 경우는 소실팔자로 숨어살게 된다.
○ ○ ○ ○　음지니까 3번 시집가는 팔자 병화도 양이지만 음지가 된다. 약한 丙火에 癸水는 구름이니 구름만 끼고 비가 안 오는 격이라 찡그리고 사는 팔자다. 金水는 근심 걱정 눈물이다.

丙화가 子수를 만났을 때 <丙子>

[실증철학 원문]

지금부터 지지를 살펴보자,

　丙火가 子수를 만나면 정관으로 水 剋 火 받고 또 子시에는 병화가 태양을 볼 수 없으며 火여름은 子 冬至에 꼼짝 못하는 것과 같이 몰광(沒光)되어 丙화는 火로서 행세 할 수 없으므로 火극金은 커서, 영 한줌의 흙도 生할 능력이 없다.(丙子일생은 소실이 많다-桃花官)

[강의 노트]

　丙에 子는 정관으로 水극火 받고 절지에 몰광(沒光)으로 빛이 죽었다. 고로 丙子일주여자는 소실이 많다, 밤에만 왔다가는 손님으로 子午卯酉는 도화로 바람둥이에 바람둥이 남편이다. 子水 정관으로 직업이 도화가 되니 바람피우는 것이 직업이다. 고로 기생이고 子가 남편인데 水는 항시 제자리에 있지 않고 흘러가니 오면 가고 오면 가고 잘 바뀌더라. 水는 밤이요, 火는 꽃으로 丙子는 밤에 피는 꽃으로 야생화다. 그래서 소실이고 기생이라 말 하는 것이다. 꽃과 밤이니 꽃뱀이고 丙子는 病者이니 항시 아프다,

○ 丙 辛 ○ 　여자가 이런 경우라면 병이 남편인데 자위에 있어
○ 子 ○ ○ 　죽어있는 불이므로 남편은 있으나 마나한 남편으로 덕이 없다.

丙화가 丑토를 만났을 때 <丙丑>

[실증철학 원문]

　丙이 丑토를 만나면 상관에 양궁이요, 삼양지기(三陽之氣-子에서 一陽 丑에서 二陽 寅에서 四陽 辰에서 五陽 巳에 六陽)를 향하여 진기(進氣)하고 있다하여 보이지 않는 힘을 얻었다고 보아서는 안 되는데, 그 이유는 아직 三冬겨울이 끝나지 않았을 뿐더러 연중 최고의

주위요, 또 丑土로서 밤이어서 濕土에 凍土이니 晦氣 되기 때문이다. 그렇지만 만약에 丙火가 旺하여 丑土를 소유 할 수만 있다면 재고(財庫-재물의 창고)가 되니 柱中 財局이 없어도 부자가 되며 또 배설구로 지정영(池精英)이라 丙火를 살려주니 이를 두고 금상첨화(錦上添花-비단옷에 수놓은 좋은 것 중에 좋은 것을 얹었다)라 할 수 있다.

[강의 노트]
丙에 丑은 상관으로 晦氣된다. (습토이므로 가물가물 꺼져간다) 재고다(財庫-돈 창고) 丙辛 暗合이다. (丑中辛金과 합) 고장지(庫藏地-12운성으로 墓地)이므로 늙은 여자다 연상을 많이하는 것이다. 돈 많은 여자를 만난다,
財庫 는 어떻게 볼 것인가?
財局과 동일한 효력을 갖는다. 財庫 하나가 財局과 같으니 부자가 될 수 있다. 그러나 돈으로는 좋지만 妻宮으로 보면 나쁘다, 심하면 여자집합이고 아내가 고질병 난치병으로 고생한다. 庫藏地이므로 묵은 돈 늙은 여자 연상의 여인 있다고 연결하라.

○ ○ 丙 ○   신왕사주가 되면 재고 돈 창고가 내 것이 된다.
寅 午 辰 丑   여기서는 丑辰토니까 땅이다. 부동산인데 丑辰 破가 되어 큰 덩어리가 아니라 쪼가리 땅으로 여기저기 늘어놓은 경우로 조금씩 사 놓았다, 그런데 언제쯤 여러 군데 땅이 한 군데로 모이겠는가? 라고 물어온다면 酉년이라고 말해라 酉丑 辰酉로 합이 되는 해다.

丙火가 寅목을 만났을 때 <丙 寅>
[실증철학 원문]
丙이 寅木을 만나면 편인이요, 長生宮이며 또 燥木이 되어 木生火를 잘 받으니 12지지 중 가장 기뻐하고 立春으로 삼양지기요, 寅시에는 어둠이 물러가고 낮이 살아나는 火氣로서 임무를 완수 할

수 있으므로 능히 剋金하고 生土하며 칠살 壬水 마저도 두려워하지 않는데, 이는 水生木 木生火로 官印相生이 되기 때문이다.(丙寅일생 남녀모두 똑똑하고 감각발달이나 자기위주로 살아간다)

[강의 노트]

　　丙寅은 천지를 밝히고도 남는다. 편인이지만 長生宮이고 寅목은 마른나무로 木生火도 잘 되지만 火生土 역시 잘 한다. 그래서 寅시에 태어난 사람들이 時平生 제일 잘 타고났다. 인이라는 글자는 세상에 빛과 광명을 주는 시간이므로 인시에 태어난 사람들은 좋은 일 많이 해야 한다.

　　丙寅일주는 숯불이고 梟神殺이다. 여자라면 너무 똑똑해서 남편궁이 나쁘다. 水를 두려워하지 않고 金을 두려워하지 않는다, 이 말은 水를 무시하니 남편을 무시하는 것이고 金을 두려워하지 않는다는 것은 金이 재물인데 내가 소유할 능력이 있다는 말이다.

丁　庚　丙　壬　이 사주는 필자의 제자사주인데 부자로 잘 살아
酉　戌　寅　辰　가는 사람이다. 五行全具에 신왕하므로 庚酉金財를 소유 할 수 있어 부자이고 매우 똑똑하여 사리에 밝다. 다만 여자사주는 드세서 남편궁이 안 좋다고는 하나 해로하고는 있는데 글쎄다. 잘 풀리지 않고 아내 덕에 살아가는 사람이다. 남편사주 역시 만만치 않은 사주인데 대성하지 못했음 官庫가 있어서인가?

乙　己　庚　丁　이 사주는 인수태왕한 사주로 위 여명 남편의 명
未　丑　辰　丑　조인데 인수가 病인 사주다, 인수태왕자는 의타심이 많아 모친 치마꼬리 잡고 산다더니 모친에게도 효도했고 아내 치마꼬리 잡고 사는 격으로 뭘 해도 잘 안 된단다. 천하에 庚金이라도 土多하여 埋金 된 탓일까? 이사주도 재고를 놓았으니 부자인 것은 틀림없는데 丑辰 파살을 쌍으로 놓고 있어 배우자 덕이 원래는 없다고 봐야 하지 않겠나. 그런데 덕으로 살아가니 말이다.

丙화가 卯목을 만났을 때 <丙 卯>
[실증철학 원문]
　丙이 卯木을 만나면 습목(濕木)이라 木生火가 잘 안된다고 하나 丙火는 旺火로 스스로 건조시켜 木生火 받으니 천간에 乙木과 같지만 패지(敗地)요 목욕궁(沐浴宮)으로서 매사를 서두르면 실패하고 육친으로 인수가 되어 공부는 잘하지만 결과는 신통치 않고 정인이라 부모덕이 있어야 하는데 정인치고는 정인답지 못한 것이 卯목이다.

[강의 노트]
　丙에 卯는 沐浴宮 敗地(목욕궁 패지는 남녀가 모두 바람나기 쉽다) 木生火지만 연기만 나고 잘 안탄다.
未月生 庚金은 燥土로 子月 甲木은 凍木이라 부모덕이 적다.

乙 己 丙 己　이 사주는 스님 사주인데 공부는 열심히 하는데
丑 卯 辰 丑　노력에 비해 빛을 보지 못한다. 습기가 많은 것이 흠이다.

丙화가 辰토를 만났을 때 <丙 辰>
[실증철학 원문]
　丙화가 辰토를 보면 설기되어 약화되는 것은 사실이지만 生月을 구분하여 말해야지 무조건 약화로 보면 안 된다. 단 秋冬月의 辰時는 화식(火熄)되지만 春夏月의 辰時는 회기(晦氣)로 볼 수 없다는 점을 생각해서 말해야 한다. 단 寅卯辰 木局 子辰合水局 되기 전에는 辰土역할을 한다.
[강의 노트]
　丙에 辰은 회기(晦氣)로 보아야 한다, 가물가물 꺼져간다.
여자 丙辰일주는 官庫 놓아 남편이 시들시들 꺼져가는 형상이니 남편이 무능력하고 내가 벌어먹고 산다, 그래서 수심(愁心)이라 했다. 남자는 자식이다 자식농사 안 되는 팔자다.

☞ 子월에 辰시와 午월에 辰시를 살펴보자면 子월의 辰시는 해 뜨는 시각이고 午월의 辰시는 中天에 있다.
　辰月의 丙火라면 별 문제 없다 얼마 안 있으면 立夏로 살아있는 봄로 보아야 한다.

丙화가 巳화를 만났을 때 <丙 巳>
[실증철학 원문]
　丙화가 巳화를 만나면 육친으로는 비견이요, 官宮으로 능력이 대단하여 火剋金도 火生土도 할 수 있고 旺水라도 겁나지 않다. 그러나 太過는 散 으로 좋지 않다고 보아야 한다.

[강의 노트]
　丙에 巳는 왕하고 기늠봄을 면할 수 없다.
癸 丁 丙 甲　이 사주는 火가 太過하여 火生土해도 燥土라 쓸
巳 巳 戌 午　모 없고 분산되기 쉽고(散) 산만하고 꽃으로만 살지 열매가 없다, 이런 사주는 벌리기만 좋아하고 정리하고 거두어들이거나 맺음은 못 짓는다, 만약 여자라면 선머슴이고 재관이 있어도 없는 것과 같고 운에서도 못 들어온다. 인생 삼대요소가 財官印인데 印綬도 忌神이니 부모덕 없고 재물도 아내도 붙어있을 수 없으니 외롭고 가난하며, 일 역시 별 볼일 없으니 소년 소녀 가장이다.

丙화가 午화를 만났을 때 <丙 午>
[실증철학 원문]
　丙화가 午화를 만나면 육친으로는 비겁이요, 旺宮이며 仲夏 正午로 火의 기운이 극에 달한다. 고로 자만할까 염려 되며 丙화 태양은 午시를 만나면 가장 왕성한 것 같지만 얼마 안 있어 晦氣 되므로 실은 寅목이 더 무서운 것이고 길게 가므로 값진 것이 될 수 있다.

[강의 노트]
丙화가 午화를 만난 것은 巳화를 만난 것 보다 더 나쁘다 巳中에는 庚금 이라도 있지만 午中에는 丁己뿐이니 양인살이 있어 더 흉한 것인데 양인은 허약할 때는 吉로 작용하지만 힘이 있는 경우에는 흉기로 작용한다.

丙午 일주는 못되게 연결하면 "순 악질여사"다 (탕화살) 干與支同 夫婦不穆, 정오에서 얼마 안 있으면 13시 방향으로 기우러진다, 기분파이면서도 불꽃같은 성격이다.

누가 아래에 기록한 丁未일주 남자 와 애인 삼아도 되느냐고 물어왔다 이사람 기분대로 살고 기분에 죽는 사람이다. 기분 맞춰줄 자신 있으면 애인 삼아도 된다고 했다. "申월에 丁未일주가 己酉시" 丁未일주라고 다 그런 건 아니다. 亥월의 丁未일주가 庚戌시를 만났다면 약간 다른 경우다. 물론 丙화든 丁화든간에 火일주는 명랑하고기분파이고 제 맘대로 살아가지만 亥월 丁화는 지조도 있고 정도 있고 기분파이기도 하다, 이사람 애인 숨겨놓고 사는지 20여 년 되는데도 단 한 번도 들통이 안 났단다.

丙화가 未토를 만났을 때 <丙 未>
[실증철학 원문]
丙화가 未토를 만나면 육친은 상관이요, 火生土로 설기되어 쇠약해진다고는 하지만 未中에는 丁火와 乙木이 있으므로 丙화의 뿌리가 된다고 봐야 한다.

[강의 노트]
丙화가 未토를 만나면 불같지 않은 불이다. 아직은 살아있는 불로 뿌리가 된다.

丙 乙 丙 乙   이 사주는 丙화가 未월 未시에 태었으므로 지지
申 未 辰 未   에 3土가 있어도 살아있는 불이다.

丙화가 申금을 만났을 때 <丙 申>

[실증철학 원문]
　丙화가 申금을 만나면 편재요 病宮으로 申中 壬수가 剋火하여 財殺地로 불리하다.

[강의 노트]
　丙화가 申금을 만나면 석양 일몰(日沒) 財殺 즉 財生殺 한다는 말이다. 丙申을 病身으로 연결 해보고 서리 맞은 걸로도 연결 해봐라.

丙화가 酉금을 만났을 때 <丙 酉>

[실증철학 원문]
　丙화 酉금을 만나면 정재지만 死宮이고 일몰로서, 仲秋가 되면 극성스럽던 더위도 가시기 때문에 火氣는 退氣라 스스로 없어지고 酉中辛금에 暗合 되어 合水로 火熄되므로 火의 존재는 찾아 볼 없다.

[강의 노트]
　丙화가 酉금을 만나면 日沒 死火 死地 (꺼져가는 죽은 불)로 비록 정재이기는 하지만 丙丁火 꽃이 서리 맞은 것이다.

丙화가 戌토를 만났을 때 <丙 戌>

[실증철학 원문]
　丙화가 戌토를 만나면 入墓로 晦氣 된다. 다만 戌中丁화에 명맥은 유지 하지만 柱中에 寅木이나 午火를 만나면 合火로 변한다.

[강의 노트]
丙화가 戌토를 만나면 自庫 日沒로 본다. 丙戌로 戌토를 동반하고 있으면 水旺해도 안 꺼진다. 丙戌일주는 살아있는 불이다. 백호대살로 戌중의 辛금 여자가 죽어간다. 몸이 아프거나 불구일 수 있다.

丙화가 亥수 만났을 때 <丙 亥>

[실증철학 원문]
 丙화가 亥水를 만나면 편관 절지요, 亥中壬水에 沖 剋 받아 영영 火熄되고 만다. 亥水가 木局으로 변하면 貪生亡沖, 剋中生으로 晦火再炎이 된다.

[강의 노트]
丙하가 밤을 만났으니 沒光이다. 빛을 잃어버렸다.
日沒: 갈 길은 먼데 해는 서산에 기우니까 사람이 실수하게 되고 성직이 급해진다.

丁 辛 丙 庚   이 坤命은 丙午 일주가 亥월을 만났지만 寅亥
酉 亥 午 寅   合木 되고 丁하까지 年上에 떠서 3 金을 녹일 수 있다. 火金이 鬪戰하는 격이라 土가 있어 상생 되면 좋으련만 무자비한 경우도 있는 사주다. 돈에 환장한 사람 같아 보인다.
다행인 것은 식당 한정식 음식점을 운영한다니 퍼 먹이는 식당이면 식상土로 보아 좋을 것이다. 밥장사도 좋다, 너무 조열해서 하는 말이다. 壬辰년에 官이 沖을 하고 식상 운이 왔으니 변화가 발생할 것이라고 했는데 한정식 집 정리하고 모텔 업 한다고 떠났습니다.
남자와는 인연이 적고 壬辰년에 남자 들어와 큰돈은 아니지만 도움 되었을 것이나 결과는 官庫로 이별했을 것이다.

辛 甲 丙 癸   이 坤命은 午월 丙申일주가 사시를 만났으니 火氣
丑 午 申 巳   태양하여 남편 인연 적고 세가 빠지게 노력하여 먹고 살아야 할 팔자이다. 양인은 신약할 때는 도움 신으로 吉 역할을 하지만 이와 같이 신왕사주에는 칼 역할을 하기에 흉으로 보는 것이다. 일지에 刑合을 놓고 남편과 별거 하면서도 이혼이 잘 안 되는 상황이다.

[실증철학 원문]

(4) 丁火

　　丁火는 丙화의 뒤를 이어 계승하니 양중에 음이고, 음이라고는 하나 外陰內陽의 萬物之精으로 文明之象이요, 하늘로는 太陰이라 달이나 별에 속하지만 땅에서는 등화, 화촉활화, 생화, 유화(燈火 燭火 活火 生火 幼火)로서의 陰火가 된다.

　　丁화는 비록 陰火라지만 내적으로는 강하여 無에서 有를 창조해 내는 힘이 있어 자수성가형이고, 다소 수다스럽고 시끄럽긴 해도 인정미 넘치고, 수리로서는 2가 되고 홍색이며, 인체로는 심장이고 음성은 고성이나 말을 잘하고 설득과 노력의 명수로서 활동적이다. 정화는 목도 燥木은 좋아하나 濕木은 싫어하고 土多晦氣하며 金旺에도 火熄을 두려워하고 水에도 沖 敗라고는 하지만 水라도 壬수는 丁壬合木으로 오히려 앞장서서 도와주는 역할을 하는데 다만 지지에 金水가 없고 투합(妬合) 또는 쟁합(爭合)되지 말아야 하며, 癸수는 沖으로 원수가 된다.

　　丁화도 득국(得局)하면 강렬지화(强烈之火)인 丙화 못지않게 金도 극하고 생토도 잘하며 旺水도 겁내지 않고 火의 임무를 충실히 할 수 있다.

[강의 노트]

　　통틀어서 甲乙과 丙丁의 木火를 陽이라 하고 庚辛과 壬癸의 金水를 음이라 한다. 그래서 丙은 陽中의 陽이고 丁은 陽中의 陰이 된다. 木火가 많으면 명랑하고, 金水가 많으면 근심걱정 끼고 산다.
丁화는 燈火-등잔불 活火-생기 있는 불 生火- 살아있는 불.
丙과 丁이 싸우면 처음에는 丙이 이기지만 결과는 丁이 이긴다.
丙은 따뜻하게 丁은 뜨겁게라는 의미다.

戊 戊 丁 丁   이 坤命은 火土로만 구성된 兩神成象格 사주다.
午 午 未 未   일찍이 혼자 돼서 아들 딸 5남매를 키우고 나이 들어 이 공부하여 늘그막까지 잘 써 먹는다. 달변가이고 목소리 톤이 높다. 사주에 남편(水)도 없다. 있는 것이라고는 자식(土)뿐이니 5남매를 혼자 키웠지 옛날 같으면 고아원장 사주여.

　丁火는 홍색(紅色)이고 심장이고 甲寅木은 좋아하지만(燥木이고 正印) 乙卯木(濕木 偏印)은 싫어한다.

丁壬合은 木이지만 丁癸는 沖이다.
丁火가
土多하면 가물가물 꺼져간다. (土多晦氣 : 판단력이 흐려진다)
金多하면 오히려 불이 꺼진다. (金多火熄 : 금다 화식)
水多하면 빛이 물에 완전 꺼진다. (水多沒光 : 수다 몰광)

爭合(쟁합) : 壬 壬 - 丁 : 남자 둘에 여자하나.
妬合(투합) : 丁 - 壬 壬 : 여자 둘에 남자하나.

癸 戊 丁 丁   이 와 같이 巳午未로 局을 이루면 强烈之火다.
巳 午 未 未   지지가 한 여름 불덩어리이므로 丙화 못지않다.

癸 戊 丁 己   이 와 같이 巳午未로 局을 이루면 强烈之火로
巳 午 未 酉   꽃이 활짝 피어 酉금으로 열매 맺었다. 식신생재로 돈과 인연 있다. 만약 금이 없는 팔자는 꽃만 무성하지 열매가 없는 것으로 겉실 즉 내 것 못 지킨다.

丁火가 甲木을 만났을 때 <丁 甲>

[실증철학 원문]

甲木이 正印으로 生我는 가능하나 庚金 正財를 甲庚 沖去 하고 己土 식신을 甲己로 합去 시키니 식록을 빼앗아가는 형상이어서 학문인 인수가 지나치면 빈한한 이유가 바로 여기에 있다. 그러나 水 官殺이 지나칠 때 水生木 木生火로 官印相生하여 身旺하게 하고 殺印相生하여 신약에서 丁火를 구출 하는데 혼신을 다하지만 濕木은 불가하니 燥木을 좋아하는 이유가 여기에 있다.

[강의 노트]

甲木이 正印으로 木生火 잘 된다. 丁火가 가장 좋아하는 것이 甲寅목이다. 그러나 庚(財)을 甲庚 沖으로 없애고 己(食神)를 甲己 合으로 없앤다, 고로 공부많이한 사람은 가난하다. 선비에 불과하다. 먹을 것이 없어지므로........

戊 甲 丁 壬   이 와 같이 甲寅木으로 인수에 둘러 쌓여있다.
午 寅 卯 寅   책만 가까이 하고 있다, 월에 정인이니 양반집 자손이다. 조선시대 선비의 모습으로 아내가 다 해야 한다.
<쇠가 부러지고 흙이 흩어지니, 쇠는 돈이요 흙은 의식주인데 먹을 것이 없는 가난한 선비다.>

官印相生法

壬 甲 丁 0 壬수는 정관이고 甲목은 인수이니 水生木 木生火로 官印이 相生할 경우를 말한다. 官印相生 된 팔자는 공무원 급의한향 옛날 암행어사, 요즘은 국립학교와 인연 있고 국비장학생이고 직장에서 관에서 공부시켜주는 팔자다. 官은 나라요, 인수는 집이니 나라에서 집장만 해주고 나라에서 집지어주니 아파트 당첨은 기똥차게 잘 되는 팔자다.

殺印相生法

癸 甲 丁 0 癸는 七殺로 나를 죽이는데 인수로 통관시켜 살려준다.

壬 壬 丙 庚   이 사주에 얽힌 설화를 예로 들어 보자면
申 子 寅 寅 북방의 적들이 (壬은 북방 '인'자다) 수도 근처까지
쳐들어왔다. 임금인 丙화는 화가 나니까 남한산성으로 피신해 납
작 엎드려 있는데 寅목(印綬)인 선비가 나선다, 丙에 甲은 舌筆로
선비가 총칼을 이기고 죽일 수 있어(선비는 총칼이 침범 못한다) 寅
목이 壬수 있는 곳에 나가서 호통 친다, 너희들은 국법도 없느냐
수는 칠살 이지만 寅한테는 꼼짝 못하고 감탄하여 물러간다, 水生
木으로 水인 적은 寅목 때문에 물러가는데 이것이 살인상생이다.

丁火가 乙木을 만났을 때 <丁 乙>
[실증철학 원문]
　乙木은 偏印으로 濕木이라 오히려 火熄이 된다. 그렇지만 지지에
寅 또는 卯未 亥卯가 있으면 木局으로 得根하여 木生火를 받을 수
있어 걱정 없고, 아울러 한 가지 더 알아야 할 것은 亥卯 삼합은
습목으로 보지 않는다는 것이다. 그러나 庚金 정재를 乙庚으로 합
去 하나 이는 다시 化金되니 큰 문제없고, 辛금 편재를 乙辛 沖去
함은 불행한 일이고, 또 乙木은 겉으로는 生이지만 속으로는 火熄
케 하니 주고 싶어 주는 친어머니의 마음이 아니라 丁화를 상하게
하는데 목적이 있어 편모인 계모는 역시 친모와 다른 점이 여기에
있다.
[강의 노트]
　亥卯未는 三合木局이 된다. 다만 亥卯는 木生火가 잘 안 된다.
亥未나 卯未는 木生火가 잘 된다. <未土인 燥土가 들어가서>
편인(偏印)은 편법(偏法)으로 세상 살아가는 것을 좋아한다.

癸 乙 丁 己　이 사주는 편인에 둘러 쌓여있다. 丁화 등잔불에
卯 卯 卯 酉 乙은 계모로 습목이다. 木生火로 너무 밥을 많이
주어 정화는 사실상 괴롭다, 木이 많아서 강풍이다. 강풍에 등잔불
이 꺼질까 걱정이다. 음 팔통 에 偏이 많아 불안한 命이다.

丁火가 丙화를 만났을 때 <丁 丙>
[실증철학 원문]
　丙화를 만나면 달이 태양을 보는 형상으로 丁화의 존재가 약화되지만 신약할 때는 큰불의 힘에 의하여 火光을 밝게 비출 수 있어 절대 나쁘지 않다.

[강의 노트]
　壬 丙 丁 0 丁화가 丁壬 合으로 연애 하고 있는 것을 가운데 들어간 丙화(오빠)가 쫓아낸다.
　0 壬 丁 0 丁壬 합으로 깨가 쏟아지도록 살다가 10년마다 丙年이 오면 그 좋던 금슬도 갈라지고 이혼 수가 들어온다.

丁火가 丁화를 만났을 때 <丁 丁>
[실증철학 원문]
　丁화를시기에 일단 일장일단은 있으나 화가 왕한 상태라면 한신(閑神)역할로 방해가 될 것이나 신약할 때는 나를 도와주는 은우(恩友)가 된다.

[강의 노트]
　한신(閑神) 閑자는 막을 한 방어을 뜻하지만 여기서는 등한시 할 '한' 한가할 '한'으로 놀고먹으면서 손만 벌리는 것 비견 겁이 한신이다.
　丁 丁 丁 0 丁화 일주가 年月干에 丁이 나타나있으니 丁은 한신이다. 일간 丁이 벌어서 먹여 살린다. 그런데 壬년이 오면 丁壬 合으로 시집안간 언니들이 한꺼번에 시집간다. 앓던 이가 빠진 것 같은 해다, 속이 시원해진다.

　癸 丁 丁 庚　이 사주는 비견 겁에 둘러 쌓여있다. 火가 원수
　卯 巳 巳 戌　요, 여기서는 한신이 아니라 기신이 된다.

丁火가 戊土를 만났을 때 <丁 戊>

[실증철학 원문]

戊土를 만나면 편관 癸水를 合去(戊癸) 함은 좋으나 壬水 정관을 극제(剋制)하니 장단점은 있다 하겠으나 상관은 상관이다, 라는 것을 알아야 한다. 상관은 女命에서는 자손을 잉태(孕胎 : 아이 밸 잉, 아이 밸 태)를 뜻함으로 官의 재앙도 막을 수 있다는 말도 되고 또 중화를 잃으면 무법자로 행동하기도 하며 辛金 편재를 생하니 허욕을 부리거나 여자문제 등이 쉬지 않고 발생하게 된다.

[강의 노트]

傷官은 역시 傷官이다, 상관은 상관 이상도 이하도 아니다.
丁 戊를 보면 壬水 정관을 극제(剋制 : 상관으로 사정없이 죽인다) 그러나 丁화의 칠살 癸수를 합거(合去)시키는 역할도 한다.

甲 戊 丁 癸　火일주가 토가 많으면 중화가 깨져서 석양의 무
戌 辰 丑 卯　법자다 本命도 4토로 상관성이 강하다. 상관이 많
으니 금이 생기는데 금은 돈과 여자이다. 돈 벌고 돈 따라가면 일주가 더욱 약해지니 돈도 못 번다. 여명이라면 이 사람은 자식 낳고 자손에 배신당하고 남편 덕도 없게 된다.

丙 己 丁 庚　丁火일주가 土가 많다. 중화가 깨졌다. 그래서 가
戌 亥 未 戌　끔 석양의 무법자 같은 행동도 한다, 여기서 위 丁
丑과 아래 丁未는 다른 점이 많이 보인다. 일단 丁丑은 같은 土인 식신이라도 亥子丑의 차가운 기운이 강하고 丁未일주는 巳午未 로 따뜻한 火氣가 강해서 일주가 약하지 않다는 점이다.

여기서
戊戌년을 만나면 丁丑일주는 상관이 발동이 걸린다, 丑戌刑 辰戌沖
丁未일주는 戌未刑만 걸리는데 燥土끼리만의 刑이라 덜 불리하다.

丁火가 己토를 만났을 때 <丁 己>
[실증철학 원문]

　己土를 만나면 丁화의 正印 甲木을 甲己 합去로 보급로를 차단한 형상이라 좋지 않으나, 化土되어 다시 식신이니 명조가 강한 신왕사주는 기쁘고 신약에는 흉하며, 癸水 편관을 土剋水하여 丁화를 도와주고 生財로 식록을 있게 하니 희생이 다시 살아나는 것이며 아울러 수원(壽元)으로 장수하게 된다.

[강의 노트]

　丁화가 己토를 보는 것은 食神으로 火生土하는 이유는 癸수가 올 때를 대비하여 내가 생하는 희생은 자신인 丁화가 살려고 희생한다는 이치로 "희생(犧牲)이 갱생(更生)이다 라고 한다." <丁癸冲인데 己토가 옆에 있으면 癸수가 마음대로 못 들어온다.>

丁火가 庚금을 만났을 때 <丁 庚>
[실증철학 원문]

　庚금을 만나면 정인 甲목을 甲庚 冲하고 편인 乙목을 乙庚 합으로 묶어 合沖은 去라 하여 인연이 적으므로 돈을 알게 되면 공부는 인연이 없게 된다는 원리가 바로 여기에 있는 것이다. 그런가 하면 화가 금을 극한다하여 승리라고 말 할 수 있겠는가, 丁화가 庚금을 잡으러 갔다가 오히려 화식(火熄)되고 말 수도 있으니 이를 두고 主客이顚倒 됐다, 客反爲主라 남자가 여자에겐 약한 것이 이런 경우인 것이다.

[강의 노트]

丙 己 丁 庚　丁火는 陰이고 庚금은 陽이니까 작은 남자가 큰
戌 亥 未 戌　여자를 넘보는 것이니 욕심이 지나치다. 관리능력이 있는가를 살펴야 한다. 화식(火熄)을 염려해라 이말 이다. 丁이 庚을 보면 甲乙목이 공부인데 金이 있어 金剋木 하니까 금인 돈을 알면 木인 공부는 못하게 된다는 이치다.

丁火가 辛금을 만났을 때 <丁 辛>
[실증철학 원문]
　辛금을 만나면 乙木 편인을 乙辛 沖하고 丙火 비겁을 丙辛 合으로 묶으니 주위의 방해를 정리하고 偏財로서의 횡재를 얻게 하니 즉 편처(偏妻)인 소실(小室)의 덕을 보는 것은 丁火 밖에 없다고는 하나 이도 태왕하면 화식(火熄-불이 꺼짐)되니 어쩌면 헛발질일 수도 있다.

[강의 노트]
　丁화가 辛금을 만나면 辛이 金銀 珠玉으로 예쁘게 제련 해 놓은 金이고 丁화 역시 음火로 충분히 관리 할 수 있으나, 金이 많으면 불이 꺼지고 불이 또한 강하면 다 녹아 없어지니, 관리능력이 없어도 아닌 넘쳐도 불리한 것이 바로 편이라는 글자이다.
　남자 丁화 일주가 辛巳년 만나면 연애하는 해이다. 辛금 예쁜 여자는 임자 있는 여자로 잘못하면 망신당한다. 巳中丙火 남자와 이미 사귀고 있는 여자로 즉 暗合된 여자다.

丁火가 壬수를 만났을 때 <丁 壬>
[실증철학 원문]
　壬수를 만나면 겁재 丙화를 丙壬 沖去 시키고 丁화는 丁壬 합을 하는데 역시 化木 되어 돕는데 만약 壬수가 또 있으면 음란지합(淫亂之合)이 되어 본분을 망각 할 수 있다.

[강의 노트]
　丁화 일주가 壬수를 만나 합하면 合身이다. 丁壬合木 하여 木生火 가 되니 서방(壬)을 잘 만나면 집도 생기고 명예도 생기고 옷도 생기고 좋다. 여자가 정관과 합하면 100% 연애하여 결혼한다.
　丙 壬 丁 이면 丁화가 丙화를 만나면 겁재로서 뺏기는데 壬이 沖하여 丙을 쫓아낸다.

壬 丁 壬 으로 丁이 壬을 많이 만나면 丁壬合은 음란지합 으로 정이 많아서 多情之合 되니 그것도 병이 된다. 날라리 천하의 바람둥이다.

아래에 기록한 사주들은 천간이 丁壬 합이 쌍합(爭合)으로 이루어진 사주들이다. 그런데 사례 1의 경우 삶이고 고달프고 어렵게 살지만 사례 2의 경우 여유롭게 잘 살며 사례 3의 경우는 건명인데 부자는 아니지만 잘 살아가고 있으니 그 이유들을 살펴보도록 하겠습니다.   <특별한 사주를 가진 사람들>

사례 1 최 여사

坤命	丁	壬	壬	丁
	酉	寅	申	未

수	2	12	22	32	42	52	62
대운	癸卯	甲辰	乙巳	丙午	丁未	戊申	己酉

1	木	0
2	火	3
1	土	2
2	金	0
2	水	3

사례 2 홍 여사

坤命	壬	丁	丁	壬
	辰	未	巳	子

수	1	11	21	31	41	51	61
대운	丙午	乙巳	甲辰	癸卯	壬寅	辛丑	庚子

사례 3 노 사장

乾命	丁	壬	丁	壬
	未	子	卯	寅

수	3	13	23	33	43	53	63
대운	辛亥	庚戌	己酉	戊申	丁未	丙午	乙巳

다른 점과 공통점부터 살펴보자면 천간이 쌍합으로 丁壬합을 이루고 있다는 점이고 다른 점은 1의 경우 일간이 壬水로 財合을 하고 2의 경우 丁火로서 官合을 하고 있다는 점이며 3의 경우 남자로서 官合을 하고 있다는 점인데 사례 1의 경우는 여자로서 관이 약하고 2의 경우는 관이 강하다 는 점이 다릅니다. 지금부터 좀 더 구체적으로 살펴보겠습니다. 財合이던 官合이든 간에 여자가 丁壬합을 쌍으로 하면 유정(有情)하여 정조 관념이 적고 남자관계가 복잡하다는 점은 동일합니다.

사례1의 경우 처녀의 몸으로 시골 동네 오빠와 부정포태로 딸을 하나 낳고 잠시 살다가 헤어지고 다른 남자를 만나 딸을 둘 낳고 헤어졌다가 자식들 때문에 다시 합쳐 살기는 하지만 서류상으로는 이혼 된 상태라고 합니다. 丁壬합은 음란지합(淫亂之合)이라고 배웠지요, 음란한 끼가 있습니다. 더욱이 월지가 식신 상관인 사람들은 막 주다라는 의미로 정조관렴이 적습니다. 다만 이 사주는 일지에 편인이 있어 주위를 의식은 하지요, 인성이 충이 되서 착할 때는 한없이 착하지만 성질나면 고약하기도합니다, 인수 충은 착한 척 하지만 결과는 안착함입니다. 이 여성은 財합을 하므로 돈을 좋아하지만 재성이 뿌리가 없고 천간 모서리에 나타나서 잘 날아가는 형상으로 보면 되고, 관성 또한 허약하여 남편 덕이 없는 팔자로 봅니다. 자신의 피나는 노력으로 살아가게 되고 합 충이 많아 삶의 기복이 심하고 자르고 꿰매는 일이 좋은데 평생 바느질하는 옷을 만드는 일을 한다고 합니다. 50세전 운세는 남방 火운으로 흘러 고단하고 기복이 심한 삶을 살았을 것이나 52세운부터는 서방 金운으로 운행 되어 안정과 주위의 도움으로 편안하고 질서 있는 삶을 살게 될 것입니다.

다음에는 사례2의 홍 여사 사주를 관찰해 보겠습니다.

이 사주의 주인공은 官합을 해서인지 관청과 인연이 많았습니다. 통장부터 시작하여 동사무소 봉사활동을 많이 해서 감투도 많이 쓰고 나대면서 바람을 많이 핀 여명인데요, 남편은 공무원으로 정년 했습니다. 사례 1의 최 여사와는 달리 안정되고 편안하게 살았으며 그리 바람을 많이 피었어도 그 문제로 큰 불화 없이 살았으며 해로 하는 것은 壬子 관성인 부성(夫星)이 유근(有根)해서일 것이며 대운이 동방 木 운으로 50대까지 흘러 좋았을 것이지만 51대운인 辛丑운 부터는 丑未충도 하지만 서방 水운이라서 나를 치는 관살이기에 몸이 아프거나 신상에 괴로움 어려움 등이 발생 한다고 봐야 하는데 이 사주의 주인공은 전 대운이 만양 좋았으므로 별 탈 없이 지나게 됩니다.

사례3의 경우는 壬子水가 관인상생으로 丁화 나를 도우니 삶이 무난한 것인데 관성이 삼각형으로 둘러싸여 극하는 형상이라서 잘못 보면 흉한 사주로 볼 수도 있으나 이사주의 경우 寅卯 木인수가 사주에 있어 나를 바로 치지 않고 나의 인수를 관성이 생하여 주면 나의 인수는 나를 생하는 경우인데 이런 경우를 官印相生이라 말하는 것이고, 만약 인수가 원국에 없었다면 중병에 걸리거나 불구자 등으로 문제가 발생 했을 것입니다. 이 사주에서는 인수가 핵이고 용신입니다.

이상과 같이 같은 丁壬 합이 쌍으로 된 경우도 각각 다르다는 점을 숙지하시고 사주구성을 잘 살펴 말해야 오답을 내지 않는다는 점 명심하기 바랍니다.

丁火가 癸수를 만났을 때 <丁 癸>
[실증철학 원문]
癸水를 만나면 戊土 傷官은 合去(戊癸合火)함은 가능하나 보이지 않는 비겁이 생기니 이 세상 공것은 없으며 七殺로 丁癸沖이라 傷身할까 염려 되므로 대적하고자 하거든 우선 자신을 보호함이 원칙이니 木이 필요하다.

[강의노트]
丁화가 癸수를 만나면 은근히 보이지 않게 비겁으로서의 역할을 하게 된다. 문제는 丁癸 沖이라는 것이다. 잘못하면 傷身으로 다칠까 염려되니 柱中에 木이 있는지부터 살펴야 한다.<木이 있으면 水生木 木生火로 간다.> 가장 강한 불과 가장 차가운 물의 沖이므로 死生決斷이 난다. 丁 癸 沖은 偏官으로 偏夫이고 애인이다. 충이란 부닥침으로 금이 있다, 벽이 있다, 틈이 벌어진다, 고로 편부는 편부일 뿐이다. 丁이 癸를 만나면 편관이 되고 沖이 되는 해로 칠살작용을 하는 해이다. 이런 해는 몸을 다친다, 관재가 발생하고 병원가야 되고 입원하는 해이다.

丁화가 子수를 만났을 때 <丁 子>

[실증철학 원문]
지금부터 지지를 살펴보자,
丁화가 冷寒水인 子수를 만나면 水극 火로 剋도 하지만 子中癸水가 丁癸로 沖敗 되어 丁화는 거의 沒光 상태가 된다.

[강의 노트]
丁에 子는 칠살로 水극火 받고 몰광(沒光)으로 완전히 불이 꺼진다. 음포태는 잘 안 써먹으니 水극 火로만 보아라. 빛이 꺼지니 앞이 캄캄하다.

丁화가 丑토를 만났을 때 <丁 丑>

[실증철학 원문]
丁화가 습토인 丑토를 만나면 회기무광(晦氣無光)이다. 丑中癸水가 있어 완전히 꺼지지만 身旺하다면 財庫로서 더할 수 없는 귀한 물건이 되기도 한다. 다만 丁丑일생 남자는 妻宮이 墓地라 아내의 잔질(殘疾)이 있게 되거나 연상의 아내를 만나기도 한다.

[강의 노트]
丁에 丑토는 식신으로 火生土 잘 된다. 음지 동토(凍土)로 회기(晦氣) 즉 그믐밤 같이 깜깜하다.
丁丑일주는 백호살 이다. 남자가 丁丑일주라면 丑中辛金이 백호에 걸린다. 아내가 음독, 자살 등에 걸린 것이니 각별히 조심해야 한다. 단 앉은자리에 돈 창고인 金庫를 놓고 있어 좋다. 일지 財庫는 돈은 원 없이 써 좋은데 처가 고질병이고 연상의 여인이고 바람둥이다. 庫藏地이니 여자의 집합이다, 고로 몇 사람이 거쳐 갔는지 모른다. 甲寅월 丁丑일주가 연상의 여인과 사는데 庚申년에 천격지충(天擊地沖) 받으니 丁에 庚은 財이므로 재물에 대한 변화가 오더라, 돈 날라 간다.

	癸	戊	丁	庚
乾命	亥	午	丑	戌

위 丁丑일주는 일지財庫를 놓고 있으면서 상관생재로 이어지는 팔자여서 유명한 회계 법인에 근무한다. 午월의 丁화라도 식상관이 강하여 戊戌년에 상관이 강하게 들어와 직장이 흔들린다. 이직문제로 고민하고 있단다.

	甲	丁	丁	辛
乾命	申	丑	丑	丑

이 사주는 丁丑 백호날 백호월에 태어나고 3丑토를 놓아 허약하지만 대운이 동남방 木火운으로 60년간 운행 되어 무난한 삶을 살았으나 69대운인 甲申대운 후반부부터는 대단히 불리한 운인데 戊戌년은 傷官의해로 더욱 忌한 것은 戌토가 火庫지이어서 사경을 헤매이다가 癸亥월 甲寅일에 사망했는데 丁화는 癸수와 견원지간이고 甲寅일은 死지에 寅申이 상충하니 甲목에 의지하던 丁화는 맥을 못 추게 된 것이다.

丁화가 寅목을 만났을 때 <丁寅>
[실증철학 원문]
丁화가 寅木을 만나면 정인으로서의 역할이 오래도록 火氣를 지속되게 하고 寅木은 조목(燥木)으로 아무리 많아도 화식(火熄)되지 않는 장점이 있다.

[강의 노트]
　丁에 寅목은 木生火 잘되고 死宮이 아니라 長生地로 보아야 하며 丁화가 12지지 중에 제일 좋아하는 오행이다.

丁화가 卯목을 만났을 때 <丁卯>
[실증철학 원문]

丁화가 卯木을 만나면 편인으로서 木生火를 받는다고는 하지만 濕木으로 火熄되니 만나지 않으니만 못하고 등촉화인 丁화에게 卯목은 거센 바람이라 불이 꺼진다는 것이다. 고로 丁卯일주는 龍頭蛇尾, 연기, 눈물, 풍파가 있게 된다.

[강의 노트]

丁에 卯목은 木多火熄 강풍에 불이 꺼진다.<丁화가 卯목을 많이 만나고 있을 때> 丁卯는 座下에 인수로 梟神殺인데 卯木이 濕木이나 연기 나고 잘못하면 火熄 된다.

丁화가 辰토를 만났을 때 <丁辰>
[실증철학 원문]

丁화가 辰土를 만나면 상관으로서 晦氣되지만 만약 木局으로 구성된 命이라면 木生火 받아 기쁘다. 상관은 무법자요, 위법이지만 인수로 변하면 준법이니 백지 한 장 차이가 된다.

[강의 노트]

丁에 辰토를 보면 도기(盜氣-기운을 훔쳐간다)다. 상관이라 회기(晦氣-그믐밤같이 깜깜해진다, 가물가물 꺼져 가는 불이다) 관고(官庫) 여자는 과부살 남자는 자손 근심 끼고 산다. 그러나 卯辰이나 寅辰으로 木局이 형성 되면 오히려 木生火를 기쁘닫지 역할을 한다.

乾命	壬辰	戊申	丁未	戊申			
수	3	13	23	33	43	53	63
대운	己酉	庚戌	辛亥	壬子	癸丑	甲寅	乙卯

위 사주는 미투 사건으로 세상을 떠들썩하게 했던 연극계의 대부

이모갚독의 사주이다. 乙卯대운은 濕木으로 丁화가 强風에 火熄되는 운인데 丁酉년에 미투 사건이 불거진 것은 酉금 편재가 辰酉합금으로 財多身弱이 된 고로 强風 앞에 촛불신세라 戊戌 상관 년에 별 도리 없이 철장 신세로 영어의 몸이 됨은, 柱中에 戊辰 상관이 있는데 戊戌 상관 년을 만나면 상관이 충돌(辰戌沖)하면서 발동된 것이다. <丁酉년의 丁화는 火의 역할 못함, 丁壬合 연애하느라 '날 도와주겠거니' 하는 것은 일간 丁화의 착각이다>

☞ 丁火女命에 辰土는 官庫로 남자 요러하는데 1등이다. 남편인연 박하다. 喪夫殺로도 본다.
남자는 財庫로 여자 요러하는데 1등이고 여자위에 군림한다. 아내의 殘疾이 있게 된다.

丁화가 巳화를 만났을 때 <丁 巳>
[실증철학 원문]
丁화가 巳화를 만나면 겁재지만 旺宮으로 힘을 얻어 기쁘지만 柱中에 丑이나 酉가 있으면 변하여 화의 역할을 못한다. <丁巳일생은 고독, 형제근심걱정 있다, 고란살 이다.>

[강의 노트]
丁이 巳화를 보면 강한 불이 된다, 단 巳酉 巳丑으로 연결 되면 巳火는 金으로의 행동을 한다. 丁巳일주는 干與支同에 고란살로 독신 고독을 주관한다.
丙 己 丁 丙 癸巳년을 만났다, 巳화가 巳午 方合할까? 아니면
戌 亥 酉 午 巳酉 三合할까? 方合보다 三合이 더 잘 된다. 午戌로 火局도 된다. 그러나 이렇게 합이 많으면 이리 갈까 저리 갈까 삼거리에서 서성이다가 결국 일지 삼합으로 간다.

丁화가 午화를 만났을 때 <丁午>
[실증철학 원문]
丁화가 午화를 만나면 비견이요, 冠宮으로 아름답다, 陰은 陰으로 陽은 陽을 바탕으로 삶을 유지해야 힘을 받는다.

[강의 노트]
丁이 巳화를 보면 강한 불이 된다. 달로는 한여름이요, 하루로는 정오이니 강한 불이 된다.

丁화가 未토를 만났을 때 <丁未>
[실증철학 원문]
丁화가 未토를 만나면 식신이니 火生土로 회기(晦氣) 될 것 같으나 未中丁火가 있고 六月로 약간 미약하지만 착근(着根) 하니 힘이 되어 약한 丁火가 아니다.<丁未일생은 女亂이 발생한다, 홍염살>
[강의 노트]
丁이 未토를 보면 火生土하나 살아있는 불이다. 다만 인수고로 어머니의 한을 품고 산다.
丁未일주남자들은 대체적으로 바람둥이다. 힘이 있어야 바람둥이가 된다, 기본파다. 印綬庫는 어머니가 둘이다. '모든 사람들은 어머니가 하나인데 당신은 어머니가 둘이네요' 하고 넉살을 부려봐라.

丁 戊 丁 丁   未토 식신 자손은 많으나 壬수 남편은 없다. 고로
未 申 未 未   내 자식은 없고 모두 남의 자식들이다. 하늘을 봐야 별을 따지, 부부사이에 자손 낳지 못해 남의 자식 키운단다. 壬수남편이 들어와도 내 차지 하지 못하고 월간에 상관이 나타나서 남편의 인연이 적다,
☞ 왜, 印綬庫를 놓으면 어머니가 둘이라고 하나요?
어머니 한분이 묘지로 들어갔으니 아버지가 어머니 한분을 더 얻었다는 말이다, 이것이 통변이다.

丁화가 申금을 만났을 때 <丁申>

[실증철학 원문]
丁화가 申금을 만나면 火熄될 가능성이 크다. 病宮에 申中壬수와 丁壬 合도 된다.

[강의 노트]
丁이 申금을 보면 정재지만 힘에 부쳐 꺼진다(火熄), 꽃(丁)이 서리(申)맞아 시들어 버렸다. 申中壬水와 暗合한다.

甲 壬 丁 戊   月干壬水와 丁壬 合 申中壬水와 丁壬 暗合 巳申合
辰 申 巳 申   合多有情 정조관련 없다. 역마가 나그네인데 여관 종업원이니 여관손님 나그네가 다 제 서방이다.

丁화가 酉금을 만났을 때 <丁酉>

[실증철학 원문]
丁화가 酉금을 만나면 長生宮 이지만 死宮으로 보아야 하며 강하지 않는 한 火熄될 가능성이 크다.

[강의 노트]
丁이 酉금을 만나면 日沒(酉는 저녁時)로 꺼져가는 불이다.
丁酉일주 : 丁에게 酉는 아내의 별로 도하니까 예쁜 아내요, 女命은 미인이고, 남명은 귀공자인데 일주가 강한 형상이라면 멋진 사나이다. 丁일생이라 하여 건 판사 변호사 등 법관 팔자요, 丁은 혀로써 말로 먹고사는 것으로 본다.

坤命	壬子	戊申	丁酉	甲辰			
수	9	19	29	39	49	59	69
대운	丁未	丙午	乙巳	甲辰	癸卯	壬寅	辛丑

위 사주는 丁酉일주라 미인이다. 日支에 일몰인 酉금을 놓았어도 태어

난 시간이 甲辰 아침이라 좋고 사주의 기 흐름이 원만해서 좋은 팔자에 대운 역시 남방 火운에서 동방 木운으로 운행 되어 아주 좋다, 상관생재 형으로 부자의 사주인데 본인은 돈을 벌지 않고 부자 남편을 만나 3형제 아들만 낳고 잘 살고 있긴 한데 불안 초조한 나날을 보내고 있단다, 그 이유는 현재 대운이 辰토 상관 운이고 무술년은 상관이 강하게 들어 불안 초조 하다. 지금은 잘 살고 있는데 다음 대운인 癸卯 대운에 대이변이 발생할 가능성이 보인다.

현재 나이 47세니까 미래를 학습차원에서 예견해 보자면 癸卯운은 丁癸 沖 卯酉沖으로 역술용어대로 말하자면 天擊地沖운이다. 대운은 계절감각 으로 보라 했지만 그래도 오행의 부딪침은 무시 할 수 없다. 이 술사의 식견으로는 남편과의 문제로 어쩌면 우울증 또는 조울증 현상 등 아주 흉 한 상황에서 극단의 선택까지도 생각해 볼 일 수 있다. 이런 것은 어디까 지나 미래를 類推 해보는 것이니 참고하시기 바란다.

丁화가 戌토를 만났을 때 <丁 戌>
[실증철학 원문]
丁화가 戌토를 만나면 入墓요, 盜氣로서 晦氣 될 가능성이 크다.

[강의 노트]
丁이 戌토를 보면 상관으로 火庫地가 된다.

丙 己 丁 庚   본명은 상관성이 강한데 戊戌년에 상관을 또 만났
戌 亥 未 戌   다. 火庫地를 만난 것이다.

丁화가 亥수를 만났을 때 <丁 亥>
[실증철학 원문]
丁화가 亥수를 만나면 水 剋火로 火熄가능성은 있지만 丁火주변이 좋아 旺盛하다면 亥中甲木이 돕고 壬水官이 나의 인수를 도우니 官印相生으로 일거양득을 취하게 된다.

[강의 노트]

丁이 亥수를 보면 沒光인 것은 사실이다.

그런데 자세히 살펴볼 필요가 있다. 丁亥일주를 살펴보자. 女命이라면 남자 주의하라 남자가 졸졸 따라다닌다. 亥中壬水와 暗合으로 연애박사다. 亥수이므로 수영장에서 썬씽 있고 배타고 외국가다 남자 만난다. 壬水는 暗合이므로 본남편은 아니고 본남편 행세하는 남자다. 일지는 사주감명에서 중년이므로 40대에 문제 발생 가능성이 크다. 천간으로 들어오는 壬년에 항상 끼가 발동한다. 10년에 한번 씩 일이 생긴다. 습진 조심해야 한다.

1984년12월28일酉시생							
坤命	乙丑	戊寅	丁亥	辛酉			
수	6	16	26	36	46	56	66
대운	己卯	庚辰	辛巳	壬午	癸未	甲申	乙酉

<결혼 전에 행불된 여명의 사주다>

壬辰년에 결혼 할 수 있겠느냐고 물어온 사주다.

壬辰년이 되면 丁壬합으로 官合은 하나 官庫 辰土를 달고 들어오니 남편 무덤을 달고 오는 형상이며 '傷官見官'이라 하여 있던 남편도 없어지는 형상이니 이 결혼 안 된다고 말해주었다. 그랬더니 엄마가 하는 말이 '이 딸이 결혼식 날 잡아놓고 행방불명되어 소식을 끊고 있어 답답해서 왔다고' 한다. 26대운이 乙巳 운으로 설령 결혼이 성사된다하여도 35세 전에 寅巳刑으로 문서가 깨지고 관성이 沖去로 날아가 버리니 이혼할 팔자로 일부종사 어려운 팔자입니다. 그 후 오랫동안 소식을 못 들어 궁금했는데 이분을 소개해 주었던 분이 찾아와서 이야기하던 도중에 그 집 이야기를 하게 되었는데 딸이 들어와서 결혼은 성사는 되었다는 말을 전해 들었다. 그 후 戊戌년에 이혼하고 많았다니 팔자는 못 속이는 가봅니다.

위 사주는 세심하게 살펴 볼 필요가 있다. 강의 노트에서 말했듯이 남자관계 조심해야 한다. 丁亥일주는 亥中壬水와 暗合한다. 이 사주는 金生水로 財生官하는 명조라서 남자가 잘 따른다. 일지 亥수 正官이 合去(寅亥)하여 관성이 약한 팔자다.

- 316 -

[실증철학 원문]

(5) 戊土

戊土는 木火인 陽 하늘과 金水인 陰 땅이 양분 된 중간에서 후재만물(厚載萬物)하고, 중간에 자리한다.
하늘(天)로는(形而上學) 중성자(中性子) 조절신(調節神) 과도기(過渡期) 무(霧-안개) 호우(濠雨: 이슬비) 황기(黃氣) 황사현상(黃沙現象) 무성(茂盛) 제(際) 자력(磁力) 구심점(球心點) 중화(中和) 등에 해당 되고 항상 분쟁이 있는 자리에서는 해소가 임무이고, 땅(地)으로는 형이하학(形而下學)적인 면에서는 산(山) 언덕(岸) 제방(堤防) 흙(土) 등에 해당 되므로 가색(稼穡: 심고 거두는 일)이 임무이다. 나무가 상상외로 사주에 많을 경우 木극土 받아 붕괴되고 火가 많을 경우 조토(燥土)로 무용지물이 되고, 金이 많을 경우 자갈밭으로 허토(虛土)가 되고, 물이 의외로 많을 경우 제방이 무너져 토류(土流)가 염려된다.
厚載萬物이란? 땅에는 만물이 가득 실려 있다는 말이다.

[강의 노트]
稼穡(심을 가 거둘 색) : 농사짓는 것. 씨앗 뿌려 키워서 거두어들인다. 乙卯 월의 戊寅 일주라면 木多土崩이다. 이것을 비유하여 말하자면 木은 인정이고 土는 신용이니 인정이 너무 많아 신용이 무너졌다.
戊土는 丙화를 제일 좋아하고 辛금을 제일 싫어한다.
戊土는 沖이 없고 合만 있다. 戊癸 합은 無情之合이다. (戊癸合化火로 火土는 共存이다)

　　　　　戊 O 잘 구어 진 그릇　癸 乙 戊 O 戊토가 붕괴된다.
午 午 午 O 달달 볶아진다.　　卯 卯 寅 O 土는 신용이고 木은 인정이니 신용이 허물어지고 사는 것이 가시밭길이다.

戊토가 金을 많이 만나면?

癸 辛 戊 丁　本命은 金多土變으로 흙은 변색이 된다. 자갈밭
丑 酉 申 巳　흙에 철분이 많은 흙은 색이 변한다. 지질학자는
흙의 색을 보고서 금 매장량을 알아낸다. 이 사주는 지층이 엷다.
음지전답이니 철분과다로 농사짓기 힘들다.

癸 丁 戊 辛　本命은 戊토라는 산에 辛酉라는 보석이 들어있다.
巳 巳 辰 酉　辰酉合 巳酉合으로 금이 모두 통하니 노천광산이
다. 아무데서나 퍼서 쓰으면 되니 세상살이가 편하다. 이런 경우는
상관의 값이 더나간다. (庚申) 戊토가 좋은 광산이 되려면 辰丑토가
있어야만 한다. 燥土는 土生金 못한다.

戊토가 水를 많이 만나면?
壬 壬 戊 壬　本命은 물이 많고 土가 적으니 제방이 무너지고
申 子 戌 子　土流로 흙이 떠내려갔다. 태평양 같은 큰물을 허리
를 잘라 물을 막으려 하고 있다. 이런 사람은 목신이 많아 밥 먹을
때 생선도 가운데 토막만 가져간다. <水는 생선이고 戊戌은 土로 중
간이니까> 결국 물을 망한다. 세상사는 것이 외줄타기 같다. 土도
燥土인 戌未토만 좋아하지 辰丑은 싫어한다. 火가 절실히 필요한
사주이다.

戊토가 土가 旺盛하면?
戊 丁 戊 壬　本命은 여자인데 戊戌년 戊戌일에 태어나야 한다
戌 巳 戌 申　기에 시는 申時로 잡아주었다. 巳月 燥土라서 金
水가 필요해서였는데 좋은 사주는 못 된다. 土가 왕 하면 甲寅목으
로 疎土해야 하지만 잘못하면 午戌火局으로 쓸모없는 땅이 되므로
金水로 설기시켜 濕土로 만들어주어야만 흙의 역할을 할 수 있다.

癸 己 戊 甲　戊己土 산앞에 甲 寅辰 木 아름드리나무가 울창한
酉 巳 辰 寅　山林을 이루고 있고, 뒤에는 癸酉로 작은 폭포수
가 흐른다. 戊 큰 산에 己 작은 산이 음양의 조화를 이루고 있다.
巳화도 있어 양지바른 산이니 얼마나 좋은가, 이와 같이 사주는 음
양오행의 조화를 이루어야만 삶이 평안하다.

토일주가 火土가 많으면 종교철학으로 가야 한다.〈火土重濁〉

甲 己 戊 甲　木火土 3神의 사주지만 辰은 濕土로 좋으니까 山
辰 巳 辰 寅　에 아름드리나무 甲寅목이 뿌리내린 상태로 서있
으니 공원도 국립공원이고 나라에서 공부시켜주고 국가의 관리로
들어가는 사주다, 공직이 천직인 사람의 사주이다.
　　　　　　〈本命은 火土重濁은 아니다.〉
壬 壬 戊 己　흙인土가 물인 水를 잘 막아준다면 다목적용수다
申 子 辰 未　이 사주 어때요? 똥도 버리기 아깝네요, 버릴 것
없는 사주로 좋은 사주이다. 비록 土가 많아도 土生金 金生水로 빠
지기 때문에 좋으나 토일주에 火가 없으면 음지전답(陰地田畓)이다
고로 평생 그늘 속에서 살게 된다, 중매 업 뚜쟁이가 많다.
당뇨, 결석, 위암, 습진 등에 주의해야한다.
☞ 結石 : 결석은 소변오래 참으면 결석 된다. 항아리에 오줌 받아
놓으면 여기에 오줌 찌꺼기가 붙어서 유리알처럼 굳는 것이 바로
결석이다.
신약사주는 귀가 얇아서 맹종하고 남의 말 잘 듣고 남의 꼬임에 잘
빠진다.〈신약하니까 군중심리에 좌우되고 사리판단 못 한다〉
오늘 만난사람의 사주이다.

丁 丁 乙 己　오늘 사주 배우고 있다고 책 사러 온 사람의 사주
未 未 未 卯　이다. 주중에 토가 네 개나 있다, 財多身弱의 사
주인데 乙목의 역할이 잘 안 될 것 같다. 52세인데 아직도 미혼이

라는데 사주에 여자는 많아도 내 여자는 하나도 없다(이 많은 乙木에 未土는 쓸모없는 燥土라는 말). 亥수가 오는 해 결혼인연 든다고 어디서 말은 들었는지 내년에 결혼 할 수 있느냐고 묻더라. 삼합이 일주로 들어오므로 가능하니 노력해야 한다고 말해주었다.
土일주에 土가 많으면 능구렁이다.

戊 丁 戊 己 　土일주 사주에 5土 2火로 화토중탁이다.
申 巳 戌 未 　土일주에 土가 많으니 능구렁이다. 스님의 사주인데 無財四柱지만 土는 10리 밖의 수분도 흡수하므로 보살이 절에 들어오면 떠나지 않는다.

土에 火가 많으면 달달 볶아져버린다.
丙 甲 戊 戊 　土일주 사주에 5火 2土 1木으로 화토중탁이다.
午 午 午 午 　바짝 말라서 풀 한포기도 살 수가 없다. 남편 자식 아내 농사 안 된다. 독신주의자가 제격인 사주이다.

戊土가 甲목을 만났을 때 <戊 甲>
[실증철학 원문]
　戊토가 甲木을 만나면 편관인 동시에 겁재를 합거시켜 좋으나 虛土에 木多면 棟梁之木을 기를 수 없기에 불리하지만 土實하면 棟梁之木을 형성하는 형상으로 금상첨화다. 그러나 식신 庚금을 甲庚 沖하니 편도가 제격인가보다.
[강의 노트]
己 甲 戊 ○ 甲이 편관인데 己토 겁재를 甲己 合으로 묶어둔다. 편관은 애인이고 정부로써 戊토야 너 己토 만나면 네 것을 빼앗기지 내가 막아줄게 한다. 그러나 甲己합土로 결국은 비겁이 되어 나가게 된다. 陰으로 빼앗기고 陽으로 빼앗기고 편관은 편관일 뿐이다.

오늘 상담 온 사주가 甲戌일주 애기였다.
庚辰년 올해가 天沖地沖의 해이다. 하늘이 무너지고 땅이 꺼지니 어른 같으면 아무 일도 벌리지 말고 현상유지나 잘 하라고 했을 텐데 애기라서 유치원 보내면 왕따 당하는 해라고 일러주었다. 이런 해에는 애기에게 강아지 한 마리 사주라고 했다, 아니면 강아지 마스코트 하나사서 유치원 가방에 달아주라고 했다. 이것이 바로 움직이는 부적이다. <戌이 들어가면 정서 안정이 되어 좋다>

☞ 戊土에 木多하면 지형천리(枳荊千里:탱자나무 지, 가시나무 형) 삶이 가시밭길이라는 말이다.

戊土가 乙木을 만났을 때 <戊 乙>
[실증철학 원문]
　戊토가 乙木을 만나면 정관이나 마음에 차는 나무는 아니다. 식신인 庚금을 合去하나 乙庚합은 도로 金이니 서두를 일 없고 辛금을 沖하여 보내나, 虛土에 乙木이라도 많음은 부담이 된다.

[강의 노트]
庚 乙 戊 ○　戊土에 庚이 자식인데 乙목 남편이 아들 데리고 도망 갔다, 그러나 걱정 마시오, 乙庚 합해서 도로 금이니 제자리로 돌아올 겁니다.
戊土 큰 산에 乙목 작은 나무를 심어 놓으니 금방 큰 나무가 되지 않는다, 처음은 맘에 안 들지만 세월이 흐르면 좋아진다,

乙木도 많을 때는
癸 乙 戊 癸　亥卯未 木局을 형성하니 비록 乙목 별 볼 일 없는
未 卯 子 亥　것으로 보았으나 힘이 세졌으니 똑똑한 남편이다.

戊土가 丙화를 만났을 때 <戊 丙>

[실증철학 원문]

戊토가 丙화를 만나면 나를 도와주는 인수로 좋은 것은 사실인데 戊土 입장에서는 조토(燥土-마른 흙)될까 염려되기에 주위를 잘 살펴 볼 필요가 있고 辛金을 合去하고 壬水 沖去 함과 식신 庚金을 배제 하여 도식으로 연결 되어 만물을 자양할 수 있는 근거를 말살할까 두려우니 태과함이 없는지 잘 살펴야 한다.

[강의 노트]

甲 丙 戊 庚   戊土 입장에서는 편인지만 일단 좋다, 木生火 火生土 土生金으로 연결 되어 편관 甲목이 오히려 내 편되어 인수를 돕는다, 그런데

辛 丙 戊 庚   丙辛합해 財를 만들면 조상 유산 받는다고 말 한다,
丙 丙 戊 丙   이와 같이 丙이 천간에 많이 뜨면 壬수가 와도 癸수가 와도 농사 못 짓는 땅이 된다. 어머니의 극성에, 어머니가 많으니까, 戊토는 어머니의 인의장막에 가려서 장가도 못 간다. 이런 사주 만나면 어머니가 간섭하는 한 장가 못 간다고 하라.

예를 들면

癸 癸 甲 己   인수 인 癸亥 子水는 5개요 己土는 1개다.
癸 亥 子 巳   야 이놈아 너는 연애도 못하느냐고 하니 甲목이 己토를 데리고 와서 엄마에게 보여주니 엄마가 위면 해 버린다, 그러므로 이놈아 너는 네 눈에 명태껍질 씌웠느냐, 그 여자가 우리 집에 들어와서 며느리가 되겠느냐? 다른 여자 골라 와라하고 어머니가 항상 반대한다.

己土는 항상 癸水시어머니한테 쫓겨나게 될 거라고 생각 한다. 왜? 해중에 甲목이 있어서 亥인 시어머니한테 바람피우다 들켰다는 것이다, 쫓겨 날 짓을 했더라, 기구한 운명이다. 어쩌다 며느리가 바람피우는 것을 시어머니가 목격했을까?

丙 壬 戊 ㅇ 이런 경우 아내가 어머니를 내몰아낸다. 丙壬沖으로
          막상막하인데 누가 이길까? 壬이 월에 있어 가까워서 이긴다.

甲 壬 戊 己 남자는 子수가 아내요 申은 장모이고 午는 어머니
午 申 子 巳 인데 子午 沖에 子申 合이니 어머니는 변지 할머니
         방으로 밀려났고 장모가 아내가 안방 차지하고 있다.
이럴 때 역학자가 큰소리 한번 칠 수 있는 기회다, 여보시오, 어머
니 내보내고 장모 모시고 살고 있군요, <일지와 합은 내 안방과도 같다>

戊土가 丁화를 만났을 때 <戊 丁>

[실증철학 원문]

　戊토가 丁화를 만나면 火生土받은 양지 땅이 되어 만물을 자양할 수 있고 편재 壬수를 丁壬 합으로 끌어들이고 상관 辛금을 제거한다.

[강의 노트]

　戊토가 丁화를 만나면 여리고 따뜻한 볕이니 만물을 기를 수가 있다,

壬 丁 戊 ㅇ 丁은 戊의 모친이고 壬은 부친이니 부모가 합하여 목
관을 만드니 취직도 시켜주고 남자도 만들어주는 형상이다. 만약에
丁 丁 戊 丁 이런 경우 인수가 너무 많아 나쁜 사주이다. 세 여자가 서로 자기가 낳은 아들이라고 야단들이다. 인수가 많으면 책은 많은데 공부는 안하고 인수가 많으면 집짓는 목수인데 목수치고 자기 집 가진 놈 별로 없고, 인수가 많으면 옷 장사 하더라,

戊土가 戊토를 만났을 때 <戊 戊>

[실증철학 원문]

　戊토가 戊토를 만나면 중후하고 신용 있는 것은 사실이나 의심이 많고 정재 癸수를 合去 하고 편재 壬水 마저 극하니 형제나 친구는 항상 모이면 나누어 가져야 한다는 것이다.

[강의 노트]
 戊土가 戊土를 만나면 비견이 많아지는 것으로 중후하나 의심이 많은 데 항상 비견 겁이 많으면 의심이 많게 된다. 의심이 많다함은 매사를 자기 눈으로 확인해야 직성이 풀린다는 말이다.
 戊土 일주가 토가 많으면 잠잘 때도 문 잠그고 자고 의처증 환자가 많다.
 癸 戊 戊 ○ 戊에 戊는 형제이고 친구이다, 서로 戊癸합을 하려고 한다, 癸가 돈이므로 나눠 먹자는 것이다.
 특히 戊辰일주는 앉은자리가 財庫다, 내 것은 내 것이고 형제 것도 내 것이라고 말하는 사람이다. 비견 겁이 많은 사람은 항상 독식은 못 한다 나눠 가지는 습관을 가져야 한다.

戊土가 己토를 만났을 때 <戊 己>
[실증철학 원문]
 戊土가 己토를 만나면 겁재로서 불리한 것은 틀림없는데 甲木 칠살을 甲己로 합去하니 己土의 희생정신이 대단하다.
[강의 노트]
甲 己 戊 甲 戊에 己토는 겁재이니 월에 있으면 누나이고 시에 있으면 동생이다. 戊에 甲은 무거운 짐이다. 己土 누나가 甲己 합으로 묶어두니 동생의 무거운 짐을 덜어주는 아름다운 마음씨다.

癸 己 戊 己 戊土에 癸수가 있어도 이런 경우는 戊癸합이 안 된다. 己土가 사이에 끼어 먹어낸다. 戊土가 癸수 여자와 합으로 결혼하려 하는데 형제들이 많아 시집 안 온단다.

戊土가 庚금을 만났을 때 <戊 庚>
[실증철학 원문]
 戊土가 庚금을 만나면 칠살 甲木을 沖去시키고 정관 乙목을 合去시키므로 官과는 멀어지나, 食神生財로 사회사업에 뜻을 두게 되어

財를 생하니 기쁘다. 다만 虛土에 金多하면 박토(薄土)가 되어 이런 경우 뜻과 생각은 거대하나 실행이 안 되므로 일러 말하기를 용두사미(龍頭蛇尾-머리는 용인데 꼬리에는 뱀 꼬리만 하다)라 한다.

[강의 노트]
戊에 庚은 甲목을 甲庚沖去 乙木은 乙庚合去시켜 官과는 인연을 멀게 하지만 칠살인 재앙을 막아주니 나쁜 짓만 하는 것은 아니다.

戊土가 辛금을 만났을 때 <戊 辛>
[실증철학 원문]
戊土가 辛금을 만나면 편인 丙화를 합去시켜 보급로인 화기를 차단(遮斷)함과 동시에 乙목을 沖去 시키므로 正官과는 멀어지므로 不正으로 貪財케하며 직장마저 약해지니 상관 운에 사직하고 부정한 여자가 따르는 이유가 여기에 있는 것이다.

[강의 노트]
戊에 辛은 상관으로
(1) 乙목 정관을 乙辛沖으로 패대기친다.
(2) 丙화 인수인 보급로를 丙辛합으로 水인 재물을 生하는데 상관으로 이루어진 재물이므로 상관생재는 부정으로 번 돈이다.
(3) 상관운에 남자는 직장 그만 둠 확률이 높다.
☞ 단 戊土가 辛酉가 꼭 있는 사주는 보석광산이고 부하로 인해 돈 번다.

戊土가 壬수를 만났을 때 <戊 壬>
[실증철학 원문]
戊土가 壬수를 만나면 丙壬 沖去로 만물을 자생(慈生)할 수도 없지만 丁壬合去로 정인을 보내고 戊癸合去 정재를 보내는 등 변화가 많다. 그러나 戊土가 丙화로써 조열할 때는 燥土를 濕土로 바꾸고 丁壬합 木으로 官을 불러들여 명예를 얻게 되지만 허약한 사주라면 財生殺로 꺼리게 된다.

- 325 -

[강의 노트]
 戊에 壬은 편재로 여자의 별인데
甲 壬 戊 癸 라면 월에 먼저 있는 壬수 편재가 본처요, 시에 癸수 가 애인이 된다. 그런데 壬수는 별로요 癸수는 싸이클이 잘 맞는데 과연 壬수를 버리고 癸수와 도망 갈 것인가? 정답은 바로 신강한 사주면 주관이 뚜렷하여 도망안가고 신약하면 주관이 없어서 도망 간다.
丁 壬 戊 丙 이런 경우는 壬이 인수인 丁과 合이 되어 보급로를 차 단해 버리고 칠살로 변해 버렸다. 丙화도 들어오면 丙壬冲去 시킨 다. 지지가 巳午未 국을 이루었다면 조역한데 丙화를 보내 버리니 좋다.
壬 壬 戊 壬 이런 경우는 水가 많고 土가 적으니 戊토는 여자 앞에 서 풀어지고 만다. 죽이 되는 것이다, 이것이 바로 水多土流현상이 다.

戊土가 癸수를 만났을 때 <戊 癸>
[실증철학 원문]
  戊토가 癸수를 만나면 戊癸合火로 변하여 아름다운데 정인 丁화 를 冲去 시키므로 결혼하면 분가해서 살아야 한다.
[강의 노트]
 戊에 癸수는 정재와 합이므로 가만히 있어도 여자가 따라오고 돈 이 따라오니 얼마나 좋은가? 또한 癸수는 애교 있는 여자요, 예쁜 여자인데 戊토는 메주덩어리로 멋대가리 없는 남자다. 癸수가 丁癸 冲으로 시집을 때려지만 다시 合火로 되니 시집가면 시댁의 가풍을 따라야 한다.
 癸 癸 戊 癸 이런 경우 癸수가 많아서 戊토가 떠내려간다.
물이 많은 섬이다. 여자 때문에 신세 조진다. 바람기 있다.
☞ 물이 많은 여자는 음흉함이 내포 되어있다. 물인 수는 감춘다.

戊토가 子수를 만났을 때 <戊子>
[실증철학 원문]
지금부터 지지를 살펴보자,
　戊토가 子수를 만나면
흐르는 물이 겨울에 이른 것 같아 凍土가 되고 음지 땅이 되어 생물을 양육할 수가 없다. 인간사에서는 자신의 임무가 잘 안 되는 시기라고 보면 되고 土剋水라고는 하나 승리가 아니라 실패에 가깝게 된다.

[강의 노트]
戊토가 子수를 만나면 정재로 戊癸合, 凍土, 土流, 음지땅이 되어 아무짝에도 못 써먹는다.
戊子일주는 戊토가 子中 癸水와 暗合으로 결혼했는데 子水 아내에게 꼼짝 못한다. 왜? 土가 상하므로 土剋水로 보면 안 된다. 자식 덕이 적을 수 있고 戊子는 음지 땅이고 암합을 하기에, 음지에 살아야하기에 여자는 소식이 많고 매간득재(賣姦得財-웃음 팔아 돈 번다) 일지에 子午卯酉가 있으면 도화로 바람피우는 것이다. 특히 도화가 합하면 문제가 발생하더라.

　戊子일주는 잘 살펴볼 필요가 있다.
천간은 土요 지지는 水다 土극 水 못하고 역으로 흙이 떠내려간다. 겨울의 흙이니 凍土요 子中 癸수와 暗合하므로 비렁 합이다, 남자면 바람 좀 많이 피운다. 연애박사다.

戊토가 丑토를 만났을 때 <戊 丑>
[실증철학 원문]
戊토가 丑土를 만나면
육친 상으로는 겁재지만 전혀 도움이 안 된다. 凍土에 濕土이면서 金의 고장지로 철분과다(金의 庫藏地로 鐵粉過多)하니 본인도 모르게 서

서히 죽어가고 있고, 인간사에서 믿었던 것에 손해가 있다.
[강의 노트]
戊土가 丑土를 보면 비겁 食傷庫 凍土 陰地土 힘(도움)이 안 된다. 丑中癸水와 戊癸合하는데 丑土는 식상의 고이니 자식걱정 남의걱정으로 세월 다 보낸다.

戊토가 寅목을 만났을 때 <戊 寅>
[실증철학 원문]
戊토가 寅목을 만나면
육친으로는 편관이지만 木극土로 붕괴 되지 않는다. 그 이유는 화토는 공존하기에 寅中丙火가 도와주기에 하는 말인데 만약 寅목이 沖을 당하고 水木이 많으면 허토가 될 수 있다.

[강의 노트]
戊寅일주는 토질이 산성이다. 木극土로 붕괴 되지 않는다고는 하지만 사주구성에서 水木이 강하게 된 경우는 虛土로서 쓸모없는 땅이다.

戊토가 卯목을 만났을 때 <戊 卯>
[실증철학 원문]
戊토가 卯목을 만나면
육친으로는 정관이지만 극土가 가능하다 卯木은 나무뿌리로서 흙속에 나무뿌리가 많으면 농사지을 수 없다.

[강의 노트]
 정관이라도 木극 土받아 붕괴 된다.
만약 戊寅일주가 乙卯 월이나 시를 만났다면 戊土 입장에서는 앞이 캄캄하다. 토질이 산성화 되고 고달프고 삶이 가시밭길이다.
움직이면 여기서 터지고 저기서 걸리고 세상사는 것이 답답하고 어렵다. 이 멍에 속을 어떻게 뚫고 나가나? 걱정이 태산 같다.

戊토가 辰토를 만났을 때 <戊 辰>
[실증철학 원문]
戊土가 辰土을 만나면
육친으로는 비견이지만 濕土로서 眞土가 되어 흙으로서의 역할을 잘 하게 된다. 단 辰土가 변하여 水局이 되는지를 (子辰 申子)관심 있게 살펴봐야 한다.

[강의 노트]
比肩 財庫(돈 창고)연상의 여인이고 아내가 많이 아프고 戊辰일주는 재복은 잘 타고 났으나 돈 들어가면 나오지 않는다.

戊토가 巳화를 만났을 때 <戊 巳>
[실증철학 원문]
戊土가 巳火를 만나면
육친으로 편인이다. 火生土 받아 힘은 될지 몰라도 燥土를 면하기는 어려우므로 사주에 金水가 많아 양지의 역할을 한다면 빛이 한층 돋보일 수도 있을 것이다.

[강의 노트]
편인으로 燥土지만 잘만 연결 된다면 잘 구워진 질그릇이 될 수도 있다. 만약 조토로 변한다면 생명력을 잃어 크게 발전 할 수가 없으니 큰 작용은 기대하기 어렵다.

단 六合의 작용으로 巳가 있는 곳에 申이 신이 있는 곳엔 巳가 引合 으로 따라 들어온다는 것도 염두에 두어야 한다.

戊토가 午화를 만났을 때 <戊 午>
[실증철학 원문]
戊土가 午火를 만나면
정인으로 기가 막히게 좋을 것 같지만 패지가 되어 별로이다 다만 금수가 많아 설기로 허약 할 때는 수입원으로 좋다.

[강의 노트]
　정인으로 좋다고 보아서는 안 된다. 火土重濁되는지를 보아야한다. 戊午일주 남자는 여자가 잘 따라 붙는다. 천하의 바람둥이이다. 왜 천하의 바람둥이라고 할까? 戊午라면 조토이므로 십리밖의 물도 흡수가 잘 된다는 이유인데 물인 水가 바로 여자이기에 하는 말이다.

戊토가 未토를 만났을 때 <戊 未>
[실증철학 원문]
戊토가 未토를 만나면
겁재로 의지 처는 될 것이나 적극적으로 도움 되는 것은 아니다. 만약에 土가 旺 하다면 농사를 지을 수 없으니 불용가색(不用稼穡)이라 불리하지만 水氣가 태왕하다면 물을 막아 貴物이 된다.

[강의 노트]
겁재로 완전 燥土 된다. 官庫도 해당되고 조토는 불용가색(不用稼穡)이라 하여 쓸모없는 땅으로 취급된다.

燥土 : 未 戌 - 土 生 金은 못하지만 土 극 水는 잘 한다.
濕土 : 丑 辰 - 土 生 金은 잘하지만 土 극 水는 못 한다.

戊토가 申금을 만났을 때 <戊 申>
[실증철학 원문]
戊토가 申금 만나면
식신으로 설기되기도 하지만 철분과다로 薄土가 된다. 일단은 불리하지만 土가 왕 할 때는 설기되면서 申中壬水를 꺼내 쓸 수 있어 재성이 없어도 부자가 된다. 그러나 戊申일주는 고독하다.

[강의 노트]
식신으로 土生金되어 虛土가 될 수 있다.
戊申일주가 己酉 월이나 시를 만났다면 위는 토요, 아래는 쇠이니

엷은 흙 薄土다. 여자면 고달살이니 시집 안 간다고 한다.

○	○	戊	庚
午	未	戌	申

년 월이 午未로 燥土인데 申시를 만나서 설기하고 申中壬 편재가 좋은 작용을 한다. 다만 官庫를 놓아(未土는 木의 庫地) 여자라면 남편 농사 안 되고 잘 못하면 과부 된다.

戊토가 酉금을 만났을 때 <戊 酉>
戊토가 酉금 만나면
상관으로 극설 되고 死宮이 되어 허토로 土의 생명은 다하지만 土氣가 왕 할 때는 유용하다.
[강의 노트]
상관으로 土變 死宮 火土는 일색으로 死宮에 해당한다.
太旺者宜泄로 토가 왕 할 때는 상관이라도 좋은 작용한다. 배부른 자는 방귀를 놓아야 숨통이 트이고 좋다. 너무 강한 자는 극 받는 것 보다 설기하는 신을 만나야 좋다.

戊토가 戌토를 만났을 때 <戊 戌>
戊토가 戌토를 만나면
같은 土라서 힘이 되고 河海라도 막을 수 있어 좋지만 역시 燥라는 것을 살펴야 한다. 인수고로서 옛것을 좋아하니 현시대로 치면 보수다. 다만 부모덕은 없다.

[강의 노트]
燥土로 큰 바다도 막을 수 있다.
戊戌일주 종교 철학에 관심 많다. 사주에 火土가 많은 사람이 역술인이 많다. 필자도 2화 4토를 놓은 丁未일주로 말 잘하는 말 박사다. 식상이 잘 발달 되면 말도 잘하고 재미있다. 사주 보러 온 사람들이 내 말 듣고 거의 뿅 가더라, 알기 쉽게 믿음을 주는 말을 잘하기 때문이다.

戊土가 亥수를 만났을 때 <戊 亥>

戊土가 亥수를 만나면
亥中壬수가 同宮이라 甲木을 水生木하여 木극土 하게 만드니 이것을 財殺地라 말하며 바닷물속의 한줌의 흙이니 제아무리 큰 戊토라도 자격상실로 보지만 土왕에는 木의 장생지로 돈도 생기고 명예도 얻는다.

[강의 노트]
偏財 土流 陰地土 土극水로 亥찾으러 갔다가 떠내려갔다. 돈 벌러 갔다 행방불명 됐닸다.

```
丁 庚 戊 癸    亥水가 財官이다. (壬甲)燥土라 水가 필요하고
酉 戌 午 亥    戊癸합으로 텔레파시 잘 통한다. 남자라면 처덕 좋
```
고 여자라면 재복 있다. 無官사주지만 亥中에 財官이 숨어있으니 부귀 명예 돈 말년이 행복 할 것이다.

 위 사주의 주인공은 부산에서 남편은 스님 되고 아내 본인은 부처님 모시고 절을 운영하는 보살의 팔자인데 원국에 무관사주라도 亥中甲목 남편이 숨어있어 스님이지만 남편이 있고 火土가 중탁 된 듯해도 金水로 순화시켜 좋은 팔자이다.

대운이 다음과 같이 흘렀다.
```
 9  19  29 39 49 59 69 79
 辛  壬  癸 甲 乙 丙 丁 戊
 亥  子  丑 寅 卯 辰 巳 午
```
 癸丑대운에 목재가구 사업시작해서 甲寅대운에 망하고 乙卯대운에 절 운영 시작해서 돈 좀 벌어 놓았는데 丙辰대운 들어서면서 절 운영도 안 되고 현상유지하기 급급하닸다. 甲寅대운은 寅午戌 火局이 되고 편관 칠살에 庚금 식신을 沖去시켜 망했을 것이고 乙卯대운은 乙庚합하고 卯木은 卯酉沖하니 별 역할 못해 金이 生水하여 다행이 돈을 모을 수 있었는데 丙辰대운부터 下向길을 걷게 된다. 편인 丙화가 식상을 극하니 倒食 되고 비견이 辰戌로 沖해서 발동하면 奪財로 손재수가 보이나 戊戌년을 잘 넘기면 亥子丑운은 좋다.

[실증철학 원문]

(6) 己土

己土는 戊土와 같이 중앙에 자리하면서 중성자로 작용함은 같으나 음양이 다르다. 근본적으로 己土는 무토를 뒤이어 양이 음으로 변화하는 과정으로 甲에서 1로 시작하여 己까지 6에 이르러 만물이 성숙함을 나타내고 있기에 天 地 人 삼재가 모두 다 구비되어 있는 土로서 진토인 전답토(田畓土)로서의 구실을 한다.

하늘로는 원기(元氣)이며 땅으로서는 전답(田畓)이며 인체로는 비위(脾胃)에 해당된다.

己土도 旺하면 戊土와 같으며 柱中에 雙己土가 나타나면 말잘 하고 土가 虛하면 미신숭배로 가고 심하면 무당 철학자 더 심하면 정신 질환 까지 로도 이어진다.

[강의 노트]

己土 中央이고 中性子에 해당 되고 中和에 해당되며 中心이다.

1 2 3 4 5 6 7 8 9 10
甲 乙 丙 丁 戊 己 庚 辛 壬 癸

1은 生數이고 6은 成數가 된다. 1甲과 6己가 甲己) 합한다.

生數 : 1과 2는 木이고 3과 4는 火이며 5와 6은 土이고 7과 8은 金이며 9와 10은 水가 된다.

成數 : 3과 8는 木이고 2와 7은 火이며 5와 0은 土이고 4와 9는 金이며 1과 6은 水가 된다.

己土가 甲木을 만났을 때 <己 甲>

[실증철학 원문]

己土가 甲木을 만나면 정관인 동시에 甲己合化土로서 甲木 陽 남자를 己土 陰 여자가 여자로 변질 시킨다. 甲목이 둘이면 쟁합(爭合)으로 합도 안 되고 己土가 상할 수 있다.

[강의 노트]
정관이고 甲己합 하고 좋다.

己토일주가 월간에 甲목이 나타났다면 甲己슴인데 여자라면 甲목은 남편이고 甲己를 합해서 土가되었으니 남자 甲목은 여자 己토 마음대로 하자는 대로 끌려간다. 나는 당신을 위해 태어난 사람이고 말이다. 여기서 중요한 것을 짚고 넘어가야 한다.

10년마다 甲목이 온다. 己土 여자가 헷갈린다. 어떤 것이 자기 남편인지, 여기서 己토는 운에서 들어오는 甲목을 따를 것인가? 아니면 사주에 있는 甲목을 따를 것인가? 언제든지 운에서 들어오는 것이 새것이므로 새것을 좋아한다. 그렇지만 이런 경우라면?

○ 甲 己 ○　갑인목 남편이 튼튼해서 무서워서 운에서 들어오는
○ 寅 ○ ○　새것에 눈 안 돌린다. 운에서 들어오는 甲목에 관심 없다.

남자가 陽일주라면 정재와 합하고 陰일주는 정재와 합이 없다. 남자는 남자답게 양일주로 태어나야 여자에게 대시(DASH) 해보고 음일주로 태어나면 약자니까 끙끙 앓고만 있다.

여자는 음일주로 태어나면 정관과 합하고 양일주면 정관과 합이 없다. 여자가 음일주로 여자답게 태어나면 남자가 따르고 여자가 양일 주로 태어나면 선머슴 같아서 연애하자고 오는 남자가 없다. 남자가 겁나서 못 들어온다. 음과 양의 차이다.

○ 甲 己 ○　己일주가 甲목을 따라갔다는 것은 정도를 향해 세상을 사는 것이다. 戊토도 木극土로 물리치고 庚인 상관도 甲庚 沖으로 보낸다.

○ ○ 己 甲　시간의 甲이 남편인데 子를 만나 敗地 沐浴宮이
○ ○ 卯 子　다. 당신은 언젠가는 연하의 남자에게 코 꿰어서 子卯刑으로 큰 낭패 볼 테니 조심하세요, 했더니 코웃음 치더라, 그런데 말이다, 丙子년에 노래방 하던 중에 연하의 남자에게 몸 뺏기고 코 꿰어 버려 돈 안주면 때린다고 하소연하러 다시 왔더나.

남자는 놓고 경륜장 가서 돈 놓음하고 여자는 지금은 호프집 하는데 이러지도 저러지도 못하고 미치겠단다. 팔자는 못 속이는 법이다.

辛 甲 己 己 甲木이 정관인데 己가 시에 나란히 나타나서 甲己 合 하려고 한다. 일명 투합(妬合)이라고 하여 2陰 1陽으로 시기 질투 강샘한다는 뜻으로 질투 투(妬:강샘)자를 써서 투합이라 말하는데 쟁합(爭合)도 같은 이치이므로 투합이나 쟁합은 같은 말이라고 보면 된다.

　위 사주와 같이 투합 되면 결혼 못하고 독신으로 살아가는 사람들이 많다는 것이다. 원국의 투합은 그 정도가 심하다면 행운에서의 투합은 영향력이 미미 하며 오히려 독신자들에게는 이성 인연이 맺어 진다고 보면 된다.

己土가 乙木을 만났을 때 <己 乙>
[실증철학 원문]
　己土가 乙木을 만나면 칠살로 受制 붕괴로 보아야 한다.(陰극 陰) 그런가하면 음지 전답으로 농사가 안 된다.
[강의 노트]
　己土에 乙木은 편관 칠살로 보호해주는 것 같지만 항상 엄청난 대가를 요구 한다. 그것도 정도에 따라 공갈 협박으로 己土를 허물어 버리고 종당에는 패망의 길로 가게 한다.
편관이 되어 木극土로 붕괴되고 살아있는 나무가 되어 밭을 그늘지게 하며 음지 밭으로 심하면 간작(間作-나무 사이에 농사지음)밖에 못하며 간작은 바로 소식이라고 봐라 뽕나무밭에 열무 심는 것같이 사이에 농사짓는다. 乙은 편관이지만 남편은 남편이므로 멀었는데 己土에게 乙庚合金하니 다시 金으로 化하니 보호해 주는 것처럼 하면서 돈 뜯어간다. 己土가 乙년을 만나면 허물어져 버린다. 무엇 때문에? 제 남편 놔두고 마음이 왜 허물어져버리는가? 庚금을 불러 오기 때문이다.

壬 壬 己 己 음지전답에 농사가 잘 안 된다. 50이 넘도록 결혼
寅 子 亥 巳 도 못하고 독신으로 살고 있고 하는 일도 잘 안 된
다다. 다행인 것은 운이 木火로 흘러서 그래도 잘 살아왔는데 만약
金水로 흘렀다면 문제가 많은 사주이다. 왜? 천지사방에 여자가 많
은데 결혼이 안 될까, 多者無者의 원칙으로 많은 것은 없는 것이다
고로 여자는 많은데 정작 내 여자는 없더라, 만약 여자의 경우라면
시간 己土가 甲목 남편을 빼앗아가기에 독신팔자다.

己土가 丙화를 만났을 때 <己 丙>
[실증철학 원문]
　　己土가 丙화를 만나면 火生土로 따뜻한 전답으로 양지가 되니 만
물을 자생(慈生) 할 수 있어 좋다. 다만 燥土가 되지 않아야 한다.
[강의 노트]
○ 丙 己 ○ 火生土 정인으로 멋지게 들어온다.
己土 일주에 火가 전혀 없으면 음지전답으로 작물을 키울 수 없다.
그러나 丙이 너무 많으면 땅이 갈라진다. 燥土로 太過하면 병이 된
다. 정인 엄마가 己土에게 항상 말하기를 己土야 庚금과 놀지 마라
묻든다, 木 관살이 오면 木生火 火生土로 通氣시키고 辛금이 오면
丙辛 合水로 재물을 만들어준다. 丙어머니는 나에게 얼마나 좋은
일을 많이 하는가, 자식은 철들면 어머니 마음을 알게 된다.
甲 丙 己 ○ 瑞日乾坤: 오직태양은 나를 위해서만 존재하는가보다.
그러면서 살아가는 좋은 팔자이다. 여자라면 애인이 甲목인데 丙화
엄마가 중간에 끼어있다. 甲이 己를 만나려면 엄마를 통하지 않으
면 만날 수가 없다. 항상 장모되는 병화를 꼬셔야만 가하만사성이
다.

甲 丙 己 辛 할아버지는 부모를 도와주고 부모는 나를 도와주고
나는 자식을 도와준다. 상부상조하니 상생으로 얼마나 좋은가, 生
生不息 이다. 이런 사주는 세상 살아가는데 막힘이 없다.

己土가 丁화를 만났을 때 <己 丁>

[실증철학 원문]

　己토가 丁화를 만나면 火生土로 따뜻한 열기로 만물을 양육시키게 하니 陰生陰 또는 火土共存의 眞價가 바로 여기에 있는 것이다. 그러나 癸水 편재를 丁癸 충으로 보내어 애인과 횡재를 없애고 丁壬 합으로 壬수를 불러들이니 돈보다는 명예가(丁壬合木, 木은 정관으로 명예) 우선이라 어찌 편인이라고 나쁜 역할만 하겠는가, 그러나 丁화도 많으면 마른 흙으로 만드니 過猶不及으로 皆爲疾이라 태과하면 부족함만 못하며 이게 다 병이 된다 하였다.

[강의 노트]

　丙은 한꺼번에 따뜻하게 하고 丁은 차근차근하게 따뜻하게 한다. 항상 丁과 己는 生死苦樂을 함께 한다. 丙戊가 같이 살고 죽는 것은 火土共存의 이치이다.

그러나 丁이 太過하면 (지나치게 많으면)

丁丁己丁 人의 帳幕 燥土가 된다.

太過不及은 皆爲疾이다 : 太過보다는 不及이 났다.

지나치게 많거나 모자람은 다 병이다, 지나치게 많은 것보다는 미치지 못한 것이 더 났다. 모자라면 보태주면 되지만 지나친 것은 조절하기가 어렵다.

　己토는 丁화를 제일 좋아하고 乙목을 제일 싫어한다. 甲목은 합(甲己)이고 沖은 없다. 乙庚을 싫어한다. 己토는 木용신이 없다.

己토는 입이다. 고로 사주에 己토가 둘이면 雙己土로 입이 둘이니 말잘 한다. 따발총이라는 것이다.

己土가 戊토를 만났을 때 <己 戊>

[실증철학 원문]

　己토가 戊토를 만나면 겁재로 신약에는 기쁘나 신강에는 병이 되므로 꺼리게 된다. 편재 癸수는 戊癸합으로 보내고 정재 壬水 마저 土극水로 없애 버리니 횡재는커녕 내 것 마저 빼앗아가는 병이 된다, 병이 있으면 반드시 약이 있어야 하는데 甲목이 바로 약신이 된다.
[강의 노트]
甲 戊 己 ○ 적은 흙이 큰 흙을 만나면 戊토에 가려어 己토는 보이지 않는다. 癸水는 戊癸合으로 壬水는 土극 水로 이럴 때는 甲木만이 해결사이다. 행운에서 겁재 년을 만나면 무조건 빼앗긴다. 돈 여자 권력 명예 등 모든 것을 빼앗아 간다.

己土가 己토를 만났을 때 <己 己>
[실증철학 원문]
　己토가 己토를 만나면 비견으로 신약에는 補土로 보탬이 되지만 정관 甲목을 잡아가니 爭財나 妬合으로 매사에 방해가 될 뿐이다. 여자는 奪夫로 남편 빼앗긴다.
[강의 노트]
辛 甲 己 己　원국에 爭合이다, 남자사주인데 만약 여자였다면
亥 午 卯 巳　남편 빼앗긴다. 만약 己亥년을 만나면 친구한테 사기 당하는 해이다. 여자라면 남편 빼앗기고 돈까지 나간다.

己土가 庚금을 만났을 때 <己 庚>
[실증철학 원문]
　己토가 庚금을 만나면 상관으로 불리할 것이다. 甲목 정관을 충하여 보내고 乙목도 乙庚合하여 일단 무력화 하니 己토에게는 도움이 안 된다. 다만 木이 많거나 또는 密藏된 상태엔 도움이 된다.

[강의 노트]
　상관으로 위법행위이고 정관을 상하게 함이다. 정도를 꺼리고 편도를 선호하니 항상 말썽이다. 청개구리에 해당하고 시위대 앞잡이 반항아 석양의 무법자,
甲 庚 己 ○ 상관은 정관인 甲목을 沖하고 己토는 陰이고 庚금

은 陽이니 큰金에 계속 섬기되어야 해야 하니 죽을 맛이다

乙 庚 己 O   상관이 乙庚 합하여 크게 섬기되니 어찌하오리까?
庚辰 년이면 더욱 심하다.

戊 庚 己 庚   己토가 申월이라도 아직은 더운데 午未 火局을 이
午 申 未 午   루니 봉덩이 흙이다. 申中壬水가 살려주고 庚申 金
으로 섬기하니 상관이라도 좋다.

戊 庚 己 庚   坤命에 일간 己토가 庚申은 상관으로 자식이고 寅
寅 申 卯 午   木은 정관으로 남편인데 夫와 子가 寅申 沖에 걸
려 己土는 죽을 지경인데 이런 경우 첫 자식 놓고 바로 이별한다.
고로 상관이 많거나 많아지면 偕老 못하고 시집가기도 힘든다.

己土가 辛금을 만났을 때 <己 辛>

[실증철학 원문]

　己토가 辛금을 보면 식신으로 의식주이나 乙목 편관을 乙辛 沖去
시키고 丙화 정인을 합거하지만 合化 水(丙辛合水)로 재를 만드니
길한 점도 있다. 칠살을 制하고 生財까지 하니 좋은 일 많이 하면
재앙도 소멸되고 식록도 얻어지니 단편적인 것만 보지 말고 내편을
잘 살펴야 한다.

[강의 노트]

戊 辛 己 丙   坤命에 일간 己토가 辛은 자식이고 丙이 사위인데
寅 酉 未 寅   丙辛合化水로 딸 시집보냈더니 1, 사위와 합신하여
나에게 돈 갖다 준다. 2, 남자라면 辛은 장모요 丙은 어머니인데 장
모와 어머니가 합신하여 사업자금 대 준다. 3, 辛이 월이므로 장모
가 주도하여 4, 水는 숫자로 1과 6이고 丙辛음양이 합했으니 生數
인 1이 아니고 成數인 6이다. 生은 시작이요 成은 이루어진 것이
다.

戊 辛 己 甲   만약에 기토가 甲己合土가 된 경우라면 土가 陽일
寅 酉 未 子   까? 음일까? 이런 경우 일주가 陰이면 陽土가 되

고 陽이면 陰土가 된다. 위의 경우 丙辛합으로 변한 것이므로 약간 다르다, 아래의 경우는 己를 따라서 陽이 변한 것이라서 차이가 있다.

己土가 壬수를 만났을 때 <己 壬>
[실증철학 원문]
  己土에 임수는 정재이고 己土는 적고 壬수는 크니 욕심 부리지 말고, 남자보다 아내가 더 잘났으니 모든 걸 아내에 위임 하고 살아야 한다. 신왕에는 기쁘나 신약에는 土流 될까 염려 되는지 잘 살펴야 한다.

[강의 노트]
O 壬 己 O 동짓달 壬子월 이라 水多土流요, 凍土이며 無用之土
子 子 O O 다 己土가 壬수 여자에게 장가갔는데 잘못 간 것이다. 子년 子월의 壬수라 술집(밤, 음기)여자여서 土流로 많은가 비참하다. 만약 여자의 사주라면 재가 시어머니로 억센 시모라서 고부갈등으로 힘든 삶을 살아간다.

남자는 언제든지 正財 년이면 가정적이고 아내만 생각하고 아내가 마음속에 지배하게 된다. <원래 여자는 잔정이 필요하다. 가끔씩 손잡아주면서 위로해주면 30년 묵었던 감정도 다 풀어진다, 그 정도로 약한 것이 여자이다.>

己土가 癸수를 만났을 때 <己 癸>
[실증철학 원문]
  己土가 癸수를 만나면 신약에는 凍土요, 土流로서 忌(꺼릴 기)하나 신왕에는 적당한 雨露水로서 만물을 生育케 하고, 또 편인 丁화를 丁癸 충으로 보내고 戊토 겁재를 戊癸合化로 生土 하도록 하니 어찌 애인(편재)이라고 꺼리기만 하겠는가!

[강의 노트]
癸수는 편재이니 애인이고 적은 흙에 적은 물이니 배합은 잘 되기에 좋다고는 하는 것이나 癸수도 너무 많으면 수해를 입게 된다.

癸 癸 己 癸　이런 경우 음지 전답이다. 水는 밤이고 凍土로 농
○ ○ ○ 酉　사 안 된다.

土 는 1, 陰地냐? 陽地냐?
　　　 2, 地層이 두터운가? 얇은가?
　　　 3, 燥土냐? 濕土냐?
　　　 4, 土生金 할 수 있나? 없나? 를 구분해서 응용하라,

사주에 火가 없으면 陰地이고 火가 많으면 陽地이면서 燥土이다. 土가 많으면 두터운 것이고 土가 부족하면 지층이 얇은 것이다. 같은 土라도 土生金을 할 수 있나 없나를 구분 하는 것은? 사주에 土가 많으면 저절로 土生金 되고 土가 적으면 土生金 못한다. 또한 조토는 土生金 못하고 습토는 土生金이 잘 되지만 너무 습한 젖은 土는 진흙으로 土生金이 안 되는 것도 알아야 한다.

<참고> 甲
　　　　午 일주에 대하여 알아보기로 하자.
甲木은 午火에 死宮이고 뿌리 못하고 나무가 불붙은 형상이다.
甲午일주는 午中己土와 暗合을 한다. 고로 바람둥이다. 나무에 불이 붙었으니 술 잘 먹고 木이 건조하니 간이 나쁘다.

己토가 子수를 만났을 때 <己 子>

[실증철학 원문]
己토에 대한 지지를 살펴보자,
己토가 子수를 만나면 편재로, 絶宮이 되고 凍土에 土流요, 음지 땅이 되어 土로서의 임무는 상실되지만 만약 마른 흙으로 土旺 하다면 습기를 첨가하니 潤土로 변한다.

[강의 노트]
己土가 子水를 만나면 음지 땅이 되어 손발이 얼었고 춥고 배고프다.

己 亥 子 己亥일주가 子水를 만나면 음지 전답에 쓸모없는 땅이다
己
子 巳 巳 이런 경우라면 자수가 귀중한 존재로 역할을 한다.

[실증철학 원문]
己土가 丑土를 만났을 때 <己 丑>
己土가 丑土를 만나면 비견으로 힘이 될 것 같으나 金의 庫로서 凍土이니 일말의 기대도 하지 않는 것이 상책이다.
[강의 노트]
己 토가 丑을 만나면
丑이 상관의 庫라서 자손근심 끼고 산다. 여자가 己丑일주라면 얼어 있는 흙이니 우수(憂愁)가 많고, 식상고이니 남의자식 키우는 사주로 유아원 유치원 선생이라도 하면 좋다.

[실증철학 원문]
己土가 寅목을 만났을 때 <己 寅>
己土가 寅목을 만나면 정관이지만 土崩으로 己土가 죽게 된다. 戊土와는 다름으로 잘 살펴야 한다.
[강의 노트]
　　己   己丑토가 寅목을 만나면
寅 丑 丑은 상관의 庫라서 자손근심 끼고 산다. 여자가 己丑일주라면 얼어있는 흙이니 우수(憂愁)가 많고 식상고이니 남의 자식 키우는 사주 형상이다. 寅中甲목과 暗合한다.

[실증철학 원문]
己土가 卯목을 만났을 때 <己 卯>

己土가 卯木을 만나면 편관이요, 木극 土 받아 괴멸(壞滅)되므로 이름하여 殺地라 잡초가 많아 결실 할 수 없으니 12지지 중에서 己土는 卯木을 가장 싫어한다. 고로 己卯일주 여자는 중년에서 말년 사이 이혼 또는 파산을 하게 된다.

[강의 노트]

己
卯

己土가 卯木을 만나면 己卯일주가 되는데 중 말년에 파산 이혼 하는 이유는 일지가 중 말년기이기에 하는 말이고, 여자가 앉은자리에 정 편관을 놓은 자는 甲申 乙酉 丙子 丁亥 戊寅 己卯 庚午 辛巳 壬辰 壬戌 癸丑 癸未 이런 일주를 만나면 무조건 남편 궁이 안 좋으시네요, 해라

0 甲 己 0
0 0 卯 0

己土가 甲木을 월에서 만나면 어느 것이 더 강한 역할을 할까? 본래는 甲木은 양으로 크고 乙은 목 음으로 적으니까 甲木이 이기는데 年柱 : 초년, 月柱 중년, 일주는 중.말년이므로 이 甲木이 卯木을 이기는 시기는 중년까지만 해당되고 중 말년이 오면 甲木의 세상이 아니라 卯木의 세상이니 卯木에게 바톤을 넘겨주고 간다. 임무교대다. 그런데 卯木은 이때부터는 자기 세상이다. 작은 것이지만 자기 세상을 만났으니 甲木에게 큰 소리친다.

辛 甲 己 己
亥 午 卯 巳

己卯가 甲木을 월에서 만나고 다시 시간에서 己土를 만났다. 중년까지는 정관으로 살아가다가 중 말년에는 편관으로 살아간다. 己土의 세력도 만만치 않다. 官은 일주가 힘이 있어야 부릴 수 있다. 무력하면 官이 아니라 殺이다. 조역하므로 財를 써야 할 것 같다. 월급자로 살아가기는 어려운 팔자로 직업 역시 편법적으로 하는 일을 할 것이다.

[실증철학 원문]

己土가 辰土를 만났을 때 <己 辰>

己土가 辰土를 만나면 겁재지만 己土에게는 潤氣를 주는 濕土로서 稼穡의 공을 이룰 수 있어 비겁이면서도 財庫여서 貴物이 되고 있으니 외형만 보고 왈가왈부하면 안 된다.

[강의 노트]

○ ○ 己 ○　己土가 辰월의 己卯일주라서 가색의 공을 이루는
○ 辰 卯 ○　역할을 한다. 더 좋은 것은 卯목이 원국에 있다는
것이다. 흙은 나무가 반드시 있어야 한다. 돈복은 있겠는데 처복은 적다. 財庫 놓으면 처가 아프다 고로 아내의 역할이 안 되고 배우자궁에 卯목이 있어 풍파가 심하다.

[실증철학 원문]

己土가 巳화를 만났을 때 <己 巳>

己土가 巳화를 보면 火生土로, 인수로서 힘은 되나 자칫 잘못하면 燥土로 불리 하지만 인수가 局을 이루면 좋은 기명(器皿-좋은 그릇)이 되어 좋다.

[강의 노트]

己　己巳 일주 자체만 놓고 보면 잘 구워진 흙으로 쇠 소리가 난
巳　다. (1) 학문과 인연 있다.
　　　　(2) 여자라면 남의 자식 키운다.- 巳中庚金이 상관으로 자식인데 암장 된 자식이니 비밀스러운, 숨겨 논 자식,

己 己 己 己　火土많으로 되어 있으니 火土重濁이다. 속세와 인
巳 巳 巳 巳　연 없다. 구도의 길을 가야 하는 사람이다.

실제인물인데 장가를 다섯 번 갔다더라, 그 이유는 많아 있는 흙에 水(재성 여자)기가 들어간들 붙어 있을 수 없다.

[실증철학 원문]

己土가 午화를 만났을 때 <己 午>

己土가 午화를 만나면 火生土는 분명한데 官宮으로 기뻐하나 조토 인가도 살펴봐야 한다.

[강의 노트]

편인에 燥土다 不能生金으로 不用稼穡이다. 쓸모없는 땅이란 뜻으로 보면 된다.

辛 甲 己 己　마른땅에 水氣가 存在 할 수 있을까? 고등학교
亥 午 卯 巳　때부터 여자 달고 다니더니 48세까지 미혼이다.

[실증철학 원문]
己토가 未토를 만났을 때 <己 未>
己토가 未土를 만나면 비견으로 土生金 할 것 같으니 燥土라서 그림속의 떡이다. 다만 金旺에는 未中에 丁 乙 己 三奇가 들어있어 柱中에 財가 없어도 富貴의 命으로 본다.

[강의 노트]
六月 炎天이라 마른 흙으로 生金도 어렵고 官庫이니 남편이나 자손 한을 품고 살아간다. 직업적으로 보면 은행이고 보험이다.

일 년 신수 볼 때 : 己토 일주가 未년을 만나면 官庫의 해이다.
남자 : 자식으로 인한 근심 걱정 생기고
여자 : 남편이 병들거나 두 손 묶어둔 것 같이 역중쉬어이다. 심하면 과부로 남편이 간다.

己
未 일주는 여자에게 과부살 이다. 간여지동에 형제 닮고 산다.
6월 흙으로 조토에 土生金 못하니 주고 싶어도 못 준다. 인색하다 로 봐라
0 0 己 甲 남자사주라면 無財사주로 여자가 붙어있기 힘들다.
0 0 未 戌 자손궁이 戌未 형살 걸렸으니 불안하다 자손형사 있고 여자의 사주라면 남편이 죽는다. 조토에 형살까지 걸렸다.

[실증철학 원문]
己토가 申금을 만났을 때 <己 申>
己토가 申금을 만나면 상관으로 극설(極洩) 되어 도기(盜氣-기운을 훔친다)로 본다.

[강의 노트]
상관은 官剋이나 위법 행위요, 虛土 薄土로 농사 안 된다(鐵粉過多) 己토가 申금 상관이면 女命에서는 자식인데 못 된 자식이 己토 엄마에게 土生金으로 희생을 강요하는 꼴이다.

[실증철학 원문]
己토가 酉금을 만났을 때 <己 酉>
己토가 酉금을 만나면 식신이라고는 하지만 실은 洩氣로 虛土가 되니 土旺하면 木보다 더 기쁘다. 이는 바로 밭 갈다가 천금을 얻음이라 횡재요, 자고나니 유명해 진 경우로 하루아침에 출세함이 여기에 있는 것이다.

[강의 노트]
식신은 옷과 밥 명예로 좋으나 과다함을 꺼린다.
식신 자체로는 土生金으로 虛土가 되지만 이런 사주라면 火生土

己 庚 己 戊　잘 받고 있어 양지의 땅이다/ 辰土는 습토(濕土)라
巳 午 酉 辰　서 土生金 잘 된다.

만약 이런 경우라면?
己 庚 己 庚　팔자 버려버린다 酉금은 고립되고 己토는 燥土로
巳 午 酉 午　土生金 못한다.

己土 일주가 사주에서 巳나 酉나 丑을 만나면 영리하다. 이런 사람은 학문과 인연 있고 암기력이 좋아서 눈에 보이는 것은 무엇이든지 그대로 기억 해 버린다.

[실증철학 원문]
己토가 戌토를 만났을 때 <己 戌>
己토가 戌토를 만나면 겁재로 힘은 되지만 印綬庫로 인수의 집합이니 도와주어 좋기는 한데 태과하면 흙이 굳어 쓸모없는 땅이 된다.

[강의 노트]
印綬庫는 어머니 한을 품고 산다. 한문공부 종교 철학공부로 본다.
己토가 戌토를 만나면 雜(섞일 잡)이다. 왜 雜이라 하는가? 己토는 陰이고 戌토는 陽이라서 음양이 같이 있다하여 잡이라 하는데 辰과 戌도 잡이다 그 이유는 辰中에는 乙癸戊, 戌中에는 辛丁戊 있어 戊은 陽이고 乙癸는 陰이기에 雜이라 하는 것이다.

印綬庫를 놓으면 官殺도 두려워하지 않는다, 왜일까? 인수는 나의 관성의 生을 받기에 통기시키므로 하는 말인데 관인상생을 의미 하는 것이고 주중에 관살이 많을 때는 印綬有無를 반드시 살펴라.

[실증철학 원문]
己토가 亥수를 만났을 때 <己 亥>
己토가 亥수를 만나면 정재로 좋은데 土流로 失根될까 두렵다. 그러나 土가 왕성하면 亥中의 壬 甲이 財官二德으로 최고로 보지만 正官 甲木과 暗合(甲己)하므로 己亥일주 여자는 애인 없이 못산다. 남자는 총각 得子로 본다.

[강의 노트]
己亥일주 己土는 작은 전답이고 亥수는 바닷물이니 土流로 보기도 하고 음지 전답에 잘못하면 凍土일수도 있으니 잘 살펴야 한다.

己亥일주 총각 得子란?

庚	壬	己	甲
午	午	亥	子

이런 경우라면 亥수가 吉작용을 하는데 午월의 바짝 마른 흙에 해자수가 있으니 습토로 가뭄에 단비 내린 경우이다.

O	O	己	O
午	午	O	O

이런 경우 촌놈 바가지 이다. 그런데 亥子수를 만나더니 하루아침에 사람이 달라졌다. 이때는 가볍게 노는 것이 아니라 무게 잡는다. 水는 財로 주머니에 돈이 없으면 가볍게 놀더니 돈 있으니까 팔자걸음 걸어가더라.

己亥일주는 亥中壬甲이 있으니 亥를 건드리니 甲木이 따라 나온다, 甲목은 정관 자식이라 총각이 득자 하는 일주라 말하는 것이다.

己亥일주 총각이 신수 보러 오면 총각 앞으로 조심하시오, 여자만 손 댓 다 하면 임신했다고 책임지라고 날러난다 고 한마디 해라.
己亥가 여자일주라면? 亥中壬甲으로 정관 정재로 정관이 내 남편이지만 亥는 밤이므로 밤에 몰래 만나는 남자이니 남편이 아니라 애인이다. 己亥일주여자는 절대 혼자 못산다. 또 己토 일주여자가 亥

년에 장사 시작한다고 물어오면 장사는 잘 되겠는데 남자 애인 생길 터인데 감당 할 수 있겠나? 절대 그런 일 없을 거라고 장담하더니만 몇 달 후 정말 남자가 따라다닌다고 상담 하러 왔더라.

[실증철학 원문]
(7) 庚金

　庚금은 木火 陽과 土 과도기를 지나 陰이 當權하기 시작하고 또 己土 陰이 庚金 陽으로 변화함을 말해주고 그것은 양의시기를 거쳐 음의시기로 바뀌는 과정일 뿐이다. 다시 말하자면 木火는 陽이고 金水는 陰이지만 金水를 놓고 보면 金이 陽이고 水가 陰이 된다. 그러므로 金水의 본체는 陰이지만 庚은 양이라는 말이고 계절로는 가을이고 가을철은 서리가 내려 초식들은 살상(草植들은 殺傷)이 되기에 천지 숙살지권을 장악(天地 肅殺之權을 掌握)하고 겉으로는 서늘하지만 속으로는 조(燥-마를 조)함이 金의 본성이다.

形而上學的으로는 풍상(風霜-바람풍 서리 상)이요, 백기, 박우, 횡(白氣-흰색, 雹雨-우박 박 비우, 橫-가로 횡)이고 그런가하면 만물을 견고하게 하는 결실의 기운이 바로 金이고 形而下學的으로는 鐵(철-쇠 철)로서 아직은 제련되지 않은 무쇠인 원석에 비유하며 그러므로 火 얻어야 비로소 종정지기(鐘鼎之氣-종이나 솥의 기운)가 되므로 두드리면 소리가나고 생명을 보존하게 되는데 그렇다하여도 金이 약한데 火가 많으면 반괴(反壞)로 金이 도리어 상한다.

金이 旺하면 水氣를 만나야 예봉(銳鋒-날카로운 칼 끝)을 꺾어서 좋으나 金이 弱에 水多하면 金沈되며 만약 金이 지나치게 견실(堅實-단단하게 가득 차 있음)하면 오히려 금실무성(金實無聲)으로 金의 임무를 상실하게 되어 太强則切이라고 한다.

土多하면 埋金 되지만 지지 得根이면 염려 안 해도 되고, 金극木이라지만 木旺에는 反壞되니 하나만 가지고 보지 말고 전체 여덟 글자를 자세히 보고 이야기해야 한다.

　성격으로는 의로서 나라를 걱정하고 가족을 걱정하지만 냉정하기

짝이 없어 대중교제는 불리하고 약자 편에서 항상 손해 보고 조그만 일에도 분노를 잘하고 급하고 변화가 무쌍하다. 그런가 하면 중화를 잃으면 난폭하기도 하기도 한데 같은 칼이라도 장수가 쓰면 寶劍이지만 악마가 쓰면 殺刀가 되는 이치이다.

[강의 노트]

肅殺之氣(숙살지기) : 죽이는 것이다.

更(갱) : 바꾸다, 고로 변화무쌍

風霜(풍상) : 바람과 서리이다.

丙 庚 星(용광로+무쇠 = 좋은 그릇 된다.

反壞(반괴) 그러나 火가 많으면 오히려 무너진다. 망가진다.

銳鋒(예봉) : 金이 왕 할 때 水를 만나면 꺾는다. 하여 기쁘게 본다. (銳-날카로울 예, 鋒-칼끝 봉)

金에 水가 많으면 : 水多金沈-무쇠덩어리가 물에 풍덩 빠진 격이다

金이 너무 강하면 : 金實無聲-쇠가 속이 꽉 차서 소리가 안 난다.

戊 辛 庚 乙 이런 경우 딱 한군데 갈 곳이 있다 "권투선수"
戌 酉 申 酉 여자도 金일주에 金이 많으면 싸움 좋아한다.

戊 壬 庚 丙 이런 경우 土多金埋 庚금 이라도 묻혀있다.
戌 戌 辰 戌 부모 때문에 자식 망가졌다. 그러나 庚申 辛酉 일주라면 土가 많아도 埋金 안 된다. (埋-묻을 매)

癸 甲 庚 庚 木이 旺하면 金이 망가진다. 庚이 甲을 이기지만
卯 寅 寅 辰 甲이 강하면 庚이 진다. 庚의 성격은 의리의 사나이다. 그런데 여기서는 아내에게 맥 못 춘다.

[실증철학 원문]
庚금이 甲목을 만났을 때 <庚 甲>
庚금이 甲木을 만나면 편재이면서도 甲庚 相沖이다.
[강의 노트]
偏財 ; 아버지 돈 아내 음식인데 충이 되었다.
1, 아버지 인연 없다.
2, 돈 충 받으니 자주 떨어져 나간다. 그런데 편재다 큰 돈 가지고 작은 돈 만드는 사람이다.
3, 아내로 연결하면 아내와 자주 부닥치고 잘 못하면 해로하기 어렵다.
4, 음식으로 연결하면 음식가지고 까다로움 피운다.

庚일주가 甲년 만나면 돈 떨어져, 신발 떨어져 애인마저 다 떨어진다.
甲庚沖 안 되게 하는 부적 ?
1, 乙자를 써 준다.
2, 버드나무 꺾어서 1년 동안 보관하라,
3, 동쪽으로 가서 두 번째 나무 중 동쪽으로 뻗은 가지를 꺾어 보관한다.

庚금이 乙목을 만났을 때 <庚 乙>
[실증철학 원문]
庚금이 乙木을 만나면 정재와 乙庚 합이다.
[강의 노트]
庚은 양이고 乙은 음이니 음양의 합이므로 辛금으로 변한다. 정재와의 합이니(合身) 돈이 나를 따라오고 연애결혼 하게 된다.

庚일주가 甲년에 신수 보러오면 沖으로 이혼 수 뜨네요, 내년이면 乙庚 합으로 다시 좋아져서 맞추더라, 이것이 바로 운명이다.

庚금이 丙화를 만났을 때 <庚 丙>
[실증철학 원문]
庚금이 丙화를 만나면 편관 칠살이다. 다만 辛금 겁재를 合去시키는 공도 있지만 庚금을 제련하여 기명(器皿-그릇)을 이루게 된다.
[강의 노트]
庚은 丙을 만나야 불로 제련하여 그릇을 만드니 제일 좋아한다. 편관이므로 군인 법관 경찰 형무관, 용광로로 멋진 그릇이나 종을 만든다. 그러나 丙이 강할 때는 퓨스(JUES)인 金이 나가 그릇을 만드는 것이 아니라 그릇을 만들다가 전기가 나가서 오히려 그릇을 찌그려 트린 경우다.

丙 丙 庚 丙
위와 같이 천간에 3병이 나타났다면
1, 나를 극하는 편관으로 편관은 일복이다, 뼈 빠지게 일해도 먹고 살기 힘들다.
2, 庚金이 왕한 봄에 휴스가 나간 경우로 이런 경우는 뇌출혈이다.
3, 庚균이 열매인데 火가 많아서 열매가 곪아 버린 경우이다.
4, 여명이라면 몸은 하나인데 서방이 많으니 고달프게 산다.

庚금이 丁화를 만났을 때 <庚 丁>
[실증철학 원문]
　庚금이 丁화를 만나면 정관이다. 매사를 정도로 살아가는 사람이고 상관 癸수를 沖去시키나, 식신壬을 合去시킴은 불리하다.
[강의 노트]
庚은 丁을 만나면 작은 등잔불이라도 庚을 다스리는 것에는 일가견이 있다.

癸 丁 庚 0　丁癸 沖으로 상관을 보낸다.

癸 壬 庚 0　丁壬 合으로 식신을 묶는다. (丁壬合木으로 財가 됨)

[강의 노트]
丁 辛 庚 戊
巳 亥 申 寅
各柱가 有力하다. 특히 丁화가 巳화에 뿌리내려 좋다. 庚申 무쇠덩어리라도 丁화가 감당 할 수 있어 일국의 대통령이 되었다.

庚금이 戊토를 만났을 때 <庚 戊>

[실증철학 원문]
庚금이 戊토를 만나면 편인이다. 土生金 받으니 원류요 생명선이 되며 丙화 칠살이 극할 때 殺印相生으로 통기시키고(貪生忘剋) 癸수 상관을 묶고(戊癸合) 合化 火로 庚금의 벼슬을 발생하게 된다.

[강의 노트]
庚은 丙과 같이 戊토 좋아한다.
0 戊 庚 0 편인으로 공부도 벼락치기로 한다. 편인은 아파트요, 외국어요, 양복이다. 종교 철학 외국어에 능하다.

丙 戊 庚 0 丙이 火극 금으로 庚을 괴롭힐 때 통관시키니 殺印相生이다. 殺印相生 자는 협상의 명수로 적을 내편으로 만드는데 일가견이 있다.

庚금이 己토를 만났을 때 <庚 己>

[실증철학 원문]
　庚금이 己토를 만나면 정인이다. 土生金 받고 甲목 편재를 묶고 (甲己合) 癸수 상관을 剋水한다.

[강의 노트]
0 己 庚 0 정인이지만 庚은 陽이고 己는 陰이라서 土生金을 하다 보면 虛土가 될 수 있다. 金은 의리요, 土는 신용이니 土金이 왕하면 신의가 두터운 사람이다.

庚금이 庚금을 만났을 때 <庚 庚>
[실증철학 원문]
　庚금이 庚을 만나면 비견이다. 신약에는 도움이 되지만 정재 乙목을 묶고(乙庚合) 甲 편재마저 보내버리니(甲庚沖去)재복도 처복도 적게 된다.
[강의 노트]
O 庚 庚 O 비견으로 배는 하나인데 선장이 둘이다. 배는 산으로 가고 혼자 벌어 둘을 먹여 살려야 한다. 의처 의부 증세 등으로 상대를 의심한다.

庚금이 辛금을 만났을 때 <庚 辛>
[실증철학 원문]
　庚금이 辛을 만나면 겁재지만 칠살을 묶어 안정케 하나 (丙辛合) 정재인 乙목을 乙辛 沖去 시키니 일장일단이 있다.
[강의 노트]
O 辛 庚 O 겁재로 月에 있으면 누나이고 時에 있으면 누이동생이다, 음양이 섞이면 雜이고 일단 겁재는 장단점이 있다.

庚금이 壬수를 만났을 때 <庚 壬>
[실증철학 원문]
　庚금이 壬수를 만나면 식신으로 설기되어 金이 약해질 수 있다.
[강의 노트]
O 壬 庚 丙 壬수가 식신이다. 옷과 밥으로 의식주요, 식신은 희생이고 음덕 쌓고 보시하고 금생수로 좋은 일 많이 하니 丙이 와서 火극 金하는 것을 水극 火로 물리쳐 준다. 일간 庚금은 시에 丙이 있어서 제련되고 있으면 壬이 월에 있으므로 강도조절 해준다. 이런 것을 日制殺, 殺化爲權(일간을 극하는 살을 억제하고, 살을 변화시켜 권세가 되게 한다)

丁 壬 庚 丙 女命이라면 壬수 아들과 丁화 며느리가 합신해서
(丁壬合木) 나에게 돈 가져다주는 격이다.
0 壬 庚 0 만약 丁년에 신수 보러 왔다면 금년은 아들에 대한
그대를 크게 가져도 된다고 해라, 며느리가 함께 와서 (丁壬合木 하
니까) 용돈 듬뿍 주고 간다.

壬 壬 庚 壬 女命이라면 丁년을 만나면 정관 운이라 남자가
보이는데 결혼 성사가 될까 안 될까? 잘 안 된다. 왜? 식솔이 많아
서다. 식신은 식솔로 먹여 살려야 할 사람들이 많아서 '노'라고 한
다. 역으로 바꿔 말하면 내 남편 丁화를 옆에 壬수들이 서로 가져
가려고 (丁壬合 하려고) 난리들이다. 고로 '내 남편 빼앗겼다'로 봐
라.

庚금이 癸수를 만났을 때 <庚 癸>
[실증철학 원문]
　　庚금이 癸수를 만나면 상관으로 극설 하니 도기요(盜氣-기운을
도적질 당함) 丁화 정관을 沖去 하고 戊토 편인마저 묶어(戊癸합) 명
예와 보급로를 차단한 형상이다. 그래서 잔머리 굴리지 말고 정도
로 살아가라고 충고해야 한다. 癸수 상관은 잔머리 굴리는 것으로
본다.
[강의 노트]
　0 癸 庚 癸 庚은 癸수를 제일 싫어한다. 나의 기운을 극 설하
니 기운을 도둑질 당한경우로 盜氣라 하고 딸을 도둑이라고 하는
것은 癸수는 상관으로 딸인데 무엇인가를 자꾸 가져가려 하니 예쁜
도적이다. 만약 이사주가 여자라면 결혼하기 어렵다. 정관 丁화를
癸수가 작살낸다. (丁癸沖去-丁화는 癸수를 보면 벌벌 떤다) 또 癸년
을 만나면 1년 내내 눈물바가지다, 癸수는 눈물로 눈물 흘리며 살
게 된다. 큰일 났네요, 여기가도 눈물바가지 저기가도 눈물바가지
로 눈물이 마를 사이가 없다.

누구 때문에? 자식들로 인해서 코에 걸면 코걸이 귀에 걸면 귀걸이다. 癸수는 상관으로 자손이다. 그런데 상관은 잔머리도 된다. 금년에 잔머리 굴리다 큰 코 다칠 수 있으니 正道로 살아가세요, 라고 해야 한다. 이런 것이 비법이고 통변이다.

이제 지지를 살펴보자,
庚금이 子수를 만났을 때 <庚子>
[실증철학 원문]
庚금이 子수를 만나도 금수쌍청(金水雙淸-고기도 맑은 물에 못산다)너무 맑아 돈이 따르지 않음이 흠이다. 그래서 庚子일주는 求道의 길로 가라 하는 것이다.
[강의 노트]
庚
子 子는 겨울이고 음지요, 凍水로 눈(雪) 위에 서리까지(霜) 내려 있다. 사람들은 눈이 많이 왔네요, 하고 서리는 안중에도 없다. 고로 庚의 존재는 가벼리고 없으며 자꾸 물로 변하고 서리 내리면 미끄러워 잘 넘어진다. 庚子일주는 왜 구도의 길로 가라 하는가, 깨끗하다 그것도 도가 지나칠 정도로 결벽증 환자로 보인다. 남자가 옆에만 와서 있어도 닭살 돋는다. 그래서 獨也靑靑이다. 그래서 항상 외롭고 정도 많다. 그래서 아랫사람이 원수로 항상 손해 본다.

庚금이 丑토를 만났을 때 <庚丑>
[실증철학 원문]
庚금이 丑토를 만나면 비록 입묘(入墓 金의庫地)라고는 하나 土生金으로 慈養之金이 되는데 여기서 주의 할 것은 水局으로 변하지 않아야 한다. 그러나 凍金은 면할 길 없으니 주위를 잘 살펴봐라.
[강의 노트]
○ 癸 庚 ○ 丑월의 庚금으로 墓宮이며 子丑으로 水局을 이루
子 丑 子 ○ 어 土生金 할 생각이 없다. 土生金 1개 해주면 金

生水는 3개 한다.
凍結이다 : 모든 걸 다 묶어 버렸다. 명예 돈 건강으로 보면 수족이 시리고 혈액 순환이 잘 안 된다. 주위를 살펴보라는 많은 火가 반드시 필요한 사주이다. 巳午 시라도 되어야 하는데 亥시라면 건강에 반드시 문제가 발생한다. 신혈관이나 신장 쪽에 病이다.

庚금이 寅목을 만났을 때 <庚 寅>
[실증철학 원문]
庚금이 寅목을 만나면 절지라도 寅中丙화가 있어 財殺地라 無根이지만 목화가 필요할 때는 더없는 貴星이다.
[강의 노트]
庚
寅 절지에 해당하고 뿌리는 못한다. 편재로 庚은 서쪽이고 가을이고, 寅은 동쪽이고 봄이다. 庚은 寅 때문에 아무런 행세도 못한다. 그러나

壬 癸 庚 ○   이런 경우라면 절지로 보지 않는다. 子丑으로 추
子 丑 寅 ○   운데 寅은 봄으로 寅中丙화가 녹여주고 아주 좋은

작용을 한다. 庚寅일주 남자는 寅中丙화가 아들이다. 고로 여자만 건드렸다 하면 얼마 안 있어서 찾아와 책임 져 유 한다. 임신 했어요 한다. 그래서 庚寅일주는 총각 得子 하니 조심 하라고 하는 것이다.

庚금이 卯목을 만났을 때 <庚 卯>
[실증철학 원문]
庚금이 卯목을 만나면 胎宮이라도 無根이지만 寅木과 다른 것은 卯中乙木과 乙庚合 이 된다는 것이다.
[강의 노트]

○ 癸 庚 ○   이런 경우라면 절지이지만 暗合을 한다. (乙庚)
○ 卯 子 ○   연애하는 것이다. 이것을 卯와子로 연결하면 子卯刑이다.

庚
子 卯 형은 오래 가지 못하고 등통 나기 쉽고 원수와 같다.
庚
辰 卯 은 봄으로 木局을 이루지만 습목이라 木生火가 잘 안 된다.
庚
寅 卯 는 乙庚합이라서 暗合이라 으로 처녀가 애 밴다.
庚
午 卯 는 파살 이라서 오래가지 못한다.
庚
申 卯 는 원진살이라서 원수가 인연 되어 신경 쓰인다.
庚
戌 卯 는 六合으로 찹쌀궁합으로 잘 안 떨어진다.

庚금이 辰토를 만났을 때 <庚 辰>
[실증철학 원문]
庚금이 辰토를 만나면 편인이지만 慈養之金으로 습토라 土生金이 잘 되어 타 오행의 長生宮과 같아 12지지 중 가장 좋아하고 辰中 乙목과 乙庚 합을 한다.
[강의 노트]
ㅇ ㅇ 庚 ㅇ   庚辰일주는 괴강살 로서 괴수로 우두머리다.
ㅇ ㅇ 辰 ㅇ   여자라면 여경이나 여군으로 감호장교다.

庚금이 巳화를 만났을 때 <庚 巳>
[실증철학 원문]
庚금이 巳화를 만나면 편관이지만 長生宮으로 나쁘지 않다. 그렇다고 세력을 얻는 것은 아니지만 결과는 피상(파괴) 될 가능성이 높다. 그러나 酉나 丑을 만나면 金局으로 着根되기도 한다.

[강의 노트]

戊 丁 庚 戊　金을 양철로 보면 三刑을 해서 찢어진 것이다.
戌 巳 申 寅　그러므로 파열음이 난다. 다만 정편관이 강해도 편인 이긴 하지만 인수가 있어 殺印相生 해 좋다고 보아야 할 것이나 조열하여 水가 없음이 아쉽다.

庚금이 午화를 만났을 때 <庚 午>

[실증철학 원문]
庚금이 午화를 만나면 정관이지만 沐浴宮으로 패지가 되어 흉하다.
[강의 노트]
庚午는 午도화를 깔고 있다. 바람 여자라면 항시 남자주의 하라. 안 그러면 남편이 천하의 바람둥이로 속 썩으며 살아야 한다.

庚금이 未토를 만났을 때 <庚 未>

[실증철학 원문]
　庚금이 未토를 만나면 정인이지만 燥土로 土生金이 잘 안 된다.
[강의 노트]
庚금이 未토를 보면 財庫로 돈 창고는 찼지만 아내 잔병치레 하는 것은 면할 길이 없다. 연상의 여인과 인연 있다.

庚금이 申금을 만났을 때 <庚 申>

[실증철학 원문]
庚금이 申금을 만나면 비견으로 힘을 얻음과 동시에 申中壬수가 금의 강도를 잘 조정하는 역할을 한다.
[강의 노트]
庚申금은 강한 무쇠 덩어리이다. 강함과 부드러움이 있다함은 申중에 壬수가 剛柔를 조절 한다는 말이다.
正祿(정록) : 정당한 대가다, 공무원 생활 해본다. 庚申금이니까 철도청이다.

專祿(전록) : 일지에 비견이 있는 것, 전용으로 내 것이라는 뜻.

丁 己 庚 甲　이 사주는 금실무성(金實無聲)이다. 金이 너무 강
酉 酉 申 申　해서 두드려도 소리가 안 난다, 木이 깨졌다 무
　　　　　서워서 못 들어오고 도망가 버린다.

庚금이 酉금을 만났을 때 <庚 酉>
[실증철학 원문]
庚금이 酉금을 만나면 旺宮이고 겁재로서 힘을 얻게 되는데, 만약 지나치게 세력이강하면(太過) 財官인 木火가 함몰함(陷沒)되므로 不利하다.

[강의 노트]
庚금에 酉금은 羊刃殺이다. 양인은 무기에 해당 되므로 사람을 살리는(活人星) 즉 사람을 죽이고 살리는 의사 법관, 역학자 종교인이 직업적으로 맡고 당사주 에서는 천인성이 수술, 몸에 칼 맞는 것에 해당 된다. 庚금이 申酉 금을 많이 만나면 목화가 죽는다고 했는데 金多火熄, 金多木折을 말한 것이다. 이런 경우 돈과 명예가 없다. 남자는 직장 없고 처자식 인연 없다. 여자는 남편 없고 돈도 없다.

申과 酉 중 어느 것이 더 나쁜가요? 라고 묻는다면 酉는 劫財로서 羊刃이니 총칼 들고 내것 빼앗아가는 놈, 집안에선 누이동생으로 내 집안에 없다. 申은 형제로서 우리 집안에 있다.

庚 乙 庚 戊　戊戌년 이혼소송중인데 언제 어떻게 될 것인가?
申 酉 戌 寅　궁금하다고 찾아온 손님의 사주이다. 합의이혼이 아니라 재산분쟁 육아문제 등으로 조정에 들어갔지만 실패 소송으로 가야할 형편이라고 한다. 남편의 사주는 丙辰 庚寅 丙午 戊子로 만만치 않은 사주지만 丙화가 庚금의 기세에 눌려 맥을 못 추다가 戊戌년을 맞이하여 寅午戌 火局을 이루면서 한판 붙어보자고 덤빈 것이다. 己亥년에나 火의 기세가 꺾이니 종결 될 것이라고 말해

주었다. <丙화가 己토를 보면 상관으로 晦氣無光이고 강하게 水극 火를 당하니 기진맥진이다. 庚금은 의기양양이다. 누가 유리 할 까 庚금이 유리할 것이다.>

아내의 사주는 특별한 사주이다. 從旺格 으로도 봐야 하고 태강 하여 官성인 火가 金多火熄 된 상태이고 木인 財星은 金多木折 된 형상이니 官도 財도 견딜 수 있을까 염려 된다. 직업은 공무원이고 현재는 육아휴직 받은 상태에 남편까지 3년 전 실직하여 부부가 함 께 집에 붙어있으면서 사달이 난 것이다.

대운을 보니 39대운이 辛巳대운이다. 辛금은 丙화를 잡고 (丙辛 합) 巳화는 寅巳 刑을 하니 인생의 변화 많은 대운에 戊戌년은 배 부른 상태에 과식 하는 형상으로 여러 가지로 볼머스런 일이 벌어 지는 것이다. 命造를 분석을 하자면 乙庚은 合化로 金이 되어 申酉 戌 金方局을 이루니 天地가 모두 金바닥이니 從旺格이다.

庚금이 戌토를 만났을 때 <庚 戌>

[실증철학 원문]
庚금이 戌토를 만나면 관성과 인성의 고지요, 燥土로서 土生金이 잘 안 된다.

[강의 노트]
庚금에 戌토는 편인이요, 조토다.
여자가 官庫차면 남편을 두려워하지 않는다는 것은 무시하고 우습 게 본다는 말이다. 그 이유는 庫地란 墓地로 무덤에 들어갈 것이니 힘이 없고 역할을 못하니 우습게보고 무시 할 수밖에요,
火土一色 火土共存으로 보기에 戌토는 庚금의 인수인 土의 庫地요, 관성인 火의 庫地가 되어 官印庫라 말하는 것이다.

원래 조토는 土生金 못하지만 戌月生 이라면 土生金이 가능하다.
辛酉戌 역시 金方이니까.

庚辰 庚戌 일주는 魁罡살로 남자에겐 좋으나 여자라면 자기가 벌어먹고 살아야 한다. 직업으로는 군인이 좋다. '魁'자는 으뜸 '괴'자로 우두머리의 뜻하고 '罡'자는 별이름 강' 자이니 우두머리 별, 으뜸인 최고의 별이니 팔자로 말하면 드센 것이어서 여자라면 남자 같이 살아야 해서 하는 말이다.

庚금이 亥수를 만났을 때 <庚 亥>
[실증철학 원문]
庚금이 亥수를 만나면 식신으로 설기의 별이어서 신왕에는 좋다.
[강의 노트]
庚금에 亥水는 金生水로 洩氣 즉 '그 기운을 뺀다, 로 보아 불리하다. 다만 신강사주에서는 유리함으로 보는데 그 이유는 亥中甲木 편재가 역할을 하기에 부자가 된다 해서 하는 말이다.

庚 乙 庚 丁   신왕한 경우 亥수는 貴物이다. 亥中甲목이 암장되어
申 酉 辰 亥   설기하면서 水生木으로 甲목을 식신생재로 불러들인 다는 이치이다.

庚 丁 庚 己   女命의 사주로 庚일간이 亥월에 태어나서 신약 하
午 亥 寅 卯   다 年干의 庚비와 時干의 己토正印이 나타나서 도 우니 기쁘다. 財官이 有力하여 印比가 喜用神이고 관성이 기신이 된다. 30-40대 印 比 대운에 자수성가로 부자가 되었다고 한다. 그 후로 부동산에 투자하여 더 큰 돈을 모았는데 남편이 辛巳년 丁酉 월 남편이 70세에 폐암으로 사망했는데 寅巳형살 년에 丁화 기신 월에 남편이 죽었고 亥월 생이 食神生財로 인하여 부자가 된 것이다.

癸 癸 庚 丙   女命의 사주로 같은 庚일간이 亥월에 태어났어도
未 亥 子 子   本命은 식상이 기신이라 비견을 쓰는 것 보다는 조 후용신으로 화를 써야 할 팔자다. 그런데 食傷 水가 대세를 이루므

로 남편이 밖으로만 돌고 집에 잘 안 들어오는 형상인데 실제로 남편이 다른 여자와 동거하고 가끔 집에 든다는데 없을 때는 갖은 욕을 다해도 남편의 얼굴만 보면 좋단다. 왜 그럴까? 火가 용신이기에 남편을 좋아해서이다. 그래서 식상이 강한 여성은 남편 덕이 없다고 하는 것이다.

[실증철학 원문]
(8) 辛金

辛금은 庚금의 뒤를 이어 음으로 작용하지만 外陰內陽으로 그 속은 양이 지배한다. 하늘로는 太陰之精이요, 땅으로는 金, 銀, 銅, 珠玉, 으로 이미 제련된 금이라서 화를 더 이상 필요치 않음이 庚금과 다른 점이다.

乙목과는 相沖되고 土多에는 埋金되기 쉽고 强熱之火에는 銷鎔되기 때문에 巳화에는 死宮이 되고 子水에는 生宮이 됨은 눈 위의 서리로서 그에 强猛함을 자랑하지만 그것은 마침내 金生水로 설기 당한다.

丙화와는 합이 되고 직업은 금속을 다루는 일을 하게 되는데 仁術로는 치과가 많으니 이는 우연이 아닐 것이다.

辛금은 陰金으로 약해보이지만 지지에 得局하면 頑金丈鐵로 어지간해서는 埋金되지 않으며 원래 木材를 다스리는 所用之物로 適時適所에 사용 할 수 있으며, 강열지화에도 녹아버리기 보다는 오히려 官으로서 작용되고 水를 만나도 金沉 되지 않고 淸白之命이 되는데다만 庚申금을 만나지 않아야 濁亂을 면할 수 있는 것이다.

[참고] 본서에서는 유난히 어려운 한자를 많이 사용한다는 생각을 갖게 될 수도 있으나 '역은 폼이다' 라는 말이 있듯이 역학은 간단명료하게 설명하려면 한문용어를 쓸 수밖에 없다는 점 이해하시고 약간 어렵고 힘들어도 옥편도 찾아보고 그 글자의 字意를 살펴가며 공부하면 오히려 머릿속에 쏙쏙 들어간다는 점을 명심하시기 부탁드립니다.

外陰內陽(외음내양) 太陰之精(태음지정) 埋金(매금-묻을 매 쇠금)
强熱之火(강열지화) 銷鎔(소용- 녹일 소, 녹일 용) 强猛(강맹-굳셀 강, 사나울 맹) 得局(득국 -얻을 득, 판국) 金沉(금침- 쇠금 , 가라앉을 침)
頑金丈鐵(완금장철-완고할 완, 길 장, 어른 장, 쇠 철)
所用之物(소용지물) 適時適所(적시적소) 淸白之命(청백지명) 濁亂(탁란)

[강의 노트]
外陰內陽 이라고 한 이유는?
 원래 겉이 음이면 속은 양이고, 겉이 양이면 속은 음인고로 辛金은 겉은 음이지만 속은 8월의 金이므로 음의 결정체가 되어 '굳다'로 天은 太陽之精이라고 한 것이다.

乙목을 만나면 沖이 되고 丙화를 만나면 合이 된다. 충은 부딪혀 깨졌다, 合은 합할 合이며 여명이라면 官合이니 부부의 합으로 부부일체가 되지만, 爭合이나 姤合이 되지 말아야 하고 柱中에 木火가 없어야만 완전한 합이다.

戊 癸 辛 丙　女兒의 사주로 辛酉일간이 亥월에 태어나고 丙 화
戌 亥 酉 申　가 시간에 떠서 丙辛合을 한다. 柱中에 木火가 없어 완전한 합이다. 辛酉가 申시를 만났으니 완금장철(頑金長鐵)로 財官을 다스리는 所用之物로 適時適所에 사용 할 수 있으며 강역지하에도 녹아버리기 보다는 오히려 官으로서 작용되고 水를 만나도 金沉 되지 않고 淸白之命이 되는데 다만 申금을 만나서 濁亂됨이 일점의 흠이다.

壬 甲 辛 壬　土多金埋의 사주다. 다행인 것은 월간에 甲목이
辰 辰 丑 辰　나타나서 疎土함이다. 인수과다사주는 부모가 관심이 너무 많은 것이다. 자식을 바보 멍청이로 만든다. 저능아요, 나이 먹어도 엄마가 옷 입혀주고 밥 먹여 주어야 하니 마마보이다.

戊 戊 辛 戊　본명은 土多金埋의 사주로 木이 없다. 완전 埋金
子 午 未 戌　되고 火土重濁이다. 子午가 沖을 하고 戌未 刑殺이다. 삶이 고달프다. 여자도 돈도 없고 자식도 깨졌으니 없는 것이나 마찬가지다. 현재 떠돌이 역술인으로 외롭게 독신으로 살아가는데 건강도 안 좋아 소화기능에 문제 있다고 한다.

銷鎔이란 무엇인가?

銷자는 녹일 '소' 鎔은 녹일 '용'자로 강한 火에 金이 녹는다, 나는 말로 辛금이 巳午未 월생이나 火局을 이루면 완전히 녹는다. 치아가 녹고 뼈가 녹는다. 뼈가 구멍 났으니 여자는 골다공증이고 생리불순이다.

丙辛 合은 吉로 보지만,
丙 丙 辛 이라면 爭合으로 여자는 두 번 시집가고
辛 辛 丙 이면 妬合으로 여자는 남편 빼앗긴다. 의부증 있다.

辛이 丙을 만나면 丙辛合水로 火가 죽는다. 고로 잘못하면 남편이 죽으니 복상사다.

壬 壬 辛 丙   女命의 사주다, 丙이 남편인데 申子辰 水局을 이
辰 子 亥 申   루어 남편이 존재 하지 못한다. 이 여자분이 친구 따라 철학원에 가서 사주 봤더니 남편이 죽는다고 하더란다. 기겁을 하고 와서 고민하다가 지인의 소개로 필자를 찾아왔다.
이런 때는 어떻게 하여야 할 것인가? 선의의 거짓말은 필요하다. 독이 아니라 약이 될 수 있다. 이것이 술사의 역할이다.
[답] 그 사람 누구인지 사주 참 잘 봤다, 그런데 사주가 그렇다고 다 그렇게 되는 것은 아니다. 나한테는 속이지 말고 솔직하게 말해야 한다. <나는 다 알고 있으니까>, 결혼 전에 몇 남자에게 몸을 주었나? 머뭇거리다가 4-5명에게 주었다고 실토하더라, 나는 무릎을 탁 치면서 걱정마라 그걸로 모두 액 땜을 했다. 그러자 그 여자 미소를 지으면서 얼굴에 화색이 돌더라, 나중엔 과부가 되지만 지금은 희망을 주어야 하는 것이다. 이런 팔자가 금수쌍청으로 예쁜데 서방이 바람피우고 자신도 음흉해서 남자를 탐한다.
왜 바람피우고 이혼하는 것일까? 이런 여자와 같이 있으면 남편이 죽으니까, 밖으로 돈다. 이혼은 자신이 살라고 도망가는 것이다. 아니면 자신에게 큰 액이 따른다.

1, 辛여자가 丙남자만나서 丙辛合水로 결혼 하려 하는데 무술년을 만나면 土剋水로 결혼 성사 안 된다.
2, 乙庚合해서 남편과 사이가 좋았는데 火인 자식 낳고 火극 金으로 부부사이가 금이 간다. 사주에 화기가 많은 사람에겐 자식 많이 낳지 말라고 한다.
3, 戊癸合 해서 官合이다, 癸수일간이 戊癸合 하면 노랑에 시집간다.
4, 辛금은 경금속, 금은세공, 치과의사가 많다.
5, 辛금이 지지에 金得局하면 庚금보다 단단하고 埋金 안 된다.
辛酉일주는 辰戌丑未 무엇이 와도 걱정 없다. 辰酉 酉戌 酉丑 未토는 조토라 土生金 못 한다.

辛금이 甲목을 만났을 때 <辛 甲>

[실증철학 원문]
辛금이 甲木을 만나면 정재로 財를 취함과 동시에 편인 己토를 合去 시킨다.

[강의 노트]
正財지만 甲을 감당할 수 있느냐가 관건이다. 己토 만나면 甲己合 하고 甲申년을 만나면 정재지만 申에 죽어서 돌아오니 돈 못 번다, 돈 나간다, 申은 겁재로 탈재다.

辛금 남자가 甲년을 만나면 정재로 10대에게는 사춘기로 보고, 20대는 결혼하는 운이고, 30대는 바람나고, 40-50대는 옛날 애인 보고 싶고, 만약 辛금이 본처하고 이혼 했다면 본처하고 재결합 한다.

辛금이 乙목을 만났을 때 <辛 乙>

[실증철학 원문]
辛금이 乙木을 沖去 시킨다.

[강의 노트]

　偏財로 乙辛 沖은 세 번 살림 엎고 세 번 결혼한다. 돈이 따르지 않고 여자도 도망가고 남편도 도망간다.

金木相戰이다, 金은 많고 木이 적을 때의 현상을 말 한다. 이럴 때 건강을 보자면 모두 '통'자로 통한다. 두통 치통 신경통 등 통자 돌림이다.

乙목이 나의 겁재인 庚금과 乙庚 합 한다. 乙庚합도 사주구성에 따라 길흉이 갈린다.

　辛금이 乙목 이웃집여자를 조금 건드렸는데 시체 말로 성추행 했는데 乙목의 남편 庚금이 알고서 감옥가기기 싫으면 돈(합의금) 내 놓으란다, (乙庚合金으로 겁재다, 겁재는 奪財로) 꼼짝없이 당한다. 경은 陽이고 신은 陰이라서 힘으로도 안 된다.

辛금이 丙화를 만났을 때 <辛 丙>

[실증철학 원문]
辛금이 丙화를 만나면 정관으로 合身 이다.
[강의 노트]

　정관으로 여자가 정관이 합해 들어오면 연애결혼이다. 그런데 남자라면 정관이 자식이므로 자식과 뜻이 잘 맡고 취직도 잘 된다.

辛 丙 =1, 丙이 庚을 火극 金하고,

　　　2, 丙이 壬을 丙壬 沖하고,

　　　3, 丙이 辛과 합하니 남편의 사랑받고, 이 모두 다 정직 하게 살 때에 해당된다. 그러나 丙이 살아있어야만 한다.

辛　丙
○　子　丙壬 沖도 못하고 火극 金도 못하고 그저 丙辛합해서 水가 되면 여명은 자식이요, 남자는 丙이 관살이니 자식이므로 부부가 희생해서 자식 잘 되기에 초점 맞추면서 정성을 다한다.

甲 己 合 土 : 土는 財이므로 아내, 처갓집에 초점 맞추고 산다.
乙 庚 合 金 : 金은 官이므로 남편, 남편에게 초점 맞추고 산다.
丙 辛 合 水 : 水는 남녀 자손으로 자식에게 초점 맞추고 산다.
丁 壬 合 木 : 木은 인수로 집사고 공부하고 부모에게 초점,
戊 癸 合 火 : 火는 財 여자는 戊에게 시집가도 돈에 초점 맞추고 산다, 늙은 남편이니 언제 죽을지 모르니 돈이 최고요, 無情之合 이라 정이 적다.

1, 甲 己 甲남자가 己여자를 만났으니 甲己 합이들어 정이 들어 금방 만났어도 사이클이 잘 맞는다. 그러나 진정한 부부는 남자가 木이면 水여자여야만 진짜 좋은 것이다. 합으로 따지지 마라 언제나 여자는 아내이기 전에 어머니 같아야 한다. 엄마와 같은 모성애 를 그리워하는 것이다.

2, 일진별로 그날의 길흉을 알아보자면
甲 목 남편 木 일진이면 甲목 남편 친구생각 하고 있는데(비견)
己 토 아내 남편생각만 간절히 하며 (관성이니까) 화장하고 맛있는 음식 해 놓고 기다리고 있는데 전화해서 오늘 야근이라 못 들어간 단다. 그런데 土 일진이면 木이 남편은 財날 이니까 아내 생각나고 음식 생각나서 급히 집에 왔더니 己 아내는 동창회 가고 없더라,

3, 남자가 木 일주고 土날 만나면 목 남편은 아내가 보고 싶고,
    여자가 水일주면 水의 아내는 남편 보고 싶어 한다.

辛금이 丁화를 만났을 때 <辛 丁>
[실증철학 원문]
辛금이 丁화를 만나면 편관으로 나를 극하는 칠살이다.
[강의 노트]
   편관이지만 丁壬合 木으로 財를 가져오고 있다.

辛 丁 _ 丁癸 沖 으로 식신을 충하고
　　　　丁壬 合 으로 木인 財를 가져 온다.

丁 丁 辛 丁 이런 경우 辛금이 녹아버린다.

辛금이 戊토를 만났을 때 <辛 戊>
[실증철학 원문]
辛금이 戊土를 만나면 정인으로 좋으나 과하면 埋金 된다.
[강의 노트]
정인이지만 과하면 埋金 되고
戊 戊 辛 戊 이런 경우 완전 埋金으로 어머니가 자식 버린다.
土多金埋다 치아가 녹아버린다. 식신 癸수를 戊癸合 한다.

인수가 많으면 마마보이다.
戊 庚 癸 庚 오늘 아들 사주 보러 온 엄마에게 이런 말을 했다.
辰 申 卯 申 잘못하면 엄마 치마꼬리 잡고 맴돌 수 있으니 결혼하면 멀리 떨어져 살아야 한다. 잔소리도 하지 말고 한동네도 살지 말고 자주 가지도 말랬다, 독립심을 키워줘야 하니까. 金多水濁이다, 火가 용신이고 水가 희신 이다. 火로 제어하고 水로 설기시킴이 좋고 癸수는 물이므로 木인 水路가 있어야 한다. 일지 卯木 가지고는 막힘이 있을 수 있어 甲寅상관이 더욱 좋다.

辛금이 己토를 만났을 때 <辛 己>
[실증철학 원문]
　辛금이 己土를 만나면 편인으로 좋다고 할 수는 없다.
[강의 노트]
편인이다, 辛금이 己토를 만나면 甲목 정재를 合去 시킨다, 癸수 식신을 강하게 극한다. 외곬수 일방통행이다, 제 밥도 못 찾아 먹는다. 그러나 역으로 己토가 辛금을 만나면 나쁜 것 보다 좋은 점

이 많다. 아래 사주의 주인공은 과학고를 나와 외국에서 박사하고 미국에서 대학 교수로 재직하는 여자의 命이다.

癸 辛 己 己   巳酉丑 金局을 이룬 사주로 辛금이 식신인데 己
丑 酉 酉 巳   토 역시 희신으로 작용하고 癸수 재성도 유리한 형
국이다.

辛금이 庚금을 만났을 때 <辛 庚>
[실증철학 원문]
　辛금이 庚금을 만나면 겁재로 신약에는 도움이 된다고는 하지만 겁재는 겁재일 뿐이다.
[강의 노트]
겁재다. 辛금이 庚금을 만나면 빛을 잃어버리고 雜금이 된다.
辛금이 月에 庚금 놓으면 돈 벌어다 형에게 바친다. 요즘은 왕 따 당한다. 그래서 심성이 사납다. 내 것 빼앗아가는 놈이다.

예를 들어보자면
○ ○ 辛 庚   時에 있는 놈이 나보다 크고 나보다 강하다.
○ ○ ○ 寅   時는 나에게 手下인 며래다, 辛금이 寅목을 감당 하겠나, 庚금이 요리를 잘 한다. 그래서 내가 먹을 寅목 財를 庚금 겁재가 먹어 치운 꼴이다.

辛금일주가 庚寅년에 신수 보러 왔다면? 보석이 잡금 되겠으니 이 노릇을 어찌 할꼬, 눈뜨고 도둑맞고, 배신당하고, 애인 떨어지고 돈 떨어지고 신발마저 다 떨어지는구나, 나쁜 친구 꼬임에 빠질까 봐 걱정이 된다. 辛이 庚에게 가려지니 헛것만 보인다, 즉 판단력 이 흐려진다. 아무리 일을 해도 공은 없고, 겁재는 재를 극하니 헛 돈 쓰게 되고 재는 부이니 아버지가 미워지고 아내가 미워지고, 보기 싫고 아버지 하시는 일도 잘 안되더라,

辛금이 辛금을 만났을 때 <辛 辛>
[실증철학 원문]
 辛금이 辛금을 만나면 비견으로 신약에는 도움이 되나 정관 丙화를 빼앗아가고(丙辛合去) 乙목 편재를 乙辛沖去시키니 財官이 沒하게 되므로 비견도 많으면 흠이 된다.
[강의 노트]
丙 辛 辛금이 丙辛 합으로 남편과 잘 살고 있는데 辛年을 만나면 丙辛이 두 군데로 연결된다. 이런 경우 새것을 좋아해서 들어오는 辛금을 더 눈독 드린다. 그러므로 내 남편을 친구 동료 형제에게 빼앗기는 형상이다.

辛금이 壬수를 만났을 때 <辛 壬>
[실증철학 원문]
 辛금이 壬수를 만나면 상관으로 도기(盜氣)가 되어 판단력이 흐려져서 생각 한번 잘못하면 명예도 빼앗기고 자손까지 상하게 된다.
[강의 노트]
내 官인 丙화를 丙壬 沖하여 보내니 명예도 직장도 없어지고 상관은 자손 手下 부하인고로 손아래 사람으로 인하여 다 빼앗기게 된다. 상관은 官을 극하니 불법행위요, 위반이며 기획이고 생각이며 손아래 사람이다.

傷官運에는 하지 말라는 해서는 안 될 일은 골라서 하게 되고, 여자는 권태기로 남편이 미워지고 이혼 수 뜨고, 혼자 앉아서 눈물만 흘린다.

辛금이 癸수를 만났을 때 <辛 癸>
[실증철학 원문]
 辛금이 癸수를 만나면 설기 되나 식신으로 좋다고 보아야 한다.

[강의 노트]
辛이 癸에게 金生水 해주는 것은 나중에 丁화를 丁癸沖하여 막아달라는 이치이다. 丁화는 무용지물로 나를 녹이려 든다. 해롭다.

이제 지지를 살펴보자

辛금이 子수를 만났을 때 <辛 子>
[실증철학 원문]
　辛금이 子수를 만나면 금이 잠길(沉-가라앉을 침)까 두렵다.
[강의 노트]
　辛에 子는 洩氣되고 金沉이고 金水冷寒에 雙淸이니 인간의 삶에서는 춥고 배고프다. 辛금일주가 子년을 만나면 특별히 덥지 않는 한 금수쌍청 금수냉한이 되는데 쌍청은 남편이 싫어지고 냉한은 독수공방에 외롭다.

辛금이 丑토를 만났을 때 <辛 丑>
[실증철학 원문]
편인으로 慈養되고 힘은 배가 되나 凍金을 면할 길이 없다.
[강의 노트]
　辛에 丑토는 탕화살로 음독 비관에 속하고 入墓로 復活 慈生한다.

己 丁 辛 己　편인 己丑 4土에 埋金 된 경우인데 3丑토가 凍金
丑 丑 酉 丑　을 만드니 이런 경우 木으로 疎土하여 求金하거나아니면 火로 녹여 凍金을 면해야 하는데 丁화는 이미 죽은 불이고 無財로 木은 보이지 않고 비견 酉금을 용신해야 할 판인데 용신이 합을 하면 용신 역할이 잘 안 된다. 이 사람 命局이 안 좋아 아내 신세지고 백수로 살아간단다.

辛금이 寅목을 만났을 때 <辛 寅>
[실증철학 원문]
絶地에 無根이라도 金이 왕 할 때에는 寅中丙火로 貴히 된다.
[강의 노트]
　辛에 寅목은 정재지만 寅中丙火와 暗合을 한다. 寅木 財속에 돈과 남자 (애인)가 들어오고, 남자는 자식이 들어온다.

甲 丙 辛 壬　女命에서 丙화가 남편인데 壬子년에 水극 火로
午 子 亥 辰　남편이 날라 갔다. 상관운은 남편 꺾고 과부되는 운이다. 癸丑년까지 水가 많아 캄캄한 밤이다. 남편이 죽었으니 눈물 펑펑 쏟아지고 캄캄한 밤이니 머리를 헤매 인다. 여기가도 저기가도 金生水로 눈물밖에 안 나온다. (金水多: 눈물 잘 흘린다) 壬子년에 혼자되고 癸丑년에 자식들 어떻게 키울까 고민하다가 그 다음해 甲寅년이 오면 寅목은 財로 돈이니 이젠 뭔가를 해 보아야 겠다는 생각을 하고 상담하러 갔더니 작년 재작년에 남편과 이별하고 이제 뭐라도 해보시려고 오셨나요? 깜짝 놀란다. 이치는 간단한데, 寅亥 合木으로 돈이 들어오니 한번 해 보시오, 생각지 않게 큰 돈 벌겠고 애인까지 생기겠는데, 꼭 남편 닮은 남자이네, 그런데 애인 생긴다는 말에 콧방귀 끼고 그럴 일 없다고 간다. 그러나 말 대로 장사가 잘 되고 어느 날 남자 손님이 오는데 돌아가신 남편과 너무 비슷해서 깜짝 놀라고 정신이 아찔했단다. 그런데 그날로 丙辛 합으로 반해서 늘 그 남자 생각만 하게 되더니 결국 인연이 되어 사귀고 있단다. 팔자소관이다.

辛금이 卯목을 만났을 때 <辛 卯>
[실증철학 원문]
絶地에 無根이라 의지처가 없는 중 卯中 乙木과 乙辛冲을 하니 金木相戰이다.

[강의 노트]
辛이 卯를 보면 편재에 절지이다.
辛卯일주는 卯가 財인데 辛에게 잘려 나간다. 돈 안 모아지고 여자가 기죽어 산다. 辛은 바늘이고 卯는 실이니 여자라면 재봉사다. 자르고 꿰매는 일이 천직이다.

辛금이 辰토를 만났을 때 <辛 辰>
[실증철학 원문]
辛금이 辰토를 만나면 정인이요, 습토로 土生金 잘 된다. 고로 태과하면 埋金도 가능하므로 잘 살펴야 한다.
[강의 노트]
辛이 辰토를 보면 인이고 식상고라 자손집합이다, 고로여자는 남의 자식 키우고, 스님이라면 절 앞에 보육원 세우고 유아교육학 전공한다.

辛금이 巳화를 만났을 때 <辛 巳>
[실증철학 원문]
辛금이 巳화를 만나면 강열지화로 金 銀 珠玉인 보석이 불에 녹아 버린다.
[강의 노트]
辛이 巳화를 보면 정관으로 暗合까지 된다.
辛
巳 는 紳士로 멋쟁이다. 여자는 예쁘고 情夫둔다. 辛금은 보석으로 원래 예쁜데 巳화 까지 만났으니 巳中丙이 애인이고 丙화는 눈이고 신장이다.

辛금이 午화를 만났을 때 <辛 午>
[실증철학 원문]
辛금이 午화를 만나면 연약한 火라고는 하나 결과적으로는 소용(銷

鎔-녹일 소, 녹일 용)된다.
[강의 노트]
辛이 午火를 보면 陰火라 연약해 보이지만 午時, 午月을 생각 해 봐라 용광로라고 보아야 한다. 火극 金 받아 다 녹아 버린다. 힘 못 쓴다.

辛금이 未토를 만났을 때 <辛 未>
[실증철학 원문]
辛금이 未土를 만나면 편인으로 土生金을 바라지만 燥土라서 土生金 안 된다. 신왕에는 財庫로서 富는 축적하지만 여자의 한을 품고 산다.
[강의 노트]
辛이 未토를 보면 不能生金으로 편인 역할 안 된다.
辛
未 일주는 財庫다 종교로 연결하면 부처님이 돈 벌어주고 종교 철학이 돈 벌어주지만 배우자로 연결하면 아내 잔병치레 하게 되고 아내가 아파야 돈이 들어오지만 평생 아내의 한을 품고 살더라.

甲 丙 戊 丙   이 사주팔자는 친구 사주인데 평생 아내의 신병
申 子 午 辰   으로 아내의 한을 품고 살다가 결과적으로는 그 병으로 죽었는데 財星이 沖을 먹고 財庫를 놓고 있는 사주이다.

辛금이 申금을 만났을 때 <辛 申>
[실증철학 원문]
辛금이 申금을 만나면 같은 뜻을 가진 오행으로 뿌리는 되지만 음양이 달라 雜金으로 濁亂을 면키 어려우니 결과적으로 겁재의 역할을 한다.
[강의노트]
辛금이 申금을 만나면 잡금으로 도금했다고 생각해라. 천간은 밝

이고 지지는 안이니 무쇠인 申금에 보석금물인 辛금으로 도금 했으므로 雜金이다.

辛금이 酉금을 만났을 때 <辛 酉>
[실증철학 원문]
辛금이 酉금을 만나면 비견으로 뿌리내려 튼튼하다.
[강의노트]
辛금이 酉금을 만나면 비견으로 자기 계절을 만나서 한창 淸高 하다.

辛금이 戌토를 만났을 때 <辛 戌>
[실증철학 원문]
辛금이 戌토를 만나면 土生金을 기대 하나 마른 흙이라 기대치 이하이고 寅이나 午를 柱中에서 만나면 火局을 이루어 꺼리지만 신왕한 경우 관고로 이용하니 좋다.
[강의노트]
辛금이 戌토를 만나면 조토라 土生金 받지 못한다고 하지만 申酉戌은 金旺節이라 기대치에는 못 미치나 土生金은 받는다, 로 보아야한다.

辛금이 亥수를 만났을 때 <辛 亥>
[실증철학 원문]
辛금이 亥水를 만나면 상관으로 剋洩 하여 盜氣로 본다. 마침내 金沉으로 바닷물에 금이 가라앉은 꼴이나 亥中甲木을 꺼내 쓸 수 있으므로 신왕에는 좋다.
[강의노트]
辛
亥 일생은 고란살로 여자는 결혼 안하려고 한다. 庚子도 辛亥와 같다. 일지 상관 놓은 여자는 남편의 덕이 없다.

乙 庚 辛 癸 상관을 일지에 놓은 사주로 배우자 궁이 巳亥 冲
巳 辰 亥 巳 까지 당하여 이혼의 기운이 잠재 된 상태에서 언
제 이혼 할까? 寅亥나 亥卯로 合去 되는 해 라고 말 할 수 있다.
이 여자도 辛卯년에 이혼 문제로 상담 왔던 여자의 사주이다.

[실증철학 원문]
(9) 壬水

壬수는 辛금 음이 변하여 양이 된 辛금 다음순서로 가을에서 겨울로, 석양에서 밤, 結實에서 收納으로 收藏의 기운이다.
白氣에서 黑氣로, 白雲이 黑雲으로, 義理가 智慧로, 冷寒이 凍結로 변화하고 있는 것으로서 形而上學的으로 나타나는 것이 壬水이다.

壬수는 천간의 끝이요, 계절의 끝으로 종식되는 것 같지만, 끝은 시작을 의미하기에 임수를 姙娠이라 하였고, 하루의 끝도 밤이고 시작 역시 밤이 되는 것과 같다.

天 으로는 雲, 精, 水氣, 夜, 冬節, 雪, 氷, 始作, 進化의 근본이며 만물의 宗主로서, 타 오행의 작용에 있어서도 없어서는 안 될 필요 불가결 한 것이고 심지어 미생물에 이르기까지 水의 지배를 받지 않는 것이 없으며 생명의 근원이 되는 것이다.

地로는 澤이요, 池요 海水 湖水 浦水 등으로 정지 된 물이며 橫流(가로지르는 물 즉 갇혀있는 물)를 하는 것이 특징이요, 陽水로서 지지의 亥수와 같고 死水 剛水라서 庚금과 戊토를 기뻐하는데 그 이유인즉 庚금은 水源이 戊土는 제방으로서 땜을 이루어 다목적용수로 쓸 수 있기 때문이다. 水의 자체는 본래 陰之極이나 陰極則始陽 外陰內陽 의 법칙에 의해서 양이 새로 시작하는 것이다.

하루의 시작도 子시요, 'O'을 기준으로 시작이 되고 동지를 지나면 낮이 길어지는 것과 겨울은 추우나 건조한 이치가 바로 여기에 있다.

水는 淸을 생명으로 하기에 맑아야 하지만 지나치게 맑고 깨끗하면 물고기도 못산다는 말과 같이 水를 관찰 할 때에는 淸水와 濁水

水原과 흐름의 방향 즉 順流인지 逆流인지 또 深 淺 暖流 인지 寒流인지 막아서 쓸 것인지 흘러 보내야 할 물인지를 잘 구분해야만 비로소 추명을 잘 할 수 있는 것이다.

그다음으로 중요한 것이 水氣는 왕성해야 하고 逢木水路라 나무를 만나야 수로가 되어 막힘없는 삶을 살게 되고 물은 얼지 않아야 물 역할을 하며 水木凝結은 되지 말아야 하며 불을 만나야만 차가운 것이 녹아 난방이 되고, 水火旣濟로서 아름다움을 더해야지 水火相戰은 되지 말아야 하고, 土를 만남은 호수로 사용하고 水氣가 약한데 나무를 많이 만나면 木多水縮으로 힘겹고, 土多하면 水塞(塞-막힐 색)으로 헛수고요, 水淺(淺-얕을 천)하면 본인이 노출이 심하여 상대방으로 인하여 이용 배신당하기 십상이고, 水가 왕한데 다시 金을 만나는 것은 濁水요, 寒冷之水가 될까 염려 되며, 철분이 과다한 물로 자체조화를 이룰 수 없으나 三合으로 純粹한 金局은 오히려 貴命이 된다.

地支를 살펴보자면, 三合水局은 潤下로 終入大海로 목적을 달성하지만 方合이나 同合은 下格으로 불리하다.

水의 性情은 바다와 같이 넓고 깊으며 忍耐 智慧 水平으로 환경에 적응을 잘 하긴 하나 화가 나면 노도(怒濤 -성낼 노, 큰 물결 도)와 같아 인명을 살상하고 말 것이니 沖破는 만나지 않아야 한다.

水는 지혜로 오행으로는 시작이요, 기획을 잘하고 발명가가 많고, 수기가 왕성하면 물깊이를 알 수 없듯 그 사람의 마음을 알 수가 없다. 水는 밤이고 黑이라 秘密 呻吟 憂愁 盜心 酒色 賭博 등을 좋아한다. 또한 정력이 지나쳐 음란 할까 염려되며, 직업적으로는 법정, 식품, 수산, 양식, 냉동, 주류, 여관, 호텔, 무역업이 좋다.

[강의 노트]
水氣 - 형이상학이고, 물 - 형이하학의 차이다.
壬수는 하루의 시작도 되고 끝도 된다 : 子가 물인데 0시는 하루의 시작이고 밤 12시는 하루의 끝이다.<子時 : 정시법 23시 01시)

天(하늘로 보면) : 雲(구름) 精(물 기운) 冬節(,눈 어름-雪 氷)
始作(시작) : 오행의 시작은 水요, 끝은 金 이다. 고로 水 일주라면 미생물학 공부할 생각은 없는지, 유전공학을 공부할 생각은 없는지, 물어보라. 水는 생명의 근원이고 미생물에 이르기 까지 水의 지배를 받는다.

地(땅으로 보면) : 澤(연못) 池(저수지) 海水(바다 물) 湖水(호수, 큰 연못) 浦水(포수-물 가장자리, 조수가 드나드는 곳)

　壬수가 좋아하는 오행은 戊 庚인데 戊토는 제방이 되므로 좋아하는 것이고 庚금은 金生水 水源이 되어서이며 甲목은 입목으로서 생물을 키우는 이유요, 水路로서 막힘없는 삶을 의미하여 좋아한다.
　壬水가 꺼리는 오행은 乙卯 木인데 육친으로 상관이죠, 그러나 水生木으로 좋아 보이지만 물이 흘러가는 水路인데 좁다 또 흘러 내려가야 하는데 역류한다, 로 모든 것이 거꾸로 가고 인간사에서는 되는 일이 없다.
　壬수는 丁화를 불러들이는 힘이 있다, 丁壬합이라 하는데 음양지합으로 보고 또 丙화를 冲하는 기운도 있다, 그러나 冲이 안 될 때도 있다.
　0 0 壬 丙   이런 경우 冲 으로 안 본다. 壬이 丑월 생이라서
　子 丑 寅 午   추운데 丙이 조후용신으로 寅午合 火局을 이루니 기쁘다, 불이 셋, 물이 셋이라 水火相戰이 아니라 水火旣濟다.

水인 물을 관찰해 보자
<어느 물인가를 알아야 사주를 판독 할 수 있다.>

淸水(청수) 맑은 물, : 濁水(탁수) 탁한 물,
淺水(천수) 얕은 물, : 深水(심수) 깊은 물,
順流(순류) 흐르는 물,: 逆流(역류) 거슬리는 물,
暖流(난류) 따뜻한 물,: 寒流(한류) 차가운 물,
水 극 火 할 수 있나 ? 없나 ?

<1> 淸水(청수) : 깨끗한 물을 말 한다,
0 辛 壬 0
0 酉 子 0 辛酉월의 壬子일은 맑고 깨끗한 물이다.

<2> 濁水(탁수) : 물은 적고 흙이 많으면 더러운 물이다.
戊 己 壬 丁
戌 未 子 未 5土 2水라면 더러운 물이다. 물은 흘러가야 생
              명력이 있는 물이다.

<3> 淺水(천수) : 얕은 물이다. 위 사주가 얕은 물 도 되고 썩은
              물도 된다.

<4> 深水(심수) : 깊은 물이다. 깊이 있는 물을 말한다.
癸 庚 癸 壬
未 申 亥 子 깊은 물이다 癸亥水지만 깊이가 있다. 申子水
              局 亥子 水方局으로 깊다.

<5> 順流(순류) : 바로 흘러가는 물이다. 순류라는 것은 일주가
              시주를 생하는 것을 말한다.

戊 庚 壬 壬
辰 申 子 寅 년은 월을 생하고 월은 일을 생하며 일지는 시지
              를 생하니 生生不熄이다. 順流에 深水에 상생
              되니 막힘없는 삶을 살게 된다.

<6> 逆流(역류) : 거꾸로 흐르는 물이다. 시가 일을 생하고 일이
                  월을 생하고 월이 년을 생하는 물이다.
戊 癸 壬 甲
寅 亥 申 辰   년지에서 월지를, 월지에서 시지를 생한다. 거
꾸로 살아가는 사람이다. 밤에 남이 잠잘 때 일한다. 역류는 간단
하게 생각해라, 일주가 월주를 생 할 때로만 봐도 된다.

<7> 水(물)는 막아서 쓸 것인가, 흘려보내야 할 것인가를 살펴라,
戊 庚 壬 壬
辰 申 子 寅   戊辰 土가 年柱에 있지 申子辰 水局에 濕土니까,
물을 못 막는다. 또 년은 상류니까 막아 봤자 볼일 없다, 물은 하
류에서 막아야 한다. 그러므로 흘려보내야 할 물이다. 이런 사람은
성정이 살살 꼬이면 잘 넘어간다.
戊 庚 壬 戊
子 子 子 戌   이런 경우 무술토로 막아 쓸 수 있다. 흘려보낼 물
이 아니다. 여기서 구분해야 할 것은 흘려보낼 물은 물줄기가 江이
다. 水도 많고 木도 많으면 젖줄이고 생명수이다.
戊 己 壬 丁
戌 未 子 未   이런 경우라면 막기는 막았는데 물이 적고 수원지
가 없어 흙은 많아서 헛 공사 하고 있다, 막아봤자 별 볼일 없다.
이 사주 어떠하냐고 물으면 모기보고 총 쏘고, 준비하다 場 罷한다
고 해야 한다.

<8> 暖流(난류) : 따뜻한 물을 말한다.
丁 辛 壬 壬
酉 亥 子 寅   亥월의 물은 따뜻한 물이다. 亥中甲목이 바로 봄
이기에 이물은 水生木도 水剋火도 잘 한다 살아있는 물이니까.
물의 근본 원리는 下流之性이고 水平을 이루는데 목적이 있다.
항상 물은 가운데 들어가 있어야 한다.

물을 크게 분류하자면 3가지로 나눌 수 있다.
(1) 氵- 流 : 흘러가는 물(흐를 유-여름)
(2) 氵- 凝 : 응고 된 물(엉길 응-가을)
(3) 氵- 冰 : 얼어있는 물(어름 빙-겨울)

寒流(한류) : 차가운 물로
0   壬
子   子 子월에 壬子일주라면 얼어있는 물로 동짓달이니 꽁꽁이다.
水剋火는 잘 하나 水生木이 안 된다. 춥고 배고픈 사주이다.

<9> 물(水) 1, 샘솟는 물이냐?
           2, 받아놓은 물이냐? 가 문제다.
샘솟는 물은
戊   壬
申   子 申금이 子수를 생하여 주는 고로 샘솟는 물이다. 아무리 퍼 써도 마르지 않는 물이다. 만약 水가 財星이라면 돈 또한 쓴 만큼 채워지는 형상 써야 생기는 팔자라 한다.
받아 놓은 물은
戊   壬
戌   子 金生水가 없어서 받아 놓은 물로 壬子水가 財星이라면 이런 사람은 저절로 수전노가 된다. 자린고비시군요, 이 물이 말라 버리면 금생수가 안 되는 물이니 자연히 아끼고 절약할 수밖에 별도리가 없다. 만약 돈을 쓰면 그만큼 줄어든다, 그래서 1의 경우는 돈 쓰는 재미로 사는 사람 2의 경우는 돈 모으는 재미로 사는 사람이다.
1과 2가 가지는 돈에 대한 집착은?
1, 은 돈이란 쓰라고 있고 돌고 도는 것이 돈이다.
2, 는 단단한 땅에 물 고이지 왜 돈을 함부로 쓰나, 이럴 때 역학자는 이렇게 말해야 한다. 네 말도 맞고 너 말도 맞다.

너는 돈을 쓰면 생기는 팔자이고 너는 받아놓은 물이니까 쓰면 죽어드니 짠돌이로 살아야 한다. 다 팔자소관 이다.

이것을 여자로 비유하자면 1,의 팔자는 金生水로 들어오니까, 부모 친정 잘 살고 부모덕 있는 아내다. 2,의 경우는 金生水가 없으니까, 공부도 못한 아내이고 부모덕도 없는 아내이다 처가집 잘 사나? 못 사나? 공부 많이 했나? 못 했나? 모두 나온다. 역학이란 術이므로 응용만 잘 하면 쉽게 풀린다.

賤水 : 물이 얕은 것, 賤格이다. 旺한 水는 반드시 木을 만나야 한다.

戊 庚 壬 壬　金生水 받아서 水生木으로 퍼낸다.
申 申 子 寅　이것이 水路인 순통이다. 水가 겨울이고 寅이 봄이니까 아무리 추위도 봄이 오면 추위는 물러간다. 정월 대보름 지나면 寅中丙火를 쓰기 때문에 따뜻한 것이다.

그런데 문제는 수목응결(水木凝結) 된다면 심각하다.

戊 甲 壬 癸
申 子 子 卯　無財로 火가 안 보인다. 甲목이 있다 해도 卯목은 凍木이고 子卯 刑이니 수목응결이고 子卯 刑까지 하니 복풍한설에 풍파만 발생하고 인간사에서는 되는 일이 없다. 여기서 주의 할 것이 있다, 寒水에 乙卯목이 보이면 수목응결이다.寅목이 있으면 바로 봄이 오니까 수목응결로 보지 않지만 甲子라면 응결로 보아야 한다.

旺水에 逢火는 추운 겨울에 화로불을 만난 것과 같다.

O O 壬 丙
子 子 寅 午　동짓달인 子수가 둘이라서 추운데 寅午 火局을 이루고 있어 난방장치가 잘 된 형상이다. 이처럼 불과 물이 균형을 이루는 것을 수화기제(水火旣濟) 라 하는 것이다. 이런 경우 세상살이가 좋다.

다만 水火는 相戰해서는 안 좋다. 다음 사례를 살펴보자.

```
O  O  壬  丙
申  子  子  午
```
이 사주는 水가 3이고 火가 2인데 水는 申금의 生을 받으니 水源이 좋지만, 丙午는 뿌리는 내렸다고 하나 약하다, 고로 서로 싸우는 형상이다. 더군다나 丙壬沖 子午沖하니 水라는 나와 火라는 아내가 매일 부딪치니 조용할 날이 없다. 삶이 시끄럽다, 財는 아내도 아버지도 되지만 돈으로 연계해 보면 돈이 붙어있을 수 있겠나 돈 때문에 지지고 볶고 살게 되니 삶이 시끄럽다.

水가 旺할 때 토를 만나면 제방으로서 호수나 댐으로서 다목적으로 이용가능하다.

```
壬  壬  戊  己
申  子  戌  未
```
이 사주는 水인 많은 물을 土인 흙으로 잘 막아 놓았다. 金生水 되는 물이니 샘솟는 물이다, 제방 역시 튼튼하다, 戊戌양토로 잘 막아 놓았고 己未 음 토로 보조 제방까지 이중으로 막아서 완전무결한 제방이다.

이런 경우라면

```
壬  壬  壬  庚
申  子  子  戌
```
이 많은 물을 戌토 하나로는 감당하지 못한다. 물이 넘치고 범람한다. 얼마나 고달프겠는가, 이와 같이 위 두 사주는 엄청난 차이점을 가지고 있다.

木多水縮(목다수축) : 木이 많으면 물인 水는 줄어든다는 말.
```
壬  O  O  壬  O
寅  寅  寅  寅  O
```
이 많은 나무를 제아무리 큰 壬수라도 감당치 못한다.

火多水熱(화다수열) : 火가 많으면 물은 증발 된다.
```
丁  丙  壬  戊
未  午  午  申
```
이 많은 불에 의해 壬수는 증발 된다. 火가 財가 되니 아버지에 의해 컴플렉스 걸린다. 아내가 무섭다 가까이 갈 수 없다. 돈의 노예가 된다. 뜬구름 잡는 팔자이다. 이사람 아무리 많은 돈을 타고 났어도 내 돈으로 못 만든다. 돈이 원수와 같다.

역학은 자연과학이고 자연과학 자체를 공식으로 증명해서 들어가면 된다. 얼마나 위대한가, 사주는 꼭 육친으로만 대비 하지 말고 자연에 비유해서 이해하는 것이 빠르고 쉽다.

土多流塞(토다유색) : 土가 많으면 물은 흘러가지 못하고 막힌다.
戊 己 壬 庚 흙이 많고 水가 적으니 물은 흘러가지 못하고 막
戌 未 子 戌 힌다, 막히면 썩는다, 水深에 비해 흙이 많으니 모기보고 총 쏜다, 헛수고요, 여자라면 관성이 많아 기생밖에 뭘 하겠나, 천만 다행인 것은 土金水로 庚金이 통관지신이다. 더러운 팔자다. 물은 썩으면 더럽고 냄새 난다, 고로 천하고 더러운 삶을 살게 된다.

乙 辛 甲 丙 사주에 火가 많아 감출 곳이 없다. 낯이고 빛이고
未 巳 午 寅 광명이니, 자신을 너무 노출시켜 망했다, 사업계획을 술좌석에서 소상하게 밝혔더니 같이 있던 놈이 먼저 손대서 다 해먹고 망했었다.

水왕한 사주가 金을 다시 만나면
　　　　壬
申 酉 申 申 金이 많아 철분이 과다한 물로 壬수의 효용가치는 떨어진다. 어머니가 많아서지기 신세를 망쳐 버렸다. 로 연결하라. 그러나 三合으로서 순수한 金局은 貴命이다. 이 말은 巳酉丑을 말하는 것인데 가령
　　　　癸
巳 丑 酉 巳 이런 경우는 완전한 巳酉丑 金局이 된다. 삼합은 개체가 아니다, 부피로 보아 큰 하나다. 대학 총장감이다.
三合과 方合의 차이는 ?
엄청난 차이가 난다, 10 : 1 정도로 보아야 한다.
申 酉 申 申 딴따라 팔자라면
巳 丑 酉 巳 대학 총장감이다.

- 385 -

地支三合과 方合의 차이

```
        壬
辰  子  申  辰    申子辰 三合水局을 이루니 큰 하나로 본다,
                법정 외교로 두각을 나타내는 큰 인물이다.
        壬
亥  丑  子  丑    水局이지만 方合이라 약하다. 三合 方合은 하늘과
                땅 차이, 물로 연결하면 한강과 김판원 정도다.
```

壬수는 乙卯木을 대단히 싫어한다. (大忌)
(1) 傷官은 관이 상한다는 의미로 위법행위다.
(2) 水木凝結도 가능하다, 물이 역류한다. 水路가 좁다.

壬수의 성격 : 인내심으로 본다. 적응력이다.
　물은 막아놓으면 가만히 있고 터놓으면 흘러간다. 거기서 인내심과 적응력이 나온다. 水는 지혜다, 지혜는 바로 적은 영리로 본다, 환경에 잘 적응한다. 둥근 것에 넣으면 둥글게 되고 모난 것에 담가놓으면 모가 나고 만물의 근원이 된다. 또 水는 모든 오행과 융화가 잘 돼 木은 水가 있어야 크고, 土는 水가 있어야 잘 뭉쳐지고, 金은 水가 있어야 유연해진다, 이처럼 水는 잘만 이용하면 다목적이다.

```
        壬
O   卯  子   O    풍파(風波)가 많다.
```

　水는 오행의 시작이니까, 기획 발명 시작의 명수다. 水는 下流之性이니 가만히 있으면 몸이 아프다, 고로 자꾸 활동을 해야 한다.
　水의 직업은 法政 -法 氵+ 去=물이 가는 것이 법이다. 수산물 양식업 호텔 여관 밤장사가 좋다.

壬수가 甲목을 만났을 때 <壬 甲>
[실증철학 원문]
甲木을 만나면 식신이요 水路가 된다.
[강의 노트]
食神 ; 옷과 밥이다. 물이 순리대로 흘러간다.
물은 甲목은 庚금 편인을 甲庚沖하여 보내고 己土를 甲己合으로 끌어들이기도 한다. 장단점은 다 있게 마련이니 命의 구조를 잘 살펴야 한다.

壬수가 乙목을 만났을 때 <壬 乙>
[실증철학 원문]
乙木을 만나면 상관이요 좁은 水路가 된다.
[강의 노트]
상관은 슬픔이요 위법이다. 北風寒雪이요, 風波다,
水는 北이고 乙木은 風이기게 북풍한설 이라하고 수목응결도 된다.
사주에 상식이 많으면 제멋대로 사는 놈이다.

丙 己 丁 庚 제 멋 대로 산다, 인수인 木이 없어 더욱 더 그렇
戌 亥 未 戌 다, 식상이 4개나 되면 식신도 상관 역할 한다.
癸未년에 관재 수 있었다, 丁癸충 戌未형살 운이었다.

壬수가 丙화를 만났을 때 <壬 丙>
[실증철학 원문]
丙화를 만나면 편재요 丙壬 沖이 되지만 水火가 조화를 이루면 기가 막히게 좋다.
[강의 노트]
丙壬沖은 財가 沖 받으니 아내 쫓고, 돈 쫓고, 아버지를 거부하고 이겨먹으려고 한다. 편인인 庚금을 火극 金하여 보급로를 차단한다, 부모도 몰라보고 공부도 못한다, 다만 水氣가 旺하여 병이 필요 할 때는 충이 아니라 길한 작용을 한다, 水火의 조화다.

여기서 이것을 응용한다면

남자 壬일주가 丙년 만나면 丙壬沖으로 인연이 다 됐다, 이혼 수 겪겠네요, 왜냐하면 丙 다음에 丁이 오면 丁壬合으로 새 여자 만나려고 그런다. 丁壬合은 음란지합 또는 애정지합 이라 한다,

만약 壬戌 일주가 丙寅년 만나면 천간은 沖이고 지지는 合이다. 이런 때는 처음은 싸우고 결과는 合이니까 좋아진다, 로 봐야 한다.

壬수가 丙화를 만났을 때 <壬 丙>

[실증철학 원문]

丁화를 만나면 淫亂之合이고 정재로서 한통속 한 몸이 되었다.

[강의 노트]

丁壬合은 合身이다. 내 몸과 합이 되었다는 말로 한통속 한 몸이 되었다는 말이다. 나 壬水는 正印 아내와 싸이클이 잘 통한다는 말이다.<合化木이니 水 木 火 가 서로 잘 돌아간다.>

丁癸 沖은 壬수 입장에서 癸수는 겁재인데 丁이 들어와 癸수를 沖去 시켰다,

壬수가 丁화를 만난 것과 丁화가 壬수를 만난 것은 어떻게 다를까?

丁 壬 壬 丁　　壬 丁 丁 壬　　丁 壬 丁 壬
酉 寅 申 未　　辰 未 巳 子　　未 子 卯 寅

위 세 사주는 丁壬이 합이 된 경우인데 천간이 모두 합이다. 사례 1의 경우는 坤命으로 처녀 때 동네 오빠와 부정포태로 결혼하여 살다가 이혼하고 재혼하여 살지만 다시 이혼한 상태에서 자식들 문제로 재결합한 경우이고, 사례 2의 곤명의 경우는 결혼하여 잘 살고 있기는 한데 남자관계가 복잡한 경우이고, 사례 3의 경우는 건명으로 官合을 하여 직장인으로 무난하게 살고 있다. 다만 丁壬 합은 愛情之合으로 불륜이 많은데 合多有情이 원인인 것이다.

<위 사주는 여산서숙 간 실전사주108제에 상세하게 설명 되었으므로 참조바람>

壬수가 戊토를 만났을 때 <壬 戊>
[실증철학 원문]
戊토를 만나면 편관 칠살이다. 水制로 水旺에는 堤防으로 좋다.
[강의 노트]
戊壬은 沖이 아니고 극으로 봐야한다.
물은 막아서 쓸 물과 흘려보낼 물이 있다.

壬　壬　戊　己
申　子　戌　未　이 물은 막아서 다목적으로 쓸 물이다.

그러나 壬수일주가 戊申시를 만나면 제아무리 큰 戊토라도 壬수를 막지 못한다.

壬수가 己토를 만났을 때 <壬 己>
[실증철학 원문]
己토를 만나면 정관이다. 己토 라도 水弱에는 수색(水塞)된다.
[강의 노트]
壬은 己토를 만나면 己土 濁壬이라고 말하는데 맑은 물은 고기가 못 살듯이 약간 탁한 물이 더 좋을 수도 있다.

통변은 術이다.
내가 생하는 것이 식상이고 상식과도 통하는데 인수는 지식으로 보고 상식과 인수가 있는 사람은 지식과 일반 상식이 풍부한 사람이고 인수는 없고 상식만으로 구성 되어 있으면 "배우지 않은 놈이 아는 것이 많다" 이 말은 하나를 배우면 둘 셋으로 써먹는다. 고로 상식은 응용이고 추리력, 요령 지혜 머 등으로 써먹는 것을 의미한다.

壬수가 庚금을 만났을 때 <壬 庚>
[실증철학 원문]
庚금을 만나면 편인이다. 원류가 튼튼해지고 상관 乙목을 合去 시킨다. 식신인 甲목을 沖去하여 설기처(泄氣處)를 제거하니 욕심이

지나쳐 베풀고 배려함이 부족해지거나 심하면 도식(倒食)되어 패망을 초래하게 되어서 生이라고 다 좋은 것은 아니다.
[강의 노트]
壬이 庚을 만나면 水源이고 샘솟는 물이다 식신인 甲목을 沖하니 목신이 지나칠까두렵다. 그러나 수입 지출이 균형을 이루면 발전한다.
그러나 庚 壬 甲 으로 연결 되면 좋다.
그렇지만 庚 庚 壬 甲 으로 연결 된다면 金生水를 두 군데서 받으니 물이 넘쳐버린다. 둑이 터지고 甲木이 水多浮木으로 甲庚沖으로 연결 되어 식신을 밥그릇으로 보았을 때 밥그릇을 넘어뜨린다. 로 도식이라 하는 것이다. 여기서는 金生水 水生木으로 연결 되어 탐생망극(貪生忘剋)으로 현재는 沖이 안 되지만 만약 庚년을 만나면 甲과 庚이 沖剋을 하게 된다. 고로 부도 맞거나 부도낸다.

庚 戊 壬 甲
申 子 辰 辰 이런 경우 동짓달의 물이 水局을 이루어 많은 물이 되고 水沈이 깊은 물이며 폭포수가 되어 성질도 과격하다. 안 건드리면 잔잔한 호수물이지만 성질났다하면 파도요, 홍수로 난리가 난다.

壬수가 辛금을 만났을 때 <壬 辛>
[실증철학 원문]
辛금을 만나면 정인이다. 원류로 金生水 받음은 좋으나 지나치게 맑을 경우 불리하며 乙목 상관을 沖去하고 丙화 편재를 合去 시키니 명조에 이해득실을 잘 살펴야 한다.
[강의 노트]
壬이 辛금을 만나면 청정수로 너무 깨끗하다,
辛酉이렇게 어지럽고 혼란스러운 세상에 혼자서 이렇게 청백하게 살려면 고달프시겠어요, 해라 감동받아 속에 있는 것 다 드러내 놓을 것이다.

壬수가 壬수를 만났을 때 <壬 壬>
[실증철학 원문]
壬수가 壬수를 만나면 비견이다. 약한 임수라면 도움이 되지만 水旺 할 때는 정재 丁화를 合 去시키고 丙화 편재마저 沖 去시키니 財가 敗沒당하므로 각별히 살펴봐야 한다.

[실증철학 원문]
壬이 비견 壬수를 보면 월에 壬이 장남이고 본인은 차남이다. 만약에 시에 있으면 동생이다. 가끔 손님이 물어온다, 이 아이 밑으로 남동생인가요? 여동생인가요? 물어오면 시주의 비겁으로 말해주어라, 만약 시주에 비견 겁이 없으면 남동생이네요, 해라 신약사주에 인수를 만나면 작은 물이 합해서 큰 내가 된다하여 細流合川으로 좋게 본다, 힘이 된다는 말이다.

丁 壬 壬 丁
酉 卯 申 未 이 사주는 신령한 壬수지만 년지와 일지에 酉申금이 있는 상태에서 월간에 壬수를 만난 경우로 壬수가 丙壬沖 丁壬合으로 財沒 되는 사주이어서 궁색하게 살아간다. 결과는 비견이 원수다. 정재가 둘이나 천간에 떠 있지만 財沒로 내 것 빼앗기는 사주.

壬수가 癸수를 만났을 때 <壬 癸>
[실증철학 원문]
壬수가 癸수를 만나면 겁재다. 水가 약할 때는 도움이 되지만 강한 水에는 반드시 겁재 역할을 한다. 郡劫爭財 한다는 말이다.

[실증철학 원문]
壬이 겁재 癸수를 보았을 때 그 힘을 합하면 편관七殺도 무섭지 않다,

戊 癸 壬 0 이렇게 연결 되면 戊토칠살이 土극水 못하도록 겁재 癸수가 戊癸 합으로 묶어둔다, 상담하러 왔는데 戊癸합이 보인다, 혹시 누나가 연애결혼 했나요? 네, 나이가 좀 많은 남편이군요, 그런데 걱정 마세요, 당신에게 도움 주겠는데요, 왜?

戊癸합은 火이니까 壬수에게 火 財星으로 돈이 되는 거, 戊癸 합은 癸수 겁재는 이성이므로 여자이고, 옆에 앉아 있어 누나이고, 戊토는 癸수의 늙은 신랑이므로 나이 많이 먹은 남편 늙은 남자이고 때로는 불륜으로 만난 남자가 되기도 한다. 癸수일주가 戊토가 옆에 있으면 남자 조심해라. 불륜이거나 老郞이라 말한다.

지지를 살펴보자
壬수가 子수를 만났을 때 <壬 子>
[실증철학 원문]
壬수가 子수를 만나면 겁재이기도 하지만 양인이다. 太過는 不可요, 外陽內陰으로 겉과 속이 다를 수 있고 水극火는 冷水로 잘 하나 水生 목이 잘 안 된다.
[강의 노트]
壬子 일주는 부부 궁이 불편스럽다. 干與支同이다. 子가 양인으로 무기이다. 총칼을 차고 있다. 직업적으로는 법관 군인 경찰 등에 해당한다.

　　　壬
子 子 子 버려진 쓸모없는 물이다. 동짓달 차가운 물이 3개나 있으니 꽁꽁 얼어서 아무짝에도 못 쓴다.

壬수가 丑토를 만났을 때 <壬 丑>
[실증철학 원문]
壬수가 丑토를 만나면 土극水로 흐르는 물을 막을 것 같지(流塞)만 丑토는 12월이고 丑時로 새벽이며 亥子丑 水方이라 壬수가 着根 만한다.
[강의 노트]
壬수가 丑토를 만나면 정관이지만 정관 노릇 못한다. 섣달이고 얼어 있는 흙이라서 丑월의 壬수는 土극水가 아니라 水氣太旺으로 봐야 한다.

壬수가 寅목을 만났을 때 <壬 寅>

[실증철학 원문]

寅木을 만나면 식신이며 病宮으로 자칫하면 燥木으로 水縮까지 되어 水氣가 소멸 되므로 힘이 될 수 없으나, 水氣가 旺盛하다면 泄精英이요, 水路가 되며 훈풍에 寅中丙火 財까지 얻을 수 있어 一擧兩得이다.

[강의 노트]

壬 寅 일주는 土가 土극 水할 때에 木을 동반 하니까 土를 요리할 지혜를 가질 수 있다. 水木共存이므로 土가 절대 剋水를 못한다. 水는 지혜, 식신 역시 지혜, 그래서 머리가 영리하고 우수하니 아이디어 뱅크다. 그런데 많이다. 아무리 좋은 것도 過猶不及이라 했던가? 아래 사주를 보자,

三婚하고 세 남자에게서 자손 하나씩 다 있단다. 그런데도 노래방 하며 잘 살아 간다니 참으로 별난 사주가 아닐 수 없다.

丁 甲 壬 辛　식신인 寅목이 甲목을 投出시키고 辰토는 木旺節
未 辰 寅 亥　인 봄으로 木氣가 강하고 寅亥 合木 亥未가 引合으로 卯목을 불러 三合 木局을 형성하므로 지지전국이 木局이 형성되어 식신으로 從할 수도 있으나 從格은 不可하다. 辛금이 버티고 있어서다. 그러므로 식신이 왕하여 土인 官星이 無力하므로 남자가 붙어 살 수가 없는 형국으로 보아야 한다. 未토가 木의 庫地이니 내 자손이 많지 않으면 남의자식 키울 팔자이다. 여기서 잘 먹고 잘 살아가는 것은 본청의 물이 辛亥가 도우므로 壬수가 약하지 않고 水路가 뻥 뚫려있으니 막힘없는 삶 의식주는 걱정 없지만 식상庫 이므로 자손근심 끼고 산다고 하였으니 첫 남자에게서 낳은 딸 문제로 필자를 찾아와 상담하는데 거침없이 자기 입으로 나 세 번 결혼한 여자라고 말 하든데, 식신이 강하면 감추지 못하고 비밀을 지키지 못하니 있는 그대로 말하는 것이고 때로는 지껄대는 것이 독이 될 수 있는 사주이다.

壬수가 寅목을 만나면 인목은 원래 마른나무라서 水縮으로 물기운이 소멸 되는데 수기가 왕할 때는 설정영(泄精英)으로 오히려 훈풍이다.

```
            壬
丑  子  寅   0
```
寅中의 丙화가 있으니 따뜻한 바람이다. 물이 잘 빠지니 인간사에서는 시원하게 일처리가 잘 된다. 막힘없는 삶을 산다로 보아야 한다.

```
壬  壬  壬  壬
寅  寅  寅  寅
```
호랑이가 네 마리인 팔자다, 아주 영리하고 좋은 팔자로 외교관으로 연결 되므로 꿈이 크다, 조화가 비상하다.

壬수가 卯목을 만났을 때 <壬 卯>

[실증철학 원문]
卯木을 만나면 상관이고 盜氣요 死宮이니, 2월은 水氣가 逆流하는 때라 水木凝結이고 北風寒雪로 인목과는 전혀 다른 점이 바로 여기에 있다.

[강의 노트]
壬는 寅목을 만나면 順流인데 卯목을 만나면 逆流로 본다, 물이 거꾸로 흘러간다, 이 말은 2월은 나무에 물이 거꾸로 흘러 올라간다,

```
            壬
0   0   子   寅
```
박사급 사주로 총칼 찬 장군이고 막힘없이 산다. 물이 시원하게 잘 빠져나가니 성격도 화통하다.

```
            壬
0   0   子   卯
```
水生木을 해도 水路가 적어 답답하니 멍청하다. 子卯 刑으로 風波요, 동짓달 같은 차가운 물이니 화초 같은 軟木(연목)이 살아남겠나, 水木凝結이다.

壬수가 辰토를 만났을 때 <壬辰>

[실증철학 원문]

辰토를 만나면 水庫지로 自庫다. 그런데 入墓되면서도 편관 칠살로 受制됨이 다른 오행의 入墓와 다른 점이다. 그런가하면 辰은 春三月로서 지상의 水氣와 지하의 火氣가 교차하는 때라는 것이다.

[강의 노트]

辰토는 춘삼월로서 지상의 水기와 지하의 火기가 교차하는 예를 아래와 같이 설명하고자 한다.

申 子 辰   巳 午 未
生 旺 墓   4월은 여름이니 火가 살면 水는 辰(땅속으로 들어간다)에 入墓다. 子辰으로 水가 끝나고 巳로서 火가오니 水火가 교차 되는 시점이다.

고장으로 들어가니 늙은 물로 힘이 없다. 물이 막힌다. 즉 流塞이다. 壬辰은 괴강으로 女命에서 괴강살은 가구주로 가장 역할 한다, 여반장으로 군인과 인연 있다.

이것을 활용하는 방법은? 壬辰 괴강 여자가 신수 보러 왔다면 남편의 직업을 반드시 물어봐라, 만약 군경이라면 시집 잘 갔다고 하고 만약 일반 회사원이라고 한다면 대가를 치러야 하므로 당신이 가장 노릇해야 합니다, 해 봐라 壬辰 일주는 일지에 편관이므로 남의 남편이 내 남편이 된 경우이다.

☪ 入墓運 : 입묘는 병이므로 40대 이후라면 건강진단 해보라고 권해야 한다.

壬   壬辰 자체는 괴강이고 辰은 夫요, 入墓다.
辰   木의 墓지 未 - 내가 극한다,
      火의 墓지 戌 - 내가 생한다.
      土의 墓지 戌 - 내가 생한다.
      金의 墓지 丑 - 내가 극한다,
      水의 卯지 辰 - 내가 극한다. 고로 묘궁으로 죽고, 다시 극 받으니 두 번 죽는 것이다.

壬수가 巳화를 만났을 때 <壬 巳>
[실증철학 원문]
巳화를 만나면 편재이면서 絶地이다. 강열지화로 水氣를 찾아가 불길이 없어짐을 의미한다.
[강의 노트]
巳中庚金이 있어도 金生水 못한다. 불속의 金이므로 자기관리도 어렵다 고로 절지이기에 無力다.

壬수가 午화를 만났을 때 <壬 午>
[실증철학 원문]
午화를 만나면 정재이면서 胎宮이라 水氣는 의지할 길이 없고, 午中에는 丁己가 暗藏되어 財官을 다 얻었다하여 財官兩見이라 한 것이고 是爲歡(시위환) 이라 한 것이다.
[강의 노트]
壬 무조건 바람둥이요, 女亂에 총각得子라는 별칭이 따라다닌다.
財官雙美格 : 午中己土와 丁火가 暗藏 바로정재와 정관이 쌍으로
<재관쌍미격>   아름답게 있다.
財官同臨 : 財라는 아내 즉 여자와 官이라는 정관 자식의 별이 한
<재관동림>   곳에 있다.

庚 戊 壬 庚   寅월의 壬午일주가 절지에 財官이 투철하니 신
辰 寅 午 子   약으로 보이지만 年時干에 편인이 떠서 庚金이
用神이고 子水가 吉神이된다. 五行全具에 五行이 中和되고 大運역시 順路여서 육사출신 장성으로 국회의원에 공사 사장까지 역임한 것이다. "財官同臨" "財官雙臨格" 이어서 잘 먹고 잘 살아온 것이다.

壬수가 未토를 만났을 때 <壬 未>
[실증철학 원문]

未土를 만나면 水制 流塞되고 燥土로서 水氣가 흡수된다.
[강의 노트]
未土는 陰土라도 燥土라서 물의 흐름을 막을 수 있다.
未月의 壬수라면 未中丁火와 암합이 되니까 재성까지 얻게 된다.

　　　壬
O 子 子 未　이런 경우 未土가 이 사주를 살리게 된다. 未土는 土로 보지 말고 火(準火)로 보아야 한다. 월로 보면 여름끝자락이고 시간으로 보면 13시~15시로 낮이니 火氣가 강한 것이다.

壬수가 申금을 만났을 때 <壬 申>
[실증철학 원문]
申금을 만나면 편인이고 長生으로 水氣不絶이고 流流長長이다.
[강의 노트]
申금은 原流로 솟아나는 물이고 깨끗한 물이다.
水氣不絶 : 물의 흐름 즉 기운이 끊어지지 않고 흐른다는 뜻.
<수기부절>
流流長長 : 물의 흐름이 강하고 길게 흐름을 말함.
<유유장장>

壬수가 酉금을 만났을 때 <壬 酉>
[실증철학 원문]
酉금을 만나면 정인이고 酉月의 물은 맑은 물이라 淸白之水가 흠이다.
[강의 노트]
酉금이 生水하면 너무 맑고 깨끗한 물로 淸白之水라 연려된다.
淸白吏 깨끗한 관리에게 주는 상이 淸白吏賞이다.

壬수가 戌토를 만났을 때 <壬 戌>
[실증철학 원문]
戌土를 만나면 편관으로 반드시 流塞을 살펴야 한다. 淸水인지 濁水인지도 살펴야 한다.

[강의 노트]
戌土를 만나면 칠살로 흐름이 막힌다. 財庫라서 돈복은 있으나 아내가 아플 수 있다.

壬수가 亥수를 만났을 때 <壬 亥>

[실증철학 원문]
亥수를 만나면 비견으로 旺陽之水로 상하가 균형을 이루어 能生萬物 할 수 있고 조화가 비상하다.

[강의 노트]
亥수를 만나면 많은 물 水生木 水剋火가 잘 되어 조화가 비상 한 것이다.

壬 辛 壬 壬　亥월의 壬子일주가 年 時支에 寅목이 있어 水路
寅 亥 子 寅　뻥 뚫려 旺洋之水가 流酉長長하니 삶이 여유 있다. 일명 水木相生格으로 좋긴 한데 용신인 寅목이 상하는 해에는 각별히 조신하며 살아야 한다.

오늘 날씨가 체감온도 0하 20도가 된다고 하는 아주 추운 날인데 여성 한분이 사주를 보겠다고 오셨네요,

辛 戊 乙 辛　戌월의 乙木일주가 재관이 투철한 사주인데 눈
酉 戌 丑 巳　에 띄는 것이 巳酉丑 金局을 이루었으므로 족보 있는 사주는 틀림이 없는데 대운을 살펴보니 최상의 대운인 것은 틀림없고 戊戌년운이 문제로 보입니다. 대운의 흐름으로 보아 좀 늦되는 운이라서 38대운부터 발복할 것으로 보이나 무술이 안 좋으므로 己亥년 운세부터 발복한다고 말해주면서 그동안 미루어진 사건들이 금년에 다 해결 되는 운이라고 말해주었더니 입을 열더군요, 그동안 마음고생 많이 했습니다. 변호사 자격증 가지고 공기업에 취직하려고 지원했는데 번번이 낙방했답니다. 결혼은 할 수 있겠느냐고 물어와 庚子년은 안 넘길 것 같다고 조언 해 주었고 승승장구 할 것이라고 희망을 가질 수 있게 해 주었습니다.

[실증철학 원문]
(10) 癸水

癸수는 10천간의 맨 마지막인 水로 陰中陰이 된다. 끝(終)은 시작(始)으로 癸는 끝이면서도 시작을 의미함으로 陰極卽始陽이 되어 바로 木을 불러오게 된다.

하늘(天)로는 雨露요 陰水이며 柔水 弱水 雲 露이고 땅(地)으로는 川水 泉水 水脈 生水 活水가 된다.

같은 水라도 壬水는 陽이 되어 남성기질이 있는가하면 癸水는 陰이 되어 여성기질이 강하면서도 애교까지 있으나 노랑(老郞)에 시집가는 경우가 일점의 흠이라 하겠다.

[강의 노트]
癸수는 끝으로 연결 되지만 모든 시작은 수이므로 끝이면서도 시작이 된다. 하늘로는 이슬비요, 부드러운 물이고 약한 작은 물이며 구름이나 서리가 되고 땅에서는 시냇물이고 샘물이며 수맥이고 살아 흐르는 물에 해당 된다.

☾ 포태법에서 癸는 卯에서 長生이다.

卯목은 木극土는 잘 하는데 이것이 땅을 균열시키는 것이 되어 그 틈새를 따라서 물이 올라온다, 그것이 수맥이다. 그러므로 눈에 보이는 물은 위에서 아래로 흐르고, 눈에 보이지 않는 물은 밑에서 위로 올라 산꼭대기에 까지 미치게 된다. 癸는 물이고 卯는 풍이다, 그래서 癸卯일주는 風波 끼고 살아가는 것이다.

특히 여자팔자에 癸卯 일주 자식근심 끼고 산다, "卯 자식 때문에 풍파가 끊일 사이가 없네요," 卯니까 딸이다 음양이 같으므로 同性으로 본다, 기똥찬 딸내미 하나 두어 얼마나 속 썩으세요?
水는 卯목 만나면 水生木 못한다. 水木凝結로 간다.

癸水여자는 노랑(老郞-10살 정도 차이)에 시집가는 경우가 많은데 그 이유는 정신 연령이 높아서 동년배와는 결혼생활 못한다. 만약 癸수일주 35세 여자 손님이 상담하러 왔다면 남편 나이부터 물어봐라, 37세라고 하면 아이고 사느라고 마음고생이 많겠습니다. 당신은 나이 많은 사람에게 시집가야 하는데 젊은 신랑 만났으니 그 대가를 치러야 한다. 여자는 모성애가 있어 나이 많은 남자도 어려 보인다.
☞ 癸수 일주 딸은 친구사무실에 취업도 시키지 마라
사장하고 썸씽 있다. 그 정도로 불륜을 만들어낸다는 것이다.
戊癸合化 火 : 無情之合
계수일주가 진로 상담해 오면 비서학과로 지망하라 해라, 이대 비서학과가 제일 좋다. 癸수일주여자는 애교 있고 아양 많다. 남녀모두 水氣太旺格은 음란하다. 바람둥이다, 음흉하다. 여자사주에 水가 많으면 술장사 물장사 하라 하는 것이다.

癸수가 甲목을 만나면 忌하다 傷官으로 盜氣라서 소멸 된다는 의미다. 癸는 작은 물 甲은 큰 나무로 水路가 넓어 잘 빠지는 장점도 있지만 癸수 스스로 소멸 된다. 그러나

　　　　癸 甲
丑 子 亥 寅 이런 경우라면 甲寅목이 좋게 작용한다. 亥子丑 水方局으로 꽁 꽁 얼었다. 시지 寅목이 寅亥合木하면서 寅中丙火가 녹여주어 많은 물이 잘 흘러간다. 木용신이다. 그런데
O O 癸 乙
丑 子 亥 卯 이런 경우라면 乙卯목이 식신이지만 水木凝結 되어 <亥子丑 水方局으로 꽁 꽁 얼었다> 역할이 잘 안 된다. 선생님이라면 유치원선생이고 甲寅시라면 대학교수로 본다. 그 정도 차이가 난다.
己 丁 癸 壬   本命은 사주 구성상으로 보아 큰 그릇은 못 된다.
卯 丑 亥 戌   인수가 없어도 亥丑에 有根한 癸수가 시간에 壬수까지 나타나서 太弱하지는 않다 빈농에 태어나서 학업도 부진 했고 초등학교 급사로 취직하여 정년 하였다고 한다. 배우자궁에 해수가 용신이라 처덕으로 궁핍하지 않게 살아왔단다.

癸수가 甲목을 만났을 때 <癸 甲>
[실증철학 원문]
甲목을 만나면 상관으로 도기(盜氣) 되어 일단 좋지 않지만 무조건 忌(꺼릴 기)하다로 보면 안 된다.
[강의 노트]
甲목은 상관으로 내 생각이다.
己 甲 癸 甲 女命이 이런 경우라면 甲목이 자식이다. 자식 많이 낳으면 남편하고 사이가 나빠지니 한 둘만 낳으라고 해야 한다. 戊癸 合 하려고 하면 甲木이 木극 土하기에 하는 말이다.

癸수가 乙목을 만났을 때 <癸 乙>
[실증철학 원문]
乙목을 만나면 식신으로 衣食住의 별이지만, 濕木이라 木生火 못하므로 식신치고는 안 좋은 경우이다.
[강의 노트]
乙목은 식신이지만 濕木이라 水木凝結로 조화를 이루지 못한다.
　　　癸 乙　乙卯에 子丑이나 水木凝結이다.
卯 子 丑 卯　수목응결은 水 일주만 해당 되는 것은 아니다.
수목응결 되면 복풍한설이다. 음지이고 꽁꽁 얼었다. 인간사에서는 막힘이다. 신체상으로는 건강이상이고 심하면 지체장애일 경우도 있다. 신경둔화이고 자율신경 마비다. 집산불능(集散不能)으로 조화를 이루지 못하여 저능아가 나오는 것이다.

癸수가 丙화를 만났을 때 <癸 丙>
[실증철학 원문]
丙화를 만나면 정재로서 정도지만 寒氣가 得爐(득로)로 飢餓(기아)가 逢食이라 춥고 배고픔을 없애주니 어느 오행보다도 좋다. 수화기제(水火旣濟)로서 음양공존이 잘 되어 만물자생도 도움이 된다.

[강의 노트]
丙 癸 는 癸는 陰中陰으로 춥고 丙은 陽으로 따뜻하다, 財는 음식으로 입맛 나고 의식주 풍부로 본다. 그러나 丙 丙 癸 丙 이라면 多者無者 過猶不及으로 돈 마누라 없다 다 증발해 버렸다.

癸수가 丁화를 만났을 때 <癸 丁>
[실증철학 원문]
丁화를 만나면 편재에 丁癸沖이다.
[강의 노트]
丁 癸 는 편재이면서 强沖이다. 丁癸沖은 돈과 싸우고 아내와 싸우고 이혼 수 걸리는 것으로도 추론 하는데 돈과 싸우면서 살아가야 한다면 통변으로 연결 해보자, 시장바닥에서 개새끼 소새끼, 떠들면서 돈 버는 사람이다.
신수로 연결 하자면 癸수가 丁년을 만나면 돈 때문에 싸우고 소송 걸리고 이다. 그냥은 못 받는다. 소송해야 해결된다, 라고 말해야 한다.

癸수가 戊토를 만났을 때 <癸 戊>
[실증철학 원문]
戊土를 만나면 정관에 합이다. 合身 이라고 한다.
戊癸合化 火는 癸水입장에서는 財星으로 여자이고 戊토 입장에서는 인수다,
[강의 노트]
戊 癸 는 官合인데 戊토는 늙은 남자이므로 나이 많은 남자다.
庚 戊 癸 甲이라면 좋게 구성 되어있는 상태이다. 대기업 여회사원인데 역시 4세 연하 남자와 결혼했다.
己 丙 癸 乙   인수인 金이 없어도 亥子에 有根한 癸수가 시주
巳 子 亥 卯   乙卯木에 설기되어 좋다, 직장인 여성인데 팔자는 못 속인다더니 1살 연하 남자하고 사귀는 중이고 하더라. 癸수 일주 여성은 5살 이상 연상이나 한 살이라도 어린 연하가 좋다.

癸수가 己토를 만났을 때 <癸 己>
[실증철학 원문]
己土를 만나면 편관으로 傷身하나 水旺에는 제방으로 좋다.
[강의 노트]
傷身 : 몸 상한다, 편관 년에는 몸 다치는 해이니 조심하라.

癸 己
子 子 酉 未   癸수가 겨울에 태어나고 일지 酉금을 놓아 신강하다. 여기서 火土를 쓸 것인가 木火를 쓸 것인가? 己未토는 土극 水 한다고 생각 하는데 未토는 火에 가깝다. 그러므로 木火가 필요하지 火土가 필요한 사주는 아니다.

癸수가 庚금을 만났을 때 <癸 庚>
[실증철학 원문]
庚금을 만나면 正印으로서 金生水 받으니 水源이 튼튼하다.
[강의 노트]
癸 庚 : 정인이다 수원은 튼튼해질 수 있어도 濁水로 보여 진다.

庚 庚 癸 庚   이런 경우 사주가 버려진다. 철분도 많고 金生水로 계속 들어오니까, 무능력해진다. 이 많은 사주에서 인수가 많으면 무능한 사람 또는 무기력으로 우유부단한 사람으로 보면 된다.

癸
丑 子 亥 0   이런 경우에 庚辰년을 만나면 自滅하는 운이다. 문서로 인해서 혼난다. 문서가 들어와 나빠지니까 휴지요, 이는 부도로 어음이 휴지조각이 된 경우이다. 辰토는 水역할 한다.

癸수가 辛금을 만났을 때 <癸 辛>
[실증철학 원문]
辛금를 만나면 偏印으로서 金生水 받으니 淸白之水다.
[강의 노트]
癸가 辛을 보면 金水雙淸인데 사주가 너무 깨끗해서 문제다.
金水雙淸은 金水冷寒이다. 맑은 물에 고기 못 살 듯이 사주가 너무 冷寒하면 보통사람으로 살기 어려우니 스님 되는 경우가 많다.

이 말을 역술적으로 풀어보자면 癸일간이 辛금을 만나면 乙목 식신을 乙辛 沖去로 水木凝結은 예방은 되지만 丙화 正財는 丙辛 合去로 금수쌍청이라 偏道로 가게 되니 세속인연 끊고 스님의 길로 가는 경우가 많다.

癸수가 壬수를 만났을 때 <癸 壬>
[실증철학 원문]
壬수를 만나면 겁재로서 큰물이라 癸수의 存亡이 우려된다.
[강의 노트]
癸 壬 : 작은 물이 큰물을 만나니 존재 가치가 없어진다. 때로는 탈재 역할을 하게 된다. 壬수가 주중에 있으면 癸수는 은근히 壬수의 도움을 받아 좋을 것 같은데 만약 丁년을 만나면 편재로서 큰 돈을 벌어보려고 시도 하는데 丁壬合으로 壬水가 가져간다, 이것이 탈재다.

癸수가 癸수를 만났을 때 <癸 癸>
[실증철학 원문]
癸수를 만나면 비견으로서 水弱에는 도움이 되나 중요한 戊토를 合去 시킨다. 친구 때문에 직장 잃고 여자는 奪夫로 남자 빼앗긴다.
[강의 노트]
癸가 癸를 보는 것은 丁화 편재를 놓고 爭鬪한다는 점이다. 멀었던 친구에게 배신당하고 함정에 빠지게 된다.
이제 마지막으로 지지를 살펴보기로 하자.

癸수가 子수를 만났을 때 <癸 子>
[실증철학 원문]
癸수가 子수를 만나면 겁재이기도 하지만 子中癸수를 얻어 通源은 되지만 陰水가 陰水를 만나서 寒水가 되어 水극火는 잘 할 수 있지만 水生木은 어려우니 조화를 이루지 못하는 삶을 살게 된다.

[강의 노트]
癸수가 子수를 만나면 비견에 旺水 또는 寒流로 通源 즉 通根으로 着根은 되지만 陰中에 陰을 만난 것이어서 凍水로 조화를 부리지 못하니 인간사로는 꽉 막힘이다.

癸수가 丑토를 만났을 때 <癸 丑>
[실증철학 원문]
癸수가 丑土를 土剋水 받아 흐르는 물을 막을 것 같지만 草綠은同色으로(亥子丑) 진흙이 되어버린다.
[강의 노트]
癸수가 丑토를 만나면 섣달의 물이니 많은 물이고 꽁꽁 얼었다. 그러나 土극水 이전에 通根으로 살아있는 물이다.

```
      癸
 O 子 丑 子
```
생긴 대로 살다간다, 못 말린다. 왜? 丑토가 土剋水로 물을 막아야 하는데 水가 旺해서 작은 흙으로 많은 물을 막을 수가 없기도 하지만 진흙에 凍土로 물이 되어 버린다.

癸丑은 백호살로 인수의 庫藏을 차고 있다. 어머니의 한을 품고 살아간다. 공부로 연결하면 고학이고 종교 철학 관심 많다. 백호대살을 놓고 있는 사람은 항상 재앙이 따른다. 여자는 과부 될까 두렵고 남편이 백호에 걸리니 죽는다. 백호는 피를 보고 죽는다 하여 血光死로 요즈음은 교통사고로 본다.

癸수가 寅목 만났을 때 <癸 寅>
[실증철학 원문]
癸수가 寅木을 만나면 상관으로 설기신이다. 허약한 癸수가 强旺한 燥木에 완전 흡수 되는 것으로 보지만 수왕에는 응결을 예방하고 동시에 水路가 뻥 뚫려 막힘없는 삶을 살아가게 된다. 또 寅中丙화 까지 얻으니 좋다.

[강의 노트]
癸水에 寅木은 상관으로 盜氣라 말한다. 그러나 水가 旺 할 때는 水路로 물줄기가 되어 凝結을 해소시키고 수왕하다 함은 차가운 기운이 왕 하다는 말인데 寅이 있으면 寅中丙火가 있어 모든 것이 해소된다.

				1980년01월05일03시25분생		
坤命		庚申	戊寅	癸亥	甲寅	
수	5	15	25	35	45	55	65
대운	丁丑	丙子	乙亥	甲戌	癸酉	壬申	辛未

　　전라도 정읍 부잣집 딸로 태어나 서울로 유학하여 현재 엘지구룹 해외 영업부서에서 외국바이어들을 상대하면서 잘 살아가는 여성이다. 결혼해서 아들도 낳았고 남편은 현대구룹 인사담당을 하고 있다. 사주는 뭐니 뭐니 해도 네 기둥의 뿌리가 중요하다. 庚申금의 生을 받는 癸亥일주라 약하지 않고 甲寅상관 성이 강해도 설기가 잘 되어 좋다. 戊寅월의 戊土가 調節神으로 좋은 역할 하는 사주다. 戊癸合을 살펴 볼 필요가 있다. 官合이다. 거기다가 상관성이 강해 아무리 좋은 회사 돈 많은 집 딸이라도 40이 다 돼서 4살 연하 남자를 만났으니 어찌 팔자를 속일 수 있겠는가 말이다.
　　남편의 사주는 甲子 庚午 壬辰 戊申이다. 이남자도 陽八通에 편관성이 강해 보통은 넘는데 아내가 상관성이 강해 잘 풀어주기는 하지만 워낙 잘 난 사람들이라서 지켜 볼일이다.

癸水가 卯木 만났을 때 <癸卯>
[실증철학 원문]
癸水가 卯木을 만나면 식신으로 좋아 보이지만 사실은 水木凝結도 염려되고 완연한 봄으로 재조(才操)는 많으나 얻는 것은 없다. 즉 실속은 없다는 말로 癸卯 일주는 風波. 逆流. 답답이다.
[강의 노트]

- 406 -

내가 生하는 것이 才操인데 濕木으로 木生火 못하니 돈이 안 들어 온다. 고로 재조는 많으나 얻는 것이 없다. 木은 재주인데 木生火 못하니까,

癸수가 辰토를 만났을 때 <癸 辰>
[실증철학 원문]
癸수가 辰토를 만나면 自庫(辰은 水庫地)로 별 도움이 안 된다.
[강의 노트]
정관이지만 자기고장에 暗合(戊癸合)이다. 그러므로 壬癸일주는 辰년을 만나면 무조건 몸이 아파야한다. 땅속의 물로서 수맥이니까 도움이 안 된다. 그러나 개발 하면 도움이 된다. 개발이란 辰酉 申辰 子辰 할 때를 개발이라고 한다.

癸수가 巳화를 만났을 때 <癸 巳>
[실증철학 원문]
癸수가 巳화를 만나면 정재요, 巳中 丙 戊 庚 정재 정관 정인 三奇(의식주)를 얻어 대단히 좋으나 이것도 水氣가 왕하고 刑沖이 없을 때에 한해서 이고 만약 水氣가 허약하면 강열지화에 작은 물 癸수는 증발 되므로 자신을 망치는 결과를 초래 한다.
[강의 노트]
癸　癸巳일주는 무조건 신강 해야만 좋다.
巳　巳中에는 戊 庚 丙이 암장 되어 있는데 戊土는 정관이고 庚금은 정인이고 丙화는 정재가 되니 의식주 삶대요소가 암장 되어있음

```
      癸
ㅇ  巳  亥  ㅇ   巳中에는 三奇(의식주)가 들어 좋은데 巳亥 沖이니
                   巳가 날아갔다.

      癸
ㅇ  巳  巳  ㅇ   女命이라면 애인이 둘이다. 巳中戊土 정관이 戊癸
                   暗合이다.
```

癸수가 午화를 만났을 때 <癸 午>
[실증철학 원문]
癸수가 午화를 만나면 편재요, 절지에, 午中丁화와 沖敗로 水氣가 단절된다.

[강의 노트]
癸수에 午화는 絶地다. 물이 증발 된다는 것이다. 그러나 水氣가 旺할 때에는 偏이라 하여도 財官 二德을 얻으면서 조후까지 하니 이로움이 많다.

癸가 午를 보면 午中丁己에 丁癸 沖으로 絶地에 걸린 것이고 癸라는 작은 물은 午라는 뜨거운 불에 증발 되니 敗라는 말이 들어간다. 그러나

　　　　癸 戊
丑 子 亥 午 이렇게 추운 사주에 寒氣가 심한 癸수를 살려준다. 그런데 時가 戊午시라면 水가 많아 戊토를 써야 한다고 생각 할 수도 있다, 그러나 조후가 급하니 午火를 써서 차가움을 덥게 하고 戊土는 차선으로 쓴다. 癸수라고 작은 물로 보면 안 된다, 亥子丑 으로 水方局을 이룬 큰물이다.

癸수가 未토를 만났을 때 <癸 未>
[실증철학 원문]
癸수가 未土를 만나면 편관이요, 燥土라서, 流塞되고 吸收되어 水氣는 찾아볼 수 없으나 水旺에는 堤防으로 좋다.

[강의 노트]
偏官으로 土剋水도 받지만 燥土라서 비록 작은 흙이라도 流塞된다.
癸
未 일주는 식상의 庫라서 女命에서는 남의 자식 키운다. 庫는 창고로 집합이다. 두 姓에 자식 키운다, 로도 보고 일부종사 못한다, 로도 해석하라, 이런 사주는 보육과가 좋다.

癸수가 申금을 만났을 때 <癸 申>
[실증철학 원문]
癸수가 申금을 만나면 정인으로 수원이 되어 일단 좋다.
[강의 노트]
正印으로 金生水 받으니 좋다. 그러나 철분과다로 濁水가 될까 염려 된다. 포태법에서는 癸가 申을 만나면 死宮으로 죽었다고 했다, 우리는 왜? 그런 말이 나왔는가를 알아야 한다. 申中壬水가 있어 작은 물이 큰물을 만나면 작은 물은 존재감이 없어지니 죽는다고 했다.

癸수가 酉금을 만났을 때 <癸 申>
[실증철학 원문]
癸수가 酉금을 만나면 편인으로 수원이 되기는 하나 淸水로 맑은 물에 고기가 살 수 없다고 하니 너무 淸白할까 두렵다.

[강의 노트]
偏印으로 너무 깨끗한 물인 淸白之水다.
癸
酉 일주 고집불통이다, 金生水로 고집 중에서도 학자고집이다. 선비고집 융통성 부족으로 본다. 金水雙淸이라는 말은 水일주에 金이 많을 때나 金일주에 水가 많을 때 쓰는 말이다.
　　癸
子 酉 子월 癸酉일주라면 청백지수인데 子酉 破까지 끼었다. 귀문이니 지나칠 정도로 까다롭다. 결벽증으로 연결해도 좋다. 고로 여자면 시집가기 어렵다.

癸수가 戌토를 만났을 때 <癸 戌>
[실증철학 원문]
癸수가 戌토를 만나면 정관이요, 財官의 庫로서(土와 火의 墓地다)

일거양득인데 水氣가 허약 할 때는 流塞이요 濁水지만, 水旺에는 제방으로 좋은 역할을 한다.
[강의 노트]
正官으로 財庫 官庫도 되지만 戊癸合이 된다.

　　　　癸
戌　戌　○　戌　이런 경우라면 물이 썩는다. 만약 약한 물이라면 정말로 썩은 물이니 직업도 안 좋고 남자도 안 좋은 남편이라고 봐야 한다.

癸수가 亥수를 만났을 때 <癸 亥>
[실증철학 원문]
癸수가 亥수를 만나면 겁재요, 通源으로 水氣가 旺해지므로 임무 충실 착실 이행 등으로 본다.
[강의 노트]
비겁으로 旺洋之水다. 큰물. 暖流-亥中甲木이 있어 따뜻하고 흐르는 물이다.

癸
亥 는 끝이면서도 새로운 시작이다. 外陰內陽이다. 大海水 즉 태평양 같은 물로 水生木도 잘하고 水剋火도 잘 한다. 갑여지동이다.

地支

[실증철학 원문]
　地支는 天干과는 달리 지지 자체로서 생사를 좌우하고 지구와 같아 자전과 공전을 혼자서 하기에 천간의 수제(受制)는 겁나지 않는다. 그러나 지지끼리 상생도 하고 合局으로 인한 변신과 沖 刑 등에 의한 피상(被傷)과 다봉수제(多逢受制)에 의해 활동정지의 상황과 아울러 時節 즉 때를 잘 살펴 결론을 내려야 하므로 대단히 복잡한 면도 있지만 원리를 알면 그리 복잡 한 것도 아니다.

[강의 노트]
地支는 지지 자체로서 生死를 좌우한다.
그래서 천간의 수제는 겁나지 않는다는 것이다.

戊
子　土剋水가 아니라 子수에 의해서 戊토가 죽는다. (冬節期 凍土)

庚
寅　金剋木이 아니라 寅목에 의해서 庚金 날라 간다. (春節期 活潑)

癸
巳　水剋火가 아니라 巳火에 의해 發水로 증발 된다. (夏節期-蒸發)

☞ 천간은 남자이고 지지는 여자로 봐라.
그래서 지지는 좀 복잡하다. 相生 合局 (寅卯辰, 巳午未, 申酉戌, 亥子丑) 六合 三刑 三合 沖 또는 多逢受制 (木+木+木=强木에 의해 土가 꼼짝 못한다)
시절인 때를 잘 살펴 결론을 내려야 한다. (春夏秋冬)
가령 子수라도 여름의 子水 : 흘러가는 물로 봐라, 다만 힘이 좀 감소된다. 겨울의 子水 ; 힘이 배가 되고, 꽁꽁 얼고, 물이 많다, 로 보고 申子水局 金生水 받는 물로 살아있는 물이다. 子午 5월의 물에 子午 沖까지 하니 힘없는 물이다.

12지지의 성질과 특성

지금부터는 단편적인 지지끼리의 관계 등을 위주로 논하고자 한다.

1, 子水

[실증철학 원문]

子수는 12지지의 우두머리이다.(子丑寅卯辰巳午未申酉戌亥)

水氣, 11月, 冬至, 子正, 氷雪, 寒流, 寒冷之水, 陰水, 泉水, 活水, 從流, 生水, 下流之性, 正北方, 坎宮, 一陽始生, 疝, 腎臟, 鼠(쥐), 泌尿器, 黑色, 一數, 鹹, 智慧, 四旺之局, 총칭도화(總稱桃花) 등에 해당되고 水剋火는 잘 하나 水生木은 못한다. 이 말은 꽁꽁 언 겨울 물로 불은 잘 끄지만 얼은 물이라 나무 키우는 물은 아니다. 타 오행을 만나도 변하지 않는데 이는 四旺之局때문이고 정북방향이고 水旺之宮 金은 死宮에 沉 火는 沒 상실한다. 土는 凍土, 土流 되고 木은 敗地에 凝結, 冷風으로서 木의 임무를 상실한다.

[강의 노트]

子中에는 癸수가 暗藏 되어있다. 氷으로 얼음과 눈에 해당 된다.

庚
子 庚이 子에게 金生水해주고 가서 水生木 해 오라고 하면 절대 못한다. 〈子수는 凍水라 水生木 즉 돈벌어오는 것 못한다.〉

子는 外陽內陰이다, 본래 子寅辰午辛戌은 陽이고 丑卯巳未酉는 陰이다, 이것을 體用關係가 다르다 하여 몸은 陽인데 陰으로 행세 하고 몸은 陰인데 陽으로 행세하는 오행이 巳午와 亥子가 그렇다,

巳는 원래 음인데 양으로 午는 원래 양인데 음으로 쓴다, 亥子도 마찬가지다. 이 네 글자는 잘 살펴야 한다.

☞ 子水는

陰水 : 子中癸水가 本氣이니까,

川水 : 냇물 샘물 水氣 꼭 물로만 보지 마라 수의 기운으로 봐라.

活水 : 살아있는 물로 봐라, 냇물은 흘러가니까 자연적으로 活水.

流下之性 : 물은 원래 위에서 아래로 흘러가는 성정이 있다.

方位 : 正北방향이다. 팔괘로 연결하면 坎宮이다.

一陽始生 : 冬至가 지나면서 낮이 차츰 길어지고 양기가 살아 나므로 일양시생이라고 한다.
疝 : 산증 '산'자로 비뇨기계통이다.
子 : 신장 방광이다.
鼠 : 색상은 검정색이고 수리로는 一이다. 子는 1수이고 亥는 6수.
智 : 지혜 '지'자로 仁義禮智信이 오행에서 나온다. 木 - 仁이라 착하다, 金 - 義로 의리 있다, 火- 禮로 예의 바르다, 水- 智로 슬기롭다, 土 - 信으로 믿음이다.

☞ 子의 특징

子水는 旺宮에 해당 된다.
子水는 총칭 桃花다 자수 하나만 있어도 도화살 있다고 말해도 된다.
子水는 水生木은 못하지만 水剋火는 잘 한다. 차가운 물이라 불은 잘 끄는데 나무 키우는 것은 못한다.
子水는 타 오행은 변하지 않는다. 子午卯酉의 특징이다. 요지부동 고집불통 죽어도 자기자리 지키고 있는 것이 子午卯酉다. 旺支이기 때문이다.

☞ 상담 할 때 할 소리 없으면 공통어로 고집 있네요, 인정 많네요, 수술 한번 받아 봐야겠네요,

子가 있는데 辰이 들어오면 子辰 合 水局
　　　　　申이 들어오면 申子 水局
　　　　　亥가 들어오면 亥子 水方局
　　　　　丑이 들어오면 子丑合土라고 하지만 亥子丑으로 봐라

子는 水之旺宮이다. 壬癸水는 子水 만나면 왕궁의 물로 펑펑 산다
　　金之死宮이다. 金이 巳만나면 死宮으로 金沈이다.
　　火之絶宮이다. 火가 子를 만나면 포태법으로 절지이다. 沒光

木之欲宮이다. 木이 子를 만나면 목욕 궁으로 敗地이다.
土之凍土이다. 土가 子를 만나면 凍土 되고 土流 되고 음지의 땅이 된다. 여자가 음지 땅이면 소실팔자다.

子水의 변화과정
    子丑은 六合으로 水局 되고
    申子辰은 三合으로 水局 되고
    亥子丑은 方合으로 水局 되고
    子午沖은 子水가 午火를 만나면 旺地 沖으로 둘 중 누가 죽어도 죽는다.
    子卯刑은 無禮之刑 으로 예의가 없다.
    子未는 怨嗔과 六害殺 子未의 특징은 産厄으로 병원신세 진다
    子酉는 破殺 鬼門關殺 귀문은 신경질이고 신경 예민 정신질환

子는 물인데 申子辰으로 잘만 구성 되면 파도가 일지 않는 잔잔한 호수 물이지만 未가 들어가거나 卯가 또는 午가 들어가면 파도가 일어 사람 죽이는 폭포수 또는 파도 이는 물로 변한다.

<1> 子水가 子水를 만났을 때
水局이 되는 것은 사실이나 똑같은 陰水끼리 만났으므로 조화를 이루지 못하고 분열 된다.
<2> 子水가 丑土를 만났을 때
子丑合 水局으로 봐야지 子丑合土로 생각하면 안 된다. 土극 水 받지 않고 水生木도 못한다.
<3> 子水가 寅木을 만났을 때
寅中丙火가 있어 水生木도 잘 된다.
<4> 子水가 卯木을 만났을 때
子卯 刑이 걸리니 풍파가 많다,
子水는 얼은 물이고 卯는 바람이니 風破다
<5> 子水가 辰土를 만났을 때

土극 水 받고 入墓되고, 그러나 걱정 안 된다. 죽인다고 달려 왔다가 辰토는 子수만나면 물로 변한다, 子辰 합으로 水局을 이룬다.

<6> 子水가 巳화를 만났을 때

子가 巳를 만나는 것은 계절로는 반대이고 물이 불을 만나니 적지요 그러나 戊癸 暗合을 한다.

<7> 子水가 午화를 만났을 때

子午가 沖하므로 沖破라고 한다. 子가 소멸 된다는 뜻이다.

<8> 子水가 未토를 만났을 때

子가 未를 보면 土극水로 流塞된다. 작은 未토지만 燥土라서 물을 막을 수 있다는 말이다. 子수가 돈줄이면 돈이 막히고, 子수가 父星이면 아버지가 요지부동이다. 원진으로 원망 나오고 세상이 원망스럽다.

<9> 子水가 申금을 만났을 때

金生水 받고 長生이고 水局으로 成局되어 原流가 깊어지고 샘솟는 물이 되어 아무리 퍼 써도 마르지 않는다. 子는 12지지 중에서 제일 좋아하는 오행이 申금이다.

<10> 子水가 酉금을 만났을 때 되는 것은 틀림없지만 염려되는 것은 淸水로 너무 맑다는 것이다.

어떤 사주에 子가 돈이라면 申년을 만나면 金生水 받아 돈이 막 쏟아지는데 만약 酉년을 만났다면 퐁퐁 쏟아질 줄 알았더니 아니더라, 왜? 子酉가 破殺로 깨지니까, 50%만 보면 된다.

<11> 子水가 戌토를 만났을 때

물의 흐름이 막힌다. 土剋水에 流塞 됨은 戌土는 燥土이기에 겁먹는다.

<12> 子水가 亥수를 만났을 때

亥子로 水方局을 이룬다, 寒流가 暖流로 변해서 물의 효능성이 높게 된다. 그 이유는 亥中甲木이 있어서이다.

2, 丑 土

[실증철학 원문]

　　丑土는 12월 달 흙으로 凍土 濕土 陰土 새벽 1시~3시까지 大寒節 柔土 艮方 牛 湯火 華蓋 紐帶 등에 해당 되고, 藏干에 己 辛 癸가 있다. 원래 丑土는 土이면서도 土의 임무는 못하고 있다, 오히려 水에 가깝기 때문에 잘 살펴야 한다. 그래서 土극水는 못하고 土生金은 잘 하는데 入墓로 慈養之金이라 한다. 火는 晦氣요, 木은 뿌리 내리지 못하고, 水는 土剋水가 아니라 오히려 通源되어 金水에 가깝다. 子수와는 六合으로 子丑합이고 巳酉와는 三合으로 金局 되고 亥子와는 方合으로 水局되고 未土와는 丑未沖이되고 戌土와는 刑殺이고 午火와는 六害요, 怨嗔이며 湯火殺 鬼門關殺이 倂臨하고, 丑은 庫檄이라 沖이나 刑을 만나야 開庫되어 좋다고는 하지만 刑沖 하는 자가 길신에 한하여 좋은 것이지 무조건 그런 것은 아니다, 그런가하면 겨울 끝자락에서 봄을 맞이하는 중간계절이 鷄鳴丑時라 하였으니 丑시에 첫닭이 울게 되니 시간 참고 하는데도 활용하기 바랍니다. 옛날에는 시계가 드물어서, 나이든 어른들은 사주 볼 때 첫닭이 울기 전이었데요, 나 낳고 바로 첫닭이 울었다는데요, 라는 말들을 많이 합니다.

[강의 노트]

丑 - 癸 辛 己 가 앉장 되어있다.

12월로 섣달이고 소한 대한 모두 여기에 든다. 아주 춥다. 凍土 濕土로 丑에는 癸水가 있어 흙속에 수분이 있어 꽁꽁 언土다,

紐帶의 紐는 인끈 '유'자요, 帶는 띠 '대'자로 축土는 서로 사귀고 유대 하는 데는 일가견 있다.

丑토는 土이면서도 土가 아니다, 土이면서도 土작용은 못하므로 無根之土로 지지에서 丑토 만나도 별 도움이 안 된다.

腹(배복)은 위장으로 丑토는 위장이고 배라고 본다.

牛(소우) 띠인데 丑의 생은 대체적으로 황소고집에 근면하다.

華蓋(화개살)는 辰戌丑未로 종교 철학 부처님이다.

☞ 丑土는 土가 아니고 金에 해당되고(금의 고지) 丑은 섣달이고 춥고 겨울이니 水로 본다.
丑이
木을 보면 - 木은 뿌리 못 내린다. 꽁꽁 얼어 있는 땅이어서.
火를 보면 - 晦氣한다. 젖은 흙에 불 지피면 가물가물 꺼져간다.
土를 보면 - 凍土요, 음지요, 꽁꽁 얼어 버린다.
金을 보면 - 土生金이고 金의 고장지이다.
水를 보면 - 水가 강해진다. 亥子丑은 同色으로 섣달로 겨울이다.

坤命	己巳	丁卯	丁丑	丁未			
수	6	16	26	36	46	56	66
대운	戊辰	己巳	庚午	辛未	壬申	癸酉	甲戌

위 사주는 無財사주지만 일지에 財庫를 놓았다. 財庫는 돈 창고인데 창고는 열어야 좋다고 하지만 刑 沖해야만 열리는데 무조건 열어 좋은 건 아니고 길신에 한해서 좋은 것이다.
위 사주는 丑未沖으로 열려있다. 그런데 비겁이 많은 사주여서 다른 사람들이 내 것 다 가져간다. 벌긴 벌어도 씀씀이가 크다.
이 여성 戊戌년 운세가 안 좋다. 丑戌未 삼형살에 상관성이 강하게 들어오는 해라서 하는 말이다. 이 말은 戊戌년 초에 한 말인데 己亥년 年初에 와서 하는 말이 두 번씩이나 수술하고도 현재 가슴에 혹이 발견돼서 다시 수술해야 한단다, 현재 丁丑 월인데 이달도 문제 있다.

<1> 丑土가 子水를 만났을 때
水局이 되니 丑이 土가 아니라 水다 동지섣달이 가중되고 한밤중이니 적막강산이다. 무시무시하고 두렵다. 자체 조화가 어렵다. 그러므로 생긴 대로 살다간다.
<2> 丑土가 丑土를 만났을 때

섣달이 둘이 모인 것이니 아주 춥다. 완전 凍土다.
사주에서 丑이 丑을 만나거나 辰을 만나면 凍-丑 濕-辰이니
금년에는 죽겠다. 팔다리 쑤시고 시러고 죽을 지경이 아니라

乾命	甲	丁	丁	辛
	申	丑	丑	丑

죽는다.
위 사주는 丑이 셋이나 모인 사주입니다, 필자가 戊戌년에
看命한 사주인데요, 간명내용과 결과를 살펴보자고요.

[看命內用]
　甲申生이 동짓달이라도 소한 절기 후 생이라 丁丑월로 보고 태어난 날이 丁丑일인데 다시 丑시를 만났으니 三丑이 凍土라 寒濕한 사주입니다. 木火가 3개나 되면서도 허약하니 木火는 길신이고 金水는 흉신이 되지요, 그러나 운이 기가 막히게 좋게 흘러 흉함이 감소되어 무난하게 살 수 있었습니다. 사주에 특징이 보입니다. 丑토가 3개나 되는데 丑土가 財庫가 되는군요, 財庫인 돈 창고를 세 개나 찼으니 부자는 아니어도 궁색하진 않았을 것입니다. 지금같이 좋은 세상에 태어났더라면 면허나 자격증 또는 기술계통에 진출하였다면 큰 인물에 부자로 살아갈 팔자였지요, 식신이 강한 사주라서 의식주 걱정 없는 팔자에 대인관계도 무난하였고 명랑 활발한 삶을 살았겠습니다.
　이사주의 전성기는 68세 대운에서 끝이 났고 69대운은 甲申대운인데 甲申은 길흉이 반반이지만 큰 문제는 없는 운인데요, 2018년 戊戌년은 좀 문제가 있는 해입니다. 戊戌은 육친상으로 상관의 운이고 지지는 丑戌 刑을 합니다. <u>년 초에 신수 보러오면 금년 운은 건강관리 잘 하세요, 신체가 허약해지면서 흔들리니 형살은 수술이라 잘못하면 수술 수 보인다, 라고 해야 하는데 언제냐고 물어오면 양력 7월과 11월은 각별 조심하세요</u>, 라고 그렇게 말해야 되는 운이랍니다.<己未월과 壬戌월 인데요 丑未 충살 丑戌 형살 하면서 己토는 식신으로 힘을 빼고 壬수는 己土濁壬으로 불리합니다.> 지금까지 별문제 없었으면 다행이고요, 그래도 년말 까지는 조심하세요.

[결과]
　아내 문 여사로 부터 癸亥월 甲寅일에 소천 하셨다는 문자가 왔습니다. 몇 일전 전화통화에서 남편의 건강이 매우 안 좋다고 하여 본 필자가 癸亥월은 못 넘길 것 같다고 예언 했었는데 말입니다. 그런데 왜 正印일인 甲寅일일까요? 甲寅목이 申대운 年地 申이 합세, 막상 막하였는데 寅申 相沖으로 정인 역할 못하고 寅목이 12운성으로 死地에 걸렸습니다.
　왜? 癸亥월은 못 넘길 것 같네요, 라고 했습니까? 라고 물어온다면 丁화는 癸수를 가장 무서워합니다. 거기에다가 亥수를 만나면 3丑이 暖水가 아니라 冷水로 변합니다. 그래서 癸수가 旺水가 되기에 제아무리 장정'정'자 丁화라 하더라도 꺾일 수밖에 별 도리가 없습니다.

<3> 丑토가 寅목을 만났을 때
木극土 받는다. 鷄鳴丑時라 하였으니 丑시가 지나면 새벽이 온다.
<4> 丑토가 卯목을 만났을 때
木극土로 붕괴된다. 陰이 陰, 陽이 陽을 극하면 인정사정없다.
<5> 丑토가 辰토를 만났을 때
丑 辰 相破다. 왜냐하면? 凍 丑, 濕 辰 꽁꽁 얼어 있고 습기가 가중 된다. 또한 음지 땅이다. 暗合(戊癸) 丑辰이 相破라 함은 凍濕이 되니까 冷-丑 濕-辰까지 가며 되니까, 인생사에서는 혈액순환이 안 되는 걸로 본다. 그러므로 당뇨 저혈압이다.
<6> 丑토가 巳화를 만났을 때
火生土 받지만 巳가 丑을 보면 巳酉丑으로 土도 火도 아닌 엉뚱한 金으로 변질 되었다. 金局이 사주에서 吉작용인가, 凶작용인가에 따라 吉凶이 달라진다.

　　　　癸
O O 巳 丑　이런 경우라면 癸수에게는 巳화는 財이고 丑은 官이다, 癸수 입장에서는 金이 살붙이 인데 살붙이가 아닌 火土가 합심해서 金局으로 변하니 살붙이 이상으로 도움을 준다.
<7> 丑토가 午화를 만났을 때
火生土 받는다. 火生土로 丑토만 잘 활용하면 음지가 양지 되고 철

분 많은 땅으로 버려지기 직전인데 午를 만나서 문전옥답이 될 수도 있다. 그런데
丑午는 귀문관살, 탕화살, 원진살, 육해 살 다 나온다.
　　　<신경쇠약>　<물 불 조심> <원수가 인연> <처첩 음독 주의>
<8> 丑土가 未土를 만났을 때
丑未 冲破가 된다. 안전파괴 된다. 관재 수술 사고 각별히 주의하라. 土와 土의 변화이니 물물교환이 나온다. 原命의 丑은 박힌 독이고 未土는 굴러온 독이다. 여기서 冲을 해석하자면 굴러온 독이 박힌 독 뺀 격이다. 그리고 그 자리에 자기가 앉으려고 한다, 라고 해석하라. 만약 丑이 남편이면 未년 만나 남편이 교체되고 아내가 교체된다. 손해냐 이익이냐 는 未土가 사주에서 좋은 작용을 하면 이익을 보았고 나쁜 작용을 하면 물물교환 하다가 사기 당한다.
<9> 丑土가 申금을 만났을 때
土生金으로 설기신인데 이것은 상관이니 盜氣라고 보아야한다.
<10> 丑土가 酉금을 만났을 때
酉 丑 : 金은 三合金局으로 변한다.
<11> 丑土가 戌土를 만났을 때
사정없이 무너진다. 제자리 못 지키고 큰 것에 (戌陽土) 밀려난다. 부동산 싸움 일어난다. 보편적으로 土를 집터로 보는데 土가 刑 冲을 받으면 택기(宅基)로 집터가 무너지고 움직이고 그러므로 이사가야하고 재앙이 발생한다.
☞ 집터를 과학적으로 분석해 보자. 옛날 사대부집안 멎 부자의 집에서는 1년에 한 번씩 집터 울리 즉 굿을 한다. 일 년 동안 가만히 놔두면 집터 자체가 경직되고 굳어버린다. 굳어버리면 集散이 본능으로 활성화가 안 되고 집터가 숨을 못 쉬고 망한다는 결론이다. 그러므로 무당이나 농악놀이패를 불러다가 정초에 지신 밟기라하여 굿을 하는데 재미있는 것은 무당도 그렇고 농악도 그렇고 박자가 맞는다는 것이다. 거기에 의해서 굳어 있는 땅이 숨을 쉰다, 이것이 바로 집터를 살리고 집 자체를 살린다는 것이다.

☞ 집이 언제 팔릴까?
 土가 沖을 받을 때 그런 월에 그런 년에 집이 잘 팔린다.
<12> 丑土가 亥수를 만났을 때
水局 方合이다. (亥子丑) 亥中甲목과 丑中己土가 甲己合으로 暗合을 한다. 그러나 丑은 土가 아니라 물로서 행세를 하게 된다.

3, 寅木
[실증철학 원문]
  寅木은 正月之氣로 初春이고 陽木 剛木 燥木 死木 三陽之氣 孟春 艮方 嫩木 引火物質 爆發物 演 새벽 白虎 仁情 靑色 三 湯火 驛馬 시간으로 보면 03시에서 05시사이로 만물을 일깨워주고 빛과 광명을 온 세상에 주기에 인생사에서는 좋은 일 많이 하고 타인을 보 하고 寅목은 甲목의 本氣이나 丙火를 暗藏하여 때로는 木 이전에 火로 변신하여 행동하기도 한다.
  木은 冠旺이요, 金은 絶宮이고 화는 長生지이니 12지지 중에 제일 좋아하고, 水는 病死하며 亥수와는 寅亥합으로 六合木局이지만 午戌과는 三合火局이고, 卯辰과는 方合木方이니, 木이면서도 火와 가까운 것이 寅木의 특징이다.
  申과는 沖(寅申)하고 巳와는 刑(巳申-合刑)하며 酉와는 원진이요, 未와는 귀문관살이 되고 水多라도 浮木 되지 않으며 火는 長生지가 되어 水多라도 火熄되지 않는다.
[강의 노트]
寅 - 戊丙甲 寅中에 丙화가 있어 정월 대보름이 지나면 따뜻하다.
正月 : 初春 孟春 봄에 있어서 제일 처음에 해당 된다.
燥木 : 寅中丙火가 있어 마른 나무다.
剛木 ; 양지 나무니까 단단한 나무다. 음지나무는 단단하지 않다.
三陽之氣 : 子에서 一陽, 丑에서 二陽, 寅에서 三陽 으로 始生이다
嫩木 : 어릴 '눈'자니까 아직 어린 나무, 寅申巳亥가 역마 지살인 데 이것이 財에 해당하면 어린 여자요,

引火物質 : 寅中의 丙火가 있으니 불만 당겼다 하면 탄다.
演 : 표현할 '연' 연출하다. 寅時가 되면 환하게 밝아온다. 子丑 어두운 곳에서 연습한 것을 寅時가 되면 발표해야 한다.
白虎 : 호랑이다, 호랑이 중에서 제일 힘이 센 호랑이를 백호라고 한다.
木 : 靑色-푸른 색   三數- 수리는 3   仁情- 木은 仁이다.
湯火殺 : 화상의 흉터, 화재 주의하고 비관 음독
驛馬 地殺: 寅申巳亥는 역마 지살에 해당한다. 공통분모는 역마와 지살에 해당하고, 寅은 역마인데 寅中丙火가 있으니 전기로 가는 차는 전철이고 3가역이고 3호선으로 연결하라.

<1> 寅목이 子水를 만났을 때
水生木이라고 하지만 子수는 木을 키울 수 없다. 음지나무가 되고 凍木이 될 수 있다.
<2> 寅목이 丑土를 만났을 때
丑토는 凍土로 나무가 뿌리내리지 못한다.
<3> 寅목이 寅목을 만났을 때
木이 견실해진다. 方合과 같은 것이다. 同合이라고도 한다.
<4> 寅목이 卯목을 만났을 때
寅卯는 木왕절이다, 초봄이 완연한 봄을 만나니 강해진다.
<5> 寅목이 辰토를 만났을 때
寅卯辰은 木왕절이다, 강해진다. 여기서 잘 살펴볼 것이 있다. 나무가 살찌고 뿌리내리니 자연 강해질 수밖에요,
<6> 寅목이 巳화를 만났을 때
寅巳로 刑殺이 된다. 刑이고 破이니 관재 송사 사고 화재 수술로 연결 하라.
<7> 寅목이 午화를 만났을 때
寅午로 火局이 된다. 그래서 寅목은 변질 가능성이 높다.
<8> 寅목이 未토를 만났을 때

寅목이 未土 만나면 고목이 된다, 自庫로 入庫되니 하는 말이다. 귀문에 걸려 신경쇠약 정신이상 미치기 일보직전이다.

<9> 寅목이 申금 만났을 때

寅申으로 沖破가 걸리게 된다. 絶木되고 서리 맞고 낙엽지고 대들보가 무너진다.

<10> 寅목이 酉금을 만났을 때

寅酉는 絶木 서리 맞고 낙엽지고 가을이니까,

<11> 寅목이 戌土를 만났을 때

寅戌로 火국이 되지만 약하다

<12> 寅목이 亥수를 만났을 때

寅이 亥를 만나면 六合이다 長生이고 12지지 중에서 제일 좋아한다.

乾命	甲	乙	甲	己
	辰	亥	申	巳

 위 사주는 전 충남도지사 안 희정의 사주인데 辛巳대운 戊戌년 乙丑월 己巳일에 발생한 기상천외한 사건이라고는 할 수 없지만 본인 입장에서는 그렇게도 말할 수 있는 1심에서 무혐의 2심에서 3년 6개월이란 중형을 선고받고 법정구속 된 날이다. 천하의 甲목이라도 木根이 약하고 흔들리면 사정없이 무너지는구나 하는 것을 알게 해준 사례이다. 辛巳대운은 월주가 天擊地沖운이고 년운은 財沖 운이라서 여자로의 문제가 발생 한 것이고 월운은 겁재 乙목이 丑土를 달고 와서 丑辰破殺이고 己巳일 甲己合으로 나의 존재가 없어지고 巳화는 巳申刑殺을 하는 운이라 형살은 송사 수술 감옥 가는 날이 된 것이다.

4. 卯木

[실증철학 원문]

卯木은 二月仲春之氣로 四陽이고 하루로 말하면 05시부터 07시까지요, 陰木 活木 生木 柔木 양유목 草根 正東이고 繁華之木, 風, 手足, 肝胆, 鐵銷開金, 懸針殺, 綠色, 八數, 仁情, 觸角, 兎, 四旺之局, 總稱桃花 등으로 응용되고 목으로서 木剋土는 잘 하지만 木生火는 잘 못한다. 아울러 卯木은 濕木이라 不能生火로 木多火熄이란 말이 나온 것이고 旺支라서 어떤 오행을 만나도 변하지 않는 특성이 있다.

[강의 노트]

卯 - 二月 仲春 四陽에 연결 되고 05-07시까지 배하고 있다.
陰木으로 버드나무로 柔(부드러울 유)木 이라하고 살아 있는 나무라하여 生木 또는 活木이라 한다. 草(풀 초) 根(뿌리 근) 묘목으로도 연결한다. 약초(藥草)에도 해당 되고 卯목이 있으면 약손(木-손 手足-風)천파살이고 風 즉 바람든다하여 중풍을 의미한다. 肝胆(간 간 어깨 담) 철소개금(鐵銷開金-쇠 철, 녹일 소, 열 개, 쇠금: 쇠를 녹여 금인 보석을 만든다는 뜻) 현침살(懸針殺-침쟁이 살 현대의학에서는 의사)청옥색이고 수리로는 8수가 되고 木은 仁也라, 촉각(觸角-촉은 부딪쳐 일어나는 심리작용, 느낌으로 안다.) 兎(토끼 토, 卯는 토끼 띠) 사왕지국 총칭도화(四旺之局 總稱桃花: 子午卯酉는 旺地요, 총칭 도화라 한다.)

현침살(懸針殺-매달 현, 바늘 침, 죽일 살, :침쟁이 살, 의사)로 甲 卯 午 辛 申 未를 총칭하여 현침살 이라한다.
卯목은 濕木이라 木生火 못한다.

```
   乙 丁 癸
○ 卯 卯 卯   정하 주위에 묘목만 무성하여 木多火熄으로 丁화 불
              이 꺼졌다.
```

卯戌 合은 六合인데 合化는 안 되고 묶인다. 고로 卯나 卯는 旺地로 변할 수가 없다. 그러나 丙戌일주가 寅午戌 三合火局된 상태에서 卯가 들어왔다면 卯戌도 合化가 된다. 만약 卯가 들어가서 亥卯未 木局이 되면 棟梁之木으로 바라,

<1> 卯목이 子水를 만났을 때
水生木이전에 陰地로 凍木이 된다. 子卯가 刑이므로 형살 작용한다. 고로 송사 관재 사고 수술로 연결한다. 水木凝結이고 木은 신경이기에 신경둔하 木은 肝이라 간경하다.

<2> 卯목이 丑土를 만났을 때
丑土는 凍土로 성장이 정지된다.

<3> 卯목이 寅목을 만났을 때
음지나무가 양지나무로 木이 견실해진다. 좋은 친구 만난 격이다.

<4> 卯목이 卯목을 만났을 때
卯卯는 木旺이 되지만 濕木으로 때로는 강풍을 만난 격이 되고 서로 대장이라고 하며 결국은 갈라선다.

<5> 卯목이 辰土를 만났을 때
卯辰은 濕木이 습토를 만났으니 木生火는 못한다.

<6> 卯목이 巳화를 만났을 때
卯巳는 불구덩이에 나무 던진 격이다.

<7> 卯목이 午화를 만났을 때
卯午로 木生火 된다. 木焚 되나 살펴야 한다.

<8> 卯목이 未土를 만났을 때
卯목이 未土 만나면 卯未목국인데 甲乙목이라면 枯木이 된다,

<9> 卯목이 申금 만났을 때
卯申으로 귀문에 걸리게 된다. 나무가 서리 맞고 낙엽 되니 신경이 약해진 경우로 원망스럽고 미쳐 돌아간다,

<10> 卯목이 酉금을 만났을 때
卯酉는 旺地沖으로 沖破로 본다. 秋霜殺草 가을 서리에 풀이 죽다.

<11> 卯목이 戌토를 만났을 때
卯戌로 합이 되지만 꽁꽁 묶인 경우로 만권정지로 본다.
<12> 卯목이 亥수를 만났을 때
卯가 亥를 만나면 합이다 그러나 濕木이 물을 만나서 木生火 안 된다. 木生火든 火生土든 잘 해야 인정이 있는 것이고 못하면 인색한 것이다. 아래 사주가 女命이라면

ㅇ ㅇ 辛 ㅇ
ㅇ ㅇ 亥 卯   亥卯木局인데 바로 財局이니 돈복은 있으나 남편복은 없다 로 보아야 하는데 그 이유는 두 가지를 살펴야 한다.
첫째 배우자궁에 상관이 놓여 있다는 점과 둘째 亥卯合 木局은 濕木과 습한 물이 만난 木이니 木生火를 못한다는 점인데 바로 火가 官星이어서 夫星이니 남편의 별이 약해졌다는 것으로 남편의덕이 없는 것이다.

女 : 돈복은 주었는데 남편복은 안 주었다.
男 : 돈과 처복은 주었는데 자손복은 안 주었다.

5, 辰 土
[실증철학 원문]
　辰土는 三月之氣로 春節에서 夏節로 넘어가는 과도기로 매개역할을 한다. 五陽之氣요, 07시부터 09시까지를 지배하고, 陽土 濕土 死土 溫和之土 剛土 巽方 東南間方 信 黃色 五數 稼穡之土로 만물을 배양 할 土이다.
[강의 노트]
辰 : 辰속에는 乙癸戊가 있다. 乙은 餘氣요 癸는 中氣이고 戊는 本氣가 되는데 水庫地이니 물이 모이는 곳이다.
辰酉는 六合, 申子辰은 三合, 寅卯辰은 方合, 辰戌은 沖,
辰午酉亥는 自刑 모두 있으면 수족이상이 생긴다.
辰亥는 원진이고 귀문관살이다.

○ ○ 癸 ○　女命이라면 正官이 夫星인데 辰酉合金으로 변해
辰 酉 ○ ○　버렸으니 남편이 없어진다. 관이변해서 인수가 되
었으니 해학적으로 말하자면 남편이 공부하러 간다더니 바람나서
안 돌아온다. 없어진 것으로 보아 인간사에서는 남편 문제가 있다.

○ ○ 壬 ○　女命이라면 辰이 정관인데 子辰合水로 변했다.
　辰 子 ○　비겁으로 변했으니 오행으로는 물 때문이고 성격
으로 보면 남편이 경쟁자요, 내 것 빼앗는 도둑놈이다.
戊
辰 일주는 앉은자리에 財庫이니 돈 창고를 차서 부자로 살게 되는
데 욕심이 많아서 네 것도 내 것, 내 것도 내 것이라고 한다. 여기
서 財庫는 열어야 쓰는데 刑이나 沖이 창고를 여는 작용을 한다.
그런데 여기서 戌이 와서 辰戌沖하면 戌이 비견이므로 돈 창고 열
면 비겁이 가져간다, 돈 창고 잘못 연 것이다. 辰辰이 自刑인데
刑으로 돈 창고를 열어도 비견이 덤벼든다.
辰土는
　　木(甲乙)은 着根하고 살찐다.
　　火 는 晦氣하고 가뭇가뭇 꺼져간다.〈절기로 봐서는 아주 꺼진
　　　　 봇은 아니다〉
　　土 는 稼穡으로 농사짓는다.〈3월의 흙이니 농사짓기 좋은 땅〉
　　金 은 土生金 잘 받는다.
　　水 는 극 받고 入墓로 땅속에 들어간 경우다.
○ ○ 甲 ○
○ ○ 辰 戌　辰토가 戌토를 만나면 뿌리 못 내린다.

○ ○ 戊 ○
○ ○ 辰 子　戊辰자체는 농사지을 수 있지만 子를 만나면 겨울의
흙이 되어 子辰 水局으로 변해서 陰土에 土流로 농사 못 짓는다.

<1> 辰土가 子水를 만났을 때
子辰合 水局으로 변해 버린다. 辰中戊土와 暗合(戊癸)한다.

<2> 辰土가 丑土를 만났을 때
丑辰 相破다. 凍濕이 加重되고 얼고 습한 기운으로 별 볼일 없는 땅이지만 土는 강해진다. 丑은 土지만 土의 기능이 약하다.

<3> 辰土가 寅목을 만났을 때
寅辰 木方局으로 약하긴 하지만 土로만 볼 수가 없다.

<4> 辰土가 卯목을 만났을 때
卯辰은 木方局으로 土가 아니라 木이 된다.

<5> 辰土가 辰土를 만났을 때
辰辰은 自刑이 되고 雙龍으로 막히고 답답하다.

<6> 辰土가 巳화를 만났을 때
辰巳는 火生土 받고 양지 땅이 된다. 戊癸 乙庚 暗合도 된다.

<7> 辰土가 午화를 만났을 때
辰午로 火生土 받고 燥土 되나 살펴야 한다.

<8> 辰土가 未土를 만났을 때
辰이 未土 만나면 濕과 燥가 만나서 균형을 이룬 좋은 土가 된다.

<9> 辰土가 申금 만났을 때
辰申으로 水局 된다. 완전한 변질이다.

<10> 辰土가 酉금을 만났을 때
辰酉는 合으로 土가 아니라 금이 된다.

<11> 辰土가 戌土를 만났을 때
辰戌로 沖이 되어 파괴되니 관재 송사 질병 등으로 본다.

<12> 辰土가 亥수를 만났을 때
辰土가 亥를 만나면 원진이다, 음지 땅이다. 세상을 미워하랴 아내를 원망하랴 귀문관살에 신경쇠약으로 미치기 일보직전이다.

6, 巳 火

[실증철학 원문]

巳火 初夏의 四月之氣로 六陽이면서 陽之極이요, 09시부터 11시 시까지를 지배하고, 立夏 陽火 死火 强熱之火 爐治之火 四生之局 孟夏 巽方 天羅地網 赤外線 紫外線 放射線 二數 赤色 心 小腸 視力 體溫 禮意 明朗 達辯 蛇 起 등으로 응용하고 있으며, 外陰 內陽으로 겉으로는 음이지만 속으로는 양으로 體와 用이 각각 다르고 장간에 戊庚丙 陽만을 가지고 있어 능히 火극金 하고 火生土 할 할 수 있으며 타 오행을 만나면 변하기도 하는 것이 巳火의 특성이다.

[강의 노트]

巳 : 초여름으로 4월의 기운이고 시간은 9시부터 11시까지 요, 여름에 들어간다는 입하의 달이고 강렬한 불기운이 바로 화로 불 같다 하며 孟자는 맏 맹자로 시작을 의미하니 여름의 시작을 의미한다.

천라지망(天羅地網)관재로 법망에 걸려든다. 辰戌과 巳亥가되고 천라는 공항 출입금지, 지망은 전국지역 수배로 응용하라.

蛇 자는 뱀 '사'자로 뱀띠를 의미하고, 起자는 일어 날 '기'자로 巳자체가 일어나는 기운으로 역마살이고 火는 급하다. 순간동작이 빠르다.

酉나 丑을 만나면 巳酉丑 金局을 형성하고 金으로 간다.

申을 보면 巳申은 합도 되고 형도 되는데 합이 먼저인 先合 忘刑이지만 종래에는 형을 하게 된다. 처음은 좋으나 결과는 나쁘다, 로 연결하라

巳午未는 方合 이고

巳酉丑은 三合 이고

巳亥 는 相沖 이고

寅巳申은 刑 沖이고

巳戌은 원진살이고 巳화는 보는 것, 환하게 보다 로 투시격이다.

<1> 巳火가 子水를 만났을 때
巳子는 水극火 받고 沒光으로 불이 꺼진다.
<2> 巳火가 丑土를 만났을 때
巳丑으로 金이다. 戊癸 丙辛 暗合 이니 진짜 합이다.
<3> 巳火가 寅목을 만났을 때
巳寅은 형살이다. 寅巳는 역마 刑殺이라 교통사고 조심하라
<4> 巳火가 卯목을 만났을 때
巳卯는 木生火지만 卯목은 濕木이라 木生火가 시원치 않다.
<5> 巳火가 辰토를 만났을 때
巳辰은 火生土로 晦氣되어 가뭄댄다.
<6> 巳火가 巳화를 만났을 때
巳巳는 同合이고 方合의 성질이 있다.
<7> 巳火가 午화를 만났을 때
巳午로 火局 을 이룬다, 펄펄 끓는 불이다.
<8> 巳火가 未토를 만났을 때
巳未는 초속은 同色이라고 未가 土지만 불로 본다.
<9> 巳火가 申금 만났을 때
巳申으로 合 刑이다, 교통사고 官災 발생이다.
<10> 巳火가 酉금을 만났을 때
巳酉는 合으로 金局을 이룬다.
<11> 巳火가 戌토를 만났을 때
巳戌은 火生土지만 入墓요, 원진에 귀문관살로 정신이상이다.
<12> 巳火가 亥수를 만났을 때
巳화가 亥를 만나면 沖이다, 巳火는 亥水를 제일 싫어한다. 沖이고
絶滅 沒光으로 巳화는 흔적도 찾아보기 어렵다.

○ ○ 辛 ○ 亥子丑 水局으로 꽁꽁 얼은 辛금이다. 이런 경우라도
子 丑 亥 巳 未가 들어가면 亥卯未로 木局이고, 巳未는 火方局이
다, 巳亥 沖도 막게 되어 좋다.

7. 午火

[실증철학 원문]

午火는 仲夏 五月之氣로 正午 陰火 生火 柔火 活火 燈 燭 列星 夏至 正南 七數 心臟 禮 明朗 我執 疑心 馬 四旺之局 紅艶殺 懸針殺 湯火殺 散 花 苦 舌 精神 羽族類 逆上 赤外線 紫外線 電氣 火藥類 引火質物 등으로 응용 되고, 一陰이 始生하는 곳이어서 하지가 지나면 밤이 길어지고 내적으로는 濕이 당권하게 된다.

[강의 노트]

午 : 外陽內陰으 겉으로는 강하나 속으로는 약하고 外實內虛로 이중인격이 될까 염려되며, 體는 陽이나 用은 陰이고 火生土는 잘하지만 燥土 되기 쉽고 火극金은 敗地라 不用하고, 木은 死地로 木焚되고 水는 絶地라 蒸發되고 正方에 위치하고 있어 타 오행을 만나도 변질이 안 되고 다만 寅午나 午戌로 火局이 되면 불로서의 역할이 잘 된다.

午火는 강열지화 같아 보이지만 불의 열기가 약하여 완전하게 제련하지 못하기에 强剛한 쇠를 만들 수 없다.

☪ 紅艶殺 : 붉은 홍 요염할 염 또는 고울 '염'자로 끼가 많다.
☪ 懸針殺 : 甲辛午未申 친쟁이 살 친절 놓고 직언 잘한다.
☪ 湯火殺 : 불조심 음독조심 해라.

<1> 午火가 子水를 만났을 때
午子는 沖敗로 적궁에 水극火 당하고 완전 沒光 된다.

<2> 午火가 丑土를 만났을 때
午丑으로 火生濕土로 盜氣가 되고 火熄된다.

<3> 午火가 寅목을 만났을 때
午寅은 火局이다. 寅午는 火氣가 衝天한다.

<4> 午火가 卯목을 만났을 때
午卯는 木生火지만 卯목은 濕木이라 火熄된다.

<5> 午火가 辰토를 만났을 때

午辰은 火生土지만 晦氣되어 가물댄다.
<6> 午火가 巳화를 만났을 때
午巳는 方合이고 불이 강해진다.
<7> 午火가 午화를 만났을 때
午午는 火局을 이룬다. 그러나 선장이 둘이라 염려된다.
<8> 午火가 未토를 만났을 때
未다음 계절이 가을이 가까워 약하다.
<9> 午火가 申금 만났을 때
午申은 병들고 화식되기 쉽다.
<10> 午火가 酉금을 만났을 때
午酉는 日沒직전이라 火熄되기 쉽다.
<11> 午火가 戌토를 만났을 때
午戌은 火局은지만 入墓요, 九月로 머지않아 화식 될 것이다.
<12> 午火가 亥수를 만났을 때
午화가 亥를 만나면 水극火에 젖지로 불이 꺼질까 염려 되지만 亥中甲木의 生을 받아 生氣 받아 좋아진다.

8, 未土

[실증철학 원문]

未土는 六月之氣로 二陰이고 13시부터 15시까지를 지배하고 있으며 小暑, 삼복더위로 음이지만 火餘氣로 오히려 旺土에 가깝고 燥土요, 羊으로 양 띠가 되며 木의 庫藏으로 현침살이요, 信으로 0과 10수리가 되고 四庫之局 足腹類 黃色 脾胃 腰 腸 등에 해당한다. 未土는 삼복의 기운이고 6월의 더운 기운이라서 丙丁화가 着根하기 때문에 火生土라 하여 晦氣로 보면 절대 안 된다.

[강의 노트]
未 : 巳未는 火局이다. 局을 이루면 큰 그릇이라 하는데 方合 보다는 三合이 더 큰 그릇으로 본다. 불 먹은 땅으로 未월 戊己土는 不用稼穡으로 본다.

☪ 燥土 : 마를 '조'자이니 마른 흙, 볕 먹은 흙, 未土는 흙이라고 함부로 만지면 火傷을 입는다. 그 정도로 뜨거운 흙이니 불에 가까운 土라고 보면 된다.

未속에는 丁乙이 들어있어 모두 편이다, 偏은 치우칠 편자다. 편이란 못 것이고 대중의 것 먼저 보는 것이 인자다.

正	編< 편인 편관 편재 상관 비겁>
천천히 온다.	급속히 빠르게 온다.
예견 된 것이다.	의외의 것이다.
바르게	큰 것 많은 것이다.
약속 된 것	사전약속 없이
내 것이다.	못 것 대중의 것
正道 다.	편법 편도로 작용한다.

☪ 旺者 刑發 : 너무 강한 것을 건드려 놓으면 더욱 많아진다.
☪ 旺者 沖發 : 잠자는 호랑이 코털 건드린 것이다.
☪ 戌未 刑殺 : 바싹 마른 흙이다 부피가 늘어난다.
반대로
☪ 衰者 刑發 : 약자를 건드리면 뿌리째 흔들린다.
☪ 衰者 沖發 : 약자를 건드리면 뿌리째 뽑힌다.

<1> 未土가 子水를 만났을 때
젖지로 土流 되고 원진살이다.
<2> 未土가 丑土를 만났을 때
丑未 相沖되어 未土가 봉러 되어 開庫라고는 할 수 없다.
<3> 未土가 寅木을 만났을 때
木극土로 봉러되어 만나지 않음만 못하다.
<4> 未가土 卯목을 만났을 때
卯未木局으로 변하게 된다.
<5> 未土가 辰土를 만났을 때
未辰은 조습의 조화로 가색을 이룰 수 있다.

<6> 未土가 巳화를 만났을 때
巳未는 方合이고 土가 변해 불이 된다.
<7> 未土가 午화를 만났을 때
午未로 火局을 이룬다.
<8> 未土가 未土를 만났을 때
계절이 중복이라서 겉으로는 土이지만 불로 보아야 한다.
<9> 未土가 申금 만났을 때
未申은 상관으로 극설 되어 盜氣로 본다.
<10> 未土가 酉금을 만났을 때
土生金으로 未 다음계절이 가을이라서 燥土라도 生金이 잘 된다.
<11> 未土가 戌土를 만났을 때
未戌은 刑이요, 開庫가 된다.
<12> 未土가 亥수를 만났을 때
亥未로 變 木局되고 장간에서 丁壬합 甲己합으로 암합하니 철저한 합이다.

丙 己 丁 庚 亥월의 丁火라도 自坐未土에 戌土는 火庫地이고 丙화
戌 亥 未 戌 가 부조하니 약하지 않다. 여기서 未土는 土로 보지
             않고 火로 봐야 한다.

○ 辛 乙 戊   金木相戰으로 근통 곡통 치통까지 걸렸다.
酉 酉 酉 寅   8월 금자가 많아 나무가 시들었다. 바위틈에 매달린
화초나무다. 女命이라면 남편한테 매 맞고 산다. 이 사주에서는 金
이 대장이다. 卯년을 만나면 卯酉相沖인데 왕자충발 현상이 생겨
죽고 사는 문제 死生決斷이 난다.

9. 申 金

[실증철학 원문]

申金은 初秋 七月之氣로 三陰에 해당되고 15시부터 17시까지를 지배하고 있으며 陽金이요, 死金 剛金 頑金丈이라고는 하나 能强能柔로 조화를 잘 이룬다. 立秋 坤方 白色 懸針殺 九數 大腸 骨格 痔疾 盲腸 義理 冷情 四生之局 霜 角 등으로 응용 되고 金극木도 金生水도 잘한다.

申금은 金生水를 잘 하는 것은 水之長生宮 이기에 子水를 만나면 水局으로 변하고 辰土를 만나도 申辰 水局인데 子수가 개입하기 전에는 완전한 水로 변질되지 않는다.

[강의 노트]

申 : 巳申는 刑殺이다. 형상은 교통사고 관재구설 수술 납치 실종 子수를 만나면 申子合水局 寅목을 만나면 寅申 相沖이다.

☆ 申금은 强金으로 무쇠 덩어리이지만 자체 조절을 할 수 있다.

壬 壬中申금이 있어 자체조절이 가능하다.

申 상식을 보면 강한 쇠라도 자체 조절이 잘 된다.

☆ 申金의 특징 : 金극木, 金生水 잘한다. 고독성 있읍다,

申이 木을 보면 : 木折 되고 서러 맞고 뿌리 못한다.

　　火를 보면 : 火熄 병들고 죽는다,

　　土를 보면 : 變色 되어 땅에 철분이 많다,

　　金을 보면 : 冠旺 으로 자기 때를 만났다.

　　水를 보면 : 長生 이다. 샘이 솟는 물로 수원지가 된다.

甲　　　　　　　　　丙　　　　　　　　　戊
申 殺地로 甲木이 꺾인다.　申 財殺地로 丙이 죽는다. 申 고란살

庚　　　　　　　　　壬
申 갈여지동으로 고독하다. 申 水源地로 물이 마르지 않는다.

<1> 申금이 子水를 만났을 때
申子水局 되어고 金이 아니라 水로 봐야 한다.
<2> 申금이 丑土를 만났을 때
入墓되지만 역시 土生金받아 힘은 되나 한냉(寒冷)함이 문제이다.
<3> 申금이 寅목을 만났을 때
寅申沖으로 沖破되어 金기 絶滅로 본다.
<4> 申금이 卯목을 만났을 때
卯申으로 귀문관살이고 절지가 되어 無力하다.
<5> 申금이 辰토를 만났을 때
土生金도 잘되고 申辰水局의 成局여부는 주위를 살펴야 한다.
<6> 申금이 巳화를 만났을 때
巳申合과 刑으로 먼저는 좋고 결과는 나쁘다, 뻔히 알면서 당한다.
<7> 申금이 午화를 만났을 때
火극金으로 申금이 피상 당한다,
<8> 申금이 未토를 만났을 때
인수지만 燥土라서 生金不可라고하나 계절로 보면 金과 가깝다.
<9> 申금이 申금 만났을 때
申申은 金氣는 强旺하지만 편고 될까 염려된다.
<10>申금이 酉금을 만났을 때
申酉方合으로 金氣가 강하게 된다.
<11>申금이 戌토를 만났을 때
酉戌은 方合이요, 生金이지만 조토라서 불리하다,
<12>申금이 亥수를 만났을 때
金生水로 극설 되어 金의 행세가 어렵다,

10, 酉 金

[실증철학 원문]

　　酉金은 仲秋之節 八月之氣로 四陰이다. 17시부터 19시까지 지배하고 陰金 生金 柔金 軟金 金銀 珠玉 針 非鐵金屬 製鍊된金 白露 淸白 正西 四旺之局 結實 白色 四數 義理 鐵鎖開金 닭(酉) 鳳凰 角霜 등으로 응용 된다.

12지지 중 가장 깨끗하고 가장 아름답고 金극木 잘하고 金生水는 淸白之水 됨이 흠이다.

[강의 노트]

酉 : 辰酉는 生合金局이고, 巳丑을 보면 三合金局이 되고 申戌은 方合 金이고 어떤 오행을 만나든지 변질됨이 없고 卯酉는 相沖이고 寅酉는 원진이다.

申은 陽이고 양은 크다(大)

酉는 陰이고 음은 작다(小) 여기서 申酉의 크기를 잘 살펴야 한다, 양은 크고, 음은 작다의 개념으로만 알고 있으면 착오가 발생한다. 申은 가을은 가을인데 초가을이고 酉는 가을 중에 가장 가을 기운이 강한 八月이다. 그래서 더욱 강한 기질이 있다.

<1> 酉금이 子水를 만났을 때

酉금이 子수를 만나면 金生水로 洩氣 死宮이고 金沉 消盡된다.

<2> 酉금이 丑土를 만났을 때

入墓되나 酉丑金局되며 慈養之金이 된다.

<3> 酉금이 寅목을 만났을 때

寅酉로 절지에 원진이다.

<4> 酉금이 卯목을 만났을 때

卯酉로 沖殺 되어 金이 작살난, 卯月로 木旺節 이므로 금이 당함

<5> 酉금이 辰土를 만났을 때

土生金도 잘되고 辰酉金局되어 좋다.

<6> 酉금이 巳화를 만났을 때

巳酉合金으로 강해진다, 金之長生이라 한다.
<7> 酉金이 午화를 만났을 때
火극金으로 酉금이 피상 당한다.
<8> 酉金이 未土를 만났을 때
인수지만 燥土라서 生金不可하고 또 불 먹은 땅이라서 被傷이다.
<9> 酉金이 申금 만났을 때
酉금에 申金은 겁재로 보석에 雜金이 섞인 형상이라 불리하다.
<10> 酉금이 酉금을 만났을 때
酉酉 合氣로 金氣가 강하게 된다.
<11> 酉금이 戌토를 만났을 때
酉戌은 方合이요, 生金이지만 조토라서 불리하다.
<12> 酉금이 亥수를 만났을 때
金生水로 상관 극설 되어 金이 잠긴 격이다.

11. 戌 土

[실증철학 원문]
　戌토는 九月 晚秋之氣로 受衣之節로 五陰이요, 19시부터 21시까지를 지배하고 陽土 旺土 燥土 剛土 岸 堤防 寒露 天門星 西北間方 乾宮 鐵銷開金 天羅地網殺 魁罡殺 개(犬) 등으로 응 발전소 충전소 변전소 전지 배터리 전자 가전제품 등으로 볼 수 있다.

[강의 노트]
戌 : 巳戌은 원진이고, 귀문관살이요, 木은 뿌리 내리지 못하고 火氣는 入墓되고 土氣는 旺하고 水氣는 流塞이요, 수리는 五數요, 土는 信이라 믿음 신용으로 본다.
☾ 卯를 보면 卯戌合으로 六合이 되고
　　寅이나 午를 보면 三合火局이 형성 되고
　　申이나 酉를 보면 方合 節合이다.
☾ 辰戌은 相沖인데 朋沖으로 토끼리 沖 한다.
☾ 丑未를 만나면 丑戌未 三刑殺이다. 戌未로 旺者刑發로 土多다.

○ ○ 壬 ○   申子 水局으로 음기가 강하다.
○ 戌 申 子   戌月의 가을인데 未년을 만나면 비록 土지만 뜨거운
기운이므로 戌未 刑殺을 하므로 刑이지만 좋은 刑으로 봐라.

<1> 戌土가 子水를 만났을 때
戌土가 子수를 만나면 土流로 본다.
<2> 戌土가 丑土를 만났을 때
丑戌로 刑이 된다.
<3> 戌土가 寅목을 만났을 때
木극 土지만 내면으로는 寅戌로 火局이 된다.
<4> 戌土가 卯목을 만났을 때
卯戌로 六合 되어 함으로 묶이니 활동이 정지 된다.
<5> 戌土가 辰土를 만났을 때
辰戌冲되어 분산되니 굴러온 돌이 박힌 돌 빼내는 형상이다.
<6> 戌土가 巳화를 만났을 때
火生土 받아 土氣가 강해진다.
<7> 戌土가 午화를 만났을 때
午戌 合火局 되면서 火가 入墓되니 火氣가 모인다.
<8> 戌土가 未土를 만났을 때
戌未 刑殺이 되면서 開庫된다.
<9> 戌土가 申금 만났을 때
土生金으로 洩氣 된다.
<10> 戌土가 酉금을 만났을 때
酉戌로 방합은 되지만 일단 설기로 본다.
<11> 戌土가 戌土를 만났을 때
戌戌로 土氣가 모이니 강해진다.
<12> 戌土가 亥수를 만났을 때
土流되어 흙이 없어지는 경우가 된다.

12, 亥 水
[실증철학]
　　亥水는 孟冬 十月之氣로 六陰之極이며 外陰內陽 外柔內剛이요, 아울러 體用이 다른 즉 몸(體)은 陰이지만 用(쓰임)은 陽으로 쓰이며, 水극火도 水생木도 모두 잘하는 溫水로서 水의 임무를 충실히 한다. 21시부터 23시까지를 지배하고 陽水 死水 海水 剛水 湖水 浦水 정지된 물, 橫流 乾 天門星 六數 黑色 鹹(바다 물은 짜다) 智慧 水平 忍耐 천라지망살 돼지(亥) 등으로 응용한다.

[강의 노트]
亥 : 巳亥는 沖이고 絶滅 沒光으로 巳화는 흔적조차 없어진다. 고로 巳화는 亥수를 싫어한다.
☪ 天羅地網 : 辰戌巳亥인데 본인이 법관이면 상관없고, 작용이 크고 전과자다. 辰午酉亥도 自刑인데 전구한 命이라면 手足이상있다.

<1> 亥水가 子水를 만났을 때
亥子로 水局되어 水氣가 旺해진다.
<2> 亥水가 丑土를 만났을 때
亥丑으로 水局은 되나 凍水 될까 염려 된다.
<3> 亥水가 寅목을 만났을 때
寅亥合 木局이 된다.
<4> 亥水가 卯목을 만났을 때
亥卯로 木局된다.
<5> 亥水가 辰토를 만났을 때
辰亥 원진살 土극水로 流塞 된다.
<6> 亥水가 巳화를 만났을 때
巳亥沖破로 水氣絶滅이다.
<7> 亥水가 午화를 만났을 때
亥수가 午화를 만나면 적지에 水氣 증발이다.
<8> 亥水가 未토를 만났을 때

亥未 반합이 되나 土剋水는 면할 길 없다.
<9> 亥水가 申금 만났을 때
金生水로 原流 된다.
<10> 亥水가 酉금을 만났을 때
酉生水로 좋으나 淸白之水라 너무 맑아 발전이 없다.
<11> 亥水가 戌토를 만났을 때
土剋水로 완전 流塞이다.
<12> 亥水가 亥수를 만났을 때
水氣가 旺해 지면서도 順하여 조화를 잘 이룬다.

실증철학 사주팔자 강의노트 발행을 축하드립니다.

　명리학의 바다에서 허우적대는 많은 학인들이 그러하듯 공부를 하다보면 조금 더 성장하고 싶은 욕심이 생기기 마련입니다.
저 역시 그런 마음으로 서점을 기웃대다가 사주의 정석에 광고된 "강의노트라는 책은 필기한 필사본이라서 서점 판매는 안한다는 것"을 알고 특별히 주문하여 공부하였는데 내용은 대단히 만족하였으나 복사본이고 한문글자가 많아 읽기가 어려웠던 부분을 실증철학연구회에서 중요한 원문도 발췌해 수록하고 어렵게만 느껴졌던 한자도 해석까지 붙여서 자세히 설명해 놓은 "실증철학 사주팔자 강의노트"를 신간으로 발행하게 되어 이미 익힌바 있지만 다시 한 번 정독하게 되었습니다.
　무수하게 많은 책의 홍수 속에서 유명한 고서는 현시대의 사주해석에는 이질감이 들고, 세상에 나온 유명한 분들의 책에 짜깁기 한 듯 싫증을 느끼던 제게 "강의노트" 라는 책은 단비 같은 책 이었다고 감히 말씀드립니다. 핵심이 있는 글, 애매하거나 아집을 부리지 않는 글, 쉽고 재밌게 명리학을 배우고 싶으신 분들은 꼭 한번 정독하시길 추천 드립니다. 저 역시 소설책 읽듯이 다시 정독하다보니 어느새 쉽게 사주 여덟 글자를 바라 볼 수 있는 여유가 생겼습니다. 명리학을 음지의 학문이 아닌 밝은 곳의 학문으로 이끌어 가시는 실증철학 연구회에 존경하는 마을 담아 보냅니다.
귀회의 무궁한 발전 있으시기를 진심으로 기원합니다.

己亥年 초여름에
창원에서 수현 올림

실증철학 사주팔자
강의노트
(上)
2019년04월10일 초판1쇄 인쇄
2020년11월10일 재판1쇄 발행
2024년02월10일 삼판1쇄 발행
엮은이 / 김 동 환
발행인 / 김 동 환
교정인 / 김 나 경
기 획 / 단원철학연구학회
발행처/ 도서출판 여산서숙
주 소 / 서울시 종로구 지봉로 28
　　 (숭인동313-7) 숭인빌딩 401호

공급처/**여산서숙** 02)928-8123
전화/02)928-2393 팩스/02)928-8122
등록/1999년12월17일 제5-32호
신고번호 제300-1999-192
　　　　무단복제불허
　　　값 38,000원

잘못된 책은 구입처에서 교환해 드립니다.